技工院校汽车类专业教材（中级技能层级）
中等职业学校汽车类专业教材

汽车底盘构造与维修

（第三版）

刁鹏瑜　主编

中国劳动社会保障出版社

简介

本书主要内容包括汽车底盘总体认知、传动系构造与维修、行驶系构造与维修、转向系构造与维修、制动系构造与维修等。

本书由刁鹏瑜任主编，傅伟任副主编，李洋、李志远、张海峰、刘磐、李立忠参加编写，邹龙军任主审。

图书在版编目（CIP）数据

汽车底盘构造与维修 / 刁鹏瑜主编. --3 版. 北京：中国劳动社会保障出版社，2024. --（技工院校汽车类专业教材）（中等职业学校汽车类专业教材）.

ISBN 978-7-5167-6781-8

Ⅰ. U463.103；U472.41

中国国家版本馆 CIP 数据核字第 2024D9C461 号

中国劳动社会保障出版社出版发行

（北京市惠新东街 1 号　邮政编码：100029）

*

北京市艺辉印刷有限公司印刷装订　新华书店经销

787 毫米 ×1092 毫米　16 开本　23 印张　448 千字

2024 年 12 月第 3 版　2024 年 12 月第 1 次印刷

定价：54.00 元

营销中心电话：400-606-6496

出版社网址：https://www.class.com.cn

https://jg.class.com.cn

前　　言

为了更好地满足全国技工院校汽车类专业的教学要求，全面提升教学质量，我们组织有关院校的骨干教师和行业、企业专家，在充分调研企业生产和院校教学实际、广泛听取教材用户反馈意见的基础上，对技工院校汽车类专业教材（中级技能层级）进行了修订和新编。技工院校汽车类专业教材（中级技能层级）包括通用基础模块和汽车维修、汽车检测、汽车电器维修、汽车营销、汽车钣金与美容等五个专业方向模块。

其中，通用基础模块已在2022年完成全部修订（新编）工作，本次修订（新编）的是汽车维修、汽车检测和汽车电器维修三个专业方向模块，修订（新编）重点是：

第一，贯彻最新教育方针，明确人才培养目标。教材与人力资源社会保障部颁布的《技工院校汽车维修专业教学计划和教学大纲（2015）》《技工院校汽车电器维修专业教学计划和教学大纲（2015）》《汽车维修工国家职业技能标准（2018年版）》紧密对接，旨在提升学生的专业技能和知识水平，同时增强就业竞争力和社会适应能力。

第二，紧跟时代发展步伐，把握技术创新趋势。教材围绕汽车专业技术领域的最新发展，根据汽车类专业毕业生所从事岗位的需要和教学实际情况变化，合理确定学习目标，对内容的深度、难度做了适当调整，同时注重综合职业能力培养，充实新知识、新技术、新材料、新工艺等方面的内容，体现教材的先进性，并引用最新国家技术标准，使教材更加科学、规范。

第三，突出汽车专业特色，创新教材表现形式。教材选取当前市面上广泛使用的汽车车型和汽车行业案例作为教学载体，增加了实操内容在教材中的比重，充分体现职业教育特色。同时，为激发学生的学习兴趣，力求让学生更直观地理解和掌握所学内容，教材大量使用高质量的实物图片，多数教材采用四色印刷，图文并茂，进一步提高了教材的可读性。

第四，构建教学资源体系，优化教学服务水平。为方便教师教学和学生学习，教材配有电子课件、习题册和习题册参考答案，部分教材还配有工作页、技能训练学生手册和微视频，以满足不同教学模式的使用需求。其中，电子课件、习题册参考答案、微视频可通过技工教育网（https://jg.class.com.cn）下载使用或在线观看。

编者

2024年8月

目录

项目一 汽车底盘总体认知

学习目标

1. 会描述汽车底盘的基本组成和作用。
2. 能分析汽车传动系的布置形式及各自特点。
3. 能准确识别车辆上各部件，找到底盘系统部件的安装位置。

任务描述

随着汽车使用年限的增加，由于使用不当等原因，可能会出现传动异响、行驶跑偏、转向沉重、制动无力等底盘故障，此时就需要对底盘系统进行检修。你作为一名维修工，想要完成以上工作任务，必须熟悉汽车底盘的整体结构，明确部件的安装位置。

相关知识

汽车底盘是汽车的结构基础，一般由传动系、行驶系、转向系、制动系组成，如图 1-0-1 所示，其作用是支撑和安装发动机、车身等其他总成与部件，形成汽车整体，并接受发动机输出的动力，使汽车产生运动并保证汽车正常行驶。

一、传动系认知

汽车传动系是指从发动机到驱动轮之间所有动力传递装置的总称。

1. 传动系的作用及组成

汽车传动系的作用是将汽车发动机输出的动力按需要传递给驱动轮，使路面对驱动轮产生牵引力，推动汽车行驶。汽车传动系的组成与传动系的类型、布置形式以及

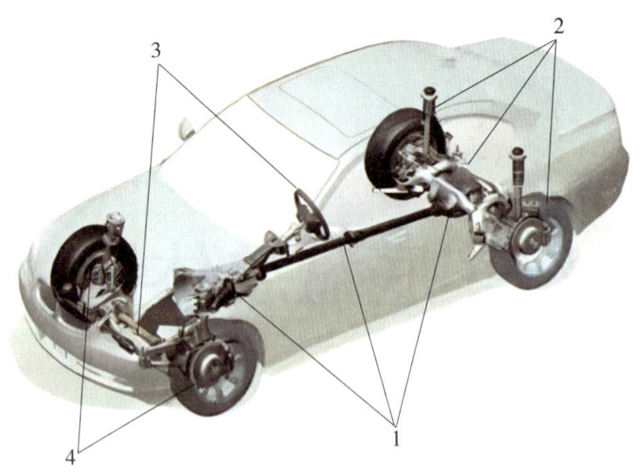

图 1-0-1　汽车底盘
1—传动系　2—行驶系　3—转向系　4—制动系

汽车驱动形式等许多因素有关，主要包括离合器、变速器、万向传动装置、主减速器、差速器等。

2. 传动系的布置形式

汽车传动系的布置形式取决于汽车的使用性质、发动机的安装位置和汽车的驱动形式。常见的传动系布置形式有以下几种：

（1）发动机前置、前轮驱动

图 1-0-2 所示为发动机前置、前轮驱动的传动系布置形式。

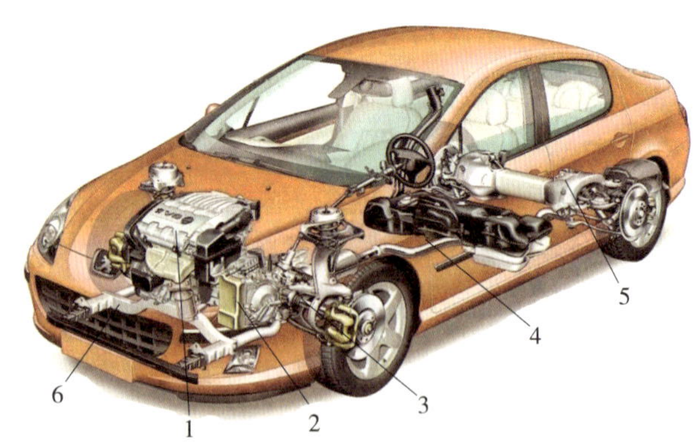

图 1-0-2　发动机前置、前轮驱动的传动系布置形式
1—发动机　2—变速器　3—半轴　4—排气管　5—后桥　6—前横梁

发动机前置、前轮驱动是目前轿车上普遍采用的一种传动系布置形式。这种布置形式的变速器、主减速器和差速器装配成一个整体，并同发动机、离合器一起集中安装在汽车前部，除具有发动机散热条件好、操纵机构简单、维修方便等优点外，还省去了很长的传动轴，传动系结构紧凑，整车重心降低，高速行驶稳定性好。缺点是上坡时前轮

附着力减小，易打滑；下坡道路上制动时前轮负荷过重，高速时易翻车。这种形式有发动机纵向布置和横向布置之分。

（2）发动机前置、后轮驱动

图 1-0-3 所示为发动机前置、后轮驱动的传动系布置形式。

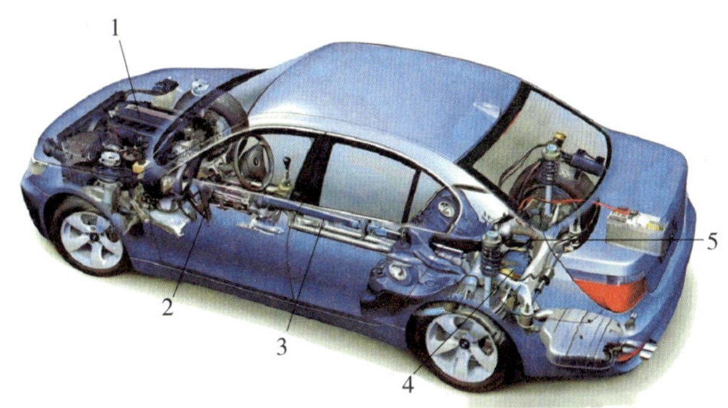

图 1-0-3　发动机前置、后轮驱动的传动系布置形式

1—发动机　2—变速器　3—传动轴　4—驱动桥　5—半轴

这种布置形式的发动机、离合器、变速器装配成一个整体，安装在汽车的前部，而主减速器、差速器和半轴则安装在汽车后部的后桥壳内，两者之间通过万向传动装置相连。这种布置形式，后轮附着力大，容易获得足够的驱动力，并且发动机的散热条件好，驾驶员可直接操纵离合器、变速器，是货车上广泛采用的一种传动系布置形式。

（3）发动机后置、后轮驱动

图 1-0-4 所示为发动机后置、后轮驱动的传动系布置形式

这种布置形式，其发动机、离合器和变速器制成一体布置在驱动桥之后，大幅缩短了传动轴的长度，传动系结构紧凑，重心有所降低，前轴不易过载，后轮附着力大并能

图 1-0-4　发动机后置、后轮驱动的传动系布置形式

1—发动机　2—变速器　3—变速杆　4—前桥

充分利用车厢面积，但由于发动机后置，其散热条件差，发动机、离合器、变速器的远距离操纵使操纵机构变得复杂，且行车中某些故障不易被驾驶员察觉。这是一些运动型轿车和大型客车常采用的一种传动系布置形式。

（4）四轮驱动

图 1-0-5 所示为四轮驱动的传动系布置形式。与发动机前置、后轮驱动的汽车相比，其前桥既是转向桥也是驱动桥。为了将发动机传给变速器的动力分配给前、后两驱动桥，采用这种布置形式的传动系在变速器后增设了分动器，并相应增设了从变速器到分动器，从分动器到前、后两驱动桥的万向传动装置。由于前驱动桥也是转向桥，所以左、右两根半轴均分为两段，并用万向节相连。这种布置形式一般在豪华轿车和越野汽车上应用较多。

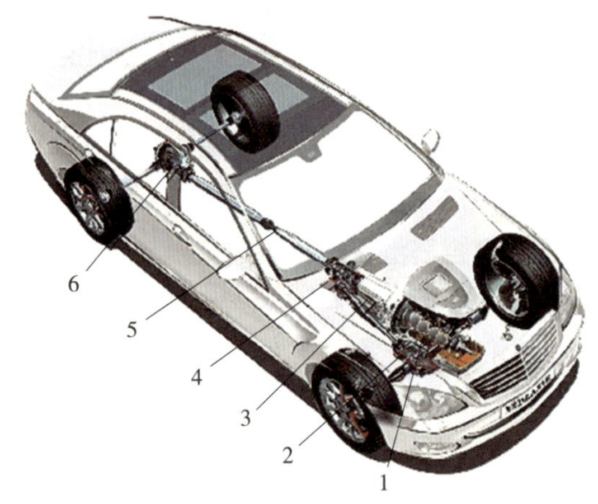

图 1-0-5　四轮驱动的传动系布置形式

1—发动机　2—前差速器　3—变速器　4—分动器　5—传动轴　6—后差速器

二、行驶系认知

1. 汽车行驶系的组成

汽车行驶系一般由车架、车桥、车轮和悬架组成，如图 1-0-6 所示。车架是全车的装配基体，它将汽车的各相关总成连接成一个整体。车轮经轮毂轴承安装在车桥上，为减少车辆在不平路面上行驶时车身所受到的冲击和振动，车桥又通过悬架与车架相连。这样，行驶系就连接为一个整体。

2. 汽车行驶系的作用

（1）将汽车构成一个整体，支撑汽车总质量。

（2）将传动系传来的转矩转化为驱动汽车行驶的驱动力。

（3）承受并传递路面作用于车轮上的各种力及力矩。

（4）减少振动，缓和冲击，保证汽车平顺行驶。

图 1-0-6　汽车行驶系

1—悬架　2—车轮　3—车桥　4—车架

3. 汽车行驶系的类型

汽车行驶系的类型主要有轮式、半履带式、全履带式和车轮 - 履带式等，本书主要讲解轮式行驶系。

三、转向系认知

汽车转向系一般由转向盘、转向器和转向传动机构等组成，如图 1-0-7 所示，其作用是保证汽车按驾驶员选择的方向行驶。

图 1-0-7　汽车转向系

1—转向盘　2—转向器　3—转向传动机构

四、制动系认知

如图 1-0-8 所示，汽车制动系包括制动总泵、真空助力器（限于图示角度，图中未标注）、车轮制动器（包括前轮制动器、后轮制动器）、制动踏板等部件，其作用是控制汽车实现减速、停车以及可靠停驻。

图 1-0-8　汽车制动系

1—制动踏板　2—制动总泵　3—前轮制动器　4—后轮制动器

任务实施

一、任务准备

根据任务要求，准备所需的设备、工具和资料。

1. 设备：举升机、实训车辆等。
2. 工具：头灯、手套、安全帽、车内防护四件套、翼子板布、车轮挡块等。
3. 资料：车辆维修手册、学习工作页等。

二、实施步骤

1. 查找传动系各组成部件的位置（见表 1-0-1）

表 1-0-1　查找传动系各组成部件的位置

步骤	图示	说明
1	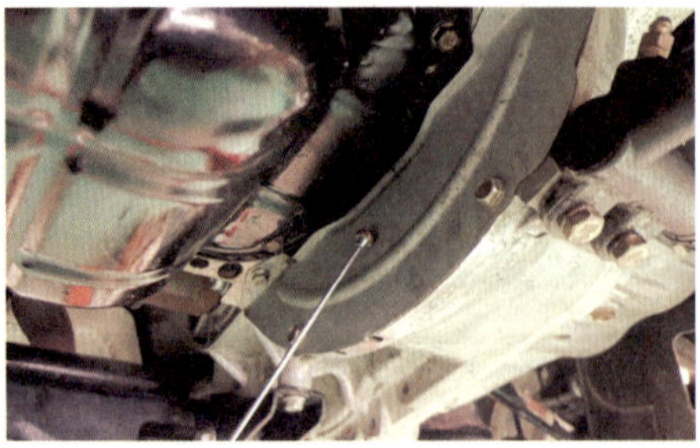	使用举升机举升车辆，从车辆发动机舱内准确查找离合器的安装位置

续表

步骤	图示	说明
2		在车辆发动机舱内准确查找变速器的安装位置
3		在车辆发动机舱内准确查找主减速器、差速器的安装位置
4	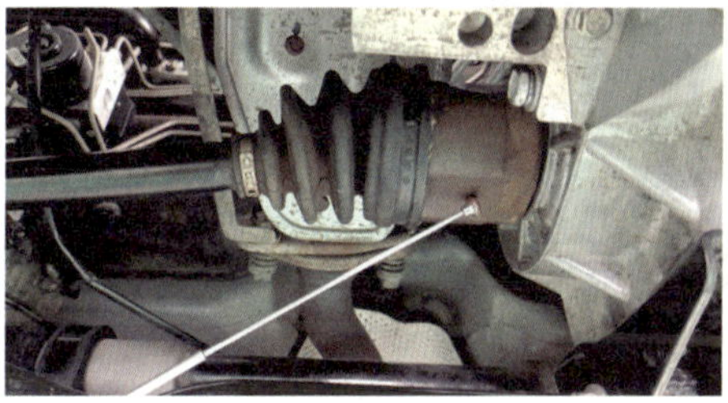	在车辆发动机舱内准确查找万向传动装置部件的安装位置

2. 查找行驶系各组成部件的位置（见表 1–0–2）

表 1–0–2　　查找行驶系各组成部件的位置

步骤	图示	说明
1		打开车辆发动机舱盖，准确查找车架的位置

续表

步骤	图示	说明
2	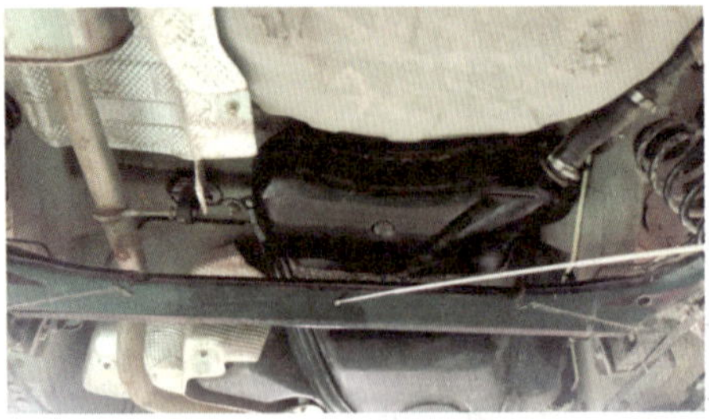	使用举升机举升车辆，准确查找车桥的安装位置
3		准确查找车轮的安装位置
4		准确查找悬架的安装位置

3. 查找转向系各组成部件的位置（见表 1–0–3）

表 1–0–3　　查找转向系各组成部件的位置

步骤	图示	说明
1		打开车辆发动机舱盖和驾驶室车门，准确查找转向盘的安装位置

续表

步骤	图示	说明
2		打开车辆发动机舱盖，使用举升机举升车辆，在车辆发动机舱内准确查找转向器的安装位置
3		在车辆发动机舱内准确查找转向传动机构的安装位置

4. 查找制动系各组成部件的位置（见表 1-0-4）

表 1-0-4　　查找制动系各组成部件的位置

步骤	图示	说明
1		打开车辆驾驶室车门，准确查找制动踏板的安装位置
2		打开车辆发动机舱盖，在车辆发动机舱内准确查找真空助力器的安装位置

续表

步骤	图示	说明
3	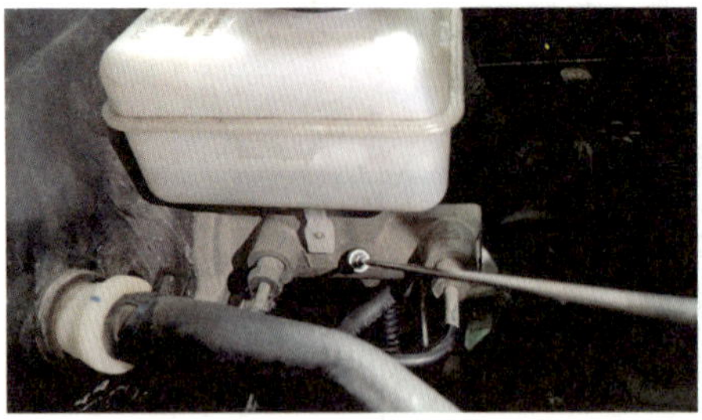	在车辆发动机舱内准确查找制动总泵的安装位置
4		使用举升机举升车辆，准确查找车轮制动器的安装位置

项目二 —— 传动系构造与维修

任务 1　离合器的结构与维修

学习目标

1. 会描述离合器的功用、要求与类型。
2. 能分析离合器的基本结构与工作原理。
3. 会描述离合器操纵机构的类型、构造与工作原理。
4. 能够小组合作，在教师指导下，规范完成离合器的维修工作，并严格执行“8S”管理规定。

任务描述

一辆轿车进厂维修，客户反映在踩下或放松离合器踏板时有异响。经班组长检查后，判断为离合器出现故障，需要进行维修。

你作为一名汽车维修工，在班组长的安排下领取汽车离合器故障维修任务，通过小组合作、查阅资料等方式，要在规定时间内完成离合器的维修工作，并通过验收后交车。

相关知识

一、离合器概述

1. 离合器的功用

离合器安装在发动机和变速器之间的飞轮壳内，如图 2-1-1 所示，用螺栓将离合器

总成固定在飞轮后平面上，离合器的输出轴即变速器的输入轴。在汽车从起步到行驶的整个过程中，驾驶员根据行驶情况，需要随时踩下或松开离合器踏板，使发动机与变速器分离或接合，以切断或传递发动机向变速器输入的动力。因此，离合器的作用是保证汽车平稳起步和变速器平顺换挡，并防止传动系过载。

图 2-1-1　离合器的安装位置

1—发动机　2—离合器

2. 对离合器的要求

根据离合器的功用，离合器应满足以下基本要求：

（1）能保证传递发动机的最大转矩而不打滑。

（2）主、从动部分分离迅速彻底，接合柔和。

（3）从动部分的质量要尽可能小，以减小换挡时齿轮的冲击。

（4）具有良好的散热能力，保证离合器工作可靠。

（5）操纵轻便，以减轻驾驶员的疲劳。

3. 离合器的类型

离合器的类型很多，汽车广泛采用的是摩擦式离合器。根据压紧弹簧的形式及布置位置不同、从动盘的数目，摩擦式离合器又分为如下类型：

（1）根据压紧弹簧的形式及布置位置不同，分为周布螺旋弹簧离合器、中央弹簧离合器、斜置弹簧离合器和膜片弹簧离合器等，其中膜片弹簧离合器在轿车、轻型车和中型车上应用较多。

（2）根据从动盘的数目不同，分为单片离合器和双片离合器。

二、离合器的组成及工作原理

1. 离合器的组成

不同类型摩擦式离合器的结构虽有差异，但大致由主动部分、从动部分、压紧机构和操纵机构四部分组成。

离合器的主动部分与发动机飞轮相连，主要由压盘、离合器盖等零部件组成；从动部分与变速器相连，主要由从动盘、变速器输入轴等零部件组成；压紧机构主要是压紧弹簧；操纵机构主要由分离杠杆、分离轴承及套筒、分离叉和离合器踏板等组成。离合器的部分组成如图 2-1-2 所示。

图 2-1-2　离合器的部分组成

1—飞轮　2—从动盘　3—离合器盖　4—压紧弹簧　5—压盘

2. 离合器的工作原理

如图 2-1-3 所示，离合器盖通过螺栓固定在飞轮的后端面上，离合器内的从动盘在

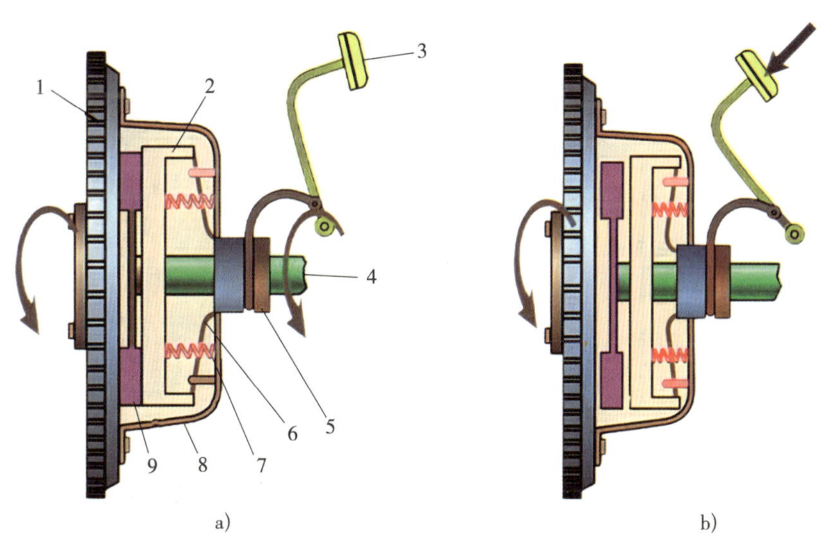

图 2-1-3　离合器的工作原理

a）踩离合器踏板前　b）踩离合器踏板后

1—飞轮　2—压盘　3—离合器踏板　4—变速器输入轴

5—分离轴承　6—分离杠杆　7—压紧弹簧　8—离合器盖　9—从动盘

弹簧的作用力下被压盘压紧在飞轮端面上，而从动盘与变速器的输入轴相连，通过飞轮及压盘与从动盘接触面的摩擦作用，将发动机输出的转矩传递给变速器。

在没踩下离合器踏板时，如图 2–1–3a 所示，从动盘是紧压在飞轮端面上的，发动机的动力可以传递到变速器。当踩下离合器踏板后，如图 2–1–3b 所示，操纵机构将力传递到分离叉和分离轴承，分离轴承前移，将分离杠杆内端向飞轮端压紧，分离杠杆的外端以支撑环为支点向相反的方向移动，带动压盘离开从动盘，这时发动机动力传输中断；当松开离合器踏板后，弹簧回位，离合器重新接合，发动机动力继续传递。

三、典型离合器的构造

1. 膜片弹簧离合器

（1）结构

离合器的主动部分、从动部分和压紧机构都安装在离合器壳内，其结构如图 2–1–4 所示。操纵机构安装于飞轮壳内部、外部及驾驶室中。

1）主动部分。主动部分由发动机飞轮、压盘及离合器盖组成。离合器盖用螺栓固定在飞轮上，离合器盖和压盘之间是通过四组传动片来传递转矩的。传动片由弹簧钢片制成，每组两片，其一端用铆钉铆在离合器盖上，另一端则用螺栓紧固在压盘上。因此，压盘既可以随飞轮一起旋转，又可以相对于飞轮做轴向移动。在离合器分离时，弹性的传动片产生弯曲变形，传动片螺栓的一端随压盘沿离合器轴向后移。为使离合器分离时不破坏压盘的对中和离合器的平衡，四组传动片是相隔 90° 沿圆周均匀分布的。这种传动方式效率高、噪声小、接合平稳。

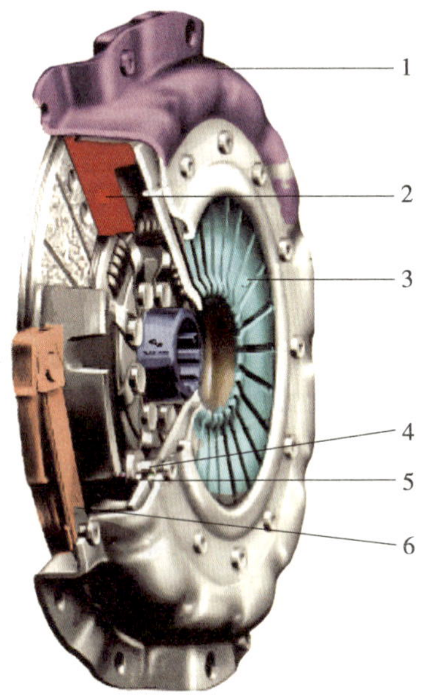

图 2–1–4　膜片弹簧离合器的结构

1—离合器盖　2—压盘　3—膜片弹簧
4—支撑铆钉　5—支撑环　6—传动片

2）从动部分。离合器从动部分主要是从动盘，如图 2–1–5 所示。从动盘装在压盘与飞轮之间，从动盘毂的花键套在从动轴（即变速器输入轴）前端的花键上，并可在花键上做轴向移动。为了消除传动系的扭转振动，在从动盘上装有扭转减振器。前、后两摩擦片分别铆在从动盘本体的两侧，从动盘本体通过四个止动销与减振器盘铆接，使摩擦片、从动盘本体与减振器盘合为一体。从动盘本体、从动盘毂和减振器盘都开有四个均匀的矩形窗孔，窗孔中都有减振弹簧，以实现从动盘本体与从动盘毂之间在圆周方向上的弹性联系。

从动盘工作时，两侧摩擦片所受摩擦力矩首先传到从动盘本体和减振器盘上，再经减振弹簧传给从动盘毂。这时弹簧被压缩，吸收传动系所受的冲击。传动系中的扭转振动导致从动盘本体及减振器盘与从动盘毂之间的相对微量转动，从而依靠摩擦来消耗扭转振动的能量，使扭转振动迅速衰减。安装从动盘时，应使减振器盘朝后。

有些汽车离合器从动盘中采用两组或多组刚度不同的减振弹簧，并使弹簧的窗口长度不等，利用弹簧先后起作用的方式获得变刚度特性，以避免不利的传动系共振，降低传动系噪声。

3）压紧机构。压紧机构即膜片弹簧，如图 2-1-6 所示，其径向开有若干切槽，形成弹性杠杆。切槽末端有圆孔，固定铆钉穿过圆孔，并固定在离合器盖上。膜片弹簧两侧装有钢丝支撑环，这两个钢丝支撑环是膜片弹簧工作时的支点。膜片弹簧的外缘通过分离钩与压盘联系起来。

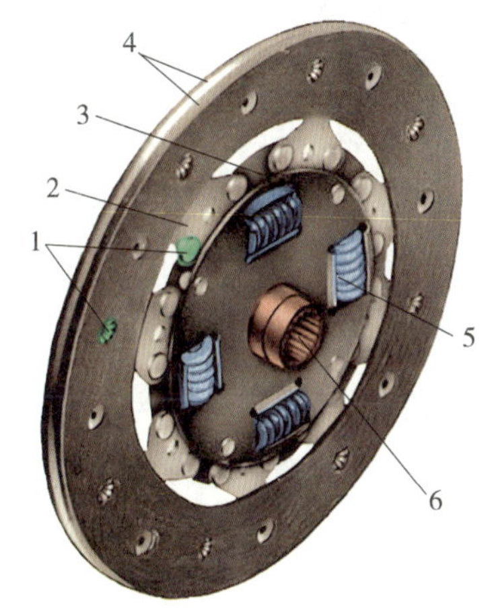

图 2-1-5　从动盘

1—铆钉　2—波形弹簧片　3—从动盘本体
4—摩擦片　5—扭转减振弹簧　6—从动盘毂

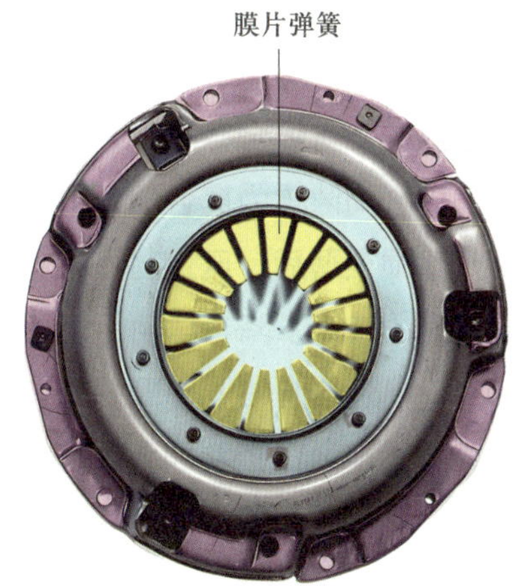

图 2-1-6　膜片弹簧

膜片弹簧既是压紧弹簧，又是分离杠杆，使结构简化。另外，膜片弹簧的性能优于圆柱螺旋弹簧，所以膜片弹簧离合器的应用越来越广泛，在各种车型上都有应用。

（2）工作原理

在离合器盖未固定到飞轮上时，膜片弹簧变形量很小，此时离合器盖与飞轮安装面间有一距离 L，如图 2-1-7a 所示。

当离合器盖用螺栓固定到飞轮上时，如图 2-1-7b 所示，由于离合器盖移向飞轮，后钢丝支撑环压膜片弹簧，使之发生弹性变形（锥度变小）而对压盘产生压紧力，使离合器处于接合状态。发动机工作时，输出转矩一部分由飞轮直接传给从动盘，另一部分则由飞轮通过固定螺栓传到离合器盖，并由此经过四组传动片传到压盘，再传给从动盘。从动盘通过盘毂的花键将转矩传给从动轴（即变速器输入轴），由此输入变速器。

当离合器分离时，通过操纵机构使分离轴承左移，膜片弹簧以前钢丝支撑环为支点发生反向变形，膜片弹簧外端通过分离钩将压盘拉离飞轮，使压盘与从动盘分离，动力被切断，如图 2-1-7c 所示。

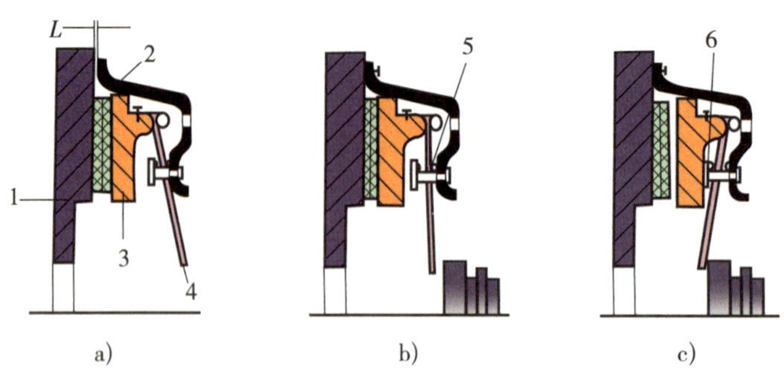

图 2-1-7　离合器的工作原理

1—飞轮　2—离合器盖　3—压盘　4—膜片弹簧
5—后钢丝支撑环　6—前钢丝支撑环

离合器在正常接合状态下，分离杠杆内端与分离轴承之间应留有一个间隙，一般为几毫米，这个间隙称为离合器的自由间隙，如图 2-1-8 所示。如果没有自由间隙，从动盘摩擦片磨损变薄后，压盘将不能向前移动压紧从动盘，这将导致离合器打滑，使离合器所能传递的转矩下降，车辆行驶无力，而且会加速从动盘的磨损。

为消除离合器自由间隙及机件弹性变形所需的离合器踏板行程，称为离合器踏板的自由行程。可以通过拧动调节叉来改变分离拉杆的长度，对离合器踏板的自由行程进行调整。

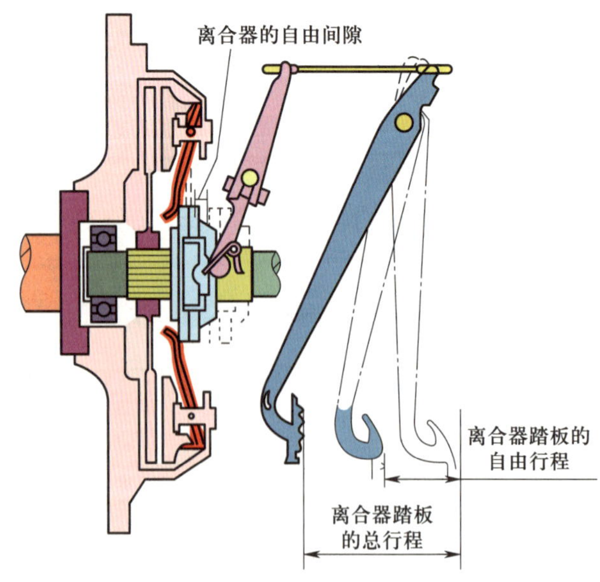

图 2-1-8　离合器的自由间隙

2. 周布螺旋弹簧离合器

周布螺旋弹簧离合器分为单盘和双盘两种，由于螺旋弹簧只能作为压紧装置，所以必须单独设置分离杠杆，从而使离合器结构复杂，轴向尺寸加大。高速时，离心力的作用使弹簧产生弯曲，导致压紧力下降而使离合器打滑，因此大部分轿车和轻型汽车都不采用周布螺旋弹簧离合器，只有少数载重汽车采用。

单盘周布螺旋弹簧离合器的结构如图 2–1–9 所示，其主动部分、从动部分的结构与膜片弹簧离合器基本相同。它的压紧机构由若干根螺旋弹簧组成，如图 2–1–10 所示。螺旋弹簧沿压盘周向对称布置，装在压盘和离合器盖之间。

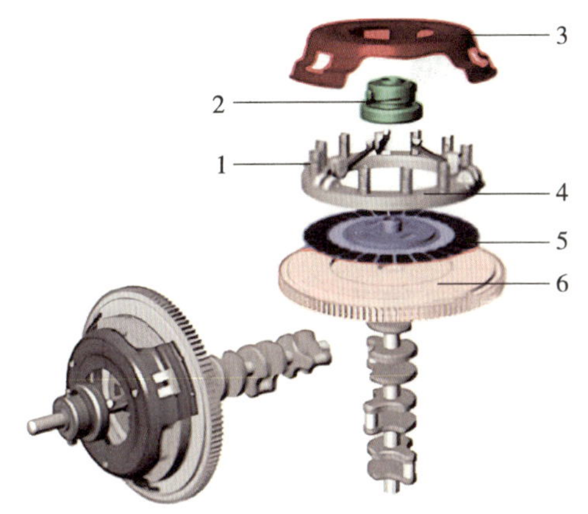

图 2–1–9　单盘周布螺旋弹簧离合器的结构

1—螺旋弹簧　2—分离轴承　3—离合器盖
4—压盘　5—从动盘　6—飞轮

图 2–1–10　螺旋弹簧

双盘周布螺旋弹簧离合器在结构上与单盘周布螺旋弹簧离合器相比，主要区别是主动部分多了一个中间压盘和从动部分多了一个从动盘，即双盘周布螺旋弹簧离合器有两个从动盘和两个压盘，摩擦面从两个增加到四个。这样在不增加平均摩擦半径和压紧力的情况下，可以使传递的转矩增加一倍。

周布螺旋弹簧离合器的工作原理与膜片弹簧离合器相同。

四、离合器的操纵机构

目前，汽车离合器广泛采用机械式和液压式操纵机构，也有以这两种为基础的气压式或弹簧助力式操纵机构。

1. 机械式操纵机构

机械式操纵机构有杆系传动和绳索传动两种形式。

（1）杆系传动

杆系传动式操纵机构如图 2–1–11 所示，其结构简单，工作可靠，广泛应用于各种车型上。但杆系传动式操纵机构的杆件间铰接较多，摩擦损失大，车架或车身变形以及发动机位移时会影响其正常工作。

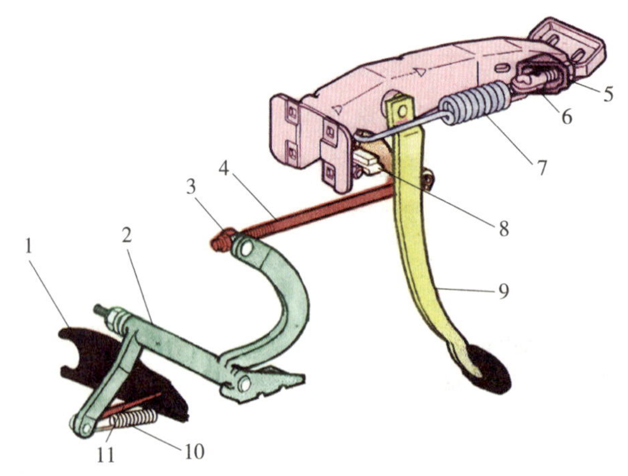

图 2–1–11 杆系传动式操纵机构

1—分离叉 2—横轴 3—调整螺母 4—调整推杆 5—离合器踏板回位弹簧接头 6—定位器 7—离合器踏板回位弹簧 8—托架及缓冲器 9—离合器踏板 10—分离叉回位弹簧 11—分离推杆

（2）绳索传动

绳索传动式操纵机构如图 2–1–12 所示，其可消除杆系传动式操纵机构的一些缺点，并能采用便于驾驶员操纵的吊挂式踏板。但绳索寿命较短，拉伸刚度较小，故只适用于轻型、微型汽车和轿车。

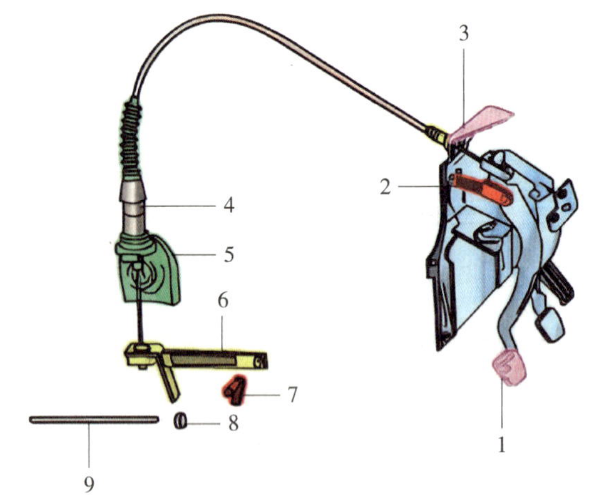

图 2–1–12 绳索传动式操纵机构

1—离合器踏板 2—偏心弹簧 3—支撑 A 4—拉索调整机构 5—支撑 B 6—操纵臂 7—分离臂 8—分离轴承 9—分离推杆

2. 液压式操纵机构

（1）液压式操纵机构的结构

液压式操纵机构如图 2-1-13 所示，主要由主缸（总泵）、工作缸（分泵）和管路系统等组成。目前，液压式操纵机构在各类车型上应用广泛。

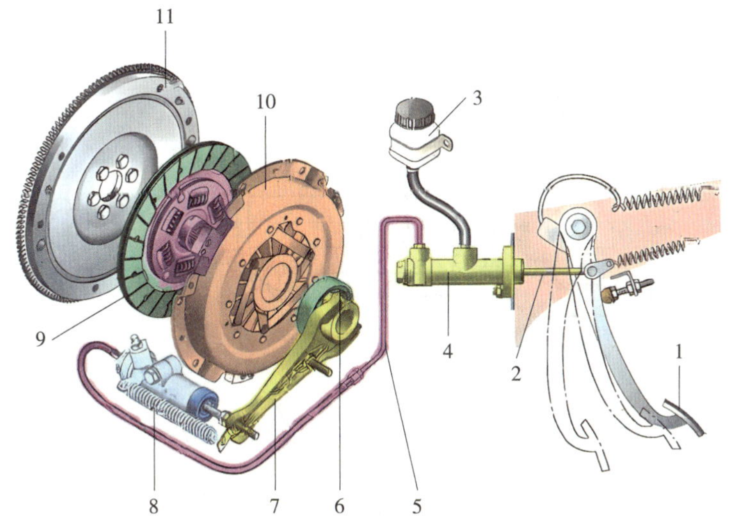

图 2-1-13　液压式操纵机构

1—离合器踏板　2—主缸推杆　3—主缸储液罐　4—主缸　5—油管　6—分离轴承
7—分离叉　8—工作缸　9—从动盘　10—压盘组件　11—飞轮

1）主缸。主缸的主要功能如下：

①使油液通过管路流至工作缸，通过进油口和补偿口对温度变化和最小油液损失进行补偿，以维持正确的流量。

②通过储液罐补偿口排出油液，补偿离合器从动盘和压盘的磨损，从而无需进行周期性调整。主缸的结构如图 2-1-14 所示。

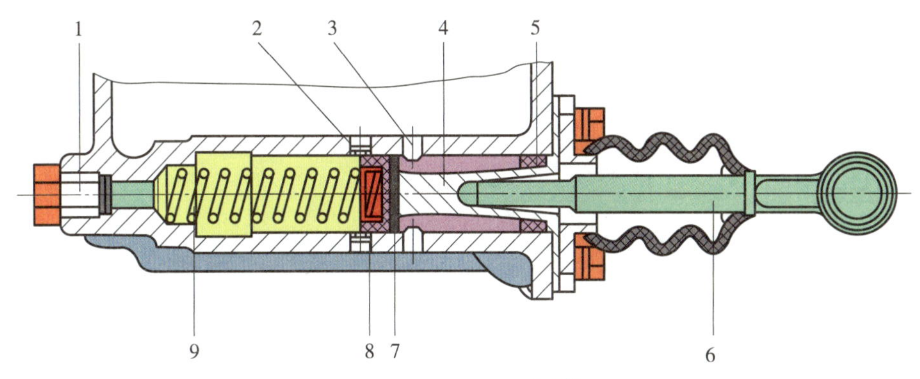

图 2-1-14　主缸的结构

1—出油口　2—进油口　3—补偿口　4—活塞　5—密封圈
6—推杆　7—活塞垫片　8—皮碗　9—活塞回位弹簧

2）工作缸。工作缸的结构如图 2-1-15 所示，内装有活塞、皮碗（两个）、推杆和放气螺钉等。两皮碗的刃口方向相反，其作用是不同的：左侧皮碗用于密封油液防止泄漏；右侧皮碗用于防止迅速抬起离合器踏板时，工作缸吸入空气。放气螺钉的作用是放净系统内的空气。

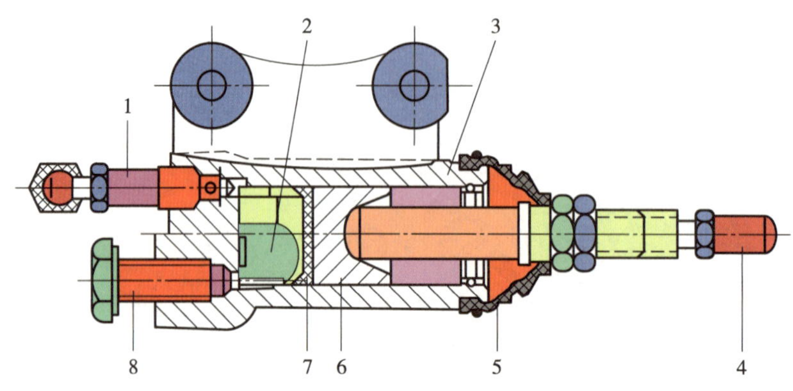

图 2-1-15　工作缸的结构

1—放气螺钉　2—活塞限位块　3—缸体　4—推杆　5—防尘罩　6—活塞　7—皮碗　8—进油管接头

主缸和工作缸的推杆长度一般是可调整的，通过调整推杆长度来调整离合器踏板的自由行程。

（2）液压式操纵机构的工作原理

液压式操纵机构的工作原理如图 2-1-16 所示。

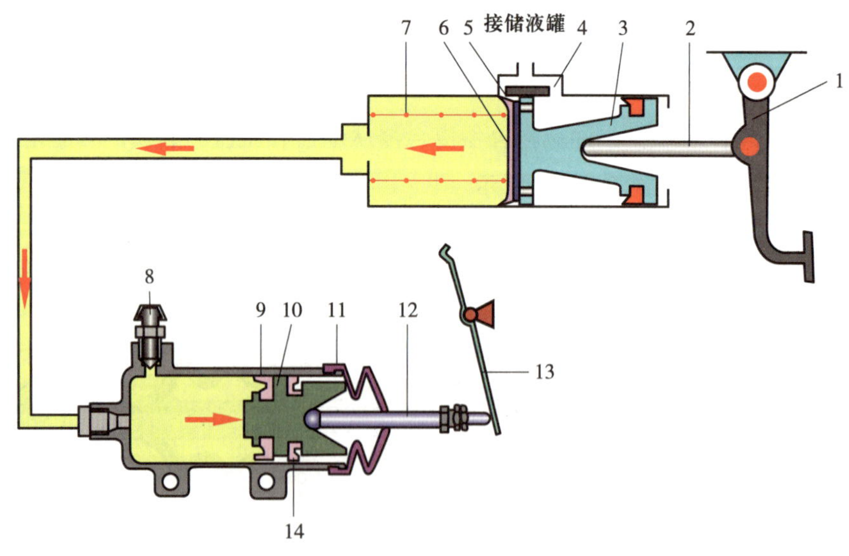

图 2-1-16　液压式操纵机构的工作原理

1—离合器踏板　2—主缸推杆　3—主缸活塞　4—进油口　5—补偿口

6—主缸皮碗　7—主缸活塞回位弹簧　8—放气螺钉　9—工作缸皮碗（左）

10—工作缸活塞　11—防尘罩　12—工作缸推杆　13—分离叉　14—工作缸皮碗（右）

1）分离过程。踩下离合器踏板，主缸产生液压，推动主缸活塞前移，通过管路将液压传到工作缸。工作缸活塞在液压的作用下推动工作缸推杆，再推动分离叉，分离叉推动分离轴承压向分离杠杆，使离合器分离。

2）接合过程。放松离合器踏板，在回位弹簧的作用下，离合器踏板带着主缸推杆复位，主缸活塞也随之复位，主缸内液压解除，同时工作缸内液压也随之解除。分离叉及分离轴承在回位弹簧的作用下复位，解除对分离杠杆的压力，离合器重新处于接合状态。

任务实施

一、任务准备

根据任务要求，准备所需的设备、工具和资料。

1. 设备：举升机、变速器高位托架、发动机台架、实训车辆等。

2. 工具：头灯、手套、安全帽、车内防护四件套、翼子板布、车轮挡块、汽修工具套装、螺钉旋具、扭力扳手、轮胎扳手、离合器对孔校正套装、放气软管、钢直尺、刀口尺、塞尺、游标卡尺等。

3. 资料：车辆维修手册、学习工作页等。

二、实施步骤

1. 离合器的维护

（1）离合器踏板自由行程的检查与调整（见表 2-1-1）

表 2-1-1　　离合器踏板自由行程的检查与调整

步骤	图示	说明
1	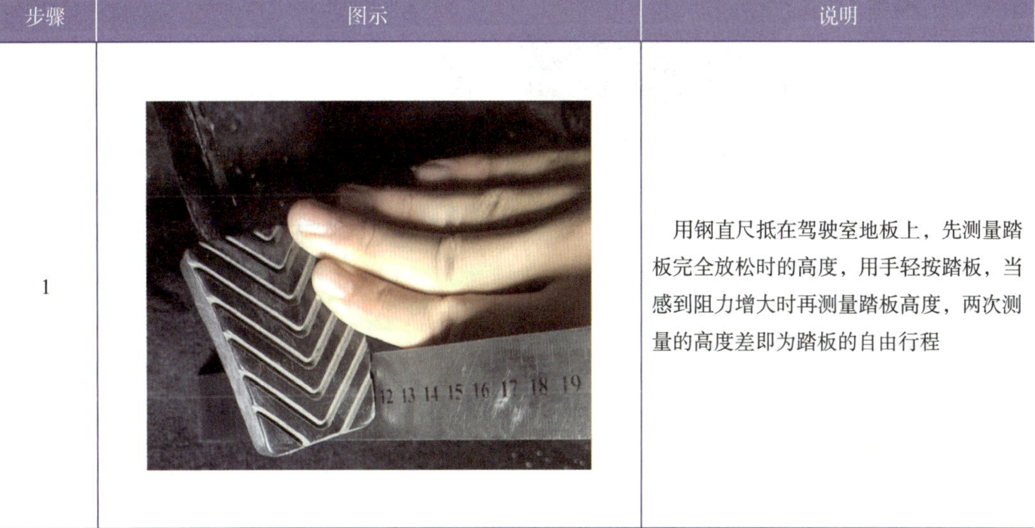	用钢直尺抵在驾驶室地板上，先测量踏板完全放松时的高度，用手轻按踏板，当感到阻力增大时再测量踏板高度，两次测量的高度差即为踏板的自由行程

续表

步骤	图示	说明
2	踏板自由行程 踏板高度 1—地板　2—离合器主缸推杆　3—锁紧螺母	对于液压式操纵机构，踏板自由行程一般通过调整主缸推杆的长度来调整。先将主缸推杆锁紧螺母旋松，然后转动主缸推杆，从而调整踏板自由行程，调整后应将主缸推杆锁紧螺母旋紧
3		对于绳索传动式操纵机构，旋松离合器拉索上的锁紧螺母，旋动调整螺母，使离合器踏板的自由行程达到规定值，调整后旋紧锁紧螺母

目前大部分轿车的操纵机构具有自调装置，可以免除离合器踏板自由行程的调整。

（2）液压式操纵机构的空气排放（见表 2-1-2）

表 2-1-2　液压式操纵机构的空气排放

步骤	图示	说明
1	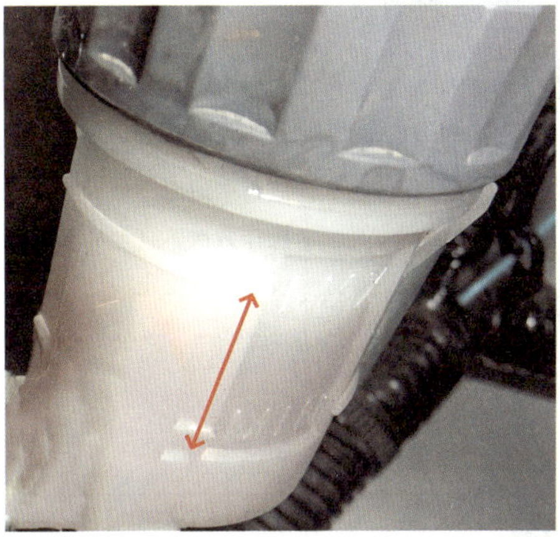	检查储液罐内的液面是否在规定位置
2		取下工作缸放气塞胶套，在放气塞上接一根长度适宜的放气软管，将放气软管的另一端置于盛有适量制动液的容器中的液面以下
3		一人踩动离合器踏板数次，然后将踏板踩下至最大行程，并保持不动

续表

步骤	图示	说明
4		另一人松开放气塞，油液及空气从放气软管中流出，然后拧紧放气塞。如此重复操作数次，直至从放气软管流出的油液中没有空气为止
5		拧紧放气塞，取下放气软管，装回放气塞胶套，往储液罐内添加制动液至规定位置

在排气操作过程中，要时刻注意观察储液罐中液面的高度，不足时应及时添加，以防止空气混入而再重复上述操作。

2. 离合器的拆卸（见表 2–1–3）

表 2–1–3　　离合器的拆卸

步骤	图示	说明
1		首先拆下变速器（详细步骤见后面任务中变速器的拆卸）

续表

步骤	图示	说明
2		用专用工具固定离合器从动盘和飞轮，分 2 ~ 3 次对角旋松离合器与飞轮的连接螺栓并取下
3	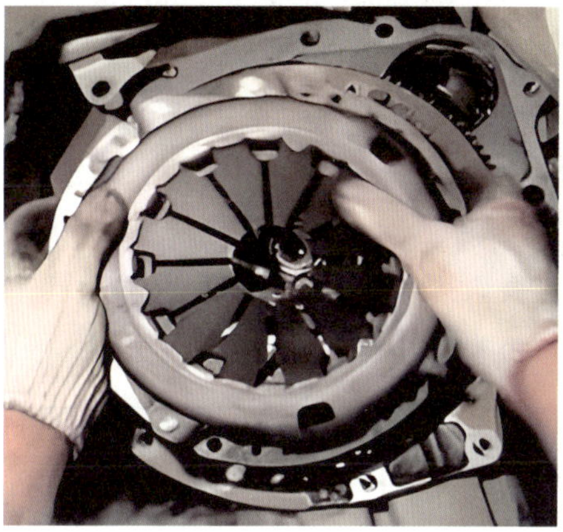	拆下离合器、从动盘及压盘总成

3. 离合器的检修

（1）从动盘的检查（见表 2-1-4）

表 2-1-4　从动盘的检查

步骤	图示	说明
1		目视检查。看从动盘摩擦片是否有裂纹、铆钉外露、减振器弹簧断裂等情况，如有，则更换从动盘

续表

步骤	图示	说明
2		检查从动盘摩擦片的磨损程度。摩擦片的磨损程度可用游标卡尺进行测量，铆钉头埋入深度应不小于 0.20 mm。如果检查结果超过要求，则更换从动盘

（2）压盘和离合器盖的检查（见表 2-1-5）

表 2-1-5　压盘和离合器盖的检查

步骤	图示	说明
1	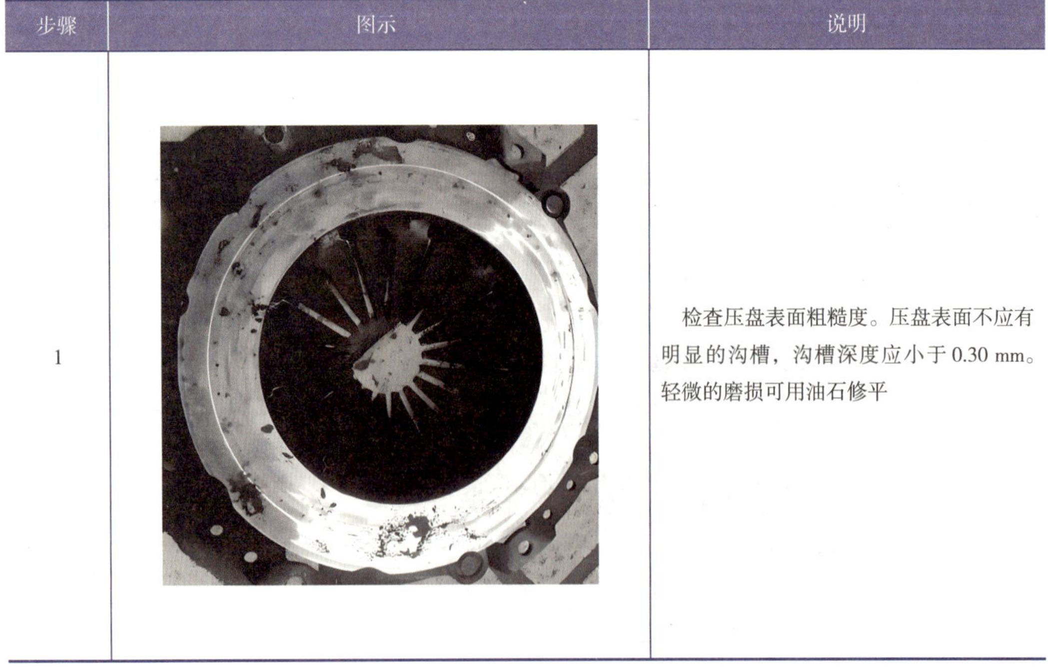	检查压盘表面粗糙度。压盘表面不应有明显的沟槽，沟槽深度应小于 0.30 mm。轻微的磨损可用油石修平

续表

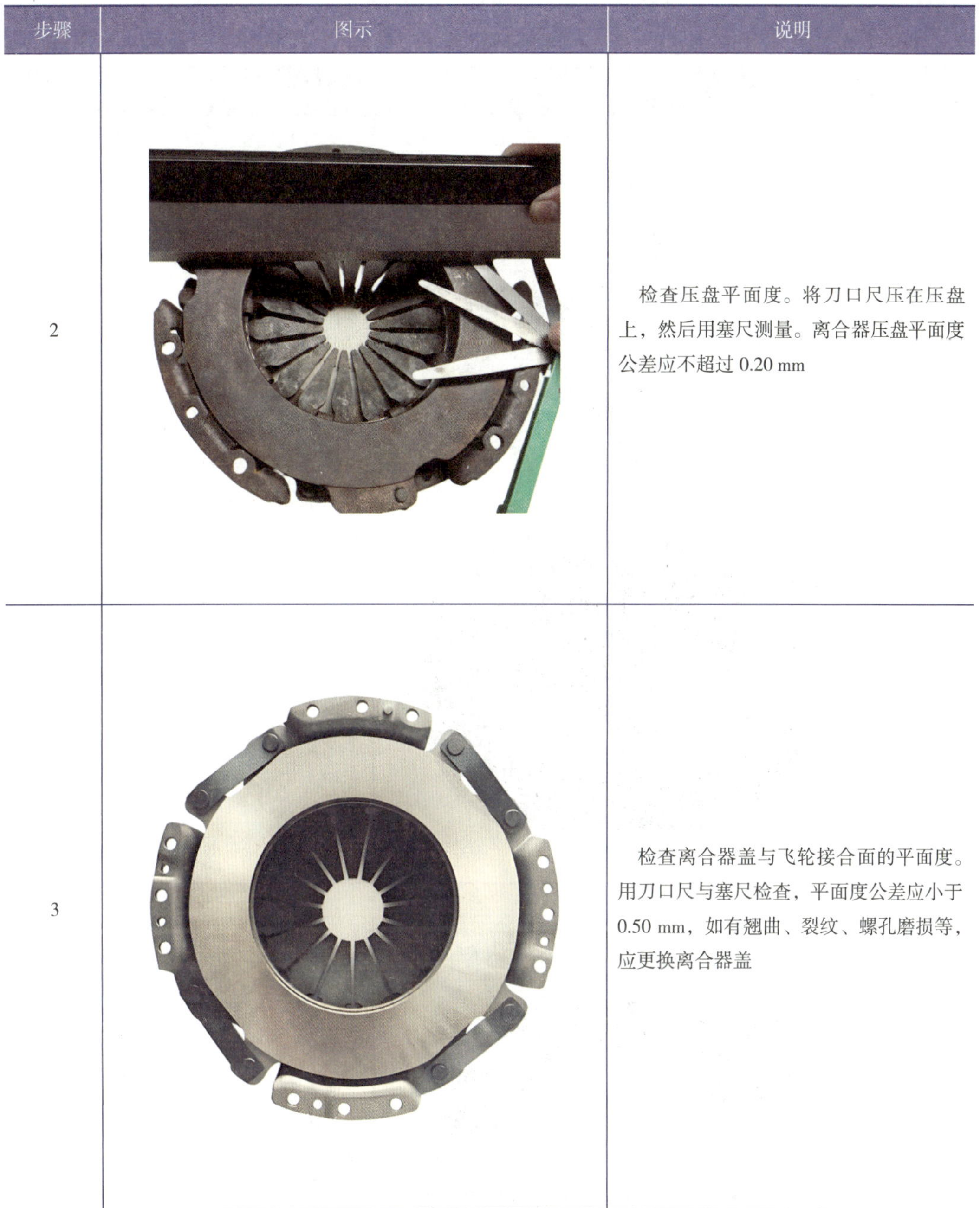

步骤	图示	说明
2		检查压盘平面度。将刀口尺压在压盘上，然后用塞尺测量。离合器压盘平面度公差应不超过 0.20 mm
3		检查离合器盖与飞轮接合面的平面度。用刀口尺与塞尺检查，平面度公差应小于 0.50 mm，如有翘曲、裂纹、螺孔磨损等，应更换离合器盖

压盘损伤主要是翘曲、破裂或过度磨损等。若压盘平面度或表面粗糙度超过要求，可用平面磨床磨平或车床车平，但磨、车的厚度应小于 2 mm，否则应更换压盘。

（3）膜片弹簧的检查（见表 2-1-6）

表 2-1-6 膜片弹簧的检查

步骤	图示	说明
1	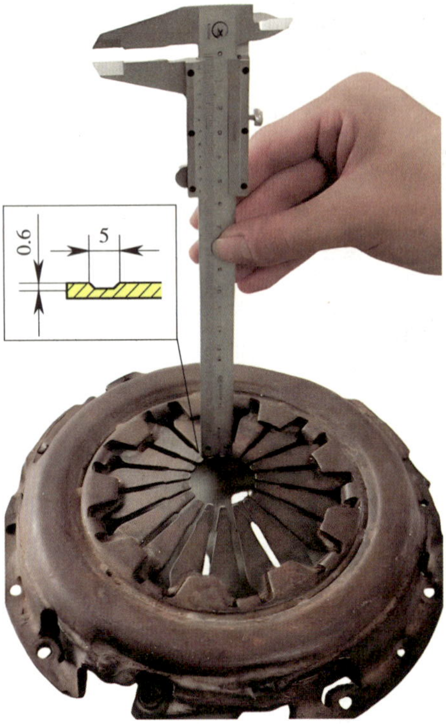	检查膜片弹簧的磨损程度。用游标卡尺测量膜片弹簧与分离轴承接触部位磨损的深度和宽度。深度应小于 0.60 mm（磨损量不超过原厚度的二分之一），宽度应小于 5 mm，否则应更换
2	 	检查膜片弹簧的变形。用专用工具盖住弹簧分离指内端（小端），然后用塞尺测量弹簧分离指内端与专用工具之间的间隙。弹簧分离指内端应在同一平面内，间隙应不超过 0.50 mm，否则应更换膜片弹簧

（4）分离轴承的检查（见表 2-1-7）

表 2-1-7　　分离轴承的检查

图示	说明
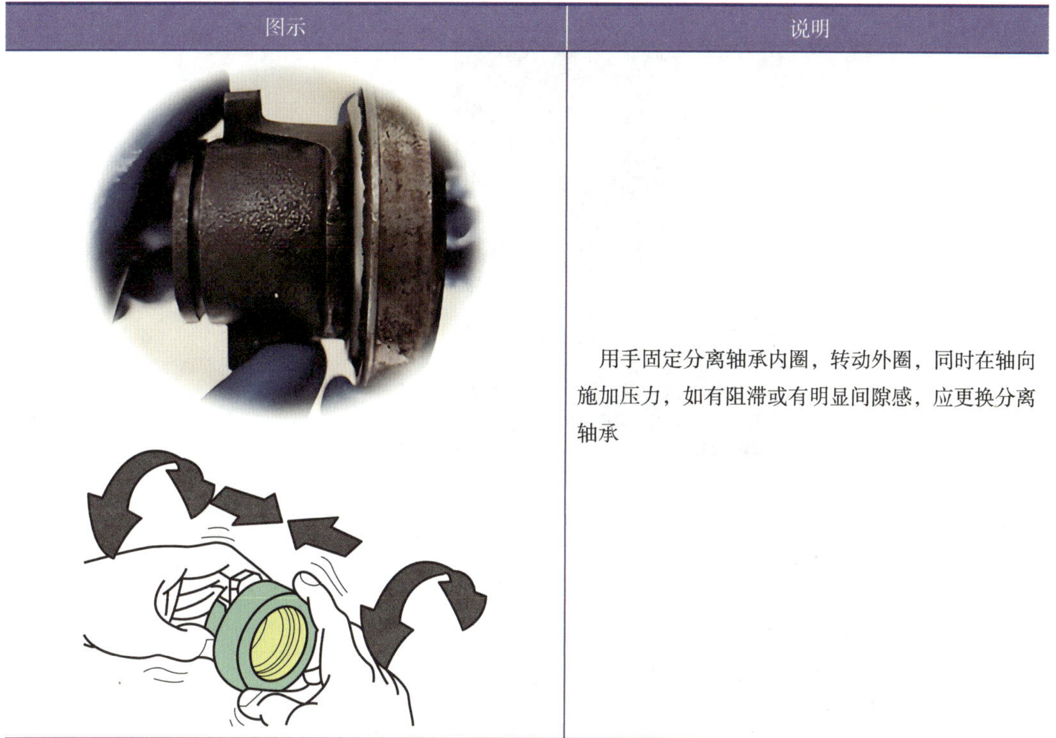	用手固定分离轴承内圈，转动外圈，同时在轴向施加压力，如有阻滞或有明显间隙感，应更换分离轴承

分离轴承通常一次性加注润滑脂，维护时切勿随意拆卸、清洗。若有脏污，可用干净抹布擦净表面。

4. 离合器的安装（见表 2-1-8）

表 2-1-8　　离合器的安装

步骤	图示	说明
1		清洗飞轮、压盘表面

续表

步骤	图示	说明
2		检查并清洗变速器输入轴花键，涂抹润滑脂
3		检查并安装分离轴承 1，需配合离合器分离叉 2 与导向衬套 3 一起安装。两个紧固螺栓拧紧力矩为 5 N・m+90°
4		清洗从动盘花键，安装在变速器输入轴上应能活动自如。注意：安装时箭头所示“变速器侧”总是朝向压盘和变速器

续表

步骤	图示	说明
5		将离合器和从动盘安装到飞轮上，用对孔校准器校准后，对角分 2 ~ 3 次拧紧离合器的固定螺栓，固定螺栓拧紧力矩为 20 N · m

任务 2　手动变速器的结构与维修

学习目标

1. 会描述手动变速器的功用、类型及变速传动原理。
2. 会描述手动变速器的结构及典型变速器各挡位的传动情况。
3. 能分析同步器的功用、类型、构造和工作原理。
4. 能够小组合作，在教师指导下，规范完成手动变速器的维修工作，并严格执行“8S”管理规定。

任务描述

一辆轿车进厂维修。客户反映车辆在高速行驶时会出现变速杆自动跳回空挡的现象。经班组长检查后，判断为变速器故障，需要进行维修。

你作为一名维修工，在班组长的安排下领取汽车变速器故障维修任务，通过小组合作、查阅资料等方式，在规定时间内完成变速器的维修工作，并通过验收后交车。

相关知识

一、变速器概述

1. 变速器的功用

（1）变速、变矩

扩大发动机传到驱动轮上的转矩和转速的变化范围，以适应经常变化的行驶条件。

（2）变向

在发动机曲轴旋转方向不变的前提下，使汽车倒向行驶。

（3）中断动力传递

利用空挡，中断动力传递，以使发动机起动、怠速运转和汽车短暂停驶、滑行。

在越野汽车上，为了将变速器输出的动力分配到各驱动桥，变速器后装有分动器。分动器也是一个齿轮传动系统，其输入轴与变速器的输出轴用万向传动装置连接，输出轴则经万向传动装置与各驱动桥相连。

2. 变速器的类型

汽车上所采用的变速器有多种结构形式，一般可以按照传动比的级数和操纵方式进行分类。

（1）按传动比的级数分类

变速器按传动比的级数可分为有级式、无级式和综合式三种，见表 2-2-1。

表 2-2-1　变速器按传动比的级数分类

种类	图示	说明
有级式变速器	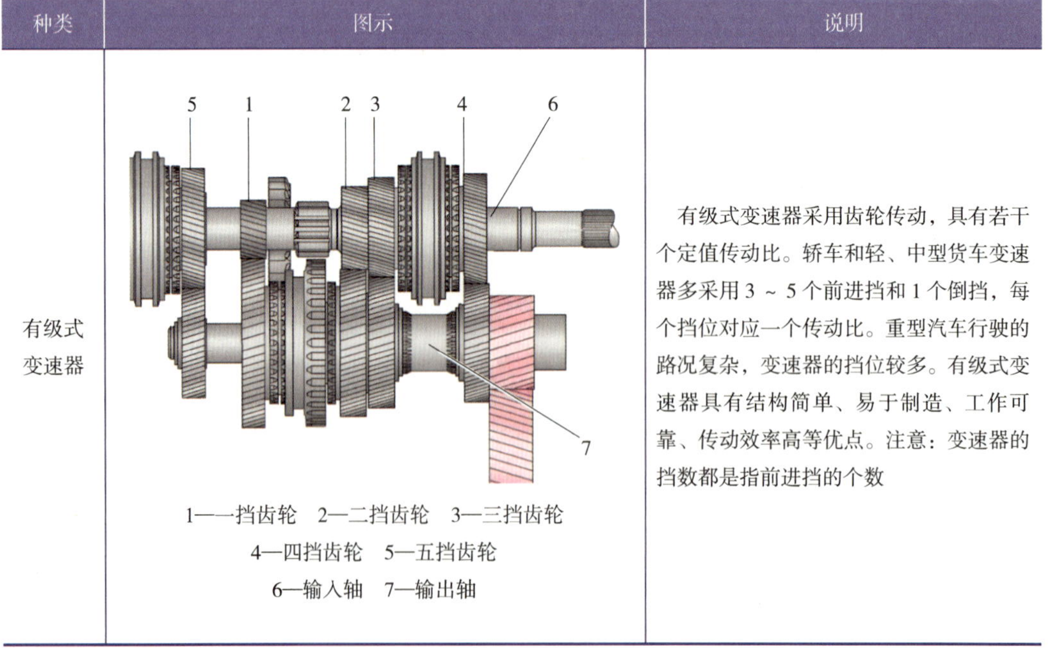1—一挡齿轮　2—二挡齿轮　3—三挡齿轮 4—四挡齿轮　5—五挡齿轮 6—输入轴　7—输出轴	有级式变速器采用齿轮传动，具有若干个定值传动比。轿车和轻、中型货车变速器多采用 3 ~ 5 个前进挡和 1 个倒挡，每个挡位对应一个传动比。重型汽车行驶的路况复杂，变速器的挡位较多。有级式变速器具有结构简单、易于制造、工作可靠、传动效率高等优点。注意：变速器的挡数都是指前进挡的个数

续表

种类	图示	说明
无级式变速器	1—主动带轮 2—从动带轮 3—金属传动带	无级式变速器的英文缩写为 CVT，其传动比的变化是连续的。目前无级式变速器一般都采用金属传动带传递动力，通过主、从动带轮直径的变化实现无级变速
综合式变速器	1—齿轮变速器 2—液力变矩器	综合式变速器是由液力变矩器和有级式变速器组成的，一般由计算机控制实现自动换挡，所以多把这种变速器称为自动变速器

（2）按变速器操纵方式分类

变速器按操纵方式可分为手动变速器、自动变速器和手动自动一体变速器三种，见表 2–2–2。

表 2–2–2　　变速器按操纵方式分类

种类	图示	说明
手动变速器		手动变速器的英文缩写为 MT，即 Manual Transmission 的缩写。它是通过驾驶员用手操纵变速杆来选定挡位，并直接操纵变速器的换挡机构进行挡位变换的。有级式变速器大多数都采用这种换挡方式

续表

种类	图示	说明
自动变速器		自动变速器的英文缩写为AT，即Automatic Transmission的缩写。这种变速器的控制系统根据发动机的负荷和车速的变化情况自动选定挡位，并进行挡位变换，即自动地改变传动比。驾驶员只需要操纵加速踏板控制车速
手动自动一体变速器		这种变速器既可以自动换挡，也可以手动换挡

3. 手动变速器的工作原理

手动变速器利用不同齿数的齿轮啮合传动来实现转矩和转速的改变，图2-2-1所示为齿轮传动的基本原理。

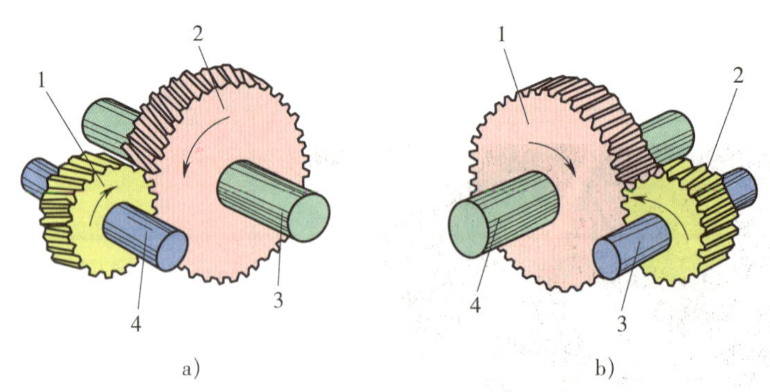

图2-2-1　齿轮传动的基本原理

a）减速传动　b）增速传动

1—主动齿轮　2—从动齿轮　3—输出轴　4—输入轴

设主动齿轮的转速为 n_1，齿数为 z_1，从动齿轮的转速为 n_2，齿数为 z_2。主动齿轮（即输入轴）转速与从动齿轮（即输出轴）转速的比值称为传动比，用字母 i_{12} 表示。即由主动齿轮 1 传到从动齿轮 2 的传动比为

$$i_{12}=\frac{n_1}{n_2}=\frac{z_2}{z_1}$$

当小齿轮为主动齿轮，带动大齿轮转动时，输出转速降低，即 $n_2<n_1$，称为减速传动，此时传动比 $i_{12}>1$，如图 2–2–1a 所示；当大齿轮为主动齿轮，带动小齿轮转动时，输出转速升高，即 $n_2>n_1$，称为增速传动，此时传动比 $i_{12}<1$，如图 2–2–1b 所示。这就是齿轮传动的变速原理。

汽车变速器就是根据这一原理，利用若干大小不同的齿轮副传动而实现变速的。

对于变速器，各挡的传动比 i 就是变速器输入轴转速与输出轴转速之比。即

$$i=\frac{n_{输入}}{n_{输出}}$$

当 $i>1$ 时，为变速器的低挡位，且 i 越大，挡位越低；

当 $i=1$ 时，为变速器的直接挡；

当 $i<1$ 时，为变速器的超速挡。

五挡手动变速器各挡的传动比见表 2–2–3。其一至三挡为降速挡，四挡为直接挡，五挡为超速挡。

表 2–2–3　　五挡手动变速器各挡的传动比

挡位	传动比
一挡	3.769
二挡	2.095
三挡	1.281
四挡	0.927
五挡	0.740
倒挡	3.182

二、手动变速器的组成

手动变速器由变速传动机构和操纵机构组成，如图 2–2–2 所示。变速传动机构的主要作用是改变转矩、转速和旋转方向；操纵机构的主要作用是控制变速传动机构，实现变速器传动比的变换。

根据变速传动机构不同，手动变速器可分为二轴式变速器和三轴式变速器，见表 2–2–4。

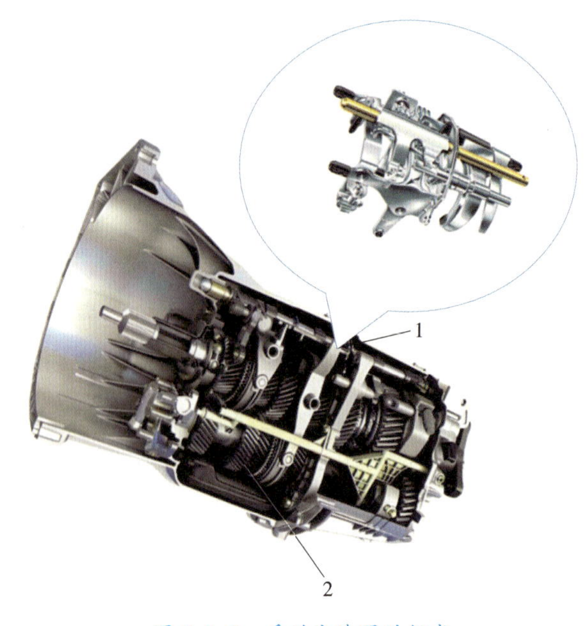

图 2-2-2　手动变速器的组成

1—操纵机构　2—变速传动机构

表 2-2-4　　手动变速器的分类

种类	图示	说明
二轴式变速器	输入轴 输出轴	二轴式变速器只有输入轴和输出轴，用于发动机前置、前轮驱动的汽车。一般与前驱动桥合称为手动变速驱动桥
三轴式变速器	第二轴 第一轴 中间轴	三轴式变速器由壳体和支撑轴承、输入轴（第一轴）、输出轴（第二轴）、中间轴、倒挡轴、同步器及轴上的齿轮组成，具有五个前进挡和一个倒挡，第五挡为直接挡

三、变速传动机构

1. 三轴式变速器

（1）三轴式变速器的构造

1）变速器壳体。壳体材料为灰铸铁，变速器输入轴、输出轴、中间轴、倒挡轴相互平行，安装于壳体上。变速器齿轮用规定齿轮油润滑。

2）输入轴。如图 2-2-3 所示，输入轴的前端由曲轴后端轴承孔支撑，后端由变速器壳体前壁支撑。其主动齿轮与轴制成一体，后端短齿为直接挡齿圈。

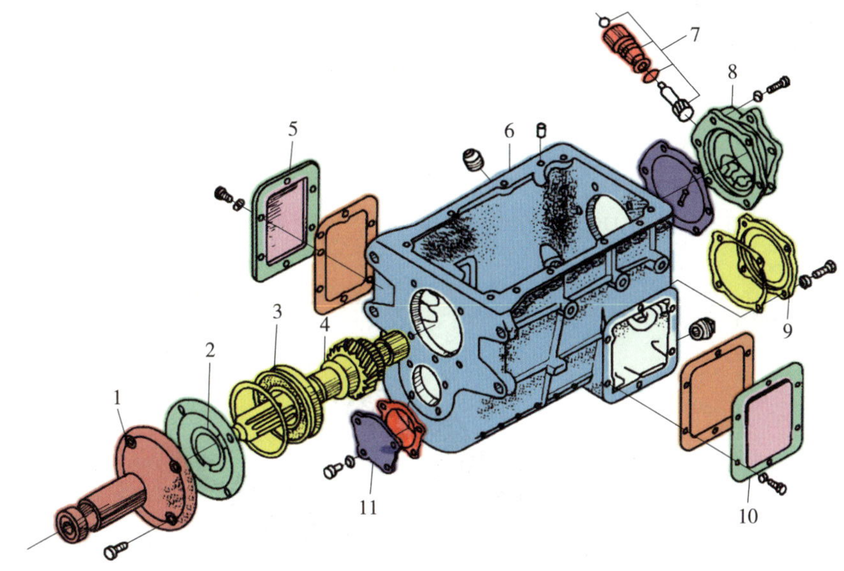

图 2-2-3　变速器壳体和输入轴

1—轴承盖　2—卡环　3—轴承　4—输入轴　5—侧盖　6—变速器壳体
7—里程表驱动机构　8—后轴承盖　9—轴承盖　10—侧盖　11—轴承盖

3）中间轴。如图 2-2-4 所示，中间轴前端由圆锥滚子轴承支撑，后端由球轴承支撑。一、倒挡齿轮与轴制成一体。常啮合齿轮和二、三、四挡齿轮均为斜齿轮，与中间轴用半圆键连接。

4）倒挡轴。两个倒挡齿轮借滚针轴承安装于轴上，其轴压装于壳体上，并由锁片锁止，如图 2-2-4 所示。

5）输出轴。如图 2-2-5 所示，输出轴前、后端分别支撑于输入轴后端孔内和壳体后壁上。一、倒挡齿轮与输出轴以矩形花键连接。二、三、四挡齿轮由双列滚针轴承支撑，两只同步器安装于输出轴上。

（2）三轴式变速器的工作情况

图 2-2-6 所示为三轴式变速器传动示意图，各挡动力传递路线见表 2-2-5。

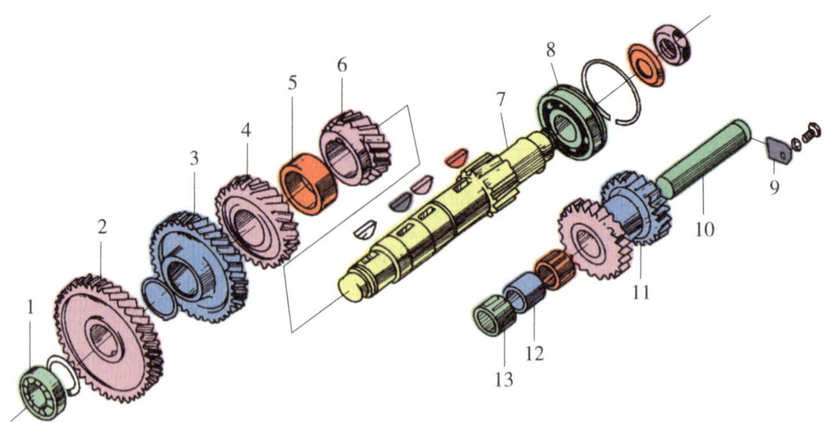

图 2-2-4　中间轴和倒挡轴

1—前轴承　2—常啮合齿轮　3—四挡齿轮　4—三挡齿轮　5—隔套
6—二挡齿轮　7—中间轴　8—后轴承　9—锁片　10—倒挡轴
11—倒挡齿轮　12—隔套　13—滚针轴承

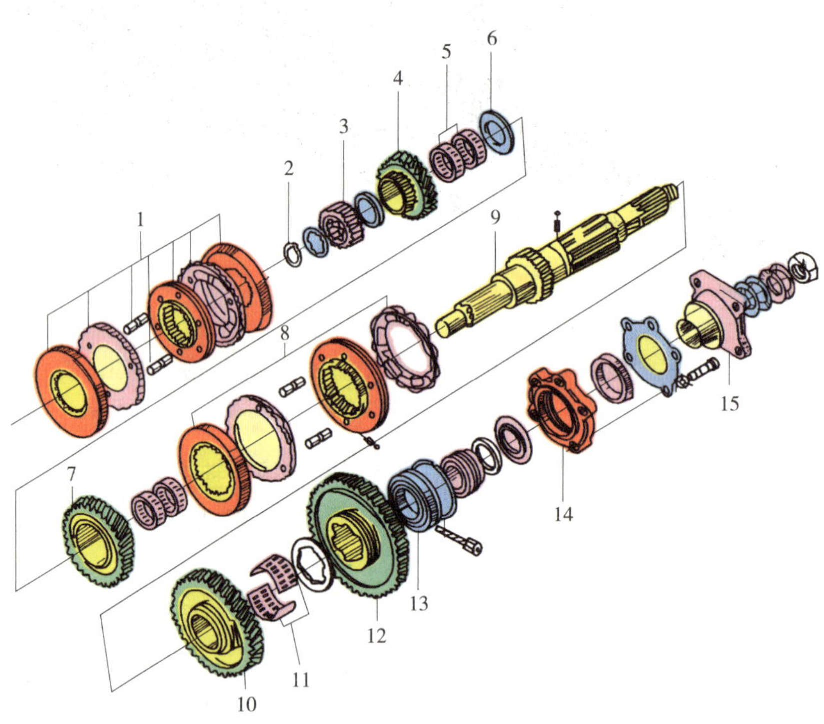

图 2-2-5　输出轴总成

1—四、五挡同步器　2—卡环　3—齿毂　4—四挡齿轮　5、11、13—轴承
6—止推垫圈　7—三挡齿轮　8—二、三挡同步器　9—输出轴　10—二挡齿轮
12—一、倒挡齿轮　14—轴承盖　15—凸缘

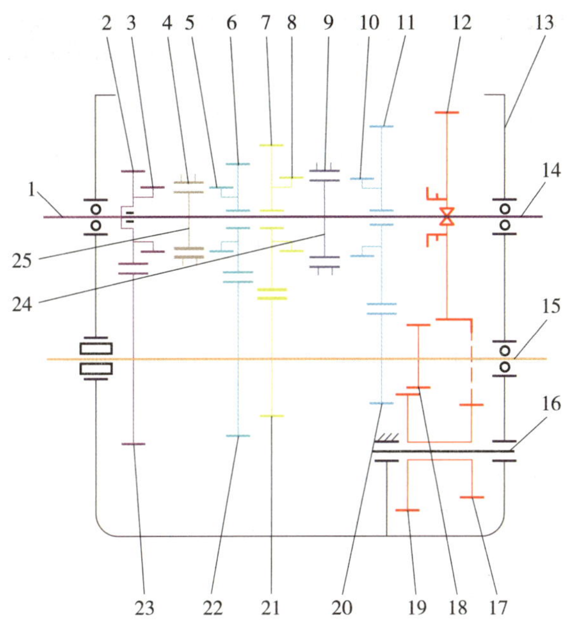

图 2-2-6　三轴式变速器传动示意图

1—输入轴　2—输入轴常啮合齿轮　3—输入轴常啮合齿轮接合齿圈　4、9—接合套
5—四挡齿轮接合齿圈　6—输出轴四挡齿轮　7—输出轴三挡齿轮　8—三挡齿轮接合齿圈
10—二挡齿轮接合齿圈　11—输出轴二挡齿轮　12—输出轴一、倒挡滑动齿轮
13—变速器壳体　14—输出轴　15—中间轴　16—倒挡轴　17、19—倒挡中间齿轮
18—中间轴一、倒挡齿轮　20—中间轴二挡齿轮　21—中间轴三挡齿轮
22—中间轴四挡齿轮　23—中间轴常啮合齿轮　24、25—花键毂

表 2-2-5　　三轴式变速器各挡动力传递路线

挡位	动力传递路线
一挡	输出轴一、倒挡滑动齿轮 12 左移，与中间轴一、倒挡齿轮 18 啮合。动力传递路线为输入轴→齿轮 2、23→中间轴→齿轮 18、12→输出轴
二挡	二、三挡同步器接合套 9 右移，与二挡齿轮接合齿圈 10 啮合。动力传递路线为输入轴→齿轮 2、23→中间轴→齿轮 20、11→二挡齿轮接合齿圈 10→二、三挡同步器接合套 9→二、三挡固定齿毂→输出轴
三挡	二、三挡同步器接合套 9 左移，与三挡齿轮接合齿圈 8 啮合。动力传递路线为输入轴→齿轮 2、23→中间轴→齿轮 21、7→三挡齿轮接合齿圈 8→二、三挡同步器接合套 9→二、三挡固定齿毂→输出轴
四挡	四、五挡同步器接合套 4 右移，与四挡齿轮接合齿圈 5 啮合。动力传递路线为输入轴→齿轮 2、23→中间轴→齿轮 22、6→四挡齿轮接合齿圈 5→四、五挡同步器接合套 4→四、五挡齿毂→输出轴

续表

挡位	动力传递路线
五挡	四、五挡同步器的接合套 4 左移，与输入轴常啮合齿轮接合齿圈 3 啮合。动力传递路线为输入轴→齿轮 2→输入轴常啮合齿轮接合齿圈 3→四、五挡同步器接合套 4→四、五挡齿毂→输出轴
倒挡	输出轴一、倒挡滑动齿轮 12 右移，与倒挡中间齿轮 17 啮合。动力传递路线为输入轴→齿轮 2、23→中间轴→中间轴一、倒挡齿轮 18→倒挡中间齿轮 19、17→输出轴一、倒挡滑动齿轮 12→输出轴

2. 二轴式变速器

二轴式变速器用于发动机前置、前轮驱动的汽车，一般与驱动桥（前桥）合称为手动变速驱动桥。目前，我国常见的轿车均采用这种变速器。

前置发动机有纵向布置和横向布置两种形式，与其配用的二轴式变速器也有两种不同的结构形式。

（1）发动机纵向布置的二轴式变速器

1）发动机纵向布置的二轴式变速器结构如图 2-2-7 所示。该变速器的变速传动机构有输入轴和输出轴，二轴平行布置，输入轴也是离合器的从动轴，输出轴也是主减速器的主动锥齿轮轴。该变速器具有五个前进挡和一个倒挡，全部采用锁环式惯性同步器换挡。输入轴上有一至五挡主动齿轮，其中一、二挡主动齿轮与轴制成一体，三、四、

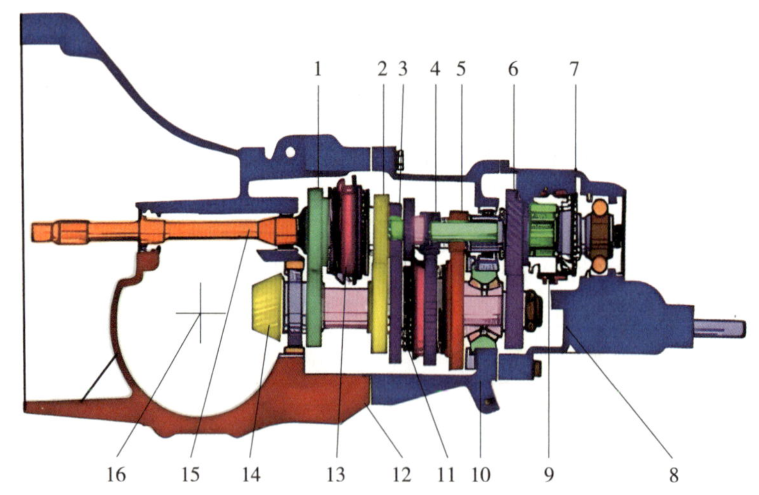

图 2-2-7　发动机纵向布置的二轴式变速器结构

1—四挡齿轮　2—三挡齿轮　3—二挡齿轮　4—倒挡齿轮　5——挡齿轮　6—五挡齿轮
7—五挡运行齿环　8—换挡机构壳体　9—五挡同步器　10—齿轮箱体
11—一、二挡同步器　12—变速器壳体　13—三、四挡同步器
14—输出轴　15—输入轴　16—差速器

五挡主动齿轮通过滚针轴承空套在轴上。输入轴上还有倒挡主动齿轮，与轴制成一体。三、四挡同步器和五挡同步器也装在输入轴上。输出轴上有一至五挡从动齿轮，其中一、二挡从动齿轮通过滚针轴承空套在轴上，三、四、五挡从动齿轮通过花键套装在轴上。一、二挡同步器也装在输出轴上。在变速器壳体的右端还装有倒挡轴，上面通过滚针轴承套装有倒挡中间齿轮。

2）发动机纵向布置的二轴式变速器传动示意图如图 2-2-8 所示，各挡动力传递路线见表 2-2-6。

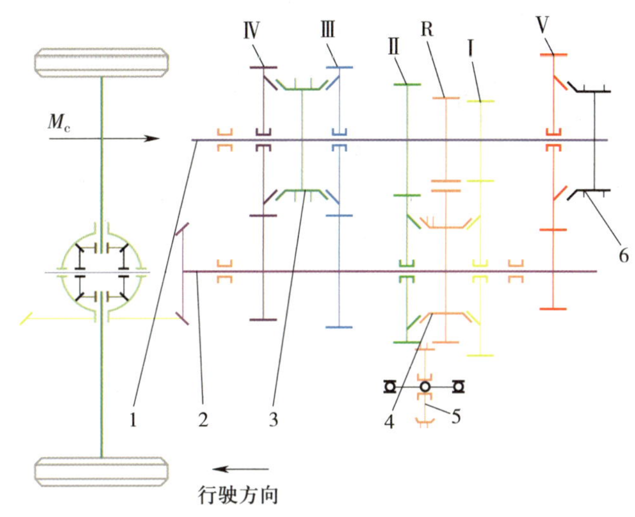

图 2-2-8　发动机纵向布置的二轴式变速器传动示意图

1—输入轴　2—输出轴　3—三、四挡同步器　4—一、二挡同步器　5—倒挡中间齿轮　6—五挡同步器
Ⅰ—一挡齿轮　Ⅱ—二挡齿轮　Ⅲ—三挡齿轮　Ⅳ—四挡齿轮
Ⅴ—五挡齿轮　R—倒挡齿轮

表 2-2-6　发动机纵向布置的二轴式变速器各挡动力传递路线

挡位	动力传递路线
一挡	输入轴→输入轴一挡齿轮→输出轴一挡齿轮→输出轴一、二挡同步器→输出轴
二挡	输入轴→输入轴二挡齿轮→输出轴二挡齿轮→输出轴一、二挡同步器→输出轴
三挡	输入轴→输入轴三、四挡同步器→输入轴三挡齿轮→输出轴三挡齿轮→输出轴
四挡	输入轴→输入轴三、四挡同步器→输入轴四挡齿轮→输出轴四挡齿轮→输出轴
五挡	输入轴→输入轴五挡同步器→输入轴五挡齿轮→输出轴五挡齿轮→输出轴
倒挡	输入轴→输入轴倒挡齿轮→倒挡轴倒挡中间齿轮→输出轴倒挡齿轮→输出轴

（2）发动机横向布置的二轴式变速器

1）发动机横向布置的二轴式变速器结构如图 2-2-9 所示。所有前进挡齿轮和倒挡齿轮都采用常啮合斜齿轮，并采用锁环式惯性同步器换挡。

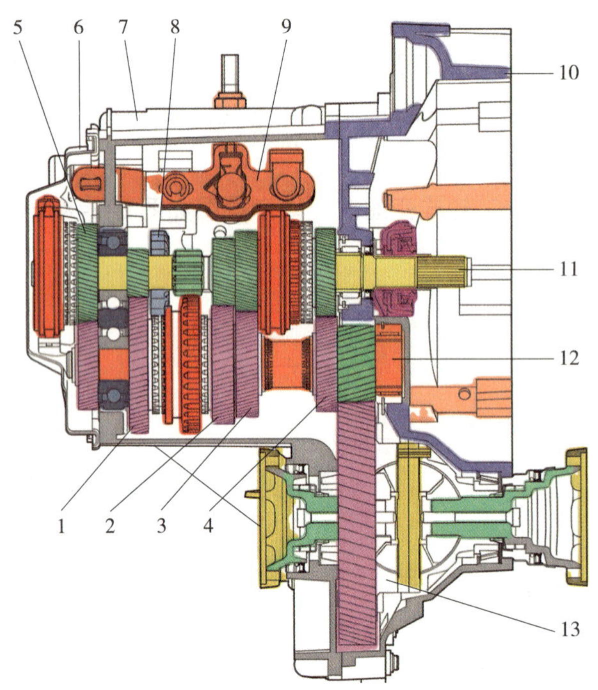

图 2-2-9　发动机横向布置的二轴式变速器结构

1—一挡齿轮　2—二挡齿轮　3—三挡齿轮　4—四挡齿轮　5—五挡齿轮
6—变速器壳体罩盖　7—变速器壳体　8—倒挡中间齿轮　9—换挡机构
10—离合器壳体　11—输入轴　12—输出轴　13—差速器

2）动力传递路线。发动机横向布置的二轴式变速器各挡动力传递路线见表 2-2-7。

表 2-2-7　　发动机横向布置的二轴式变速器各挡动力传递路线

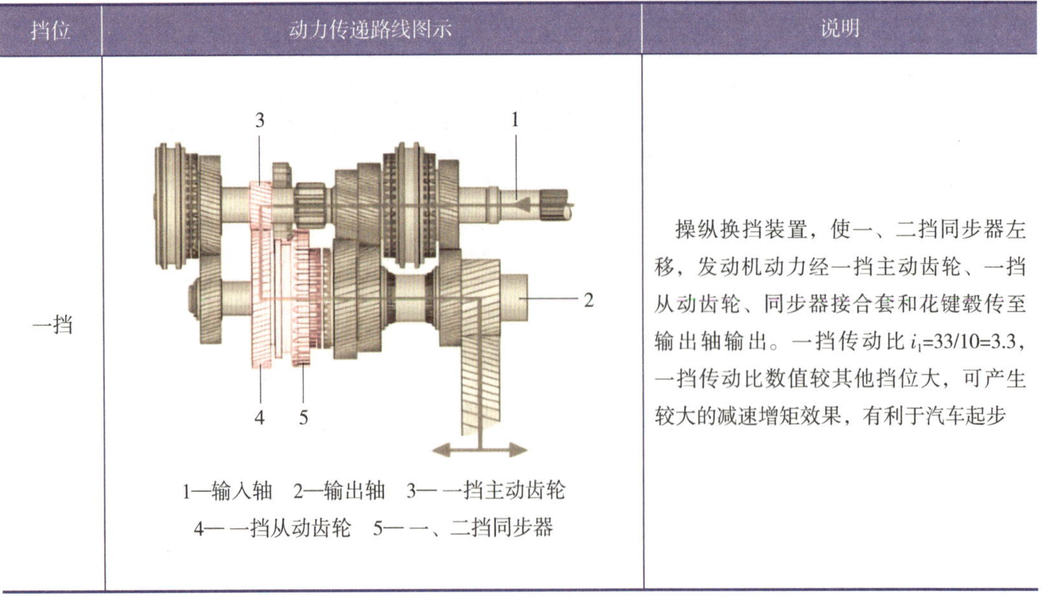

挡位	动力传递路线图示	说明
一挡	3 1 2 4 5 1—输入轴　2—输出轴　3—一挡主动齿轮 4—一挡从动齿轮　5—一、二挡同步器	操纵换挡装置，使一、二挡同步器左移，发动机动力经一挡主动齿轮、一挡从动齿轮、同步器接合套和花键毂传至输出轴输出。一挡传动比 i_1=33/10=3.3，一挡传动比数值较其他挡位大，可产生较大的减速增矩效果，有利于汽车起步

续表

挡位	动力传递路线图示	说明
二挡	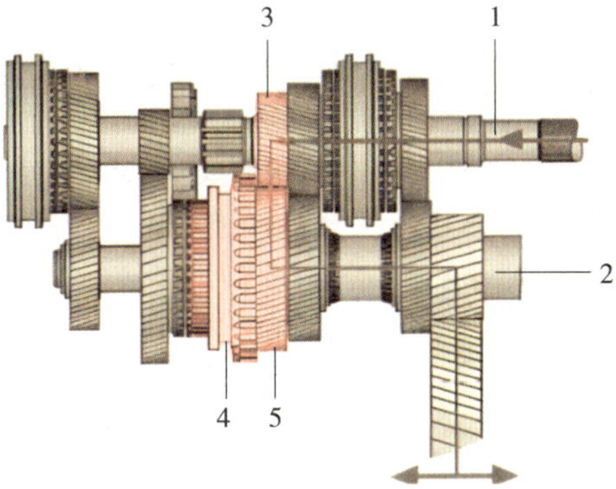 1—输入轴　2—输出轴　3—二挡主动齿轮 4—一、二挡同步器　5—二挡从动齿轮	操纵换挡装置，使一、二挡同步器右移，发动机动力经二挡主动齿轮、二挡从动齿轮、同步器接合套和花键毂传至输出轴输出。二挡传动比 i_2=35/18=1.944，产生减速增矩效果，但相对于一挡车速较快，有利于汽车升速
三挡	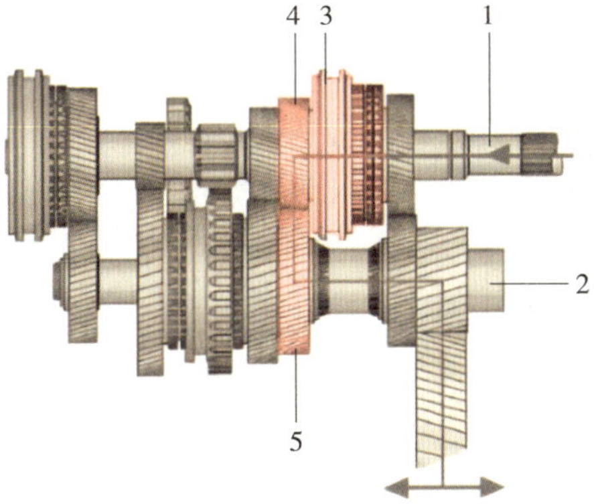 1—输入轴　2—输出轴　3—三、四挡同步器 4—三挡主动齿轮　5—三挡从动齿轮	操纵换挡装置，使三、四挡同步器左移，发动机动力经三挡主动齿轮、三挡从动齿轮、同步器接合套和花键毂传至输出轴输出。三挡传动比 i_3=34/26=1.308，产生减速增矩效果，但相对于二挡车速较快，有利于汽车升速
四挡	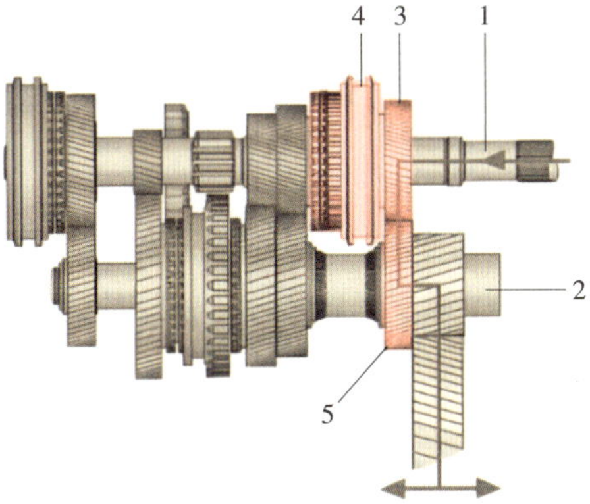 1—输入轴　2—输出轴　3—四挡主动齿轮 4—三、四挡同步器　5—四挡从动齿轮	操纵换挡装置，使三、四挡同步器右移，发动机动力经四挡主动齿轮、四挡从动齿轮、同步器接合套和花键毂传至输出轴输出。四挡传动比 i_4=35/34=1.029，由于四挡传动比接近 1，所以近似直接挡效果

续表

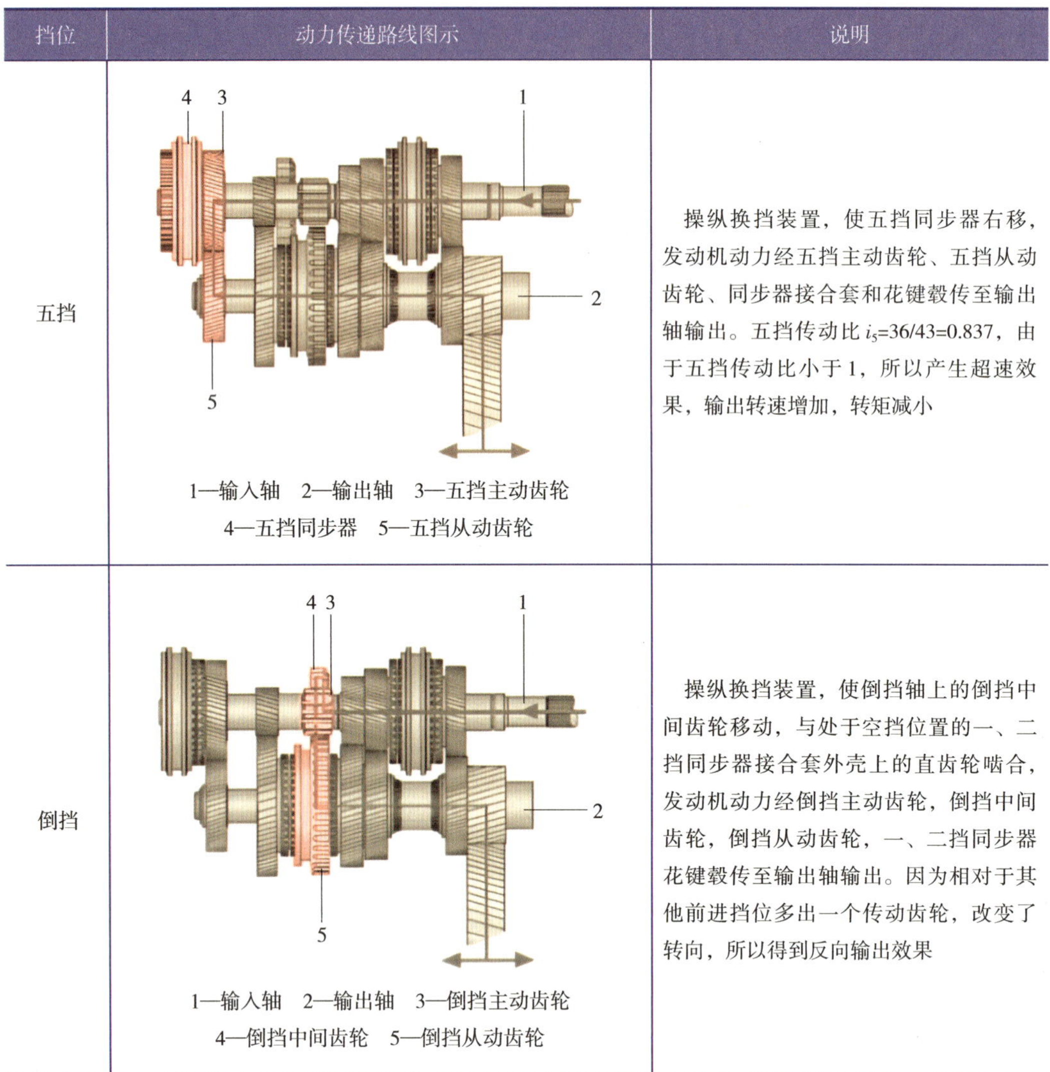

挡位	动力传递路线图示	说明
五挡	4 3 1 2 5 1—输入轴　2—输出轴　3—五挡主动齿轮 4—五挡同步器　5—五挡从动齿轮	操纵换挡装置，使五挡同步器右移，发动机动力经五挡主动齿轮、五挡从动齿轮、同步器接合套和花键毂传至输出轴输出。五挡传动比 i_5=36/43=0.837，由于五挡传动比小于1，所以产生超速效果，输出转速增加，转矩减小
倒挡	4 3 1 2 5 1—输入轴　2—输出轴　3—倒挡主动齿轮 4—倒挡中间齿轮　5—倒挡从动齿轮	操纵换挡装置，使倒挡轴上的倒挡中间齿轮移动，与处于空挡位置的一、二挡同步器接合套外壳上的直齿轮啮合，发动机动力经倒挡主动齿轮，倒挡中间齿轮，倒挡从动齿轮，一、二挡同步器花键毂传至输出轴输出。因为相对于其他前进挡位多出一个传动齿轮，改变了转向，所以得到反向输出效果

3. 同步器

汽车在换挡时，因为两根轴上的齿轮转速不一致，强行挂入会引起齿间冲击，降低变速器的使用寿命，还会造成极大的震动。

为了避免变速器在换挡过程中齿轮间发生冲击，使将要进入啮合的一对齿轮在同步（圆周速度相等）的条件下啮合，在变速器中设置了同步器。常见的同步器有锁环式惯性同步器和锁销式惯性同步器两种。

（1）锁环式惯性同步器

锁环式惯性同步器的结构如图 2–2–10 所示，花键毂 7 用内花键套装在输出轴外花键上，用垫圈、卡环轴向定位。花键毂 7 两端与齿圈 1 和齿轮 4 之间各有一个青铜制成的锁环（即同步环）5 和 9。锁环上有短花键齿圈，花键的尺寸和齿数与花键毂、齿圈 1

和齿轮 4 的外花键齿相同。两个齿轮和锁环上的花键齿，靠近接合套 8 的一端都有倒角（锁止角），与接合套齿端的倒角相同。锁环有内锥面，与齿圈 1、齿轮 4 的外锥面锥角相同。在锁环内锥面上制有细密的螺纹（或直槽），当锥面接触后，它能及时破坏油膜，增加锥面间的摩擦力。锁环内锥面摩擦副称为摩擦件，外沿带倒角的齿圈是锁止件，锁环上还有三个均布的缺口 12。三个滑块 2 分别装在花键毂 7 上三个均布的轴向槽 11 内，沿槽可以轴向移动。滑块被两个弹簧圈 6 的径向力压向接合套，滑块中部的凸起部位压嵌在接合套中部的环槽 10 内。滑块和弹簧是推动件。滑块两端伸入锁环 5 的缺口 12 中，滑块窄缺口宽，两者之差等于锁环的花键齿宽。锁环相对滑块顺转和逆转都只能转动半个齿宽，且只有当滑块位于锁环缺口的中央时，接合套与锁环才能接合。

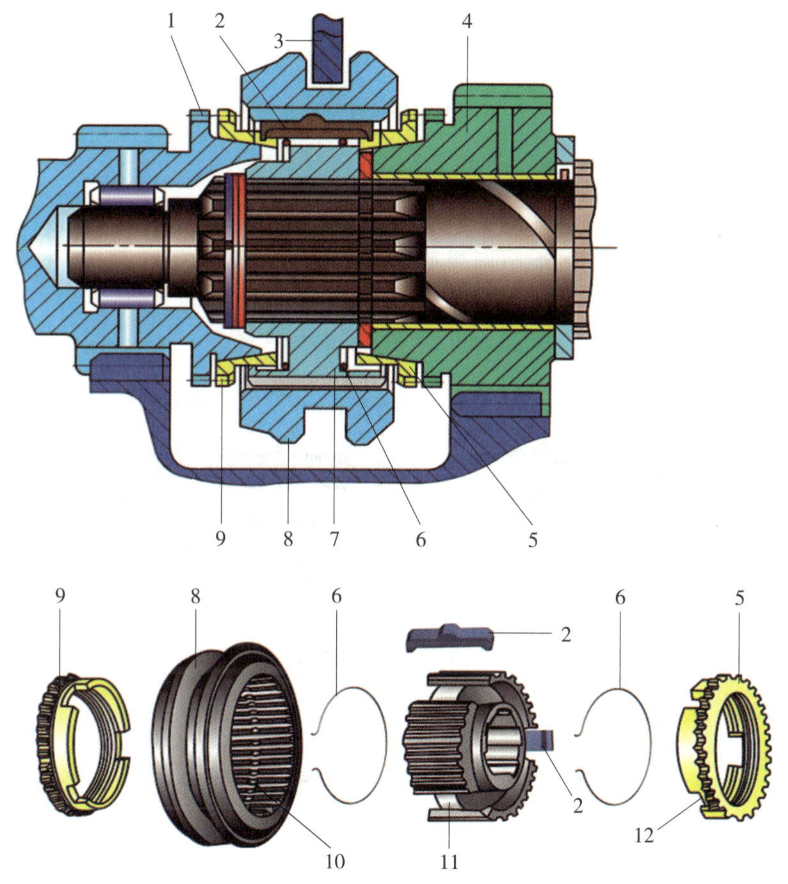

图 2-2-10　锁环式惯性同步器的结构

1—输入轴常啮合齿轮接合齿圈　2—滑块　3—拨叉　4—输出轴齿轮　5、9—锁环（同步环）　6—弹簧圈　7—花键毂　8—接合套　10—环槽　11—三个轴向槽　12—缺口

同步器根据锥面数量的不同，分为单锥面同步器和多锥面同步器。其中，变速器一、二挡三锥面同步器的结构如图 2-2-11 所示。相比而言，三锥面同步器拥有三个锥面同时工作，摩擦力分散，磨损更小，因此更加耐用；而单锥面同步器仅有一个锥面工

作，摩擦力集中，磨损较大。所以，三锥面同步器在性能上显著优于单锥面同步器，满足了汽车对换挡顺畅性和耐久性的要求。

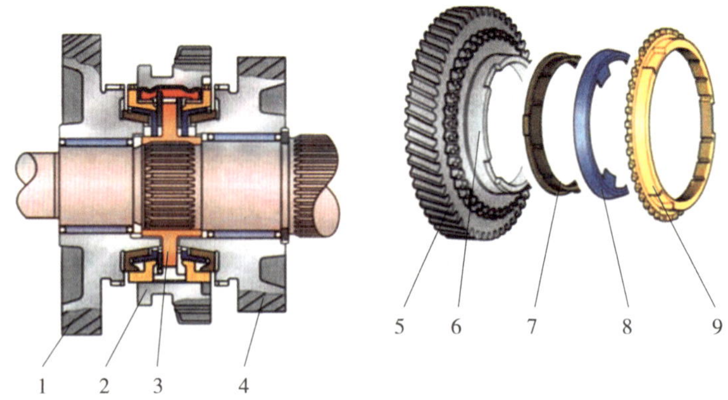

图 2-2-11　变速器一、二挡三锥面同步器的结构

1、5—一挡齿轮　2—一、二挡接合套　3—花键毂　4—二挡齿轮
6—齿轮上外锥面　7—内齿环　8—中间环　9—外齿环

（2）锁销式惯性同步器

大、中型货车普遍采用锁销式惯性同步器，锁销式惯性同步器的结构如图 2-2-12 所示。

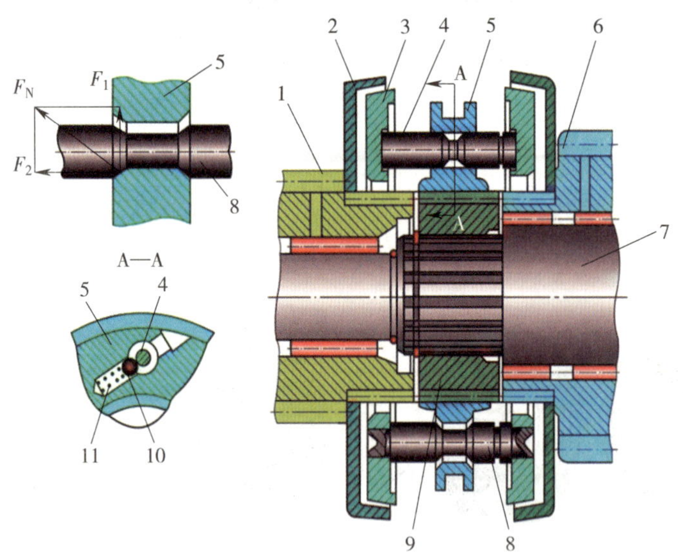

图 2-2-12　锁销式惯性同步器的结构

1—输入轴齿轮　2—摩擦锥盘　3—摩擦锥环　4—定位销　5—接合套
6—输出轴齿轮　7—输出轴　8—锁销　9—花键毂　10—钢球　11—弹簧

两个带有内锥面的摩擦锥盘 2，以其内花键分别固装在带有接合齿圈的斜齿轮 1 和 6 上，随齿轮一起转动。两个有外锥面的摩擦锥环 3，其上有圆周均布的三个锁销 8、三个定位销 4 与接合套 5 装在一起。定位销与接合套的相应孔是滑动配合的，定

位销中部切有一小段环槽，接合套钻有斜孔，内装弹簧 11，把钢球 10 顶向定位销中部的环槽，使接合套处于空挡位置，定位销随接合套能轴向移动。定位销两端伸入两摩擦锥环 3 内侧面的弧线形浅坑中，定位销与浅坑有周向间隙，摩擦锥环相对接合套在一定范围内作周向摆动。锁销中部环槽的两端和接合套相应孔两端切有相同的倒角；锁销与孔对中时，接合套才能沿锁销轴向移动；锁销两端铆接在摩擦锥环相应的孔中。两个摩擦锥环、三个锁销、三个定位销和接合套构成一个部件，套在花键毂 9 的齿圈上。

四、变速器操纵机构

变速器操纵机构按变速杆距离变速器远近的不同可分为直接操纵式和远距离操纵式两种。

1. 直接操纵式

这种形式的变速器布置在驾驶员座椅附近，变速杆由驾驶室地板伸出，驾驶员可以直接操纵。直接操纵式变速器操纵机构如图 2–2–13 所示。

拨叉轴两端均支撑于变速器盖的相应孔中，可以轴向滑动。所有的拨叉都以弹性销固定于相应的拨叉轴上。选挡时可使变速杆绕其球形杆座来回摆动，即可实现挂挡。

各种变速器由于挡位数及挡位排列位置不同，其拨叉和拨叉轴的数量及排列位置也不相同。大众的五挡变速器具有三根拨叉轴，其二、三挡和四、五挡各用一根拨叉轴，一挡和倒挡共用一根拨叉轴。

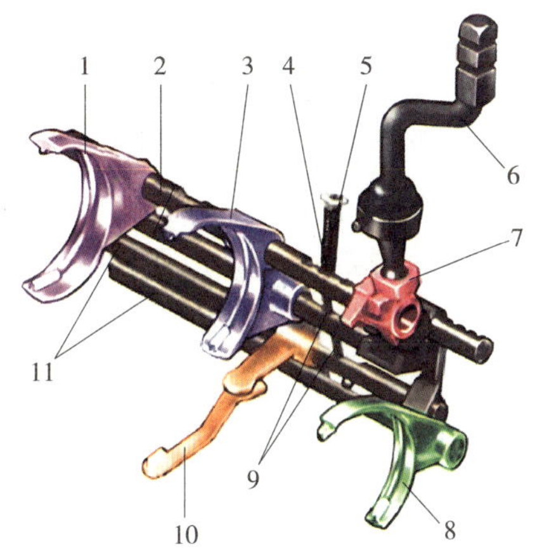

图 2–2–13　直接操纵式变速器操纵机构

1、3、8—拨叉　2、11—拨叉轴　4—自锁钢球　5—自锁弹簧　6—变速杆　7—变速杆座　9—互锁销　10—拨叉臂

2. 远距离操纵式

在发动机后置或前轮驱动的汽车上，通常汽车变速器距离驾驶员座位较远，因而变速杆不能直接布置在变速器盖上，变速杆与变速器之间通常需要用连杆机构连接，进行远距离操纵。为此，在变速杆与变速器之间加装了一套传动杆件，构成远距离操纵的形式，如图 2–2–14 所示。

远距离操纵式操纵机构由外操纵机构和内操纵机构组成。外操纵机构主要由变速杆、选挡机构壳体、横向拉线（选挡）、纵向拉线（挂挡）等组成。变速杆通过一系列中间连接杆件操纵变速器的内操纵机构，以进行选挡、换挡。变速杆以球形轴承为支点，可以直接左右、前后摆动。

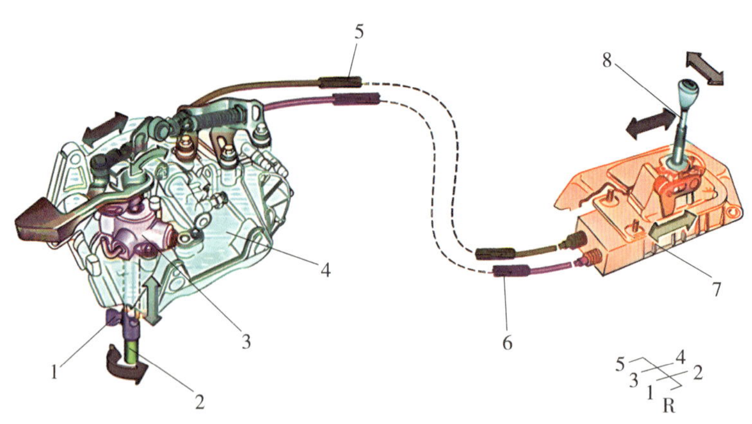

图 2-2-14　远距离操纵式操纵机构

1—挂挡指　2—选挡轴　3—换挡装置盖　4—变速器壳体　5—纵向拉线（挂挡）　6—横向拉线（选挡）　7—选挡机构壳体　8—变速杆

3. 换挡锁装置

为了保证变速器在任何情况下都能准确、安全、可靠地工作，变速器操纵机构一般都具有换挡锁装置，包括自锁装置、互锁装置和倒挡锁装置。

（1）自锁装置

自锁装置用于防止变速器自动脱挡或挂挡，并保证轮齿以全齿长啮合。大多数变速器的自锁装置都采用自锁钢球对拨叉轴进行轴向定位锁止，如图 2-2-15 所示。

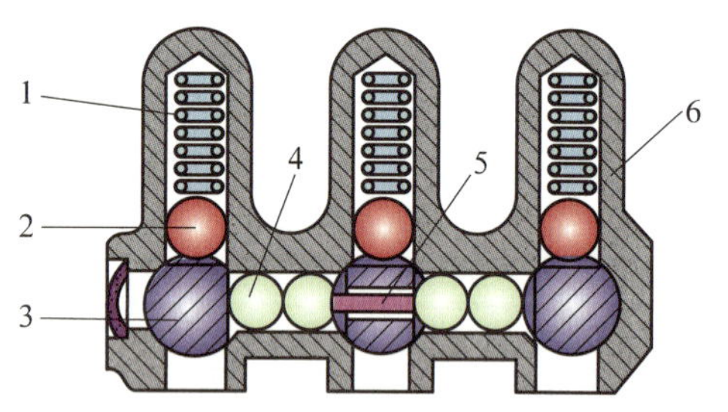

图 2-2-15　自锁和互锁装置

1—自锁弹簧　2—自锁钢球　3—拨叉轴　4—互锁钢球　5—互锁销　6—变速器盖

在变速器盖中钻有三个深孔，孔中装入自锁钢球和自锁弹簧，其位置处于拨叉轴的正上方，每根拨叉轴对着钢球的表面沿轴向设有三个凹槽，槽的深度小于钢球的半径。

中间的凹槽对正钢球时为空挡位置，前边或后边的凹槽对正钢球时则处于某一工作挡位置，相邻凹槽之间的距离保证齿轮处于全齿长啮合或完全退出啮合。

凹槽对正钢球时，钢球便在自锁弹簧的压力作用下嵌入该凹槽内，拨叉轴的轴向位置便被固定，不能自行挂挡或自行脱挡。

当需要换挡时，驾驶员通过变速杆对拨叉轴施加一定的轴向力，克服自锁弹簧的压力而将自锁钢球从拨叉轴凹槽中挤出并推回孔中，拨叉轴便可滑过钢球进行轴向移动，并带动拨叉及相应的接合套或滑动齿轮轴向移动。当拨叉轴移至其另一凹槽与钢球相对正时，钢球又被压入凹槽，驾驶员具有很强的手感，此时拨叉所带动的接合套或滑动齿轮便被拨入空挡或被拨入另一工作挡位。

（2）互锁装置

互锁装置用于防止同时挂上两个挡位。如图 2-2-16 所示，互锁装置由互锁钢球和互锁销组成。

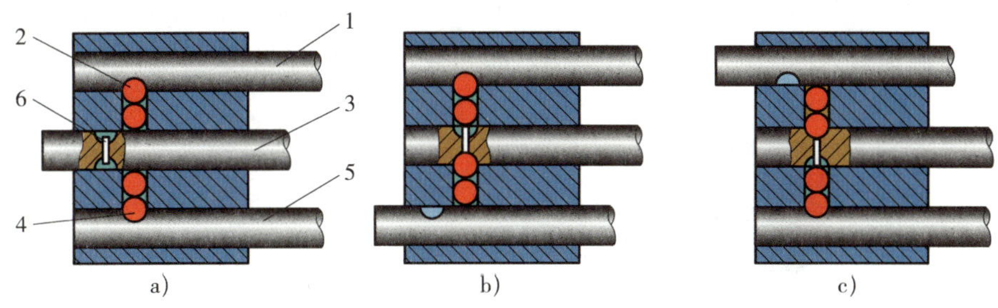

图 2-2-16　互锁装置工作示意图

1、3、5—拨叉轴　2、4—互锁钢球　6—互锁销

当变速器处于空挡时，所有拨叉轴的侧面凹槽与互锁钢球、互锁销都在一条直线上。

当移动中间拨叉轴 3 时，如图 2-2-16a 所示，拨叉轴 3 两侧的内钢球从其侧面凹槽中被挤出，而两外钢球 2 和 4 则分别嵌入拨叉轴 1 和拨叉轴 5 的侧面凹槽中，因而将拨叉轴 1 和拨叉轴 5 刚性地锁止在空挡位置。

若要移动拨叉轴 5，则应先将拨叉轴 3 退回空挡位置。于是在移动拨叉轴 5 时，钢球 4 便从轴 5 的凹槽中被挤出，同时通过互锁销 6 和其他钢球将拨叉轴 3 和拨叉轴 1 均锁止在空挡位置，如图 2-2-16b 所示。

同理，当移动拨叉轴 1 时，拨叉轴 3 和拨叉轴 5 被锁止在空挡位置，如图 2-2-16c 所示。由此可知，互锁装置工作的机理是当驾驶员用变速杆推动某一拨叉轴时，自动锁止其余拨叉轴，从而防止同时挂上两个挡位。有的三挡变速器将自锁和互锁装置合二为一，如图 2-2-17 所示，其中 $a=b$。

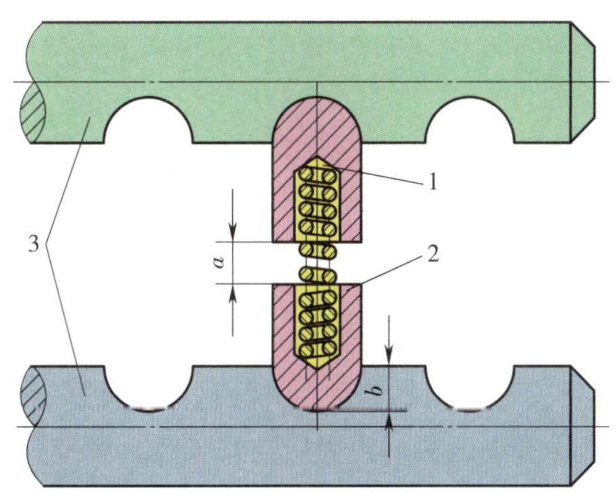

图 2-2-17　合二为一的自锁和互锁装置

1—锁销　2—锁止弹簧　3—拨叉轴

（3）倒挡锁装置

倒挡锁装置用于防止误挂倒挡。图 2–2–18 所示为锁销式倒挡锁装置，当驾驶员想挂倒挡时，必须用较大的力使变速杆 4 下端压缩弹簧 2，将锁销推入锁销孔内，才能使变速杆下端进入倒挡拨块 3 的凹槽中进行换挡。由此可见，倒挡锁的作用是使驾驶员必须对变速杆施加更大的力，才能挂入倒挡，起到警示作用，以防误挂倒挡。

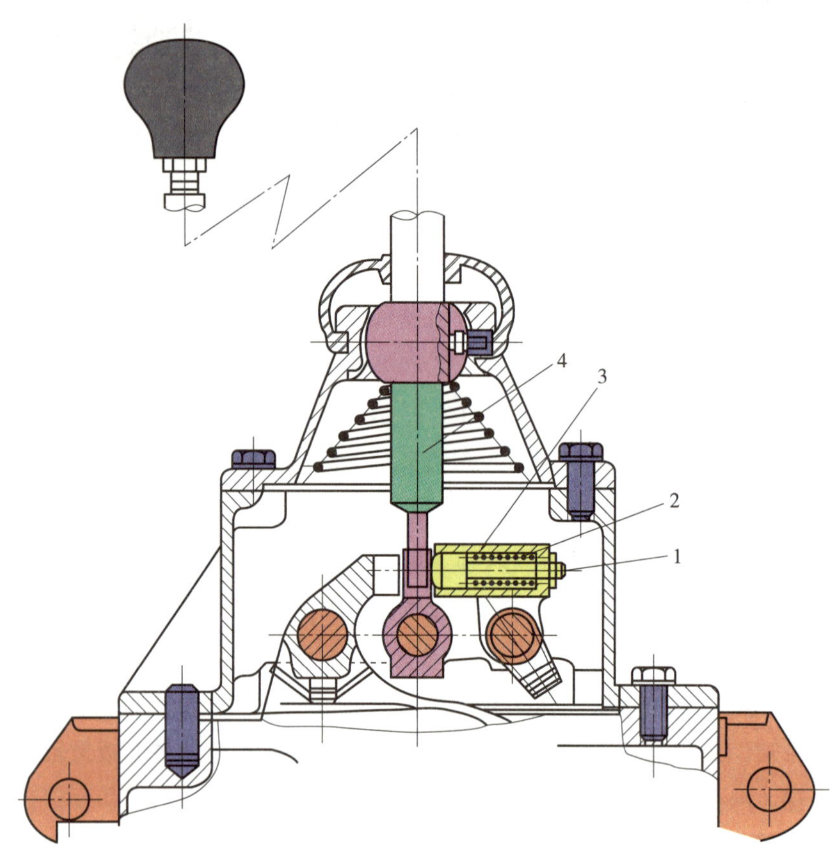

图 2–2–18　锁销式倒挡锁装置

1—倒挡锁销　2—倒挡锁弹簧　3—倒挡拨块　4—变速杆

知识拓展

分动器（见图 2–2–19）简介

在多轴驱动的汽车上，为了将输出的动力分配给各驱动桥而设有分动器。分动器一般都设有高低挡，以进一步扩大在不良道路行驶时的传动比及排挡数目。

分动器的功用就是将变速器输出的动力分配到各驱动桥，并且进一步增大转矩。分动器也是一个齿轮传动系统，它单独固定在车架上，其输入轴与变速器的输出轴用万向传动装置连接，分动器的输出轴有若干根，分别经万向传动装置与各驱动桥相连。

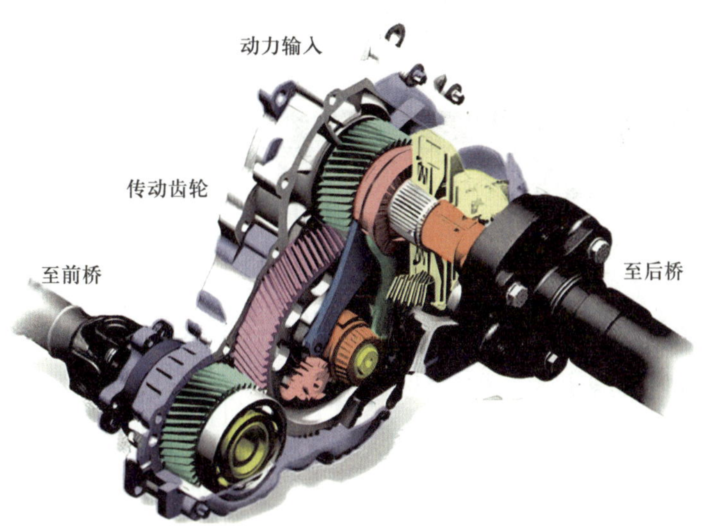

图 2-2-19　分动器

大多数分动器由于要起到降速增矩的作用而比变速器的负荷大，所以分动器中的常啮合齿轮均为斜齿轮，轴承也采用圆锥滚子轴承支撑。

越野汽车在良好道路行驶时，为减小功率消耗及减轻传动系机件和轮胎磨损，一般要切断通往前桥的动力。在越野行驶时，需低速挡动力，则为了防止后桥和中桥超载，应使低速挡动力由所有驱动桥分担。为此，对分动器操纵机构有如下要求：非先接上前桥不得挂上低速挡，非先退出低速挡不得摘下前桥。

任务实施

一、任务准备

根据任务要求，准备所需的设备、工具和资料。

1. 设备：举升机、变速器高位托架、发动机台架、废油接收机、齿轮油加注机、小型压力机、实训车辆等。

2. 工具：头灯、手套、安全帽、车内防护四件套、翼子板布、车轮挡块、汽修工具套装、螺钉旋具、卡簧钳、扭力扳手、轮胎扳手、放气软管、塞尺、游标卡尺等。

3. 资料：车辆维修手册、学习工作页等。

二、实施步骤

1. 变速器的维护

变速器的维护项目主要是对齿轮油进行检查和更换，方法见表 2-2-8。

表 2-2-8　　变速器的维护

步骤	图示	说明
1	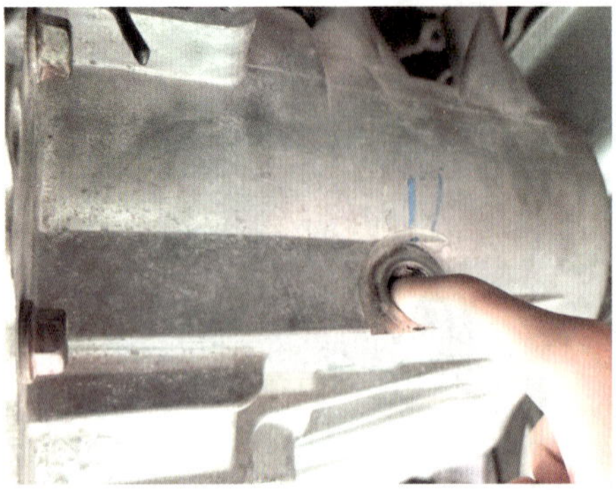	拧下油位检查孔螺塞，检查油位，油位应不低于孔边 15 mm。深入手指，一节手指应能够到油面。如油量不足，应补充齿轮油至规定位置
2		检查齿轮油质量。用手指碾压齿轮油，如果齿轮油稠度降低，很稀，说明齿轮油失效；如果齿轮油中有杂质或变黑，说明齿轮油变质，应更换
3		更换齿轮油前，起动车辆，行驶一段距离，使齿轮油升温，趁齿轮油还处在温热状态，拧下放油螺塞，放净齿轮油

续表

步骤	图示	说明
4	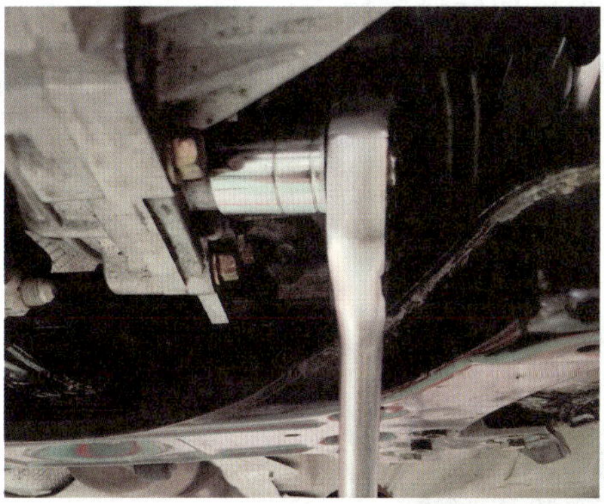	将放油螺塞拧牢固
5	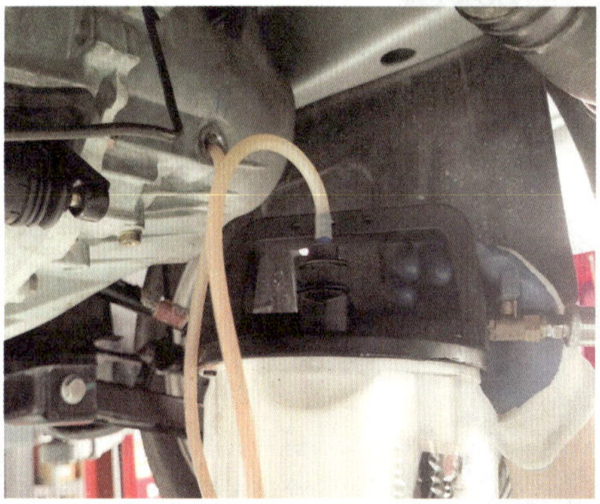	用齿轮油加注机加入符合规定的齿轮油，直到齿轮油平面高度与油位检查孔平齐并溢出
6	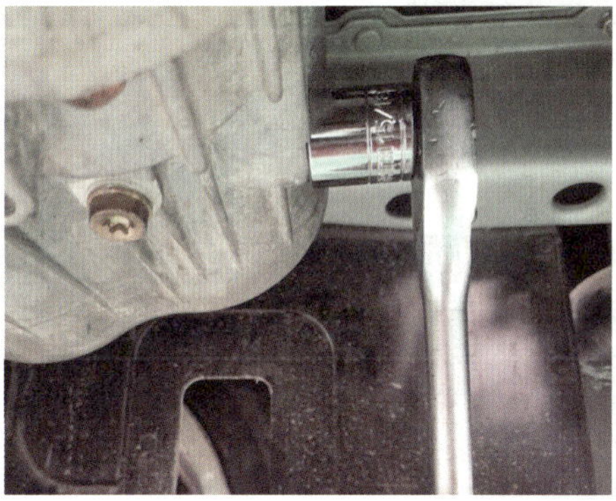	最后安装好油位检查孔螺塞

汻意事项

（1）油位应不低于孔边 15 mm。

（2）齿轮油的黏稠度降低说明已经失效。

（3）更换齿轮油应在车辆温热状态下进行。

2. 变速器总成的拆装

（1）变速器总成的整车拆卸（见表 2-2-9）

表 2-2-9　　变速器总成的整车拆卸

步骤	图示	说明
1	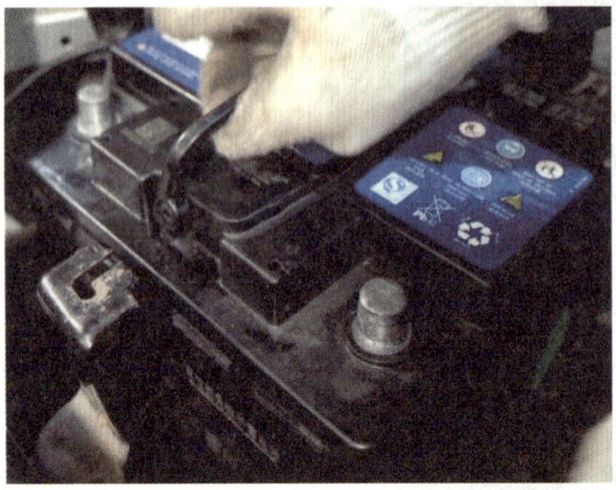	断开蓄电池连接线，取下蓄电池
2		拆卸并取下左、右两侧前轮胎，同时拆卸并取下左、右两侧前轮外球笼锁紧螺母（轮胎大帽螺栓）
3		拆卸左、右两侧前轮下控制臂连接螺栓，向外侧拖动前悬架总成，使半轴外球笼与前悬架脱离

续表

步骤	图示	说明
3		
4	 	拆卸半轴内球笼防尘胶套，拆卸内球笼与变速器连接螺栓，向外拖动半轴，使内球笼与变速器分离，同时将半轴拆下分别放置

续表

步骤	图示	说明
5	 	左右晃动变速杆，确定变速器处于空挡位置；拆卸蓄电池托架
6		拆下发动机罩盖及空气滤清器

续表

步骤	图示	说明
6		
7	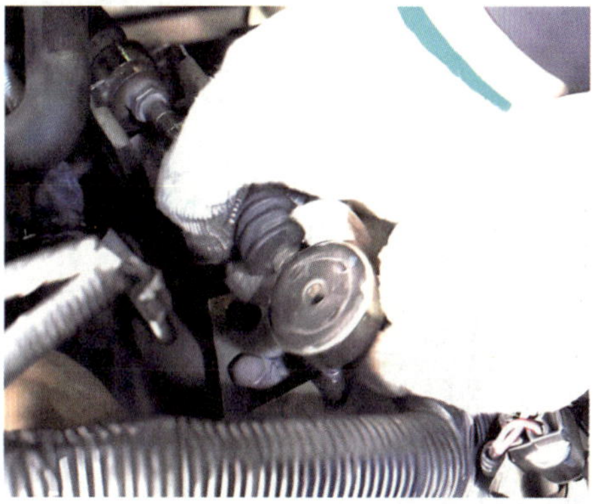 	拆下变速器操纵机构外部连接；拔下车速传感器及倒车灯开关插头
8		拆卸离合器分泵管路固定支架；安装发动机台架及挂钩，通过旋转丝杆略微吊紧发动机与变速器

续表

步骤	图示	说明
9	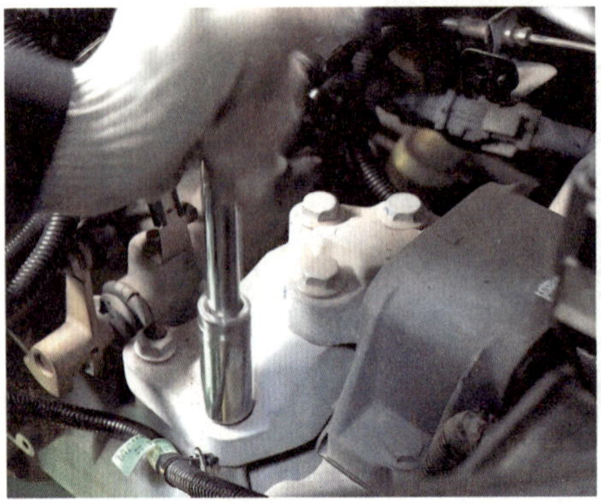 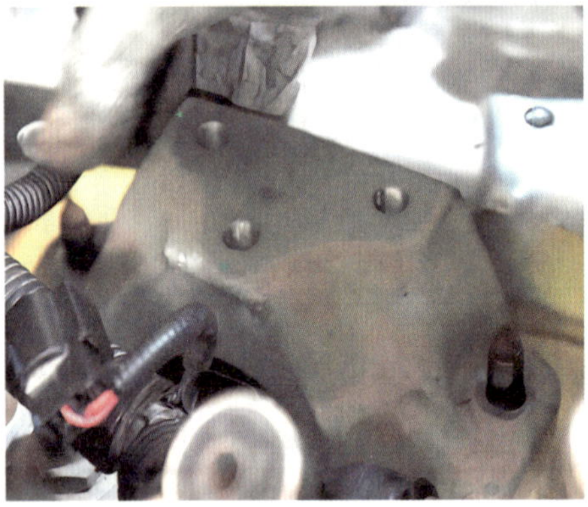	拆卸变速器上部与发动机的连接螺栓并取下；拆卸变速器上部摆动支架固定螺栓，并将上部摆动支架拆下
10		举升车辆，拆卸起动机连接线及固定螺栓，将起动机取下；拆卸离合器分泵管路及分泵固定螺栓，将分泵取下

续表

步骤	图示	说明
10		
11	 	拆卸变速器小护板固定螺栓，将小护板取下；拆卸变速器下摆动支架固定螺栓，将下摆动支架取下

续表

步骤	图示	说明
12	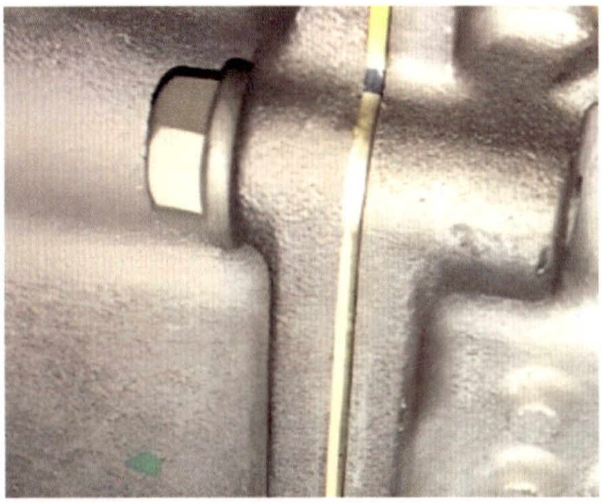 	拆卸变速器下部与发动机的连接螺栓并取下；用撬棍轻微撬动变速器与发动机的连接部位，使变速器与发动机分离
13	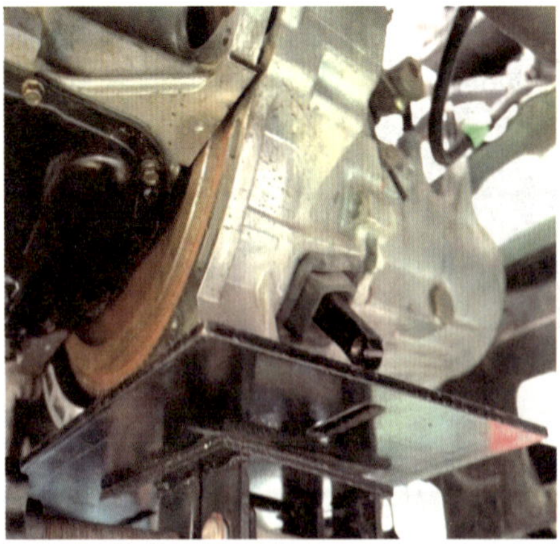	使用变速器高位托架支撑变速器，拆卸发动机与变速器剩余的连接螺栓，调节高位托架，使变速器与发动机脱离，缓慢下降高位托架至安全高度后，推至工作台上拆检

续表

步骤	图示	说明
13	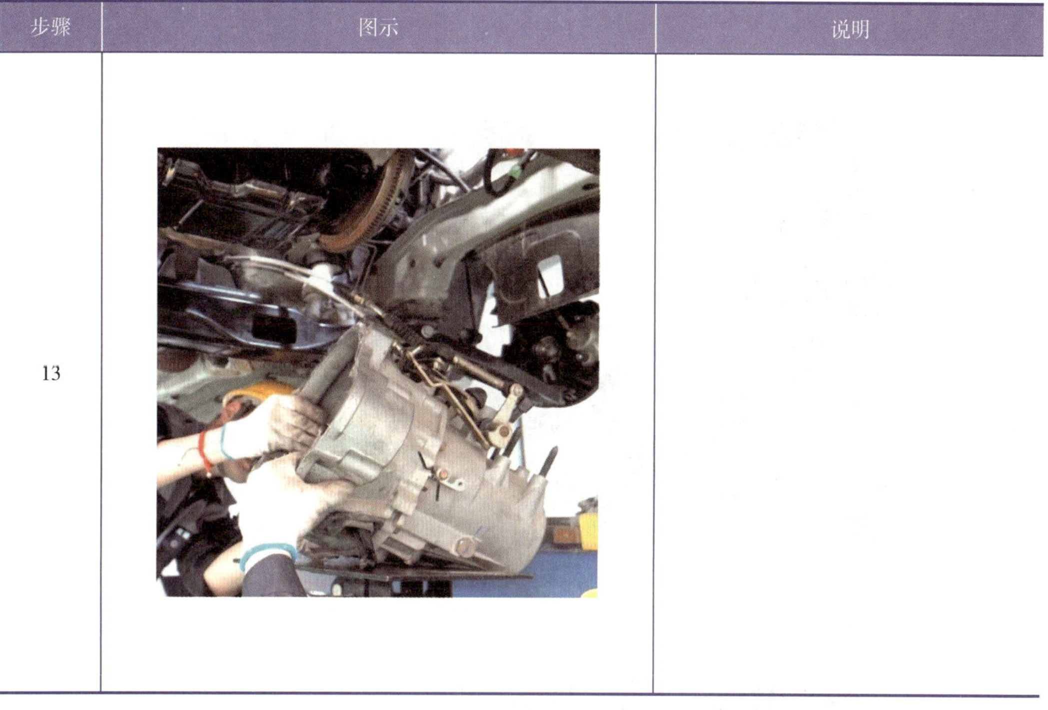	

（2）变速器总成的整车安装（见表 2-2-10）

变速器总成的安装可按拆卸相反的顺序进行。

表 2-2-10　　　　变速器总成的整车安装

步骤	图示	说明
1		使用变速器高位托架将变速器升起，对正变速器壳体与发动机壳体之间稳定销的安装位置，推动变速器靠向发动机，将输入轴穿入离合器从动盘中心花键毂

续表

步骤	图示	说明
1	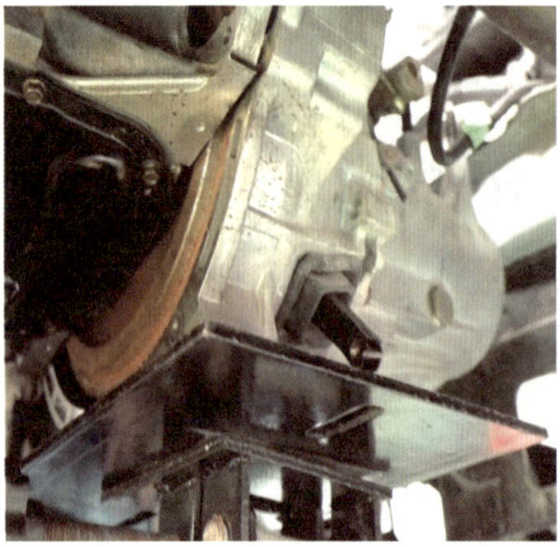	
2	 	安装变速器与发动机的下部连接螺栓并紧固，安装起动机、小护板、变速器下摆动支架等附件，并将螺栓按照要求拧紧

续表

步骤	图示	说明
3	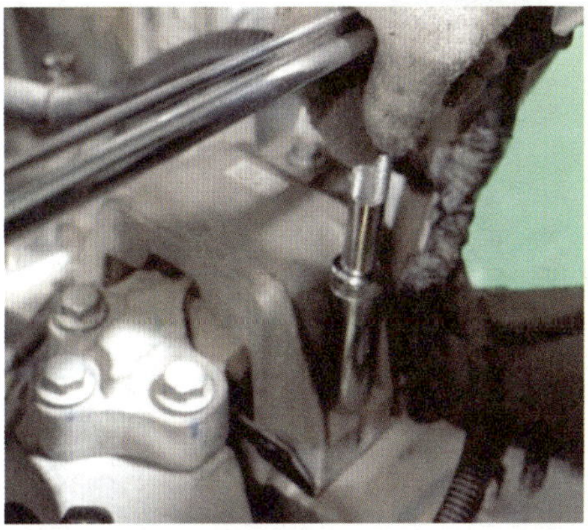 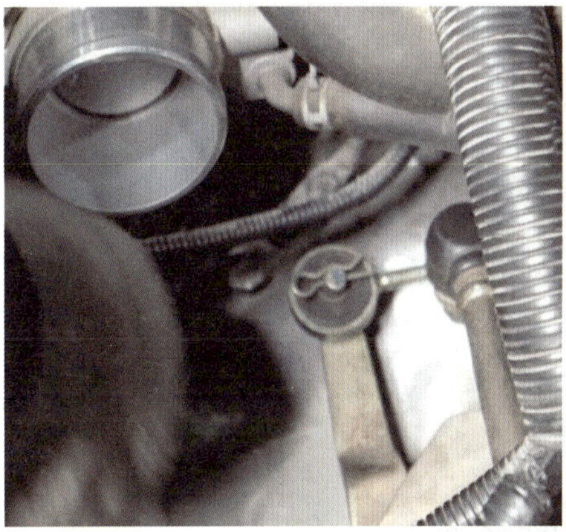	落车后安装变速器与发动机的上部连接螺栓并紧固，拆下发动机台架，安装变速器上摆动支架、蓄电池托架、变速器操纵机构、空气滤清器等外部附件并紧固
4		升车后安装左、右两侧前轮半轴并紧固，安装左、右两侧前轮外球笼，安装球笼紧固螺母，安装下控制臂连接螺栓并紧固，安装离合器分泵及管路并紧固

续表

步骤	图示	说明
4		
5	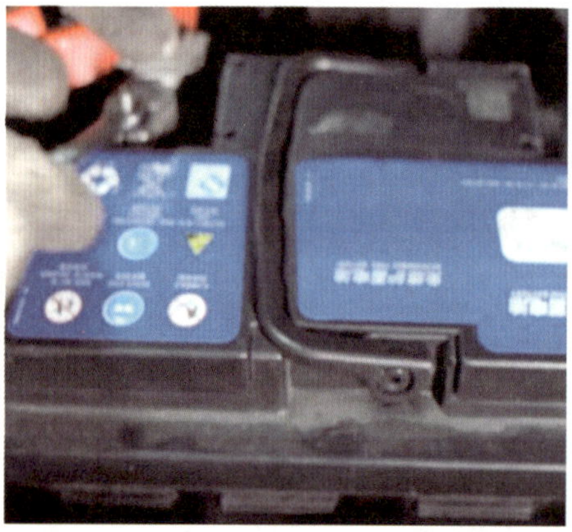 	落车后安装蓄电池，安装左、右两侧前轮，按规定力矩紧固轮胎螺栓及外球笼大帽螺栓

变速器总成相关螺栓的拧紧力矩见表 2-2-11。

表 2-2-11　　变速器总成相关螺栓的拧紧力矩

部件	数量 / 个	拧紧力矩	是否更换
变速器与发动机的连接螺栓	9	80 N · m	否
变速器与起动机的连接螺栓	2	80 N · m	否
变速器与托架的连接螺栓	2	50 N · m+90°	是
变速器支撑与车身的连接螺栓	3	60 N · m+45°	是
副车架与摆动支撑的连接螺栓	2	20 N · m+90°	是
变速器与摆动支撑的连接螺栓	1	40 N · m+90°	是
变速器放油螺塞	1	25 N · m	否
变速器加油螺塞	1	25 N · m	否

3. 二轴式变速器总成的拆检

（1）二轴式变速器总成的拆卸

二轴式变速器总成整体可分为六大部分进行拆解。

1）变速器壳体罩盖及五挡齿轮的拆卸（见表 2-2-12）。

表 2-2-12　　变速器壳体罩盖及五挡齿轮的拆卸

步骤	图示	说明
1		将变速器固定到拆装翻转架上，并确认变速器齿轮油已放出
2		旋转翻转架，使变速器壳体端面朝向上方，拆下变速器壳体罩盖螺栓并取下罩盖

续表

步骤	图示	说明
2		
3	 	拆下五挡拨叉轴支撑销，抽出五挡拨叉轴，并取下五挡换挡拨叉

续表

步骤	图示	说明
4	 	分别拆卸输入轴与输出轴上的弹性挡圈，并将五挡同步器与五挡齿轮拆下
5	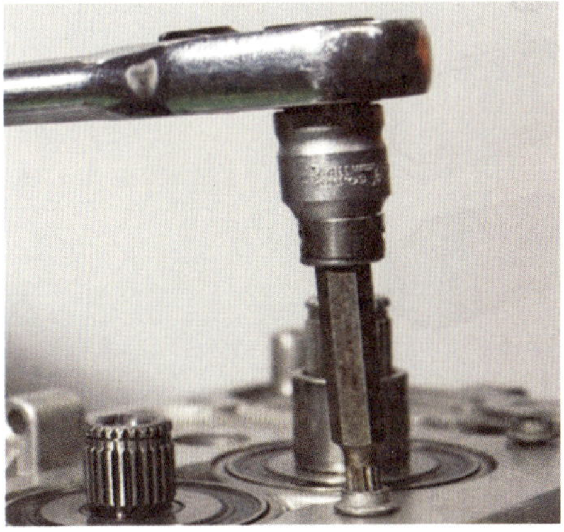	拆卸输入轴与输出轴的轴承座紧固螺栓，然后再拆卸内拨叉架总成固定螺栓

续表

步骤	图示	说明
5		

变速器壳体罩盖及五挡齿轮分解如图 2-2-20 所示。

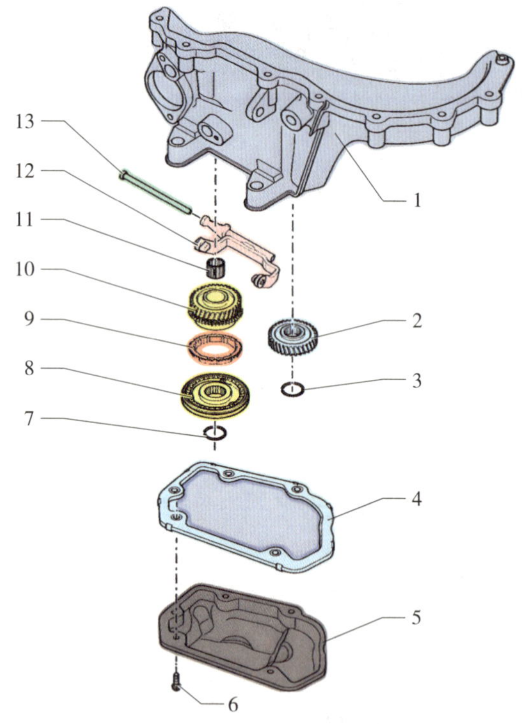

图 2-2-20　变速器壳体罩盖及五挡齿轮分解

1—变速器壳体　2—五挡齿轮　3—弹性挡圈　4—密封垫片
5—变速器壳体罩盖　6—螺栓　7—弹性挡圈
8—五挡接合套及同步器花键毂　9—五挡同步环　10—五挡齿轮
11—滚针轴承　12—五挡换挡拨叉　13—支撑销

2）离合器壳体的拆卸（见表 2-2-13）。

表 2-2-13　　离合器壳体的拆卸

步骤	图示	说明
1		旋转翻转架，使离合器壳体端面朝向上方，准备拆卸离合器壳体
2		拆卸导向衬套，从球头销上拆下分离杆的定位簧后，与分离杆和分离轴承一起向外拉出
3		拆卸一侧的法兰轴紧固螺栓，将法兰轴取出

续表

步骤	图示	说明
3		
4	 	拆卸离合器壳体与变速器壳体连接螺栓，并将螺栓全部取下

续表

步骤	图示	说明
5	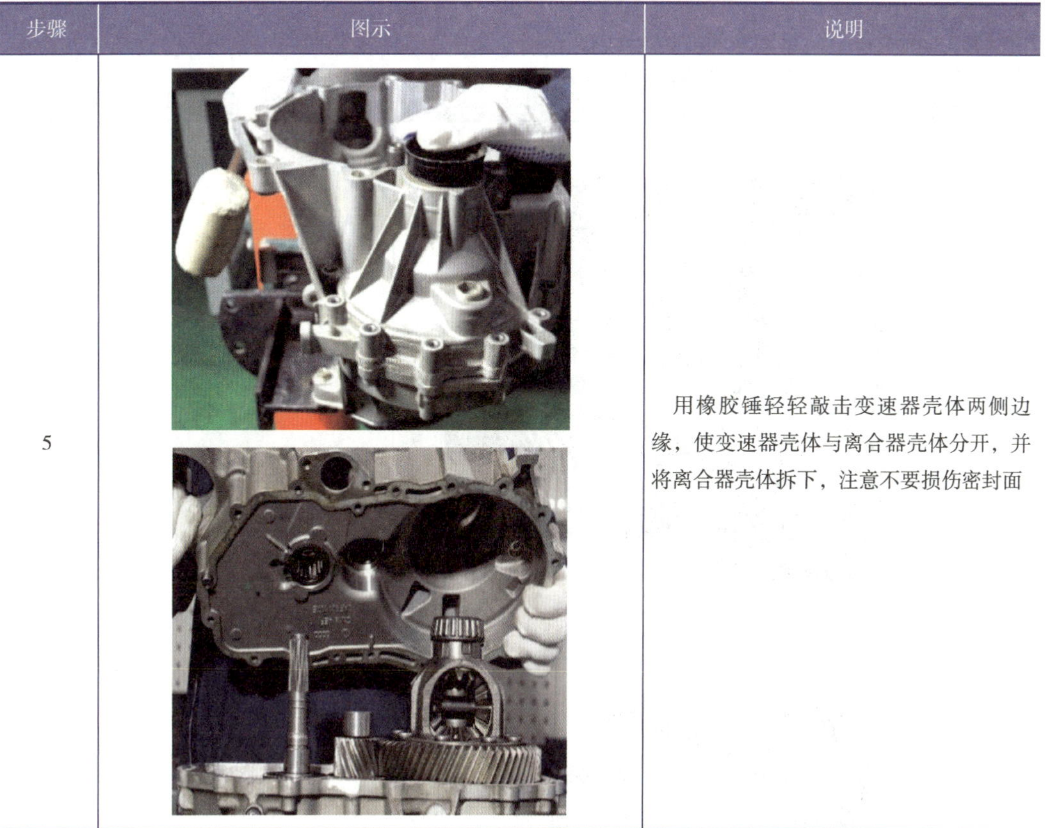	用橡胶锤轻轻敲击变速器壳体两侧边缘，使变速器壳体与离合器壳体分开，并将离合器壳体拆下，注意不要损伤密封面

离合器壳体分解如图 2-2-21 所示。

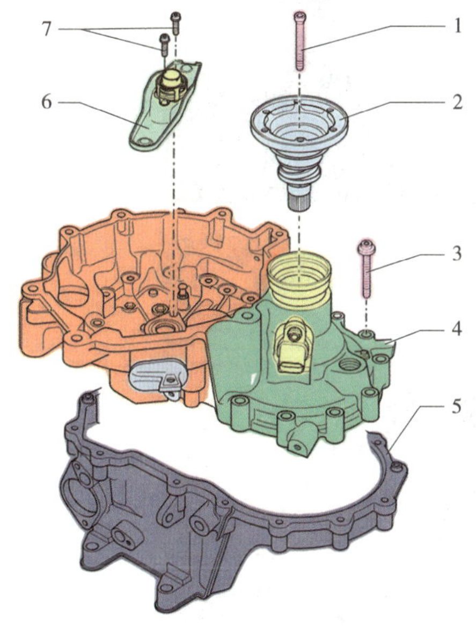

图 2-2-21　离合器壳体分解

1—沉头螺栓　2—带弹簧、止推垫圈和锥形环的法兰轴　3—螺栓　4—离合器壳体　5—变速器壳体　6—离合器分离杆　7—螺栓

3）拆卸输入轴、输出轴、倒挡轴及换挡机构和变速器壳体（见表 2-2-14）。

表 2-2-14　　拆卸输入轴、输出轴、倒挡轴及换挡机构和变速器壳体

步骤	图示	说明
1		拆卸差速器总成，注意不要损伤密封面
2	 	拆卸内拨叉架总成的支撑销固定螺栓，左、右两侧总计四个，然后将支撑销拆下

续表

步骤	图示	说明
3	 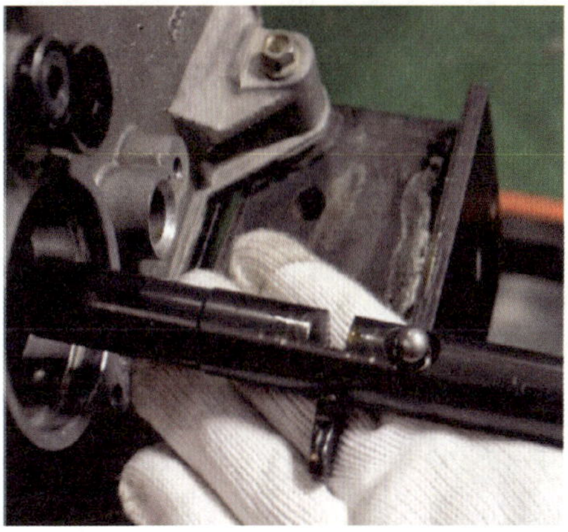	拆卸倒挡轴的固定螺栓，将换挡轴置于空挡位置，拆卸换挡轴固定螺栓，并将换挡轴抽出
4	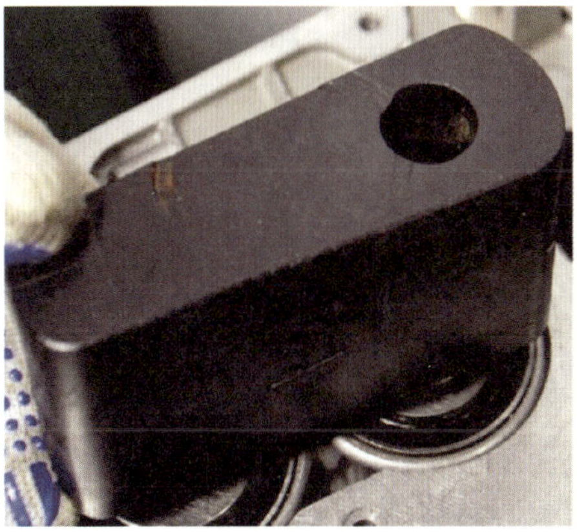	用专用工具止推座 T10085 与冲头 VW412 将输入轴、输出轴、轴承座、换挡机构及倒挡轴一起压出，使其与变速器壳体脱离

续表

步骤	图示	说明
4		
5	 	压出零部件时，为防止零部件跌落，应有另一名维修人员配合操作，将压出的零部件整体安置到工作台上，使用专用工具T10081将输入轴、输出轴压出轴承座支架

输入轴、输出轴、倒挡轴及换挡机构和变速器壳体分解如图 2–2–22 所示。

4）分解输入轴总成。分解后的输入轴总成如图 2–2–23 所示。

5）分解输出轴总成。分解后的输出轴总成实物如图 2–2–24 所示，分解后的输出轴总成如图 2–2–25 所示。

6）分解换挡拨叉总成。分解后的换挡拨叉总成如图 2–2–26 所示。

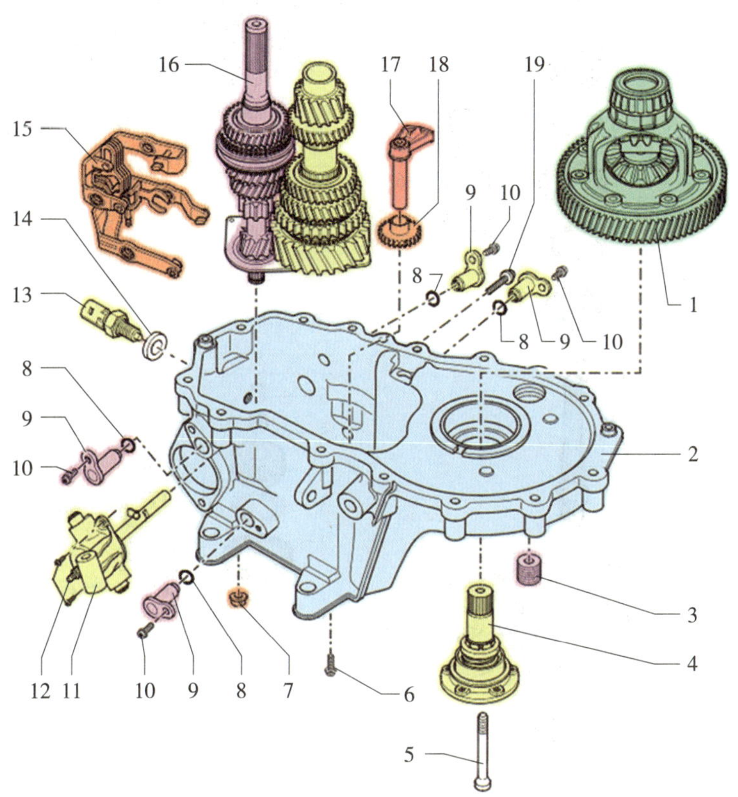

图 2–2–22　输入轴、输出轴、倒挡轴及换挡机构和变速器壳体分解

1—差速器　2—变速器壳体　3—放油螺塞　4—带弹簧、止推垫圈和锥形环的法兰轴　5—沉头螺栓　6—螺栓　7—六角凸缘螺母　8—O 形密封圈　9—支撑销　10—螺栓　11—带盖板的换挡轴　12—螺栓　13—倒车灯开关　14—O 形密封圈　15—换挡拨叉　16—带轴承座及深沟球轴承的输入轴和输出轴　17—倒挡轴　18—倒挡中间齿轮　19—螺栓

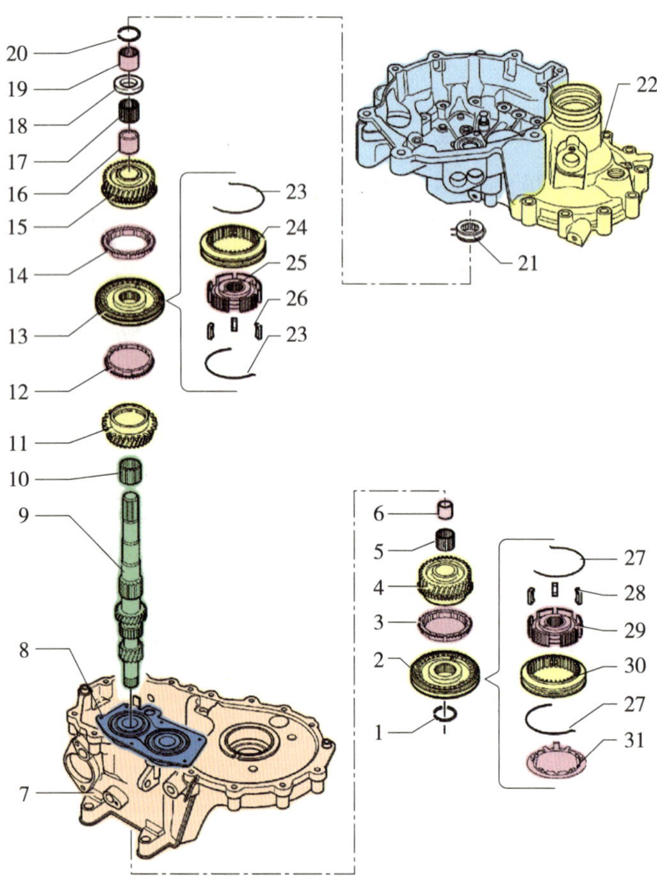

图 2-2-23 分解后的输入轴总成

1、20—弹性挡圈 2—五挡接合套及同步器花键毂 3—五挡同步环 4—五挡齿轮 5—滚针轴承 6、16—衬套 7—变速器壳体 8—轴承座及深沟球轴承 9—输入轴 10—滚针轴承 11—三挡齿轮 12—三挡同步环 13—三、四挡接合套及同步器花键毂 14—四挡同步环 15—四挡齿轮 17—滚针轴承 18—止推垫圈 19—滚子轴承内圈 21—滚子轴承 22—离合器壳体 23、27—弹簧圈 24—三、四挡接合套 25—三、四挡同步器花键毂 26、28—滑块 29—五挡同步器花键毂 30—五挡接合套 31—锁圈

图 2-2-24　分解后的输出轴总成实物

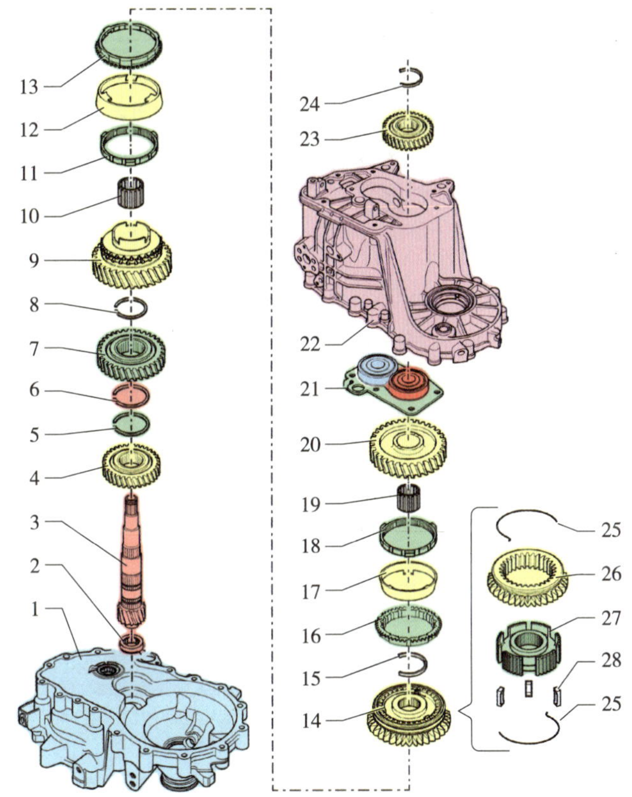

图 2-2-25　分解后的输出轴总成

1—离合器壳体　2—滚子轴承　3—输出轴　4—四挡齿轮　5、6、8、15—弹性挡圈
7—三挡齿轮　9—二挡齿轮　10—滚针轴承　11—二挡齿轮内圈　12—二挡齿轮外圈
13—二挡同步环　14—一、二挡接合套及同步器花键毂　16—一挡同步环
17—一挡齿轮外圈　18—一挡齿轮内圈　19—滚针轴承　20—一挡齿轮
21—轴承座及深沟球轴承　22—变速器壳体　23—五挡齿轮　24—弹性挡圈
25—弹簧圈　26—接合套　27—一、二挡同步器花键毂　28—滑块

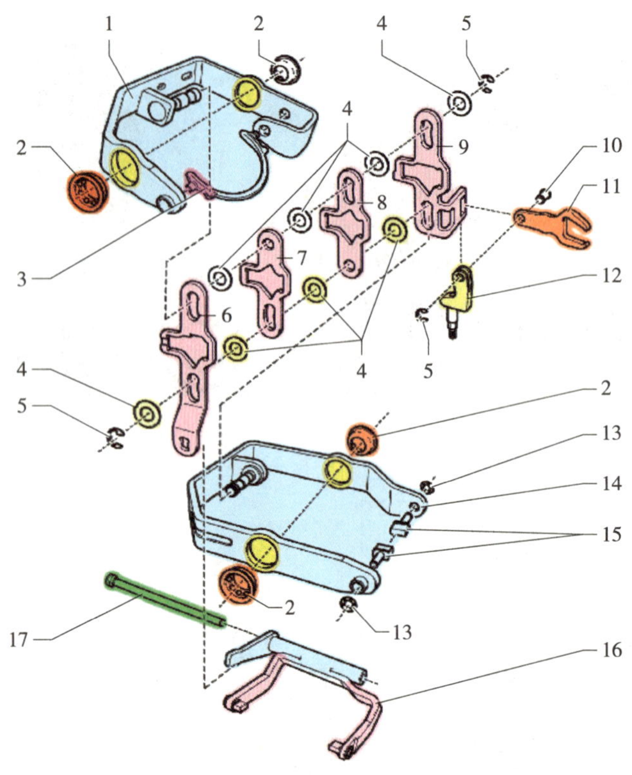

图 2-2-26 分解后的换挡拨叉总成

1—三、四挡换挡拨叉 2—径向止推球轴承 3—换挡卡环 4—垫圈
5—弹性垫圈 6—五挡换挡板 7—三、四挡换挡板 8— 一、二挡换挡板
9—倒挡换挡板 10—销子轴承 11—倒挡换挡拨叉 12—倒挡换挡拨叉支架
13—弹簧挡圈 14— 一、二挡换挡拨叉 15—换挡块
16—带换挡块的五挡换挡拨叉 17—支撑销

（2）二轴式变速器的检修（见表 2-2-15）

表 2-2-15　　二轴式变速器的检修

步骤	图示	说明
1		检查所有齿轮的损坏情况。齿面有轻微斑点，在不影响使用的情况下，可以用油石修磨；若齿厚磨损超过 0.20 mm，齿长磨损超过原齿长的 15%，或斑点面积超过齿面的 15%，则应更换齿轮，齿轮应成对更换

续表

步骤	图示	说明
2		装好滚针轴承和内座圈后，用百分表检查齿轮与内座圈之间的间隙，标准间隙为 0.009 ~ 0.060 mm，极限间隙为 0.15 mm，若超过极限，应更换轴承
3		检查输入轴和输出轴。不应有裂纹，轴颈及花键不应有严重磨损，轴上的齿轮不应有断齿和严重磨损，否则应更换；检查轴的径向圆跳动，应不超过 0.05 mm，否则应更换或校正
4		检查同步器。将同步环压在各自齿轮的锥面上，按压转动同步环时要有阻力，用塞尺测量环齿与轮齿之间的间隙 a；一挡与二挡之间采用三锥面同步器的，应同步测量内圈压到齿轮锥面上的间隙，以及同步环、内圈和外圈压到齿轮锥面上的间隙。同步环、内圈与齿轮锥面之间的间隙见表 2–2–16，如果不符合规定，应更换同步环

表 2–2–16　　同步环、内圈与齿轮锥面之间的间隙　　mm

测量位置	间隙	
	新的零件	磨损的限度
内圈与一、二挡齿轮	0.75 ~ 1.25	0.30
同步环、内圈和外圈与一、二挡齿轮	1.20 ~ 1.80	0.50
三、四挡同步环	1.10 ~ 1.70	0.50
五挡同步环	1.10 ~ 1.70	0.50

1）弹性挡圈的选配

各弹性挡圈应予以更换，不同厚度的弹性挡圈选配见表 2-2-17。

表 2-2-17　不同厚度的弹性挡圈选配　mm

测量值	挡圈厚度	允许间隙
0.05 ~ 0.10	2.0	0.05 ~ 0.15
0.15 ~ 0.20	2.1	0.05 ~ 0.15
0.25 ~ 0.30	2.2	0.05 ~ 0.15
0.35 ~ 0.40	2.3	0.05 ~ 0.15
0.45 ~ 0.50	2.4	0.05 ~ 0.15

（3）二轴式变速器总成的装配（见表 2-2-18）

表 2-2-18　二轴式变速器总成装配

步骤	图示	说明
1	 	装配输入轴与输出轴

续表

步骤	图示	说明
2	 	使用专用工具，将输入轴与输出轴及轴承座圈压装到正确位置，组装拨叉与倒挡轴和变速传动机构
3		将变速传动机构和内拨叉架及倒挡轴安装到变速器壳体内，安装左、右两侧内拨叉架支撑销并按规定力矩紧固螺栓

续表

步骤	图示	说明
3		
4	 	安装换挡轴及紧固螺栓，旋转翻转架180°，安装内拨叉架紧固螺栓六角凸缘螺母，安装输入轴与输出轴轴承座圈的紧固螺栓

续表

步骤	图示	说明
5	 	安装输入轴与输出轴上的五挡齿轮、同步器、弹性挡圈、换挡拨叉及拨叉支撑销，安装变速器壳体罩盖并紧固螺栓
6		旋转翻转架 180°，安装差速器总成，安装离合器壳体及紧固螺栓

续表

步骤	图示	说明
6		
7	 	安装左、右两侧传动法兰盘并紧固螺栓，安装离合器导向衬套并紧固螺栓

4. 三轴式变速器的拆检

（1）三轴式变速器的分解（见表 2-2-19）

表 2-2-19　三轴式变速器的分解

步骤	图示	说明
1	 	将变速器置于工作台上，拧下放油螺塞，放净变速器内剩余的齿轮油。拆卸倒挡开关、换挡拨叉支撑销等壳体外侧附件。拆下变速器上端盖总成
2		拆卸输入轴轴承盖紧固螺栓，取下前轴承盖。拆卸变速器前壳体与变速器后壳体紧固螺栓，并从变速器后壳体侧拆卸换挡机构自锁钢球与弹簧。分别拆下输入轴与输出轴两侧的轴承弹性挡圈（卡簧）

续表

步骤	图示	说明
2		
3	 	使用铜棒轻微敲击变速器前壳体一侧（如输入轴轴承与变速器前壳体上的轴承座孔配合度过紧，可使用轴承拉力器拆卸），使变速器前壳体与变速器后壳体分离，并取下变速器前壳体

续表

步骤	图示	说明
4	 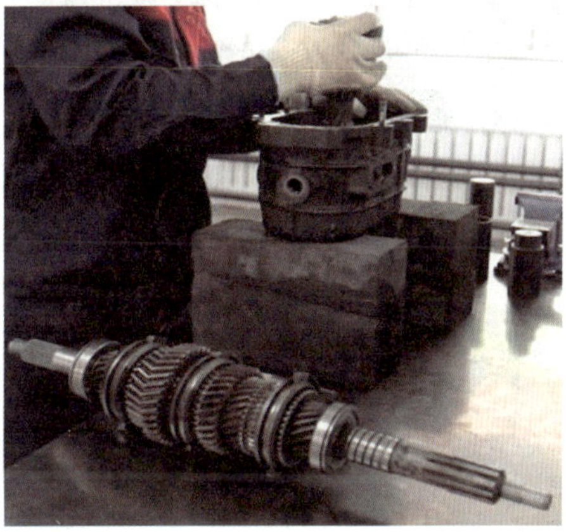	使用压力机将变速器的变速传动机构从变速器后壳体一侧压出，然后将变速器换挡机构、输入轴、输出轴及中间轴从变速器后壳体中取出
5		将变速器输入轴从输出轴上拆下。将五挡齿轮，五挡同步器，一挡齿轮，二挡齿轮，一、二挡同步器从输出轴上拆下

续表

步骤	图示	说明
6	 	使用压力机将输出轴后方轴承压出，将三挡齿轮，四挡齿轮，三、四挡同步器从输出轴上拆下
7		分解各挡位锁环式惯性同步器

（2）三轴式变速器的检修

1）变速器壳体的检修（见表 2-2-20）

表 2-2-20　变速器壳体的检修

步骤	图示	说明
1		变速器壳体裂纹的检修。变速器壳体的裂纹可用检视法或敲击法检查，若裂纹处在受力不大的部位，可用环氧树脂胶粘法、螺钉填补法或焊修法修复；若裂纹处在受力较大的部位，应予以更换
2		变速器壳体平面的检修。变速器壳体上平面的翘曲变形，可在平板上用塞尺检查。平面度超过标准时，可采用铲、磨等方法修复
3		变速器轴承座孔的检修。壳体轴承座孔轴线间及其与壳体上平面的平行度误差可用高度游标卡尺、百分表及内径千分尺或内径百分表进行检查

续表

步骤	图示	说明
4	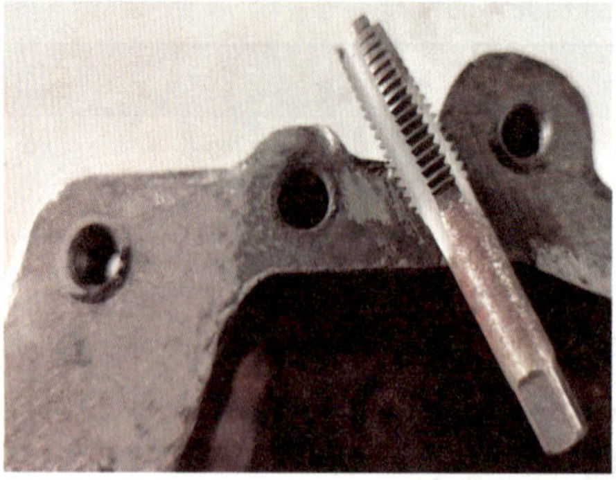	壳体螺纹孔的检修。壳体螺纹孔的损伤不得超过 2 牙，否则可采用加大螺纹、镶螺纹套或焊补后重新钻孔加工的方法修复

2）变速器齿轮和轴的检修（见表 2–2–21）

表 2–2–21　　变速器齿轮和轴的检修

步骤	图示	说明
1		变速器齿轮的检修。齿轮的损伤主要有磨损、疲劳剥落、裂纹等，齿轮的工作面腐蚀斑点及剥落面积超过齿面的 1/4，或齿轮出现裂纹时，应予以更换。齿面有轻微斑点、划痕、磨损台阶或边缘破损时，可用油石或砂轮修磨后使用
2		常啮合齿轮齿厚磨损不得超过 0.25 mm，接合齿轮齿厚磨损不得超过 0.40 mm，齿轮内花键齿厚磨损不得超过 0.20 mm，齿长磨损不得超过原齿长的 30%，否则，应予以更换

续表

步骤	图示	说明
3		变速器轴的检修。变速器轴的损伤主要有弯曲、裂纹、轴颈磨损及花键齿磨损。轴的弯曲可用百分表测量各轴中部径向跳动的方法进行检查，第一轴、第二轴及中间轴的径向跳动技术要求为不大于 0.025 mm，使用极限为 0.06 mm，若超过使用极限，应予以校正或更换。用百分表检查第二轴与倒挡轴齿轮的花键侧隙，其公称尺寸为 0.055 ~ 0.175 mm，使用极限为 0.30 mm，若超过使用极限，应予以更换
4		轴颈的磨损可用外径千分尺测量，若超过使用极限，应换用新件

3）变速器轴承和变速杆的检修（见表 2-2-22）

表 2-2-22　　变速器轴承和变速杆的检修

步骤	图示	说明
1		轴承的检修。轴承应转动灵活，滚动体与内、外滚道不得有斑痕，保持架应完好，径向间隙不得大于 0.10 mm，否则应予以更换。大修时，应更换全部滚针轴承

续表

步骤	图示	说明
2		变速杆的检修。若变速杆球节磨损超过标准规定值，可堆焊修复或予以更换

4）变速器同步器的检修（见表 2-2-23）

表 2-2-23　　变速器同步器的检修

步骤	图示	说明
1		同步器锁销、锁环的检修。检查锁销的磨损情况，若锁销磨损严重，应更换同步器总成；检查锁环的磨损情况，若锁环锥面的磨损超过规定值，应更换同步器总成
2		更换同步器后，如果使用原锥盘，则应检查锥盘和锁环的端面间隙，应符合规定值

5）变速器盖总成的检修（见表 2-2-24）

表 2-2-24　变速器盖总成的检修

步骤	图示	说明
1		变速器盖的检修。变速器盖不得有裂纹，若有裂纹，可用环氧树脂胶粘法、焊修法进行修复。若与变速器壳体的接合面的平面度误差超过标准，可用铲、磨等方法进行修复
2		变速器拨叉轴的检修。用百分表检查变速拨叉轴的直线度误差，若超过标准，应冷压校正或更换；检查变速器拨叉轴与导孔的配合间隙，若超过规定值，可磨削加工后镀铬进行修复或更换
3		变速器换挡锁装置的检修。若拨叉轴凹槽轴向磨损超过规定值，可堆焊修复或更换；若自锁钢球、互锁钢球、互锁销磨损严重，自锁弹簧过软，均应换用新件
4		拨叉的检修。拨叉的弯曲变形可用专用量具进行检验，若超过规定值，应予以校正。若拨叉端面磨损超过规定值，可堆焊修复或更换。若拨叉导块凹槽磨损超过规定值，可堆焊修复或更换

（3）三轴式变速器的安装（见表 2-2-25）

表 2-2-25 三轴式变速器的安装

步骤	图示	说明
1		组装各挡位同步器总成，将三、四挡齿轮，一、二挡齿轮，五挡齿轮及组装好的各挡位同步器总成安装到输出轴上
2		连接输入轴与输出轴，将同步器调整到空挡位置后，把换挡机构嵌入各挡位的同步器中
3		使用压力机将变速器输入轴、输出轴、中间轴、换挡机构压装到变速器后壳体中。安装倒挡齿轮及倒挡轴后，装入变速器前壳体，安装前、后壳体轴承弹性挡圈

续表

步骤	图示	说明
3		
4	 	将变速器前、后壳体连接螺栓按照规定力矩拧紧，安装变速器前轴承盖并拧紧螺栓

续表

步骤	图示	说明
5		安装变速器上端盖总成及倒挡开关等附件

任务 3　自动变速器的结构与维修

学习目标

1. 会描述自动变速器的分类、特点及组成。
2. 能分析自动变速器各主要零部件的结构及工作原理。
3. 能够小组合作，在教师指导下，规范完成自动变速器的检查工作，并严格执行“8S”管理规定。

任务描述

一辆轿车进厂保养，客户反映该车自动变速器已有较长时间没有保养，希望能进行自动变速器的检查，排除可能的故障隐患。

你作为一名维修工，在班组长的安排下领取汽车自动变速器的基本检查任务，通过小组合作、查阅资料，在规定时间内完成自动变速器的基本检查工作，并通过验收后交车。

相关知识

一、自动变速器的组成及特点

1. 自动变速器的组成

自动变速器能够根据发动机的负荷和车辆的行驶速度自动地变换合适的挡位，驾驶员不需要手动换挡，减轻了驾驶员的操作强度，应用越来越广泛。

自动变速器安装在发动机的后面，其安装位置如图 2–3–1 所示。

图 2–3–1　自动变速器的安装位置

1—发动机　2—自动变速器

自动变速器主要由液力变矩器、齿轮变速器、油泵、控制系统（全液压式或电液控制式）等几个部分组成，如图 2–3–2 所示。

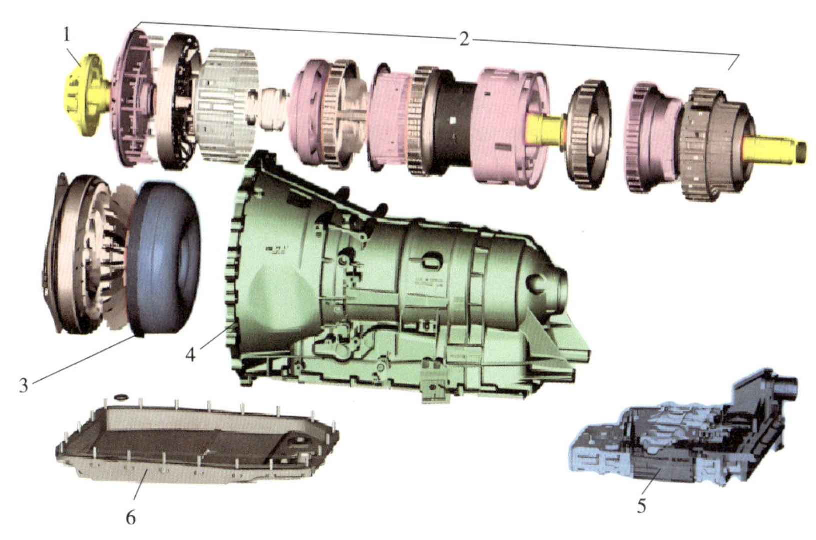

图 2–3–2　自动变速器的组成

1—油泵　2—齿轮变速器　3—液力变矩器　4—自动变速器壳体　5—阀体总成（控制系统的主要部分）　6—油底壳

（1）液力变矩器

液力变矩器位于自动变速器的最前端，安装在发动机的飞轮上。其作用是利用液力传动原理，将发动机的动力传递给自动变速器的输入轴。此外，它还具有一定的减速增矩功能。

（2）齿轮变速器

齿轮变速器是自动变速器的主要组成部分，包括齿轮变速机构和换挡执行机构。换挡执行机构可以使齿轮变速机构处于不同的挡位，以实现不同的传动比。大部分自动变速器的齿轮变速机构有 4 ~ 6 个前进挡和 1 个倒挡。

（3）油泵

油泵通常安装在液力变矩器之后，其作用是为液力变矩器、控制系统及换挡执行机构提供具有一定压力的液压油（自动变速器油）。

（4）控制系统

汽车自动变速器的控制系统分为全液压式和电液控制式两种。全液压式控制系统主要由许多控制阀组成的阀体总成以及液压管路等组成；电液控制式控制系统除了阀体总成及液压管路之外，还包括电子控制单元（ECU）、传感器、执行器及控制电路等。

此外，在自动变速器的外部还设有一个液压油散热器，用于散发自动变速器内的液压油在工作过程中产生的热量。

2. 自动变速器的特点

（1）手动变速器所有挡位都必须手动换挡，驾驶员劳动强度大。自动变速器除倒挡由手控制外，其他各前进挡都可根据发动机工况和车速进行自动换挡。

（2）装有自动变速器的汽车安装了液力变矩器而取消了离合器踏板，提高了汽车行驶的安全性。同时液力变矩器是通过液体传力的，可实现无级变速，使汽车起步、加速更加平稳，还能避免因负荷过大而造成发动机熄火。

（3）自动变速器结构复杂，零部件较多，零件比较精密。

（4）自动变速器造价比手动变速器造价高。

（5）电控自动变速器有模式选择、自我诊断、失效保护等功能。

二、自动变速器的分类

1. 按汽车驱动方式分类

按照汽车驱动方式的不同，自动变速器可分为后驱动自动变速器和前驱动自动变速器两种。后驱动自动变速器的液力变矩器和齿轮变速器的输入轴及输出轴在同一轴线上，因此轴向尺寸较大；阀体总成则布置在齿轮变速器下方的油底壳内。后驱动自动变速器的结构如图 2-3-3 所示。

图 2-3-3　后驱动自动变速器的结构

前驱动自动变速器除了具有与后驱动自动变速器相同的组成部分外，在自动变速器的壳体内还装有差速器，所以又称为自动变速驱动桥。

前驱动汽车的发动机有纵置和横置两种。纵置发动机的前驱动自动变速器的结构和布置与后驱动自动变速器基本相同，只是在后端增加了一个差速器；横置发动机的前驱动自动变速器通常将输入轴和输出轴设计成两个轴线的方式，如图 2-3-4 所示，液力变矩器和齿轮变速器输入轴布置在上方，输出轴布置在下方，阀体总成则布置在变速器的侧面或上方，以保证自动变速器总体的轴向尺寸不过大。

图 2-3-4　横置发动机的前驱动自动变速器

1—齿轮变速机构　2—液力变矩器　3—主减速器和差速器

2. 按前进挡的数目分类

按前进挡的数目不同，自动变速器可分为 2 个前进挡、3 个前进挡、4 个前进挡和 5 个前进挡等几种。早期的自动变速器只有 2 ～ 3 个前进挡，并以直接挡为最高挡。现在自动变速器普遍为设有超速挡的 6 ～ 9 挡自动变速器，高档自动变速器一般为配置有超速挡的 9 ～ 10 挡自动变速器。挡位越多，结构越复杂。

3. 按齿轮变速器的类型分类

按齿轮变速器的类型不同，自动变速器可分为普通齿轮式和行星齿轮式两类。普通齿轮式自动变速器的体积比较大，目前只在日本本田公司生产的轿车上应用。行星齿轮式自动变速器由于体积小、结构紧凑而被广泛采用。本书只介绍行星齿轮式自动变速器。

4. 按控制方式分类

按控制方式不同，自动变速器可分为全液压控制式自动变速器和电液控制式自动变速器两种。全液压控制式自动变速器通过机械手段，将汽车行驶时的车速及节气门开度这两个参数转变为液压控制信号，按照设定的换挡规律，通过控制换挡执行机构的动作，实现自动换挡，如图 2–3–5 所示。

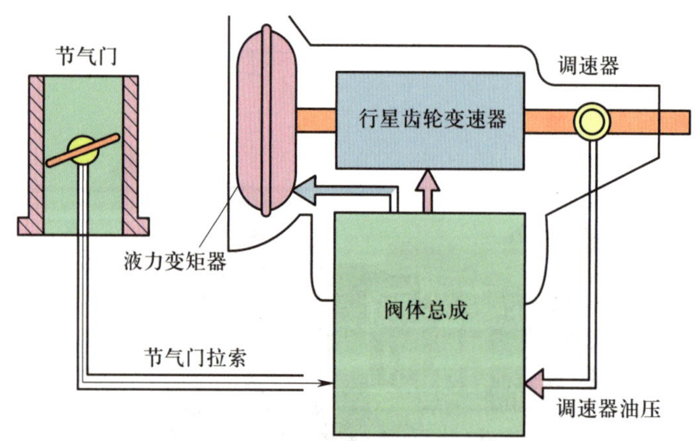

图 2–3–5 全液压控制式自动变速器

电液控制式自动变速器通过各种传感器，将发动机转速、节气门开度、车速、发动机冷却液温度、自动变速器液压油温度等参数转变为电信号，输入电子控制单元（ECU）。ECU 根据这些电信号，按照设定的换挡规律，向换挡电磁阀、液压电磁阀等发出电子控制信号。换挡电磁阀和液压电磁阀再将 ECU 的电子控制信号转变为液压控制信号，阀体总成中的各个控制阀根据这些液压控制信号，控制换挡执行机构的动作，从而实现自动换挡，如图 2–3–6 所示。

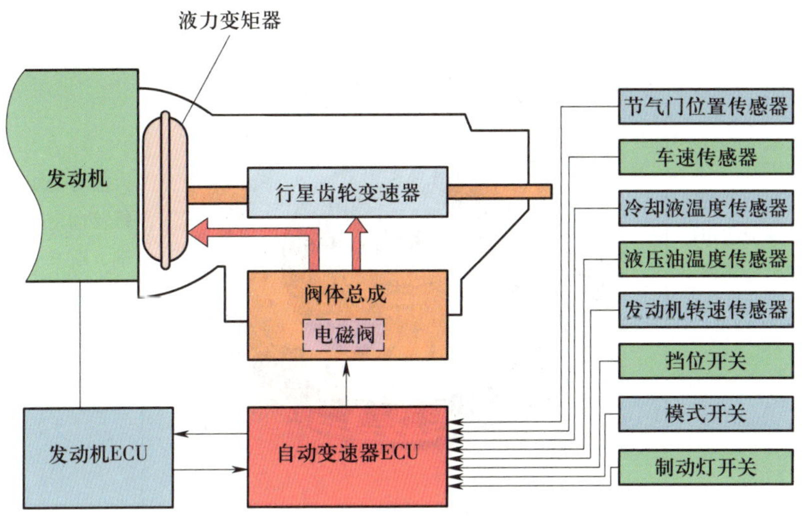

图 2-3-6　电液控制式自动变速器

三、自动变速器的结构

1. 液力变矩器

液力变矩器安装在发动机的飞轮上，以液压油为工作介质，起传递转矩、变矩、变速及离合的作用。

典型的液力变矩器由泵轮、涡轮、导轮和壳体组成，如图 2-3-7 所示，它们都是由钢板冲压而成的，在它们的环状壳体中径向排列着许多曲线形叶片。

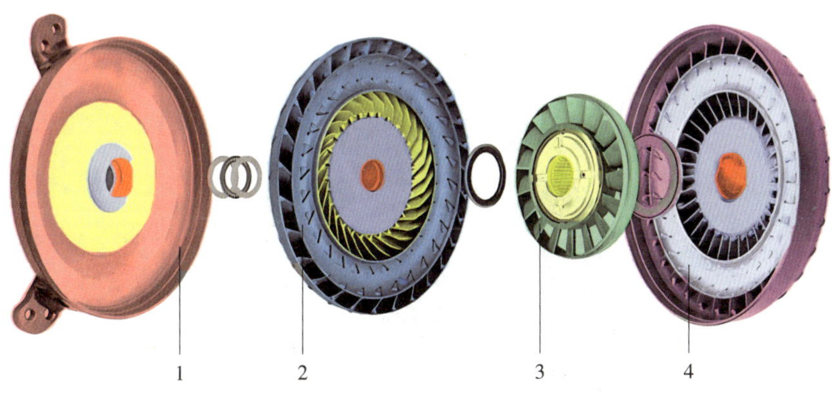

图 2-3-7　液力变矩器的组成

1—壳体　2—涡轮　3—导轮　4—泵轮

在所有工作轮装配后，形成的环状体的断面称为变矩器的循环圆，环形内腔中充满液压油。液力变矩器主要部件的位置、作用及运动形式见表 2-3-1。

表 2-3-1　　液力变矩器主要部件的位置、作用及运动形式

位置和作用	图示	运动形式
泵轮是液力变矩器的主动元件，位于液力变矩器的后端，与液力变矩器壳体刚性连接		液力变矩器壳体总成用螺栓固定在发动机曲轴后端，随发动机曲轴一起旋转，所以它总是以发动机转速转动
涡轮是液力变矩器的输出元件，通过花键孔与变速器的输入轴相连		涡轮被来自泵轮的液流驱动，并且总是以它特有的速度转动
导轮的直径大约是泵轮或涡轮直径的一半，位于泵轮与涡轮之间。导轮与泵轮或涡轮之间没有机械连接，而是安装在涡轮的出口与泵轮的入口之间。所有从涡轮返回泵轮的液流都经过导轮		导轮使涡轮引导的液流改变方向返回泵轮。改变了方向的液流与发动机的转动方向一致，可使泵轮的转动更有效

现在生产的电控自动变速器已全部采用带锁止离合器的液力变矩器。这种液力变矩器内有一个由液压油操纵的锁止离合器，锁止离合器的主动盘（前盖）即为液力变矩器壳体，从动盘是一个可轴向移动的压盘，通过花键套与涡轮连接，如图 2–3–8 所示。

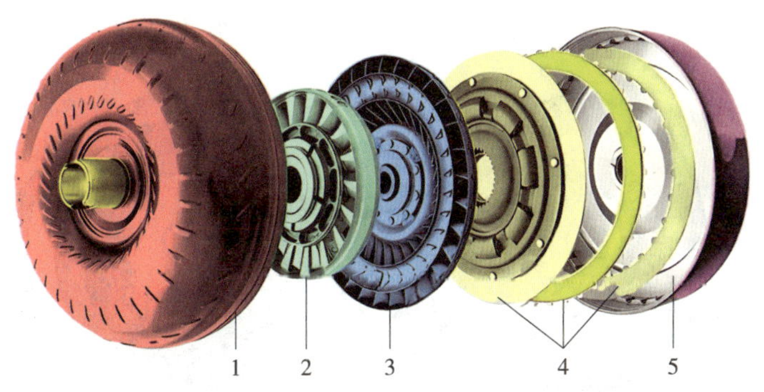

图 2–3–8 带锁止离合器的液力变矩器

1—泵轮 2—导轮 3—涡轮 4—锁止离合器 5—液力变矩器壳体

液力变矩器的工作原理如下：

（1）当发动机运转而汽车还未起步时，涡轮转速为零。自动变速器油在泵轮叶片带动下，以一定的速度冲向涡轮叶片，对涡轮有一作用力，产生绕涡轮轴的转矩，此即液力变矩器的输出转矩。因此时涡轮静止不动，液流就沿着叶片流出涡轮并冲向导轮，该液流也对导轮产生作用力矩。此时，涡轮的转矩等于泵轮转矩与导轮转矩之和。显然，涡轮转矩大于泵轮转矩，即液力变矩器起到增大转矩的作用，如图 2–3–9 所示。

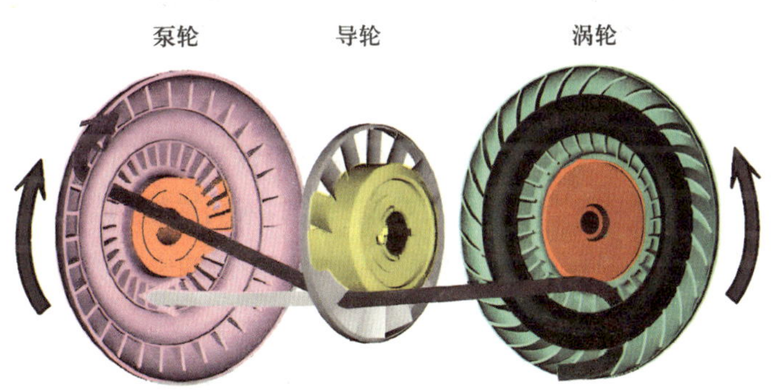

图 2–3–9 液力变矩器的增矩过程

（2）当液力变矩器输出的转矩经传动系传到驱动轮上所产生的牵引力足以克服汽车起步阻力时，汽车起步并开始加速，与之相连的涡轮转速也从零开始逐渐增加。

（3）当涡轮转速增大到一定值时，由涡轮流出的液流正好沿导轮出口方向冲向导轮。由于液体流经导轮时方向不改变，故导轮转矩为零，即涡轮转矩与泵轮转矩相等。此时液力变矩器处于耦合状态，即液力变矩器的等矩过程，如图 2–3–10 所示。

（4）若涡轮转速继续增大，液流就会冲击导轮叶片反面，导轮转矩方向与泵轮转矩方向相同，则涡轮转矩为前二者转矩之差，即液力变矩器输出转矩反而比输入转矩小，如图 2-3-11 所示。当涡轮转速增大到与泵轮转速相等时，工作液在循环圆内的循环流动停止，不能传递动力。

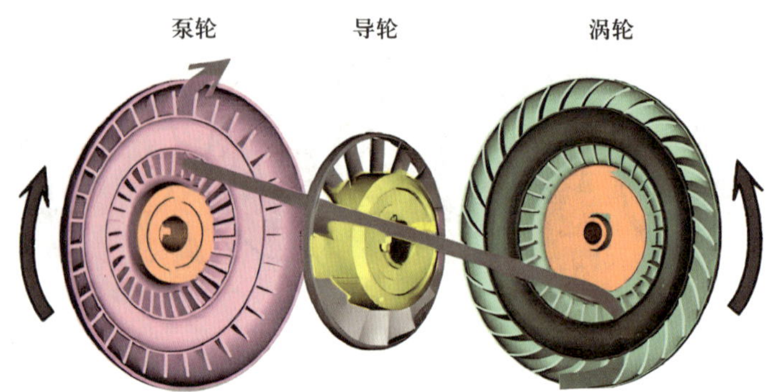

图 2-3-10　液力变矩器的等矩过程

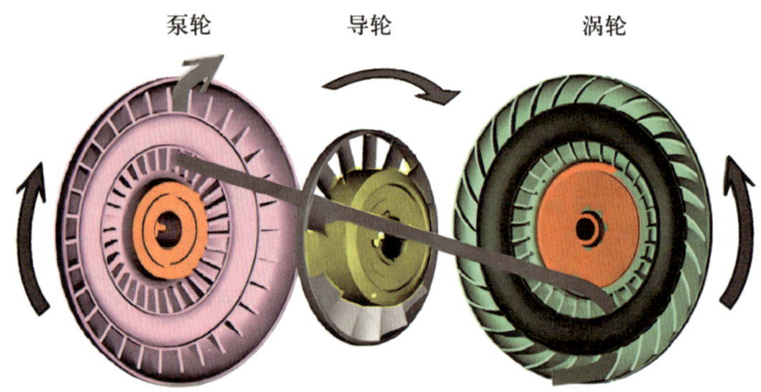

图 2-3-11　液力变矩器的减矩过程

（5）当涡轮因为负荷过大而停止转动，但泵轮仍保持旋转时，液力变矩器只有动力输入而没有输出，全部输入能量都转化为热能，此时液力变矩器中的油温急剧上升，会对液力变矩器造成严重的危害。这种现象称为液力变矩器的失速状态。

2. 油泵

油泵的主要作用是为自动变速器中的液力变矩器、换挡执行机构、液压控制阀等提供所需的具有一定压力的液压油，以保证其正常工作。因此，在发动机运转时，不论汽车是否行驶，油泵都在运转。

油泵是自动变速器中液压系统的动力源，安装在液力变矩器的后方，由液力变矩器壳后端的轴套驱动，如图 2-3-12 所示。

常见的自动变速器油泵有 3 种类型：内啮合齿轮泵、转子泵及叶片泵。

3. 齿轮变速器

液力变矩器虽能传递和增大发动机转矩，但变矩比不大，变速范围不宽，远不能满足汽车使用工况的需要。为进一步增大转矩，扩大变速范围，提高汽车的适应能力，在液力变矩器后面又装一个变速器——有级式齿轮变速器。

自动变速器中的齿轮变速器所采用的变速齿轮有普通齿轮和行星齿轮两种，目前绝大多数轿车自动变速器中的齿轮变速器采用的是行星齿轮变速器。

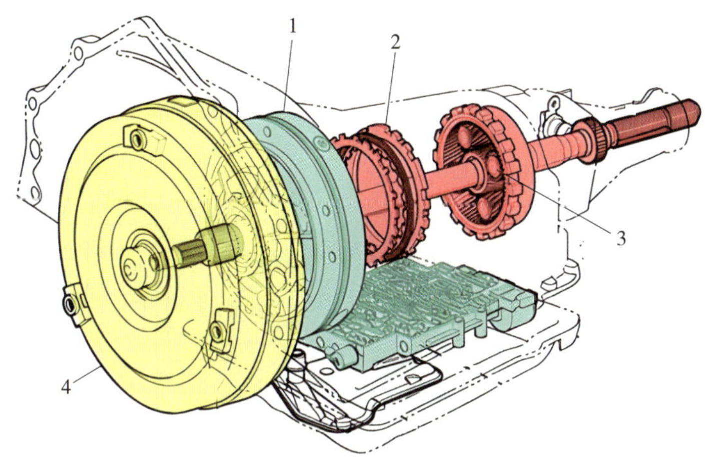

图 2-3-12　油泵的安装位置

1—油泵　2—离合器片　3—行星齿轮变速器　4—液力变矩器

行星齿轮变速器由行星齿轮机构及换挡执行机构组成。

（1）行星齿轮机构

行星齿轮机构有很多类型，其中最简单的行星齿轮机构由 1 个太阳轮、1 个齿圈、1 个行星架和安装在行星架上的 3 ~ 4 个行星齿轮组成，称为单个行星排，如图 2-3-13 所示。

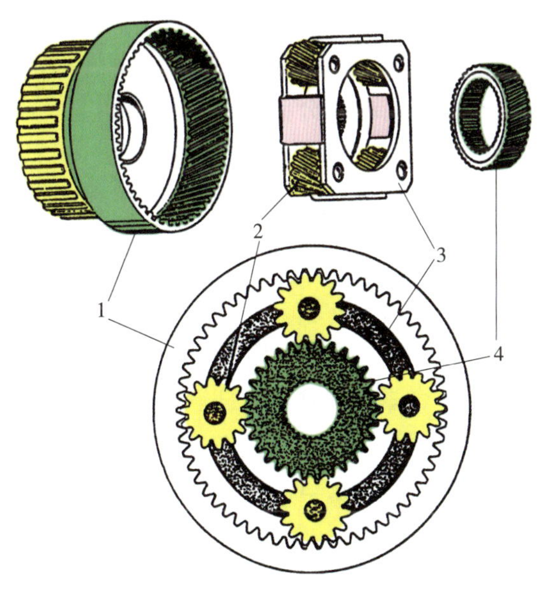

图 2-3-13　行星齿轮机构

1—齿圈　2—行星齿轮　3—行星架　4—太阳轮

太阳轮、齿圈及行星架有一个共同的固定轴线。行星齿轮支撑在固定于行星架的行星齿轮轴上，并同时与太阳轮和齿圈啮合。当行星齿轮机构运转时，行星齿轮既可以绕着自己的轴线自转，又可以随行星架一起绕着太阳轮公转。

在行星排中，具有固定轴线的太阳轮、齿圈和行星架称为行星排的 3 个基本元件。

1）行星齿轮机构的分类

①按照齿轮的排数不同，行星齿轮机构可以分为单排行星齿轮机构（见图 2-3-14）和多排行星齿轮机构（见图 2-3-15）两种。

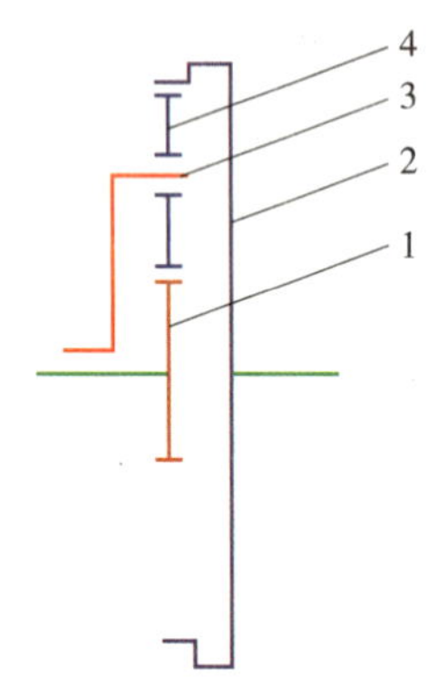

图 2-3-14　单排行星齿轮机构

1—太阳轮　2—齿圈　3—行星架　4—行星齿轮

图 2-3-15　多排行星齿轮机构

1—前齿圈　2—前行星齿轮　3—前、后太阳轮

4—前行星架后齿圈组件　5—后行星齿轮　6—后行星架

②按照太阳轮和齿圈之间行星齿轮组数的不同，行星齿轮机构可以分为单行星齿轮机构（见图 2-3-14）和双行星齿轮机构（见图 2-3-16）两种。

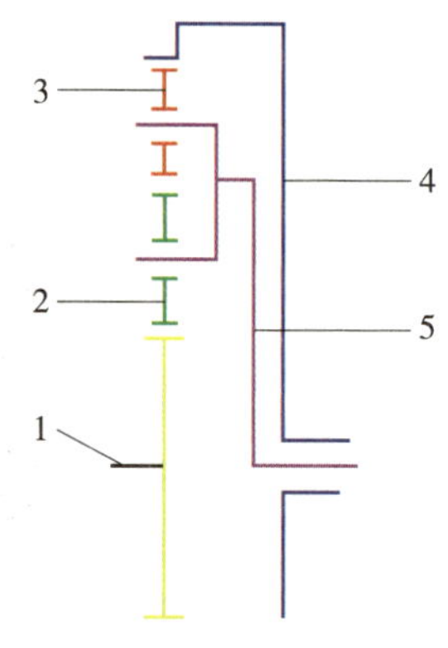

图 2-3-16　双行星齿轮机构

1—太阳轮　2—内行星齿轮

3—外行星齿轮　4—齿圈　5—行星架

2）行星齿轮机构的变速原理

设太阳轮、齿圈和行星架的转速分别为 n_1、n_2 和 n_3，齿数分别为 z_1、z_2、z_3；齿圈与太阳轮的齿数比为 α。根据能量守恒定律，由作用在该机构各元件上的力矩和结构参数可导出表示单排行星齿轮机构一般运动规律的特性方程式：$n_1+\alpha n_2=(1+\alpha)n_3$。

由上式可看出，单排行星齿轮机构具有两个自由度，在太阳轮、齿圈和行星架这 3 个基本元件中，任选两个分别作为主动件和从动件，而使另一元件固定不动（即该元件的转速为 0），或使其运动受一定的约束（即该元件的转速为某一定值），则机构只有一个自由度，整个轮系以一定的传动比传递动力。下面分别讨论各种情况。

①将齿圈固定，以太阳轮为主动件，行星架为从动件，此时传动比为 $i=n_1/n_3=1+\alpha=1+z_2/z_1$，如图 2-3-17a 所示。

由于齿圈的齿数 z_2 大于太阳轮的齿数 z_1，因而这一传动比的数值大于 2。

②将太阳轮固定，以齿圈为主动件，行星架为从动件，此时传动比为 $i=n_2/n_3=(1+\alpha)/\alpha=(z_1+z_2)/z_2=1+z_1/z_2$，如图 2–3–17b 所示。

由于太阳轮的齿数 z_1 小于齿圈的齿数 z_2，因而这一传动比的数值大于 1 而小于 2。

③将太阳轮固定，以行星架为主动件，齿圈为从动件，此时传动比为 $i=n_3/n_2=\alpha/(1+\alpha)=z_2/(z_1+z_2)$，如图 2–3–17c 所示。

该传动比的数值小于 1，因此是增速传动，相当于超速挡。

④将行星架固定，行星排即成为一个定轴轮系。此时若以太阳轮为主动件，齿圈为从动件，其传动比为 $i=n_1/n_2=-\alpha<0$，如图 2–3 17d 所示。

此时，可获得反向减速传动，相当于倒挡。

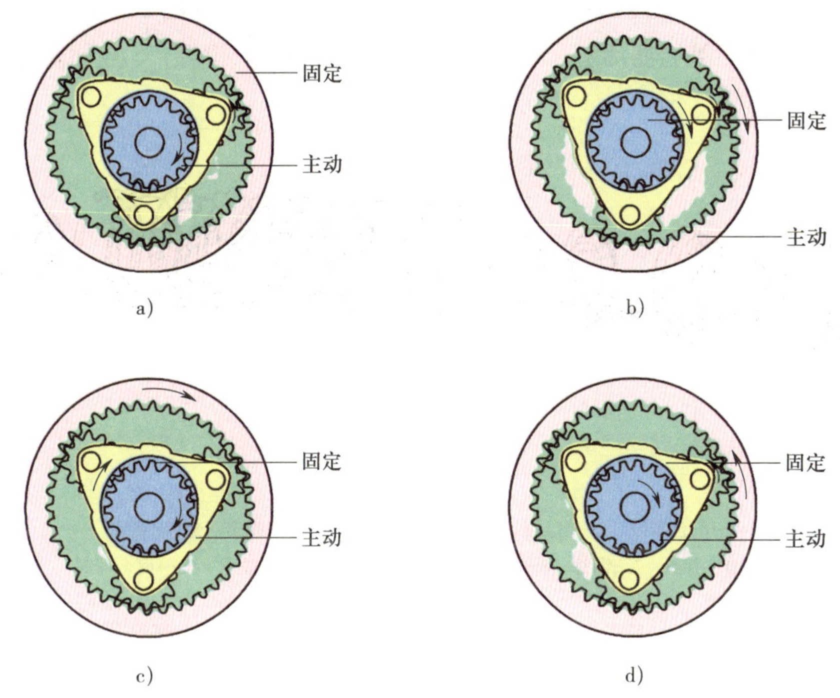

图 2–3–17 行星齿轮机构的变速原理

⑤若 3 个基本元件都没有被固定，各个基本元件都可以自由转动，则该机构具有两个自由度，不论以哪两个基本元件为主动件、从动件，都不能获得动力传递，即此时该机构失去传动作用而处于空挡状态。

⑥若将任意两个基本元件互相连接起来，则由行星排的运动特性方程可知，第三个基本元件的转速必与前两个基本元件的转速相同，即 3 个基本元件将以同样的转速一同旋转。此时不论以哪两个基本元件为主动件、从动件，其传动比都是 1。这种情况相当于直接挡。

仅靠单排行星齿轮机构是不能满足汽车在不同运行工况下对传动比的要求的，用于

汽车自动变速器的行星齿轮机构通常是由 2 ~ 3 个单排行星齿轮机构组成的，通常可以有 4 ~ 6 个不同传动比的前进挡和 1 个倒挡。当所有的基本元件都没有被固定时，即可得到空挡。上述单排行星齿轮机构的变速原理和传动比的计算方法同样适用于多排行星齿轮机构，只要该机构经约束后只有一个自由度，其传动比都可以通过解由各个单排行星齿轮机构的运动特性方程组成的联立方程组来得到。

（2）换挡执行机构

换挡执行机构的作用是实现挡位的变换。换挡执行机构主要由离合器、制动器和单向离合器三种换挡执行元件组成。

1）离合器。离合器的作用是将行星齿轮变速器的输入轴和行星排的某个基本元件连接，或将行星排的某两个基本元件连接在一起。它是自动变速器中最重要的换挡执行元件之一。现在汽车的自动变速器中都采用多片湿式摩擦离合器，如图 2-3-18 所示，它由离合器鼓、离合器毂、离合器活塞、回位弹簧、弹簧座、钢片、摩擦片、密封圈等组成。

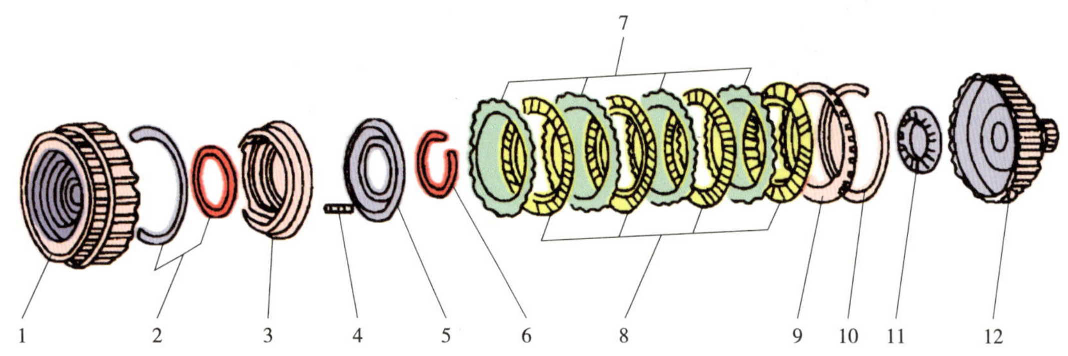

图 2-3-18　多片湿式摩擦离合器

1—离合器鼓　2—密封圈　3—离合器活塞　4—回位弹簧　5—弹簧座
6、10—卡环　7—钢片　8—摩擦片　9—挡圈　11—止推轴承　12—离合器毂

离合器鼓为主动件，它以一定的方式与变速器输入轴连接；离合器毂为从动件，与行星排的某个基本元件连接。

离合器活塞安装在离合器鼓内。它是一种环状活塞，由活塞内外圆的密封圈保证其密封，从而与离合器鼓一起形成一个封闭的环状液压缸，并通过离合器鼓内圆轴颈上的进油孔与控制油道相通。在离合器活塞（有的在离合器鼓的液压缸壁面）上设有一个由钢球组成的单向阀。

当液压油进入液压缸时，钢球在油压的推动作用下压紧在阀座上，单向阀处于关闭状态，保证液压缸的密封。

当液压缸内的油压被解除后，钢球在离心力的作用下离开阀座，单向阀处于开启状态，残留在液压缸内的液压油在离心力的作用下从单向阀的阀孔中流出，保证离合器彻底分离。

钢片和摩擦片交错排列，两者统称为离合器片。钢片的外花键齿安装在离合器鼓的内花键齿圈上，可沿齿圈键槽做轴向移动；摩擦片由其内花键齿与离合器的外花键毂连接，也可沿键槽做轴向移动。摩擦片的两面烧结有摩擦系数较大的铜基粉末冶金或合成纤维层。一般离合器摩擦片的片数为 2 ~ 6 片，钢片的片数应等于或多于摩擦片的片数，以保证每个摩擦片的两面都有主动片。

离合器活塞的回位弹簧有波形弹簧、膜片弹簧、圆周均布螺旋弹簧和中央螺旋弹簧四种，如图 2-3-19 所示，目前尤以螺旋弹簧用得最多。

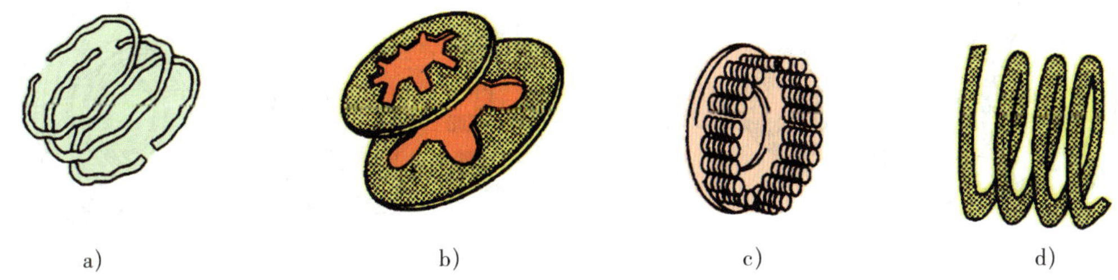

图 2-3-19　离合器活塞的回位弹簧

a）波形弹簧　b）膜片弹簧　c）圆周均布螺旋弹簧　d）中央螺旋弹簧

2）制动器。制动器的作用是将行星排中的太阳轮、齿圈、行星架三个基本元件中的一个加以固定，使之不能旋转。制动器的结构形式较多，目前最常见的是带式制动器和多片湿式制动器。

带式制动器又称制动带，由制动鼓、制动带、液压缸及活塞等组成，如图 2-3-20 所示。制动鼓与行星排的某一基本元件连接，并随之一同旋转。制动带的一端支撑在变速器壳体上的制动带支架或制动带调整螺钉上，另一端与液压缸活塞上的推杆连接，制动带内表面为一层摩擦系数较高的摩擦衬片。液压缸活塞分为施压腔和释放腔两部分，分别通过各自的控制油道与控制阀相通，制动带的工作由作用在活塞上的液压油控制。

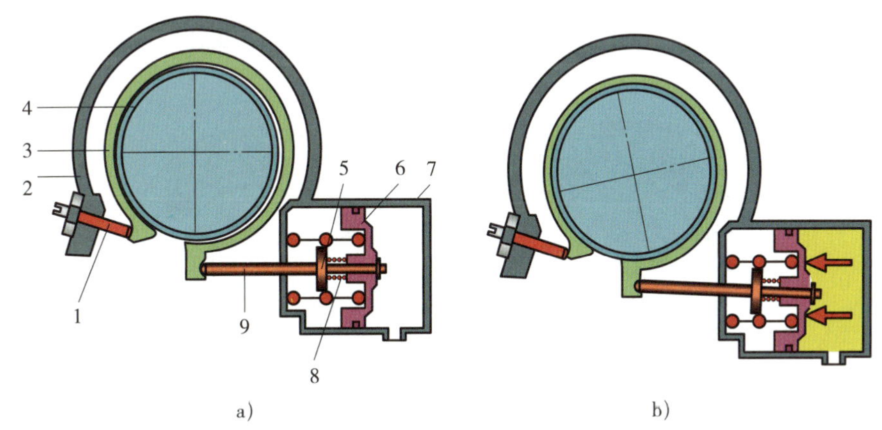

图 2-3-20　带式制动器

a）结构　b）工作过程

1—调整螺钉　2—壳体　3—制动带　4—制动鼓　5—回位弹簧　6—活塞　7—液压缸壳体　8—内弹簧　9—推杆

多片湿式制动器由制动器鼓、回位弹簧、钢片、摩擦片及制动器毂等组成，如图 2–3–21 所示。它的构造与多片湿式离合器基本相同，但多片湿式制动器的制动器鼓（相当于离合器鼓）是固定在变速器壳体上的，钢片（相当于离合器主动片）通过外花键安装在制动器鼓内花键中，摩擦片（相当于离合器从动片）则通过内花键与制动器毂上的外花键连接。

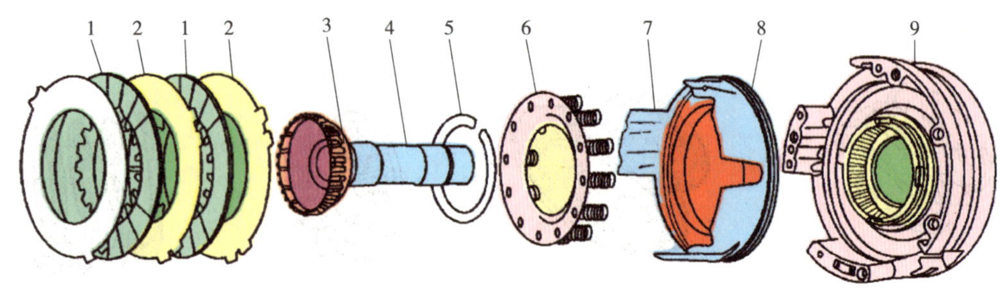

图 2–3–21　多片湿式制动器

1—摩擦片　2—钢片　3—制动器毂　4—轴　5—卡环　6—回位弹簧　7—活塞　8—密封圈
9—制动器鼓（与变速器壳体连接）

3）单向离合器。单向离合器的作用是固定或连接行星排中的太阳轮、行星架或齿圈等基本元件。其连接和固定只是单向的，当与之相连接的基本元件受力方向与锁止方向相同时，该基本元件即被固定或连接；当受力方向与锁止方向相反时，该基本元件即被释放或脱离连接。常见的单向离合器有滚柱斜槽式和楔块式两种。

滚柱斜槽式单向离合器由外环、内环、滚柱、滚柱回位弹簧等组成，如图 2–3–22 所示。内环通常用内花键与行星排的某个基本元件连接或与变速器壳体连接，外环则通过外花键与行星排的另一基本元件连接或与变速器壳体连接。在外环的内表面制有与滚柱数目相同的楔形槽，内外环之间的楔形槽内装有滚柱和滚柱回位弹簧。

楔块式单向离合器与滚柱斜槽式单向离合器相似，也由外环、内环、滚柱（楔块）等组成，如图 2–3–23 所示。不同之处在于它的外环上没有楔形槽，其滚柱不是圆柱形，而是特殊形状的楔块。

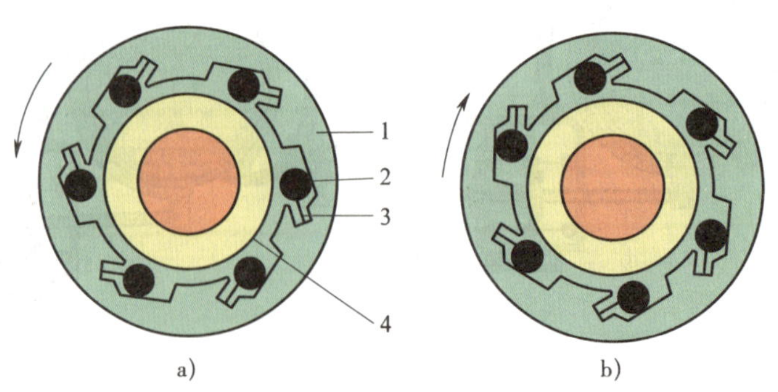

图 2–3–22　滚柱斜槽式单向离合器

a）自由状态　b）锁止状态

1—外环　2—滚柱　3—滚柱回位弹簧　4—内环

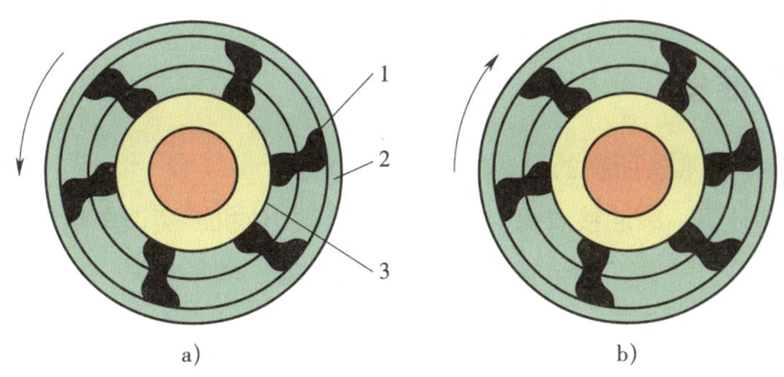

图 2-3-23 楔块式单向离合器

a）自由状态 b）锁止状态

1—滚柱（楔块） 2—外环 3—内环

4. 控制系统

目前大部分自动变速器在液压控制的基础上增加计算机控制技术，提高了自动变速器的各项性能。这种用计算机控制的自动变速器被称为电子-液压控制自动变速器，简称为电控自动变速器。其控制原理是这样的：传感器将汽车及发动机的各种运动参数转变为电信号，自动变速器 ECU 根据这些电信号，按照设定的控制程序进行对比计算并发出控制信号，再通过执行器（电磁阀）来操纵阀体总成中各个控制阀的工作，以完成自动变速器的各项控制任务。

控制系统中的大部分控制阀都位于阀体总成（见图 2-3-24）中，通过变速器壳体和变速器轴上的油道与油泵、液力变矩器及各个换挡执行元件相通。自动变速器的阀体总成通常用螺栓固定于变速器壳体的下部、油底壳上方，它包括上、下阀体总成两部分，在上、下阀体总成之间有垫片和隔板，上、下阀体总成内布置着各种控制阀。

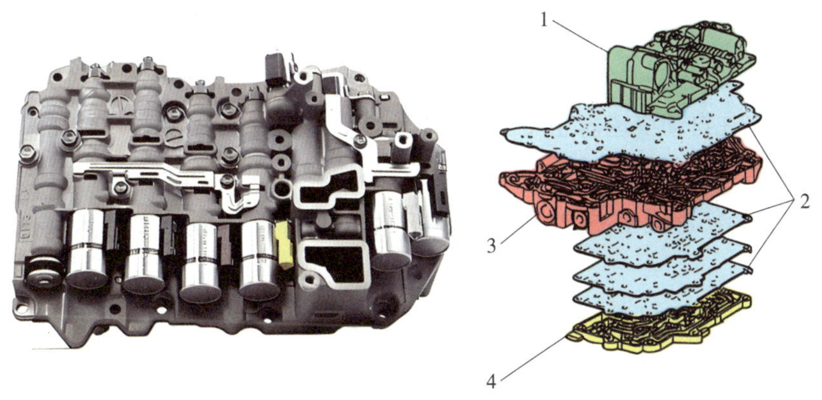

图 2-3-24 阀体总成

1—上阀体总成 2—垫片 3—下阀体总成 4—隔板

任务实施

一、任务准备

根据任务要求，准备所需的设备、工具和资料。

1. 设备：举升机、废油接收机、自动变速器油加注机、实训车辆等。

2. 工具：头灯、手套、安全帽、车内防护四件套、翼子板布、车轮挡块、汽修工具套装、螺钉旋具、扭力扳手、百分表、外径千分尺、塞尺、游标卡尺、V 形铁等。

3. 资料：车辆维修手册、学习工作页等。

二、实施步骤

1. 自动变速器油的检查

自动变速器油（ATF）是指专用于自动变速器的油液。ATF 对自动变速器的工作、使用性能以及使用寿命都有非常重要的影响，汽车自动变速器维护的主要内容之一就是对 ATF 进行检查和更换。

（1）自动变速器油的功用

1）通过液力变矩器将发动机动力传递给变速器。

2）通过电控、液控系统传递压力和动力，完成对各换挡执行元件的操控。

3）将变速器中的热量传递给冷却介质，起到冷却作用。

4）对行星齿轮机构和摩擦副进行强制润滑。

5）清洗运动副并起密封作用。

（2）自动变速器油的使用注意事项

1）注意保持油温正常。长时间重载低速行驶，将使油温上升，加速油的氧化变质，形成沉积物和积炭，阻塞细小的通孔和油液循环管路，进而使自动变速器进一步过热，最终导致变速器损坏。

2）经常检查油位。将车辆停放在水平地面上，发动机怠速运转，油温在正常范围内，此时油位应在自动变速器油尺上的热态油位。自动变速器油位不能过高或过低，否则，自动变速器将出现故障。

3）按照车辆使用说明书的规定更换 ATF 和过滤器（或清洗滤网），同时拆洗自动变速器油底壳。

4）检查油位和换油时，注意油液的状况。在手指上蘸少许油液，用手指互相摩擦，看是否有渣粒存在，并从油尺上嗅闻油液气味及观察油液外观颜色。

5）换油时应将油底壳和油路清洗干净，按需要量加入新油。

6）不同牌号、不同品种的 ATF 不能混用，不同厂家生产的同牌号 ATF 也不宜混用。

（3）自动变速器油的检查

自动变速器的油位不当、油质不佳，是自动变速器产生故障的最常见原因。若无漏油等特殊情况，一般建议每行驶 3 万千米检查一次，检查时如发现油变质或缺失，应及时查找原因并排除，然后更换或添加。一般建议每行驶 6 万 ~ 8 万千米更换一次，不同的车型要求不同。

1）油面高度的检查（见表 2–3–2）

表 2–3–2　　油面高度的检查

步骤	图示	说明
1		将汽车停放在水平地面上，施加驻车制动，让发动机怠速运转 5 min 以上，油液达到正常工作温度（50 ~ 90 ℃），变速器警告灯应熄灭
2		踩住制动踏板，将变速杆拨至倒挡（R）、前进挡（D）、前进低挡（S、L 或 2、1）等位置，并在每个挡位上停留几秒钟，使液力变矩器和所有换挡执行元件中都充满自动变速器油。最后将变速杆拨至停车挡（P）位置
3		从加油管内拔出自动变速器油尺并擦干净，将擦干净的油尺全部插入加油管后再拔出，检查油尺上的油面高度
4		检查完之后插好油尺，继续运转发动机，检查自动变速器油底壳、油管接头等处是否漏油。若漏油，应立即修复

油面高度的标准：如果自动变速器处于冷态（即冷车刚刚起动，自动变速器油的温度较低，为室温或低于 25 ℃），自动变速器油油面高度应在油尺刻线的下限（A 区）附近且不低于下限；如果自动变速器处于热态（如低速行驶 5 min 以上，自动变速器油温度已达 50 ~ 90 ℃），油面高度应在油尺刻线的上限（B 区）附近且不高于上限，如图 2–3–25 所示。这是因为低温时自动变速器油的黏度大，运转时有较多的自动变速器油附着在行星齿轮等零件上，所以油面高度较低；高温时自动变速器油黏度小，容易流回油底壳，因此油面较高。若油面高度过低，应从加油管处添加适量的自动变速器油，直至油面高度符合标准。

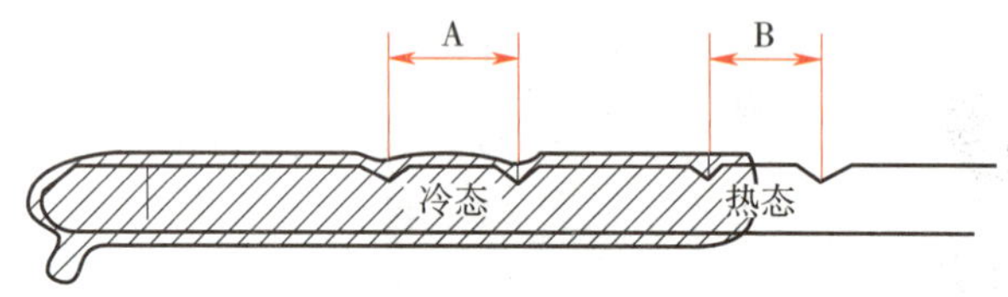

图 2–3–25　自动变速器油油面高度的检查

在自动变速器加注自动变速器油并经试车之后，应重新检查自动变速器油的油面高度是否正常，油底壳、油管接头等处是否漏油。

2）油质的检查（见表 2–3–3）

通过油质可以了解自动变速器的具体使用情况。油质的好坏主要从颜色、气味、有无杂质等几个方面去判断。

表 2–3–3　油质的检查

步骤	图示	说明
1		ATF 的颜色：ATF 的正常颜色为清澈并略带红色。如果颜色发黑，说明 ATF 已变质或有杂质；如果呈粉红色或白色，则说明 ATF 中进水。若 ATF 的颜色不正常，应对自动变速器进行检修
2		ATF 的气味：正常的 ATF 没有气味。从油尺上闻一闻油液的气味，如果有焦煳味，说明油温过高，有摩擦材料烧蚀。在修理自动变速器后，应冲洗冷却系统

续表

步骤	图示	说明
3		ATF 的杂质：用油尺在手指上点少许油液，用手指互相摩擦，查看是否有颗粒，或将油尺上的油液滴在干净的白纸上，检查油液的颜色及气味。如果有胶质状油，说明因油温过高或使用时间过长而使 ATF 变质；如果有金属切屑或摩擦材料（离合器和制动带）等，说明有元件严重磨损或损伤，应在修理后更换 ATF 散热器，并用清洗剂和压缩空气冲洗 ATF 冷却管路

2. 自动变速器外部机构的检查与调整

具体来说，外部机构的检查与调整包括自动变速器漏油的检查、变速杆位置的调整、挡位开关的检查与调整，以及发动机怠速的检查等。

（1）漏油的检查（见表 2-3-4）

表 2-3-4　　漏油的检查

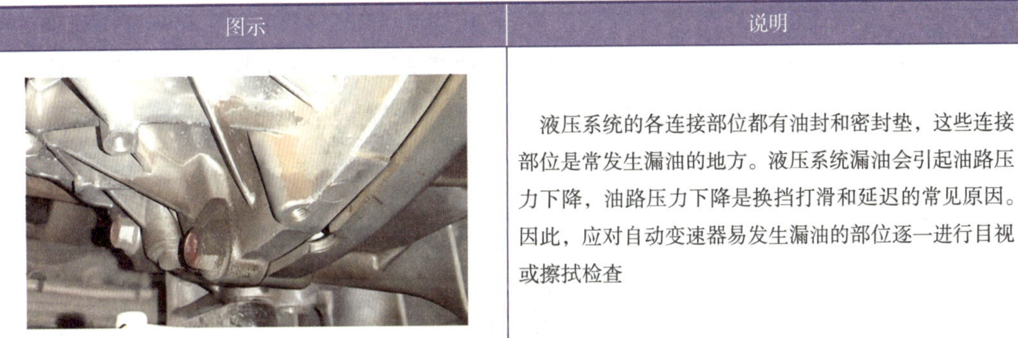

图示	说明
	液压系统的各连接部位都有油封和密封垫，这些连接部位是常发生漏油的地方。液压系统漏油会引起油路压力下降，油路压力下降是换挡打滑和延迟的常见原因。因此，应对自动变速器易发生漏油的部位逐一进行目视或擦拭检查

（2）变速杆位置的调整（见表 2-3-5）

表 2-3-5　　变速杆位置的调整

步骤	图示	说明
1		拆下变速杆与自动变速器手动阀摇臂之间的连接杆

续表

步骤	图示	说明
2		将变速杆拨至空挡位置
3		将手动阀摇臂向后拨至极限位置（停车挡位置），然后再退回两格，使手动阀摇臂处于空挡位置。稍稍用力将变速杆靠向R位方向，然后连接并固定变速杆与手动阀摇臂之间的连杆

变速杆调整不当，会使变速杆的位置与自动变速器阀体总成中手动阀的实际位置不符，造成挂不进停车挡或前进低挡，或者变速杆的位置与仪表上挡位指示灯的显示不符，甚至造成在空挡或停车挡时无法起动发动机。此时，需要及时进行变速杆位置的调整，如图 2–3–26 所示。

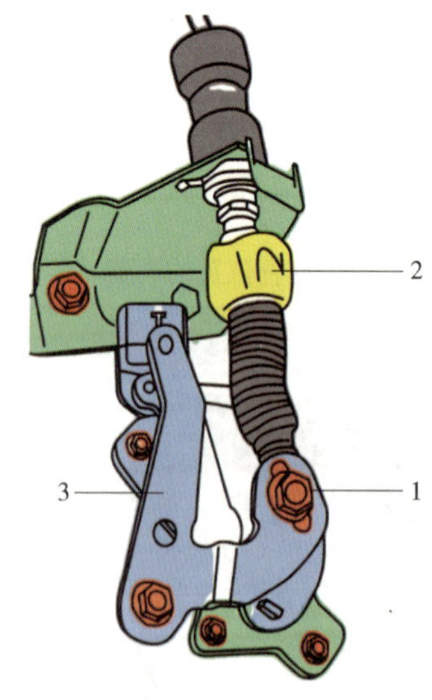

图 2–3–26　变速杆位置的调整

1—锁止螺母　2—控制拉线　3—手动轴

（3）挡位开关的检查与调整（见表 2–3–6）

表 2–3–6　　**挡位开关的调整**

步骤	图示	说明
1		松开挡位开关的固定螺栓，将变速杆置于 N 挡位
2		将槽口对准空挡基准线。有些自动变速器的挡位开关外壳上刻有一条基准线，调整时应将基准线和手动阀摇臂轴上的槽口对齐，挡位开关的位置调好后进行固定

将变速杆拨至各个挡位，检查挡位指示灯的显示与变速杆位置是否一致。检查变速杆位于 P 位或 N 位时发动机能否起动，变速杆位于 R 位时倒挡灯是否亮起。发动机应只能在空挡（N）或停车挡（P）起动，在其他挡位不能起动，若有异常，应进行挡位开关的调整，如图 2–3–27 所示。

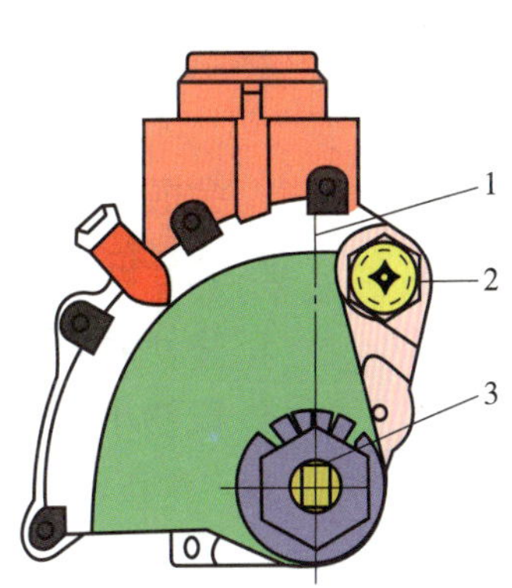

图 2–3–27　挡位开关的调整

1—空挡基准线　2—螺栓　3—槽

（4）发动机怠速的检查（见表 2–3–7）

发动机怠速不正常，特别是怠速过高，会使自动变速器工作不正常，出现换挡冲击等故障。因此，在对自动变速器做进一步的检查之前，应先检查发动机的怠速是否正常。

表 2-3-7　　发动机怠速的检查

步骤	图示	说明
1		检查发动机怠速时，应将自动变速器变速杆置于停车挡（P）或空挡（N）位置
2		汽车发动机的正常怠速为 750 ~ 850 r/min。若发动机怠速过低或过高，都应予以调整

任务 4　万向传动装置的结构与维修

学习目标

1. 会描述万向传动装置的功用及组成。
2. 会分析万向节的类型、结构和应用特点。
3. 会分析传动轴与中间支撑的构造。
4. 能够小组合作，在教师指导下，规范完成万向传动装置的维修工作，并严格执行“8S”管理规定。

任务描述

一辆轿车进厂维修，客户反映在行驶时车辆异响。经班组长检查后，判断为万向传动装置出现故障，需要进行维修。

你作为一名维修工，在班组长的安排下领取万向传动装置故障维修任务，通过小组合作、查阅资料，在规定时间内完成万向传动装置的维修工作，并通过验收后交车。

相关知识

一、万向传动装置概述

汽车的变速器输出轴和驱动桥输入轴不可能在同一轴线上，而且变速器安装在车架上，位置是固定不动的，但驱动桥会由于悬架变形而位置经常发生变化，所以在变速器和驱动桥之间装有万向传动装置，以满足这些使用、设计的要求。图 2–4–1 所示为万向传动装置。

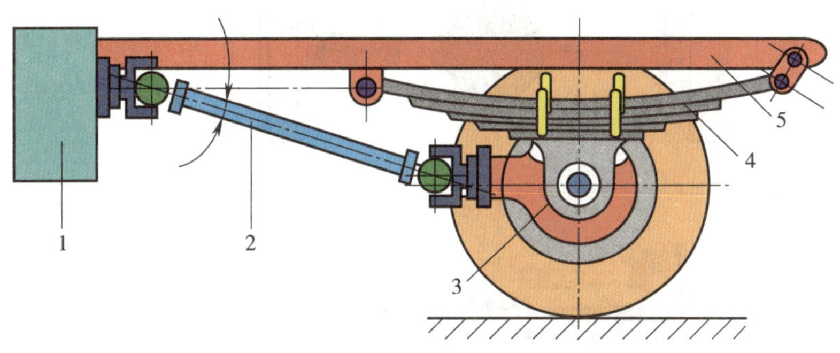

图 2–4–1　万向传动装置

1—变速器　2—万向传动装置　3—驱动桥　4—后悬架　5—车架

万向传动装置在汽车上有很多应用，结构也稍有不同，但其功用都是一样的，即在轴线相交且相互位置经常发生变化的两转轴之间传递动力。万向传动装置在汽车上的应用见表 2–4–1。

表 2–4–1　　万向传动装置在汽车上的应用

应用位置	图示	说明
变速器与驱动桥之间		一般汽车的变速器、离合器与发动机三者装合为一体装在车架上，驱动桥通过悬架与车架相连。负荷变化及汽车在不平路面行驶时引起的跳动，会使驱动桥输入轴与变速器输出轴之间的夹角和距离发生变化

续表

应用位置	图示	说明
变速器与分动器、分动器与驱动桥之间（越野汽车）		为消除车架变形及制造、装配误差等引起的轴线同轴度误差对动力传递的影响，须装有万向传动装置
转向驱动桥的内、外半轴之间		转向时两段半轴轴线相交且交角变化，须使用万向传动装置
断开式驱动桥的半轴之间		主减速器壳在车架上是固定的，桥壳上下摆动，半轴是分段的，须用万向节
转向机构的转向轴与转向器之间		有利于转向机构的总体布置

二、万向传动装置的组成

万向传动装置主要包括万向节和传动轴，对于传动距离较远的分段式传动轴，为了提高传动轴的刚度，还设置有中间支撑，如图 2-4-2 所示。

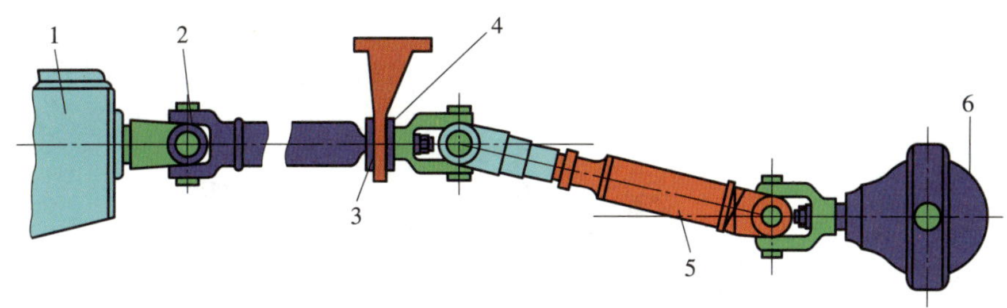

图 2-4-2　万向传动装置的组成

1—变速器　2—万向节　3—球轴承　4—中间支撑　5—传动轴　6—驱动桥

三、万向节

万向节一般分为刚性万向节和柔性万向节。刚性万向节按速度特性可分为不等速万向节（十字轴式）、准等速万向节（双联式和三销轴式）和等速万向节（球叉式和球笼式）。目前在汽车上应用较多的是十字轴式刚性万向节和等速万向节，如图 2-4-3 所示。

十字轴式刚性万向节主要用于发动机前置、后轮驱动的变速器与驱动桥之间，等速万向节主要用于发动机前置、前轮驱动的内、外半轴之间。

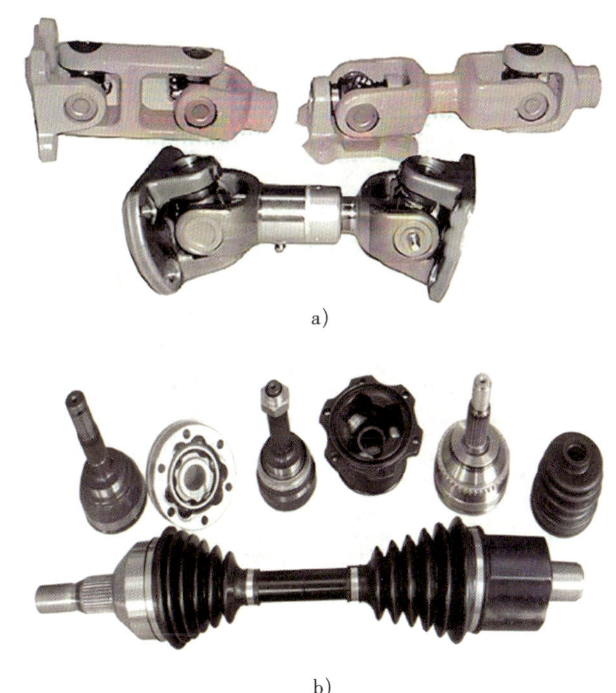

图 2-4-3　汽车上常用的万向节

a）十字轴式刚性万向节　b）等速万向节

1. 十字轴式刚性万向节

（1）结构

十字轴式刚性万向节如图 2–4–4 所示，它允许相邻两轴的最大交角为 15° ~ 20°。

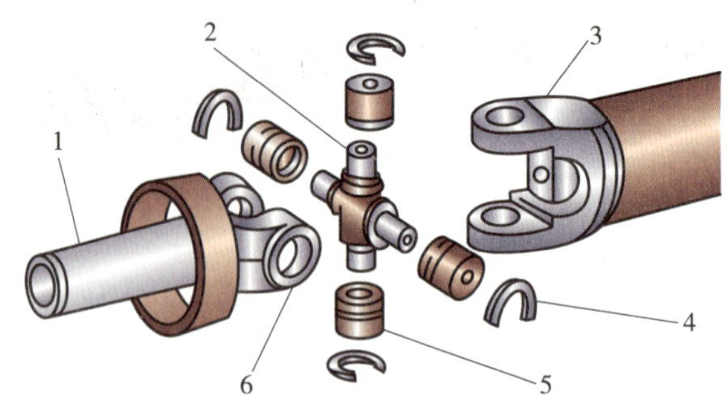

图 2–4–4　十字轴式刚性万向节

1—传动轴　2—十字轴　3—万向节叉　4—卡环　5—轴承外圈　6—万向节叉

十字轴式刚性万向节主要由十字轴、万向节叉等组成。万向节叉上的孔分别套在十字轴的四个轴颈上。在十字轴轴颈与万向节叉的孔之间装有滚针和套筒，用带有锁片的螺钉和轴承盖来使其轴向定位。

为了润滑轴承，十字轴内钻有油道，且与油嘴相通（见图 2–4–5）。为避免润滑油流出及尘垢进入轴承，十字轴轴颈的内端套装着油封。安全阀的作用是当十字轴内腔润滑油压力超过允许值时，阀打开，润滑油外溢，使油封不会因油压过高而损坏。现在汽车多采用橡胶油封，多余的润滑油从油封内圆表面与十字轴轴颈接触处溢出。

万向节轴承的常见定位方式包括用盖板定位，以及通过内、外弹性卡环进行定位。

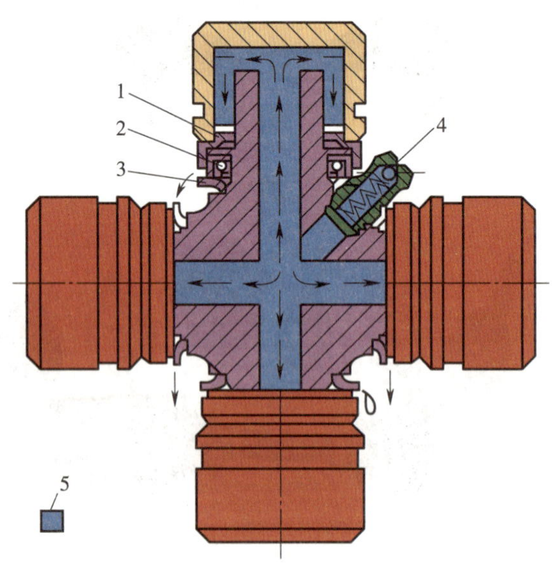

图 2–4–5　十字轴油道

1—油封座　2—油封　3—油封挡盘　4—油嘴　5—油道

（2）速度特性

单个十字轴式刚性万向节在主动轴和从动轴之间有夹角的情况下，当主动叉等角速转动时，从动叉的转动是不等角速的，这称为十字轴式刚性万向节的不等速特性。且两转轴之间的夹角 α 越大，不等速性就越大。

十字轴式刚性万向节的不等速特性，将使从动轴及其相连的传动部件产生扭转振动，从而产生附加的交变载荷，影响部件寿命。

为消除这一不良现象，实现等速传动，可以在普通万向传动装置中安装两个万向节进行传动，即双十字轴式刚性万向节，如图 2–4–6 所示。第一万向节的不等速特性可以被第二万向节的不等速特性所抵消，从而实现两轴间的等角速传动。

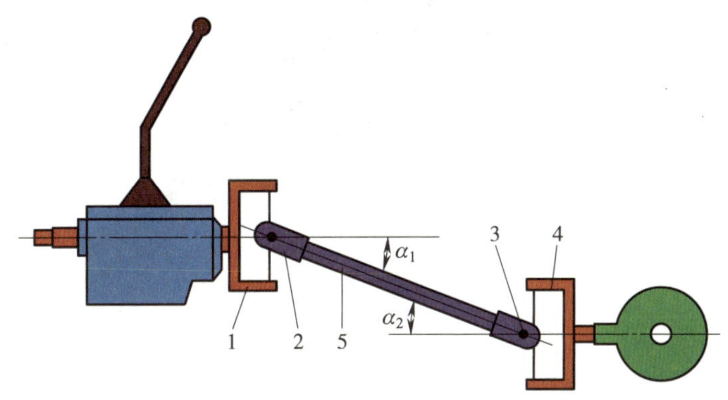

图 2–4–6　双十字轴式刚性万向节的等速传动布置

1、3—主动叉　2、4—从动叉　5—传动轴

两个万向节等速传动时应在安装上满足以下两个条件：

1）传动轴两端的万向节叉处于同一平面。

2）主动轴和从动轴与传动轴的夹角相等，即 $\alpha_1 = \alpha_2$。

由于悬架的振动，不可能在任何时候都保证 $\alpha_1 = \alpha_2$，所以这种双十字轴式刚性万向节的传动只能近似地解决等速传动问题，且由于两轴夹角最大只能为 20°，故在使用上受到限制。

2. 等速万向节

图 2–4–7 所示为等速万向节的工作原理。一对大小相同的锥齿轮的接触点 P 位于两齿轮轴线交角的平分面上，由 P 点到两轴的垂直距离都等于 r。P 点处两齿轮的圆周速度相等，两齿轮的角速度也相等。可见，若万向节的传力点在其交角变化时，始终位于两轴夹角的平分面上，就能保证等速传动。

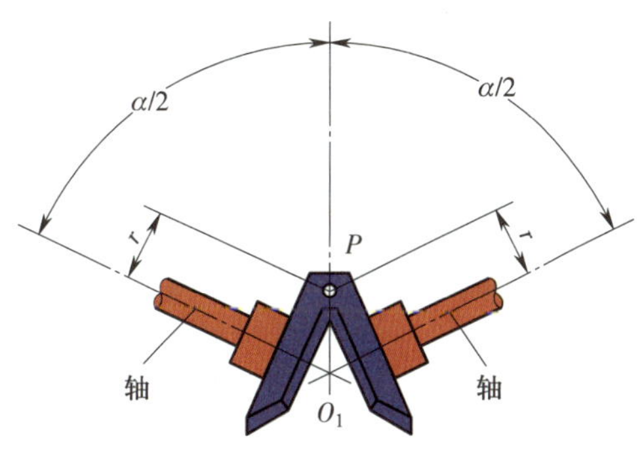

图 2–4–7　等速万向节的工作原理

等速万向节的常见结构形式有球笼式和球叉式。

（1）球笼式万向节

球笼式万向节由 6 个钢球、星形套、球形壳和保持架等组成，如图 2–4–8 所示。万向节星形套与主动轴用花键固接在一起，星形套外表面有 6 条弧形凹槽滚道，球形壳的内表面有相应的 6 条凹槽，6 个钢球分别装在各条凹槽中，由球笼使其保持在同一平面内。动力由主动轴、钢球、球形壳输出。

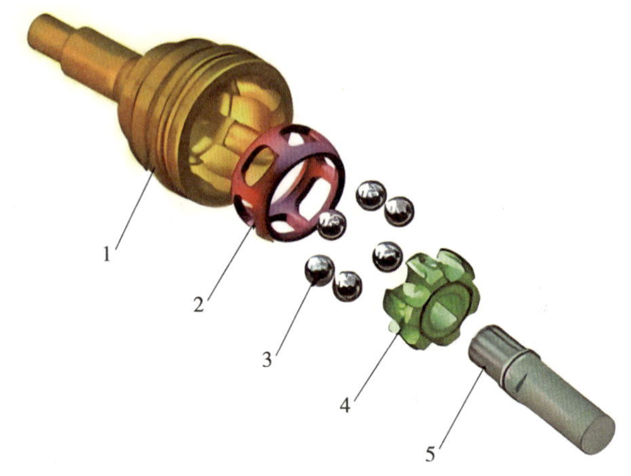

图 2–4–8　球笼式万向节

1—球形壳　2—保持架（球笼）　3—钢球　4—星形套（内滚道）　5—主动轴

球笼式万向节工作时 6 个钢球都参与传力，故承载能力强、磨损小、寿命长，广泛应用于各种型号的转向驱动桥和独立悬架的驱动桥。

（2）球叉式万向节

球叉式万向节由主动叉、从动叉、4 个传动钢球、中心钢球、定位销、锁止销等组成，如图 2–4–9 所示。主动叉与从动叉分别与内、外半轴制成一体。在主、从动叉上，

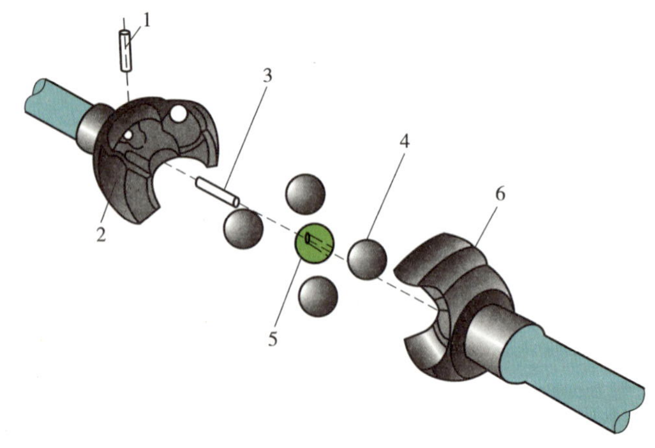

图 2–4–9　球叉式万向节

1—锁止销　2—从动叉　3—定位销　4—传动钢球　5—中心钢球　6—主动叉

分别有 4 个曲面凹槽，装配后形成 2 个相交的环形槽，作为钢球滚道。4 个传动钢球放在槽中，中心钢球放在两叉中心的凹槽内，以定中心。

球叉式万向节在工作时，只有两个钢球传力，磨损快，影响使用寿命，现在应用越来越少。

四、传动轴

传动轴是万向传动装置中的主要传力部件，通常用来连接变速器（或分动器）与驱动桥。在转向驱动桥和断开式驱动桥中，传动轴用来连接差速器和驱动轮。

传动轴分为实心轴和空心轴。为了减小质量，节省材料，提高轴的强度、刚度，传动轴多为空心轴，一般用厚度为 1.5 ~ 3.0 mm 的薄钢板卷焊而成，超重型货车则直接采用无缝钢管。

转向驱动桥、断开式驱动桥或微型汽车的传动轴通常制成实心轴。

图 2-4-10　所示为某汽车的万向传动装置。因传动轴过长时，自振频率降低，易产生共振，故将其分成两段并加中间支撑，中间传动轴前端焊有万向节叉（凸缘叉），后端焊有花键轴，其上套装带内花键的凸缘盘；主传动轴前端焊有花键轴，其上套装滑动叉并可在花键轴上轴向滑动，适应变速器与驱动桥相对位置的变化，滑动部位用润滑脂润滑，并用油封防漏、防水、防尘，滑动叉前端装有带小孔的堵盖，保证花键部位伸缩自由。

传动轴两端的连接件装好后，应进行动平衡试验。在质量小的一侧补焊平衡片，使其不平衡量不超过规定值。为防止装错位置和破坏平衡，滑动叉、轴管上都应刻有带箭头的记号。为保持平衡，油封上两个带箍的开口销应装在间隔 180° 位置上，万向节的

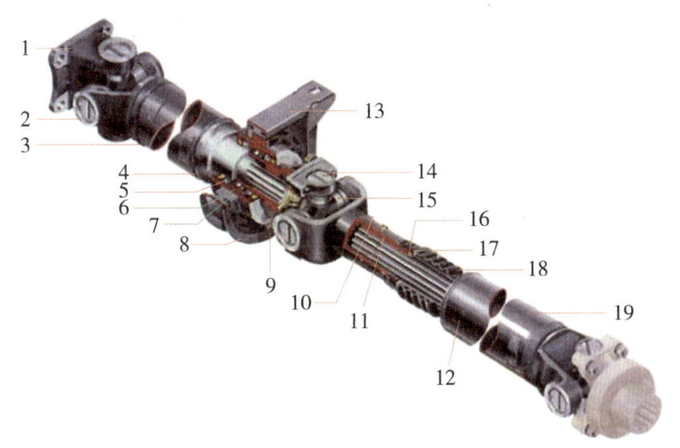

图 2-4-10　某汽车的万向传动装置

1—万向节叉（凸缘叉）　2—挡圈　3—中间传动轴　4、16—油封　5—中间支撑轴承座　6—轴承　7—橡胶垫环　8—下支架　9—油嘴　10—滑动叉　11—油嘴（4 处）　12—平衡对准标记　13—上板盖　14—叉形凸缘　15—十字轴总成　17—油封盖　18—花键护套　19—主传动轴

螺钉、垫片等零件不应随意改换规格。为加注润滑脂方便，万向传动装置的油嘴应在一条直线上，且万向节上的油嘴应朝向传动轴。

五、中间支撑

传动轴分段时需加中间支撑（见图 2-4-11），中间支撑通常装在车架横梁上，如图 2-4-12 所示。中间支撑能补偿传动轴轴向和角度方向的安装误差，以及汽车行驶过程中因发动机窜动或车架变形等引起的位移。

图 2-4-11　中间支撑的外形

图 2-4-12　中间支撑的安装位置

任务实施

一、任务准备

根据任务要求，准备所需的设备、工具和资料。

1. 设备：举升机、实训车辆、压具、拉拔器、工作台等。

2. 工具：指针式扭力扳手、可调式扭力扳手、角度仪、套筒、轮胎扳手、头灯、手套、安全帽、车内防护四件套、翼子板布、车轮挡块、举升机垫块、V 形铁、台虎钳、铜棒等。

3. 资料：车辆维修手册、学习工作页等。

二、实施步骤

1. 等速万向传动装置的拆装

下面以大众轿车为例，介绍球笼式万向节的拆装。

（1）球笼式万向节的拆装（见表 2-4-2）

表 2-4-2　　球笼式万向节的拆装

步骤	图示	说明
1		将车轮着地，拧松螺栓，最多旋转 90°，否则会损坏车轮轴承。使用举升机举升汽车，直至车轮悬空。踩下制动踏板（需要另外一个装配人员的协助），拧出螺栓
2		拧下轮毂上的传动轴螺栓。在车辆上进行拆卸和装配工作时，传动轴不得松弛地吊着，也不能弯曲后装入万向节的极限位置。松开车轮螺栓，升高汽车，拆下车轮
3		从变速器的法兰轴上拧下传动轴的连接螺栓，脱开传动轴。拧下螺母，从控制臂上拉出转向节主销。从轮毂中拉出传动轴

续表

步骤	图示	说明
4	2 1 1—拉出板　2—螺杆	拆卸外万向节。垫上保护板，将传动轴夹紧在虎钳中。将外万向节保护套两端的卡箍拆下，并将保护套向内万向节方向推至限位位置。调节拉拔器，使拉出板光滑的一侧朝向螺杆。拉拔器整体与多用途工具组装在一起。从传动轴中拔出带有拉拔器以及多用途工具的万向节
5		将碟形座圈装于传动轴上，用专用工具压入内万向节，并装好卡簧。分别向内、外万向节注入润滑脂
6		装防尘套及夹箍。将内、外万向节的防尘套及夹箍装到传动轴上，并安装好外万向节端碟形座圈、隔套圈及卡簧，用橡胶锤将外万向节敲入传动轴上。用专用工具夹紧防尘套夹箍

续表

步骤	图示	说明
7	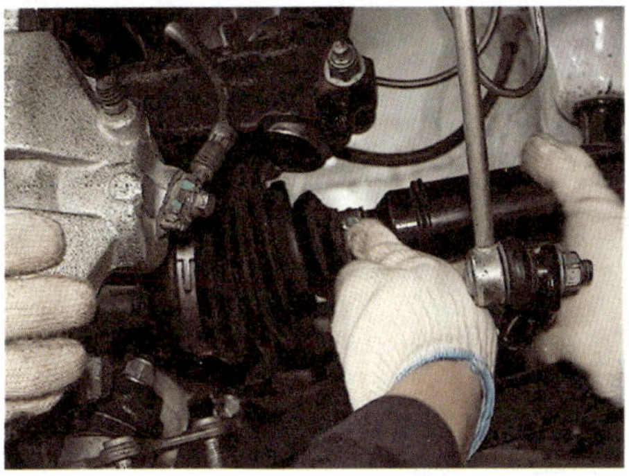	装传动轴。先在外万向节球形壳的花键上涂一圈 5 mm 宽的防护剂。安装时，外万向节与轮毂间紧固螺母的拧紧力矩为 120 N·m + 90°，内万向节与半轴凸缘间连接螺栓的拧紧力矩为 40 N·m

（2）球笼式万向节的装配（见表 2-4-3）

表 2-4-3　　球笼式万向节的装配

步骤	图示	说明
1	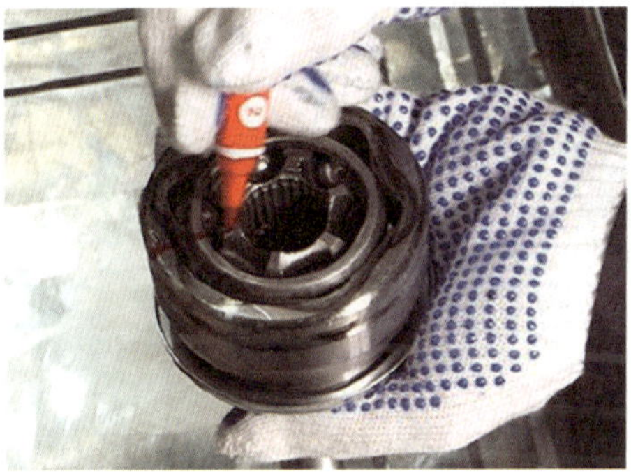	在外万向节球形壳、球笼及星形套上做好相对位置标记，然后旋转球笼及星形套，取出钢球
2		用力转动球笼，使其两个方孔与球形壳对正，从球形壳内将球笼及星形套一起取出。将星形套的扇形齿旋至球笼的方孔内，从球笼中取出星形套

续表

步骤	图示	说明
3		转动内万向节星形套和球笼，将其一起压出球形壳
4		压出球笼里的钢球，并从球笼中取出星形套
5	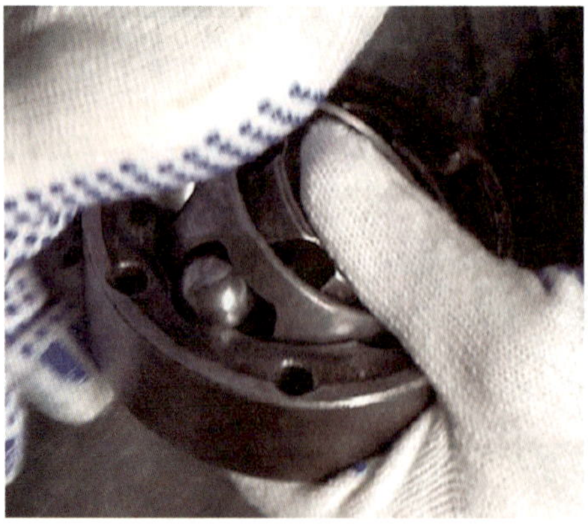	内万向节的装配： 对准凹槽，将星形套嵌入球笼，将钢球压入球笼，将球笼垂直装入球形壳。扭转星形套，使星形套转出球笼，使钢球与球形壳中的凹槽有足够间隙。用力揿压球笼，使装有钢球的星形套完全转入球形壳内

续表

步骤	图示	说明
6	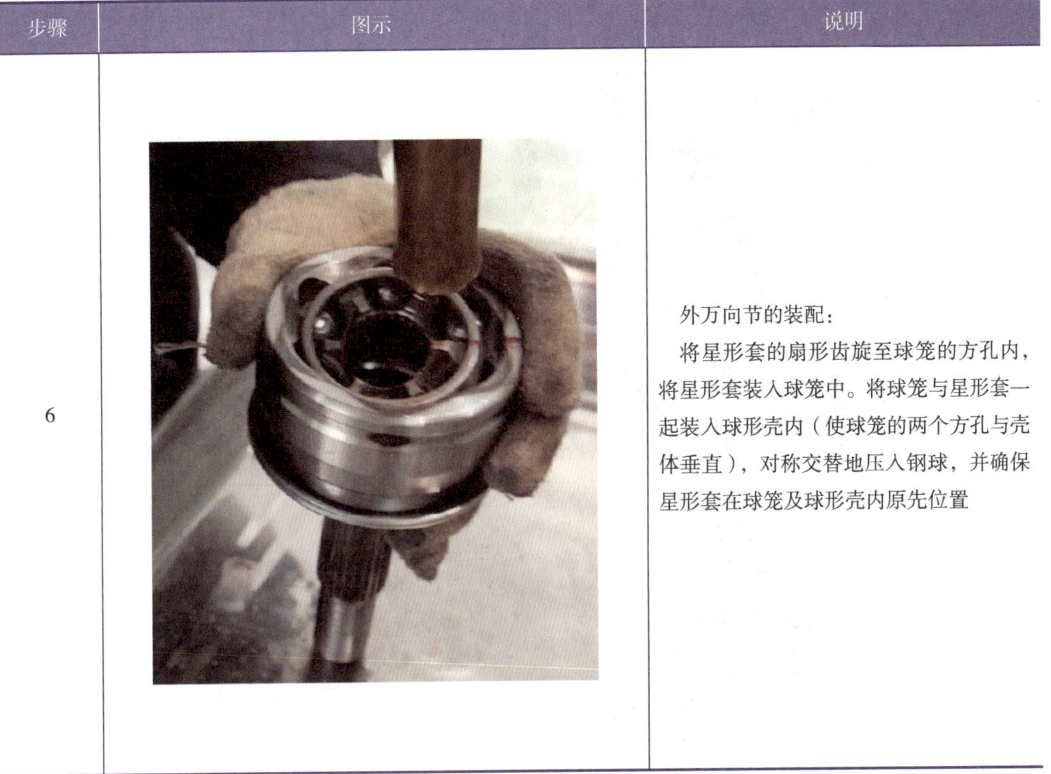	外万向节的装配： 将星形套的扇形齿旋至球笼的方孔内，将星形套装入球笼中。将球笼与星形套一起装入球形壳内（使球笼的两个方孔与壳体垂直），对称交替地压入钢球，并确保星形套在球笼及球形壳内原先位置

2. 十字轴式万向传动装置的拆装与检修

（1）十字轴式万向传动装置的拆卸（见表 2–4–4）

表 2–4–4　　十字轴式万向传动装置的拆卸

步骤	图示	说明
1		伸缩套的拆卸。拧开滑动叉油封，把花键轴从滑动叉中拔出，取下油封、油封垫片、油封盖

续表

步骤	图示	说明
2		用卡簧钳把每个万向节叉耳孔内的卡簧取出
3		一手将传动轴的一端抬起，另一手用手锤轻敲耳根部，将一个滚针轴承震出。将传动轴转 180°，用同样的方法将另一滚针轴承震出，并把万向节叉取下
4		一手抓住十字轴，将传动轴一端抬起，另一手用手锤轻敲未拆掉滚针轴承的万向节叉耳根部，将一个滚针轴承震出。将传动轴转 180°，用同样的方法将万向节叉上的另一滚针轴承震出，并把十字轴取下
5	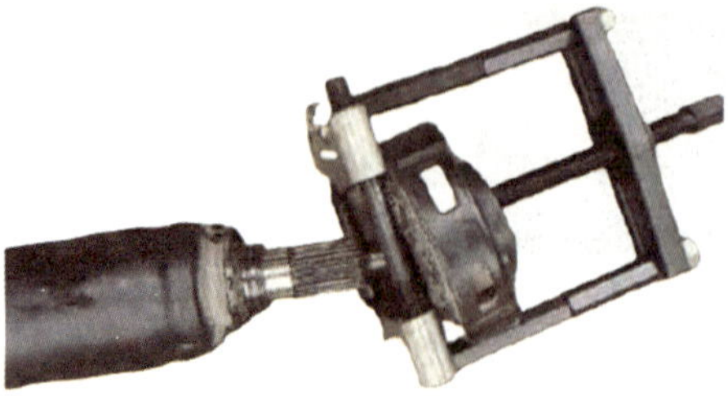	中间支撑的拆卸。拔出开口销，拧下槽形螺母，取出垫圈。把轴承座夹在台钳上，用铜棒、手锤将两边的油封敲出来，再拉出轴承

拆卸万向传动装置总成之前，应检查总成上的标记是否齐全、清晰，若标记不清晰，应做出清晰的装配位置标记，然后从车上拆下主传动轴和伸缩套总成及中间传动轴、中间支撑总成。

（2）十字轴式万向传动装置的检修

1）十字轴式刚性万向节的检修（见表 2-4-5）

表 2-4-5　十字轴式刚性万向节的检修

步骤	图示	说明
1		检查十字轴轴颈表面，若有金属剥落、明显凹陷或滚针压痕，均应更换。若轴颈表面有轻微剥落，可用油石打光后继续使用
2		滚针轴承油封失效或滚针断裂、缺针的，应更换
3	1—百分表　2—滚针轴承　3—十字轴　4—台虎钳	检查十字轴与滚针轴承的配合间隙。检查时，将十字轴夹在台虎钳上，滚针轴承壳套在十字轴轴颈上，用百分表抵住轴承壳外表面最高点，用手上下推动滚针轴承壳，百分表上指针移动变化值即为该滚针轴承与十字轴配合的间隙值。滚针轴承的径向间隙范围参考维修手册

2）传动轴及伸缩套的检修（见表 2-4-6）

表 2-4-6　　传动轴及伸缩套的检修

步骤	图示	说明
1		检查中间传动轴、主传动轴弯曲度。将轴管两端用 V 形铁支起来，用百分表测量轴管外圆的径向圆跳动误差，当传动轴的弯曲度超过规定值时，可在压床上冷压校直
2		检修传动轴花键轴、伸缩套。把伸缩套夹持在台钳上，花键轴按装配标记插入伸缩套，并使部分花键露在外面，转动花键轴，用百分表测出花键侧面的读数变化值。若配合侧隙超过规定值，可换用新件或采用局部更换法修复
3		检查传动轴中间支撑轴颈磨损。传动轴中间支撑轴颈与轴承的配合应符合要求，磨损最大不得超过 0.015 mm。当传动轴中间支撑轴颈处磨损超过规定值时，可根据情况采用堆焊等方法修复至标准尺寸或更换

（3）十字轴式万向传动装置的装配（见表 2–4–7）

表 2–4–7　十字轴式万向传动装置的装配

步骤	图示	说明
1		伸缩套的装配。先将油封盖、油封垫片、油封套在花键轴上。对准滑动叉上和传动轴轴管上的装配标记，把滑动叉套到花键轴上。装好油封、油封垫片，拧紧油封盖
2		使十字轴上的油嘴朝向套管一方，并与伸缩套上的油嘴同方向，将十字轴插入万向节叉耳孔内，把滚针轴承放入耳孔并套到十字轴轴颈上
3	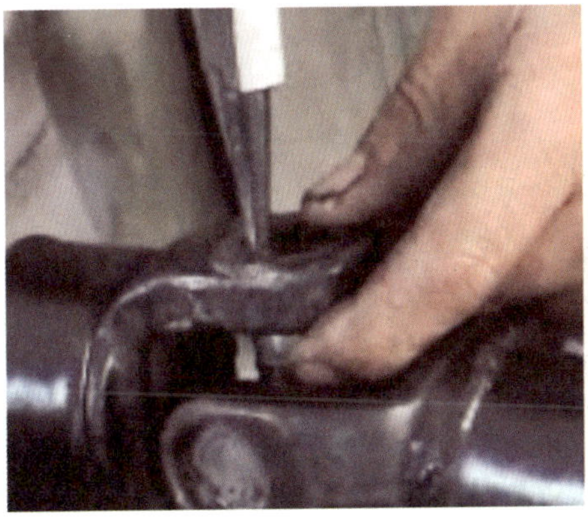	用铜棒、手锤轻敲滚针轴承外底面，使轴承进入耳孔到位，用卡簧钳把卡簧装入万向节叉耳孔内的槽中

续表

步骤	图示	说明
4		对准装配标记，把万向节叉套到十字轴的另一对轴颈上，把滚针轴承放入万向节叉耳孔并套到十字轴轴颈上，用铜棒、手锤轻敲轴承，使轴承进入耳孔到位，用卡簧钳把卡簧装入耳孔槽
5		中间支撑的装配。将轴承装入轴承座，两侧压入油封，装上橡胶垫圈。在凸缘端面上垫上垫板，用手锤轻敲，使中间支撑和凸缘到位。放上垫圈，拧紧螺母，装上开口销
6		安装万向传动装置时应从前端开始，逐步往后装。先装中间传动轴及支撑总成。中间传动轴的后端通过中间支撑，用支架和上盖板装到车架横梁上，装上螺栓、平垫圈、弹簧垫圈、螺母。安装主传动轴及伸缩套总成，将有伸缩套的一端与中间传动轴的后端凸缘连接，另一端与后桥上的凸缘连接

3. 万向传动装置装配的注意事项

（1）装配传动轴总成时，应注意使两端万向节叉位于同一平面内，同时应保证输入轴、输出轴与传动轴的夹角相等。该夹角的大小与发动机曲轴中心线及主减速器主动锥齿轮中心线位置有关，因此汽车大修时不可随意改变发动机固定支点下垫块的厚度和钢板弹簧原有规格（总厚度、拱度）。

（2）传动装置应装配齐全、可靠。伸缩套处的油封除了防止花键内润滑脂外流外，还能防止湿气和尘土的侵入。因此，传动轴上的防尘套应配备齐全，并用卡箍紧固。为了不影响传动轴的平衡，两只卡箍的锁扣应错开 180° 安装。

（3）油嘴的方向应便于加注润滑脂。十字轴不可装反，油嘴必须朝向传动轴一方，3 个十字轴上的油嘴应在一条直线上，有油嘴的中间支撑轴承油封盖应装在支架的后面且油嘴朝下。

任务 5　驱动桥的结构与维修

学习目标

1. 会描述驱动桥的功用、组成及类型。
2. 能分析主减速器、差速器、半轴的类型、结构和应用特点。
3. 能分析行星齿轮差速器的工作原理。
4. 能够小组合作，在教师指导下，规范完成驱动桥的维修工作，并严格执行“8S”管理规定。

任务描述

一辆轿车进厂维修，客户反映在行驶时车辆底盘出现异响。经班组长检查后，判断为驱动桥出现故障，需要进行维修。

你作为一名维修工，在班组长的安排下领取驱动桥故障维修任务，通过小组合作、查阅资料，在规定时间内完成驱动桥的维修工作，并通过验收后交车。

相关知识

一、驱动桥概述

1. 驱动桥的功用

驱动桥的功用是降速、增大转矩，将万向传动装置输入的动力改变转动方向，然后分配到左、右驱动轮，使汽车行驶，并且允许左、右驱动轮以不同转速旋转。

2. 驱动桥的分类

驱动桥分为整体式驱动桥和断开式驱动桥。

整体式驱动桥与非独立悬架配用。其桥壳为一刚性整体，驱动桥两端通过悬架与车架或车身连接，左、右半轴始终在一条直线上，即左、右驱动轮不能相互独立地跳动。当某一侧车轮通过地面的凸出物或凹坑时，整个驱动桥及车身都要随之发生倾斜，车身波动大，如图 2–5–1 所示。

图 2–5–1　整体式驱动桥

断开式驱动桥与独立悬架配用。其主减速器固定在车架或车身上，桥壳分段并用铰链连接，半轴也分段并用万向节连接。驱动桥两端分别用悬架与车架或车身连接。这样，两侧驱动轮及桥壳可以彼此独立地相对于车架或车身上下跳动，如图 2–5–2 所示。

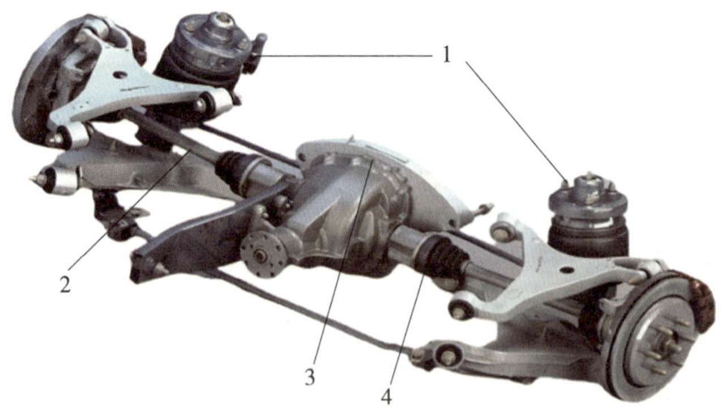

图 2–5–2　断开式驱动桥

1—减振器　2—传动轴（半轴）　3—驱动桥　4—万向节

二、驱动桥的组成

驱动桥主要由主减速器、差速器和半轴等组成，如图 2-5-3 所示。

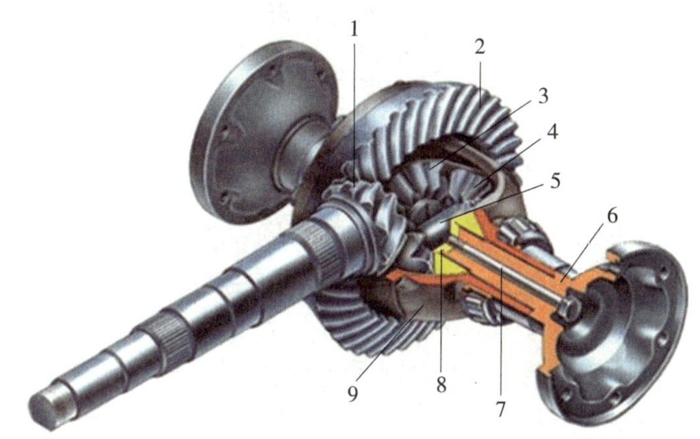

图 2-5-3　驱动桥的组成

1—主减速器主动锥齿轮　2—主减速器从动锥齿轮　3—半轴齿轮　4—行星齿轮　5—行星齿轮轴　6—半轴及凸缘　7—半轴螺栓　8—防转螺母　9—差速器壳

三、主减速器

主减速器的功用是将变速器输出的转速进一步降低，增大转矩，并改变旋转方向，然后传递给驱动轮，以获得足够的汽车牵引力和适当的车速。

汽车主减速器的类型有单级、双级、双速主减速器，以及轮边主减速器、贯通式主减速器等，这里主要介绍单级主减速器和双级主减速器。

1. 单级主减速器

图 2-5-4 所示为单级主减速器，由一对双曲面齿轮及其支撑装置组成。

主动锥齿轮 18 与轴制成一体，通过三个轴承 13、轴承 17 和轴承 19 以跨置式支撑在主减速器壳 4 上。圆柱轴承 19 紧套在主动锥齿轮的轴颈上，外圈则较松动地套入主减速器壳相应的孔内，并靠孔右方一弦形凸起轴向定位。圆锥滚子轴承 17 较紧地套在轴上，圆锥滚子轴承 13 较松地套在轴上，二者之间装有隔套和调整垫片 14，它们和叉形凸缘及其前、后的垫片一起用螺母与主动锥齿轮固装在一起，并支撑在轴承座 15 内，轴承座则用止口定位，通过螺栓固定于主减速器壳的前端面。二平面间装有调整垫片 9。为防止漏油，轴承盖上装有油封 12。为防尘防水，凸缘上焊有防尘罩 10。

从动锥齿轮 7 以止口定位，用螺栓紧固于差速器壳 5 上，差速器壳再通过两侧两个圆锥滚子轴承 3 支撑于主减速器壳的瓦盖式轴承座中。差速器轴承盖 1 与主减速器壳是装配在一起加工的，不能互换，为防止装错，二者之间有装配标记。圆锥滚子轴承 3 外

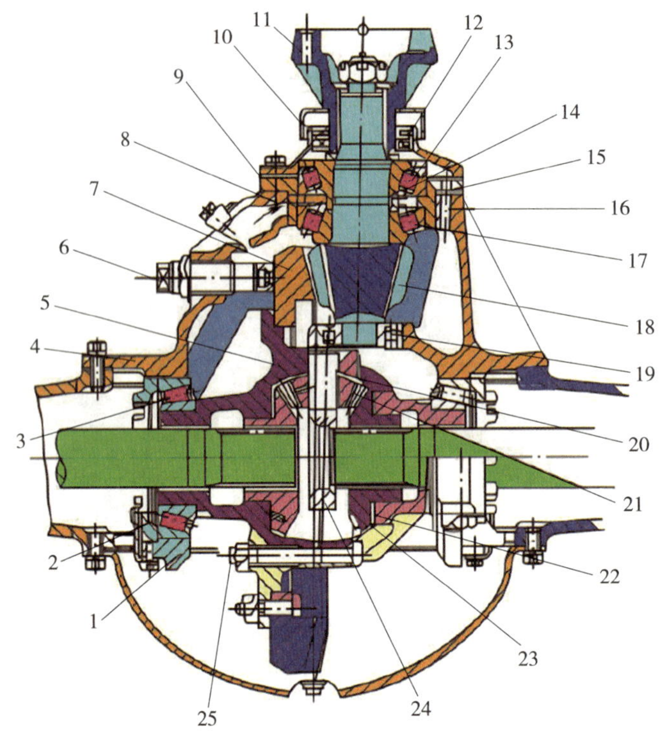

图 2-5-4　单级主减速器

1—差速器轴承盖　2—轴承调整螺母　3、13、17—圆锥滚子轴承　4—主减速器壳
5—差速器壳　6—支撑螺柱　7—从动锥齿轮　8—进油道　9、14—调整垫片
10—防尘罩　11—叉形凸缘　12—油封　15—轴承座　16—回油道　18—主动锥齿轮
19—圆柱轴承　20—行星齿轮垫片　21—行星齿轮　22—半轴齿轮垫片
23—半轴齿轮　24—行星齿轮轴（十字轴）　25—螺栓

侧有调整螺母 2。从动锥齿轮 7 背面相对于与主动锥齿轮啮合处，有一安装在主减速器壳上的支撑螺柱 6。为了使前排圆锥滚子轴承 13 得到充分的润滑，主减速器壳 4 侧面铸有进油道 8，差速器壳旋转时，可将齿轮油飞溅到进油道中。润滑过轴承的油从圆锥滚子轴承 13 的前方经主减速器壳 4 下方的回油道 16 流回油池中。另外，在桥壳上方有通气孔，以防温度升高时壳体内的气压过高冲坏油封而漏油。

2. 双级主减速器

一些中型或重型汽车采用双级主减速器，图 2-5-5 所示为双级主减速器。第一级为圆锥齿轮传动，第二级为圆柱斜齿轮传动。第一级从动锥齿轮 16 加热后套在中间轴 14 的凸缘上并用铆钉铆紧。第二级主动圆柱齿轮 5 与中间轴 14 制成一体。中间轴两端通过圆锥滚子轴承支撑在主减速器壳 12 上，由于其右端靠近从动锥齿轮，受力大，故该端的轴承大于左端的轴承。第二级从动圆柱齿轮 1 夹在差速器壳之间，用螺栓与差速器壳 2 紧固在一起。

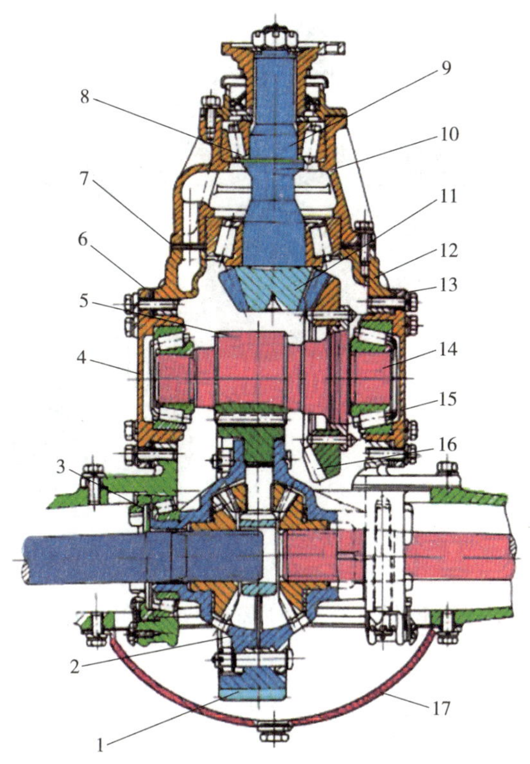

图 2-5-5　双级主减速器

1—第二级从动圆柱齿轮　2—差速器壳　3—调整螺母　4、15—轴承盖
5—第二级主动圆柱齿轮　6、7、8、13—调整垫片　9—第一级主动锥齿轮轴　10—轴承座
11—第一级主动锥齿轮　12—主减速器壳　14—中间轴　16—第一级从动锥齿轮　17—后盖

主动锥齿轮轴承预紧度通过两个圆锥滚子轴承之间调整垫片 8 的厚度来调整，增加调整垫片数量时，轴承预紧度减小；减少调整垫片数量时，轴承预紧度增大。中间轴轴承预紧度通过左、右两侧轴承盖与主减速器壳之间调整垫片 6、垫片 13 的厚度来调整，增加调整垫片数量时，轴承预紧度减小；减少调整垫片数量时，轴承预紧度增大。

四、差速器

差速器的功用是将主减速器传来的动力传给左、右半轴，并在必要时允许左、右半轴以不同转速旋转，以满足两侧驱动轮差速的需要。

差速器按其用途可分为轮间差速器和轴间差速器。轮间差速器装在同一驱动桥两侧驱动轮之间，而轴间差速器装在各驱动桥之间。

不论是轮间差速器还是轴间差速器，按其工作特性均可分为普通差速器和防滑差速器两大类。

1. 普通差速器

应用最广泛的普通差速器为锥齿轮式差速器。图 2-5-6 所示为某轿车锥齿轮式差速器的结构。

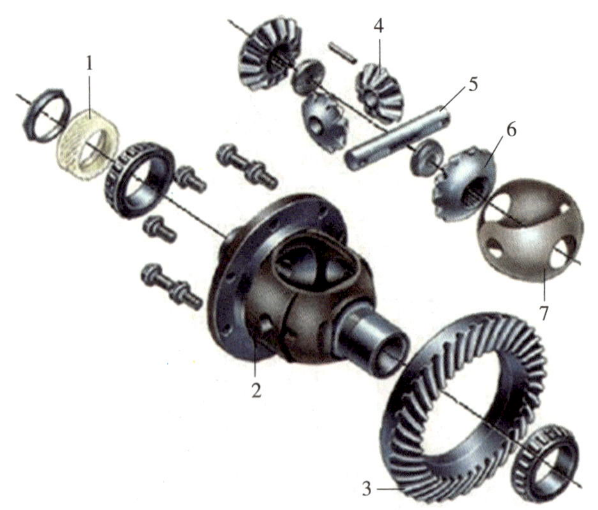

图 2-5-6　某轿车锥齿轮式差速器的结构

1—里程表主动齿轮　2—差速器壳　3—从动锥齿轮　4—行星齿轮
5—行星齿轮轴　6—半轴齿轮　7—复合式止推垫片

（1）结构

普通差速器由差速器壳、行星齿轮轴、2 个行星齿轮、2 个半轴齿轮、复合式止推垫片等组成。行星齿轮轴装入差速器壳后用止动销定位。行星齿轮和半轴齿轮的背面制成球面，与复合式止推垫片相配合，以减轻摩擦面间的摩擦和磨损。螺纹套用于紧固半轴齿轮。差速器通过一对圆锥滚子轴承支撑在主减速器壳体中。

（2）工作原理

差速器的工作原理如图 2-5-7 所示。主减速器传来的动力带动差速器壳转动，经过行星齿轮轴、行星齿轮、半轴齿轮、半轴，传给两侧驱动轮。

汽车直线行驶不需要差速时，只要左、右驱动轮所处路面状况相同，则左、右驱动轮受到的路面阻力相等，行星齿轮在其轴上不会发生转动，在差速器壳、行星齿轮轴带

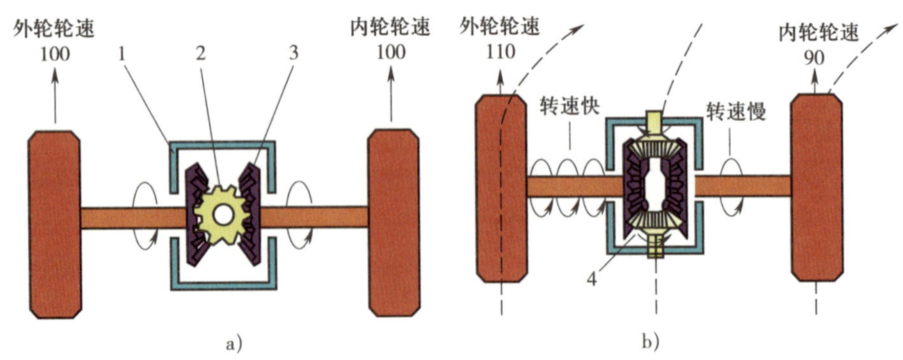

图 2-5-7　差速器的工作原理

a）不差速时　b）差速时

1—差速器壳　2—行星齿轮　3—半轴齿轮　4—行星齿轮

动下，以相等的转矩同时带动左、右半轴齿轮旋转，使左、右驱动轮以与差速器壳相同的速度滚动，使汽车按直线方向行驶，如图 2–5–7a 所示。

当汽车右转弯时，右侧车轮应该滚慢些，左侧车轮应该滚快些。在差速器发生差速作用以前，右侧车轮有滑转趋势，受到路面阻力大些，左侧车轮有滑拖趋势，受到路面阻力小些。这时，行星齿轮在绕半轴齿轮轴线公转的同时又绕自身轴线自转，从而使右侧半轴齿轮转速减慢，左侧半轴齿轮转速加快，结果使右轮滚动减慢、左轮滚动加快，汽车顺利实现右转弯，如图 2–5–7b 所示。

普通锥齿轮式差速器对于汽车在良好路面上行驶是有利的，但汽车在不良路面上行驶时却会严重影响其通过能力。例如，当汽车的一个驱动轮处于泥泞路面因附着力小而原地打滑时，即使另一驱动轮处于附着力大的路面上未滑转，汽车仍不能行驶。这是因为附着力小的路面只能对驱动轮产生一个很小的反作用力矩，而驱动转矩也只能等于这一很小的反作用力矩。由于差速器等量分配转矩的特性，附着力好的驱动轮也只能分配到同样小的转矩，以致总的牵引力不足以克服行驶阻力，汽车便不能前进。

为了提高汽车通过不良路面的能力，可采用防滑差速器。当汽车某一侧驱动轮发生滑转时，差速器的差速作用即被锁止，并将大部分或全部转矩分配给未滑转的驱动轮，充分利用未滑转车轮与地面之间的附着力，以产生足够的牵引力使汽车继续行驶。

2. 防滑差速器

汽车上常用的防滑差速器有多种形式，下面仅介绍托森差速器的构造和工作原理。

图 2–5–8 所示为四轮驱动轿车前、后驱动桥之间采用的托森差速器的结构。它是一种轴间自锁差速器，装在变速器后端。转矩由变速器输出轴传给托森差速器，再由差速器直接分配给前驱动桥和后驱动桥。

托森差速器由差速器壳，6 个蜗轮，6 根蜗轮轴，12 个直齿圆柱齿轮及前、后轴蜗杆组成。当前、后驱动桥无转速差时，蜗轮绕自身轴自转。各蜗轮、蜗杆与差速器壳一起等速转动，差速器不起差速作用。当前、后驱动桥需要有转速差时，例如汽车转弯时，前轮转弯半径大，差速器起差速作用。此时，蜗轮除公转传递动力外，还要自转。由于直齿圆柱齿轮的相互啮合，使前、后蜗轮自转方向相反，从而使前轴蜗杆转速增加，后轴蜗杆转速减小，实现差速。

托森差速器起差速作用时，由于蜗杆蜗轮啮合副之间的摩擦作用，转速较低的后驱动桥比转速较高的前驱动桥所分配到的转矩大。当后驱动桥分配到的转矩大到一定程度而出现滑转时，后驱动桥转速升高一点，转矩又立刻重新分配给前驱动桥一些，所以驱动力的分配可根据转弯的要求自动调节，使汽车转弯时具有良好的驾驶性。当前、后驱动桥中某一桥因附着力小而出现滑转时，差速器起作用，将转矩的大部分分配给附着力好的另一驱动桥，从而提高汽车通过不良路面的能力。

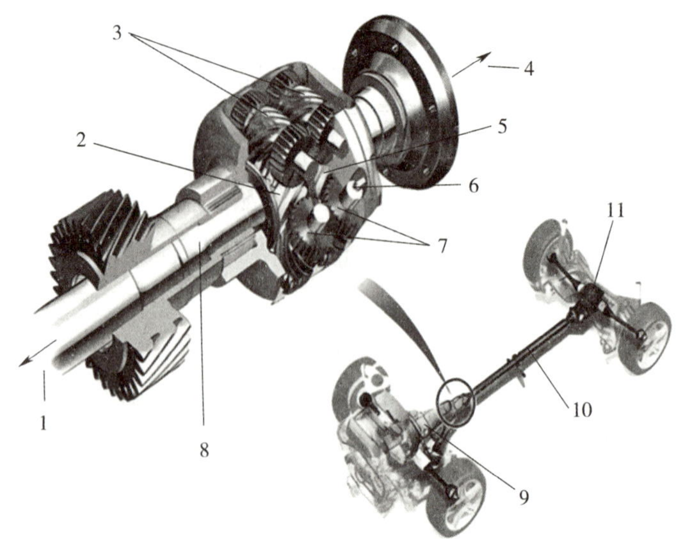

图 2-5-8　托森差速器的结构

1—至前驱动桥　2—太阳轮前传动轴　3—蜗轮　4—至后驱动桥　5—太阳轮后传动轴　6—蜗轮轴　7—行星齿轮　8、10—传动轴　9—变速器　11—后驱动桥

五、半轴

半轴的功用是将差速器传来的动力传给驱动轮。因传递的转矩较大，半轴常制成实心轴。

半轴的结构因驱动桥结构形式的不同而异。整体式驱动桥中的半轴为一刚性整轴，而转向驱动桥和断开式驱动桥中的半轴则分段并用万向节连接。半轴内端一般制有外花键，与半轴齿轮连接。半轴外端有的直接在轴端锻造出凸缘盘，也有的制成花键，与单独制成的凸缘盘滑动配合，还有的制成锥形并通过键和螺母与轮毂固定连接。图 2-5-9 所示为汽车半轴。

现在汽车常采用全浮式和半浮式两种半轴支撑形式。

1. 全浮式半轴支撑

如图 2-5-10 所示，半轴内端通过花键与半轴齿轮啮合，外端有凸缘盘，凸缘盘通过螺栓与轮毂固定在一起，轮毂通过两圆锥滚子轴承支撑于桥壳上。半轴浮装于半轴套筒中，汽车行驶时，半轴只传递转矩，不承受其他任何力及力矩。因此，该类支撑形式的半轴称为全浮式半轴。

2. 半浮式半轴支撑

如图 2-5-11 所示，半轴内端与半轴齿轮通过花键连接，其外端通过轴承直接支撑于桥壳内，车轮轮毂通过键直接固定于外端上。半轴除传递转矩外，其外端承受路面作用于车轮的各向力和力矩，而内端不承受其他力及力矩作用，所以称为半浮式半轴。

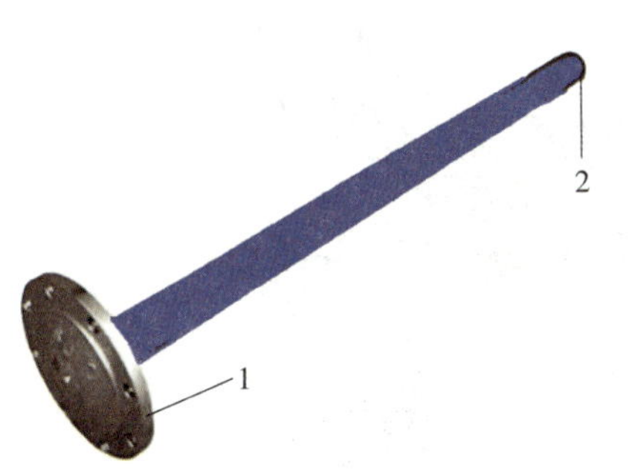

图 2-5-9　汽车半轴

1—凸缘盘　2—花键

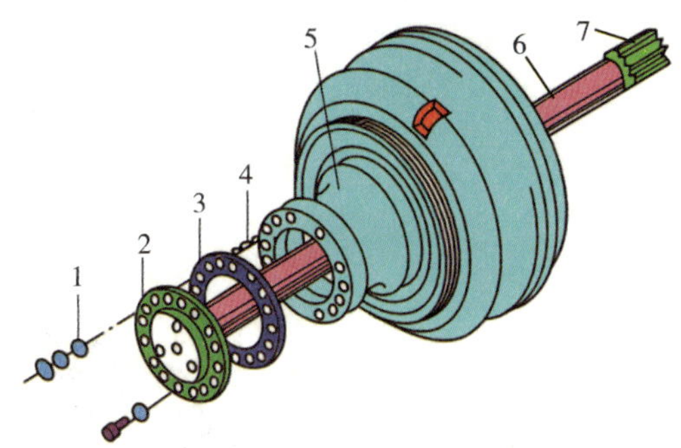

图 2-5-10　全浮式半轴支撑

1—垫圈　2—凸缘盘　3—垫片　4—螺栓
5—轮毂　6—半轴　7—花键

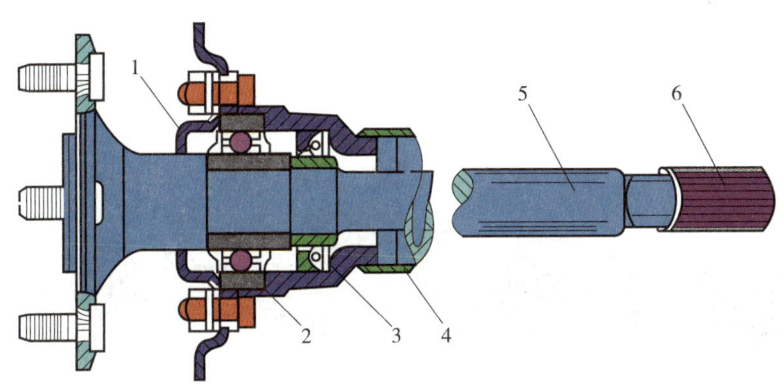

图 2-5-11　半浮式半轴支撑

1—止推盖板　2—轴承　3—油封　4—半轴套管　5—半轴　6—花键

六、桥壳

驱动桥的作用是支撑并保护主减速器、差速器和半轴等，固定左、右驱动轮的相对位置，支撑汽车质量，传递车架与车轮之间的各向作用力。

按结构形式不同，驱动桥的桥壳可分为整体式和断开式两种。

1. 整体式桥壳

整体式桥壳中部为一环形空心壳体，两端压入半轴套管后，用螺钉止动。半轴套管露出的部分安装轮毂轴承，端部制有螺纹，用以安装轮毂轴承调整螺母和锁紧螺母。凸缘盘用来固定制动底板，壳的端部加工有油封颈，和轮毂油封配合，以密封轮毂空腔，防止润滑脂外溢。整体式桥壳的结构如图 2-5-12 所示。

2. 断开式桥壳

断开式桥壳一般由两段组成，也有由三段甚至多段组成的，各段之间用螺栓连接。图 2-5-13 所示为由两段组成的断开式桥壳，中间用螺栓连成一体。它主要由主减速器壳和盖，以及两钢制半轴套管组成。

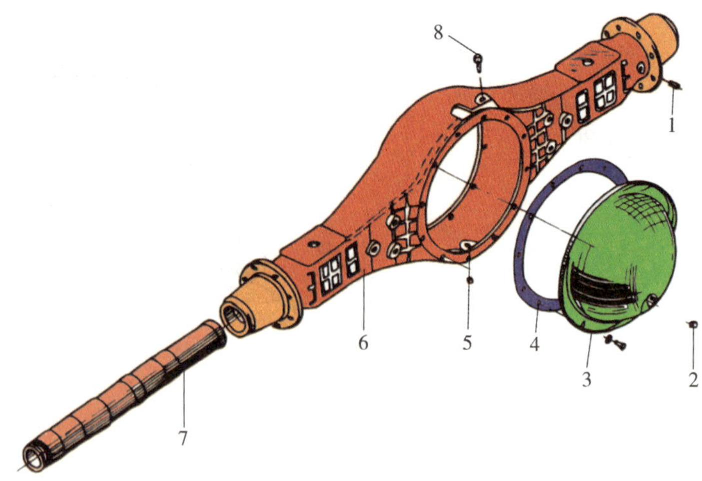

图 2-5-12　整体式桥壳的结构

1—止动销　2—加油孔螺塞　3—后盖　4—垫圈　5—放油螺塞　6—桥壳　7—半轴套管　8—通气孔

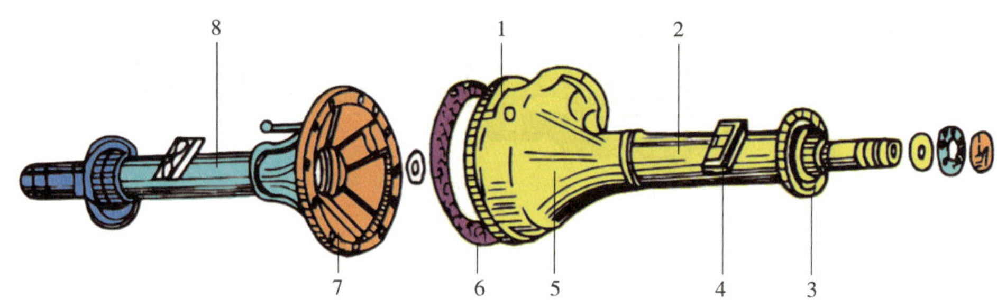

图 2-5-13　由两段组成的断开式桥壳

1—加油孔　2、8—半轴套管　3—凸缘盘　4—弹簧座　5—主减速器壳　6—垫片　7—主减速器盖

任务实施

一、任务准备

根据任务要求，准备所需的设备、工具和资料。

1. 设备：举升机、实训车辆、压具、拉拔器、工作台等。

2. 工具：指针式扭力扳手、可调式扭力扳手、角度仪、套筒、轮胎扳手、头灯、手套、安全帽、车内防护四件套、翼子板布、车轮挡块、举升机垫块等。

3. 资料：车辆维修手册、学习工作页等。

二、实施步骤

前驱动桥的拆装及调整

普通轿车主减速器和差速器的零件分解如图 2-5-14 所示。

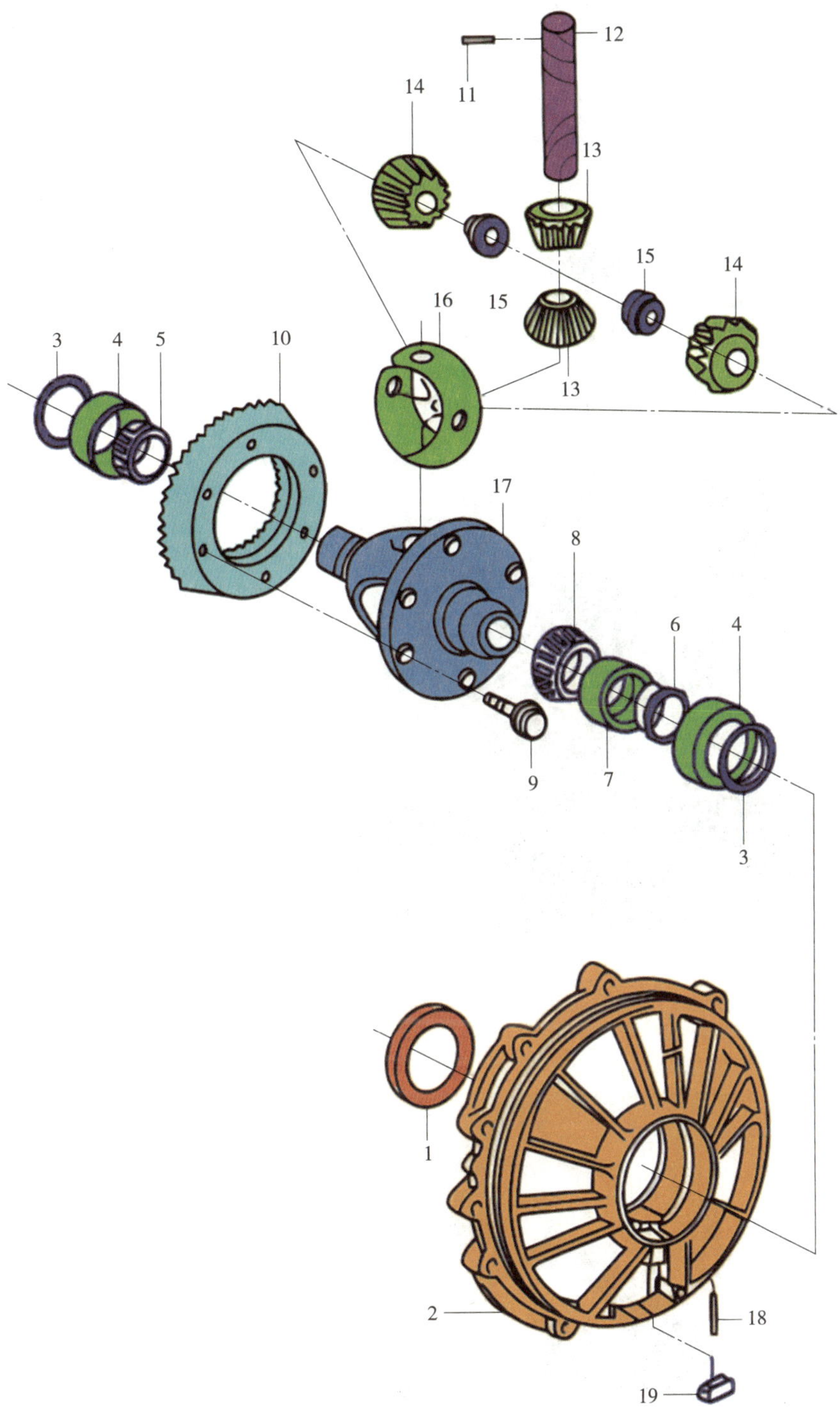

图 2-5-14　普通轿车主减速器和差速器的零件分解

1—密封圈　2—主减速器盖　3—从动锥齿轮的调整垫片　4—轴承外座圈　5—差速器轴承　6—锁紧套筒　7—车速表主动齿轮　8—差速器轴承　9—螺栓（拧紧力矩为 70 N · m）　10—从动锥齿轮　11—夹紧销　12—行星齿轮轴　13—行星齿轮　14—半轴齿轮　15—螺纹套　16—复合式止推垫片　17—差速器壳　18—磁铁固定销　19—磁铁

分解和组装差速器（见表 2–5–1）。

表 2–5–1　　分解和组装差速器

步骤	图示	说明
1		拆卸行星齿轮轴。拆卸时先将露出孔销的部分剪掉。压出行星齿轮轴，将弹簧销剩余部分冲出差速器壳体
2	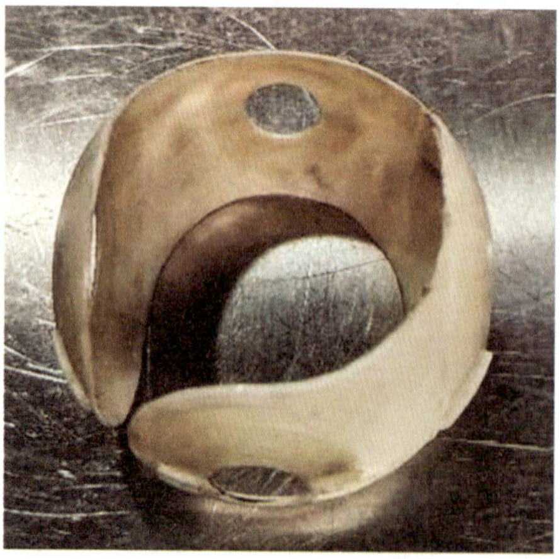	安装复合式止推垫片。涂上变速器油后，装入复合式止推垫片，使其锁定在差速器外壳上的凹槽中

续表

步骤	图示	说明
3		安装差速器行星齿轮。用变速器油润滑复合式止推垫片后安装。安装 2 个大行星齿轮并装入法兰轴使其定位。插入 2 个小行星齿轮 (180°分配安装)。推小行星齿轮，直到小行星齿轮轴孔与差速器壳体上的轴孔对齐

项目三——行驶系构造与维修

任务1　车架的结构与维修

学习目标

1. 会描述车架的功用及要求。

2. 能分析车架的类型及结构。

3. 能够小组合作，在教师指导下，规范完成车架的维修工作，并严格执行“8S”管理规定。

任务描述

一辆大众轿车进厂维修，客户反映在行驶时整车的稳定性变差，并伴随车辆异响。经班组长检查后，判断为车架出现故障，需要进行维修。

你作为一名维修工，在班组长的安排下领取汽车车架故障维修任务，通过小组合作、查阅资料，在规定时间内完成车架的维修工作，并通过验收后交车。

相关知识

一、车架的功用

车架的功用是支撑与连接汽车的各零部件，并承受来自车内外的各种载荷。车架是整个汽车的装配基体，汽车的绝大多数部件和总成都是通过车架来固定的。

二、对车架的要求

车架除承受静载荷外，还要承受汽车行驶中产生的各种动载荷，因此，车架必须满足下列要求：

1. 有足够的强度

车架必须保证在各种复杂受力的情况下不致被破坏。

2. 有合适的刚度

车架的变形将改变各总成和部件之间的正确位置，破坏它们的正常工作，故车架必须具有一定的刚度。但是，为了保证汽车对不平路面的适应性，车架的扭转刚度一般不宜过高。

3. 结构简单，质量小

4. 车架的形状合理

车架的形状要尽可能地降低汽车的质心和获得较大的前轮转向角，以提高汽车的稳定性和机动性。

三、车架的类型

汽车上采用的车架有四种类型：边梁式车架、无梁式车架、中梁式车架和综合式车架。目前，汽车上多采用边梁式车架和无梁式车架。

1. 边梁式车架

边梁式车架由两根位于两边的纵梁和若干根横梁组成，纵梁和横梁通过焊接或铆接相互连接成坚固的刚性构件。由于边梁式车架便于安装车身和布置总成，有利于车辆改装，所以应用广泛。

纵梁一般由低碳合金钢板冲压而成，断面一般为槽形，也有的做成工字形或箱形。纵梁上还钻有很多孔，有的用以安装转向器、燃油箱、储气筒、蓄电池等零部件的支架，有的用于通过管道、电线，还有的是加工定位孔等。

横梁一般用低碳钢板冲压成槽形，以增强车架的抗扭能力和承受纵向载荷的能力。

图 3-1-1 所示为某汽车边梁式车架，主要由两根纵梁和八根横梁铆接而成，其前、后等宽。纵梁为槽形不等高断面梁，由于中部受到的弯矩最大，故由中部向两端的断面高度逐渐减小。这样，可使应力分布较为均匀，既可构成等强度梁，又可减小质量。

前横梁上装置冷却液散热器，发动机前悬置横梁做成下凹形，可降低发动机位置高度，扩展驾驶员视野。驾驶室后悬置横梁做成拱形，以便安装传动轴中间轴承支架。后横梁中部装有拖带挂车用的拖钩，并用角撑加强。车架前端装有横梁式的缓冲件——保险杠。

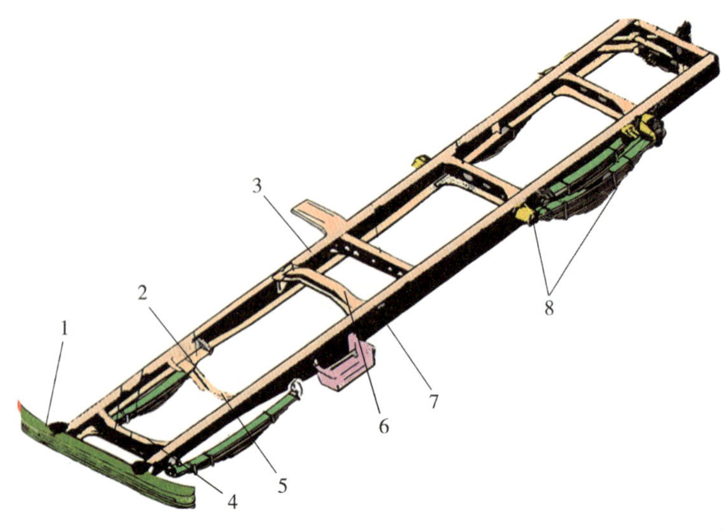

图 3-1-1 某汽车边梁式车架

1—保险杠 2—发动机后悬置支架 3—右纵梁 4—发动机前悬置横梁
5—发动机后悬置支架横梁 6—驾驶室后悬置横梁 7—左纵梁 8—后簧支架横梁

轿车车速较高，为保证其高速行驶的稳定性，应使其重心高度尽量降低。因此，轿车车架的纵梁采用弯曲式，如图 3-1-2 所示。

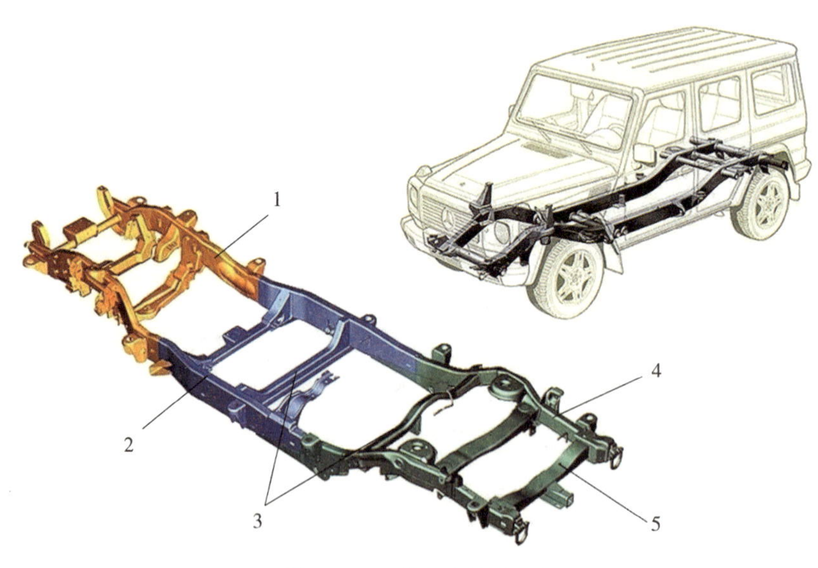

图 3-1-2 弯曲边梁式车架

1—前边梁 2—前纵梁 3—中横梁 4—右边梁 5—后横梁

2. 无梁式车架

无梁式车架是用车身兼作车架的，汽车的所有零部件、总成都安装在车身上，车身要承受各种载荷的作用，因而这种车身又称为承载式车身，广泛用于轿车和客车，如图 3-1-3 所示。

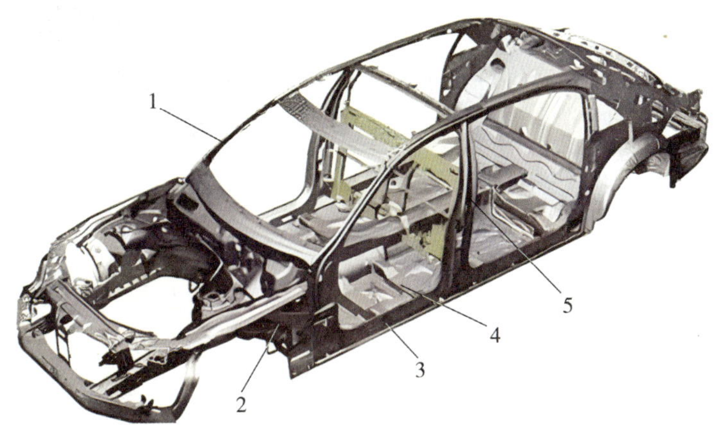

图 3-1-3　承载式车身

1—A 柱　2—前纵梁　3—车门栏板　4—底板　5—B 柱

3. 中梁式车架

中梁式车架又称脊梁式车架，由一根贯穿汽车纵向的中央纵梁和若干根横向悬伸托架构成，如图 3-1-4 所示。

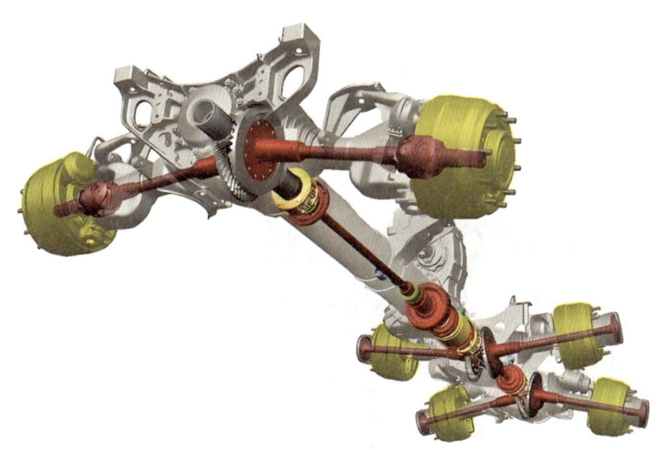

图 3-1-4　中梁式车架

中梁式车架有较好的抗扭刚度和较大的前轮转向角，便于装用独立悬架；车架较轻，重心较低，故行驶稳定性好；车架的强度和刚度较大，不容易产生变形；传动轴密封在中梁内，可防尘土。但这种车架制造工艺复杂，精度要求高，维护不便。

4. 综合式车架

综合式车架是综合边梁式车架和中梁式车架的结构特点形成的，如图 3–1–5 所示。

车架的前段近似边梁式结构，便于安装发动机。后段采用中梁式结构，传动轴从中梁的中间通过，使之密封防尘。

图 3–1–5　综合式车架

任务实施

一、任务准备

根据任务要求，准备所需的设备、工具和资料。

1. 设备：举升机、实训车辆、发动机和变速器举升装置、工作台等。

2. 工具：指针式扭力扳手、可调式扭力扳手、角度仪、套筒、轮胎扳手、头灯、手套、安全帽、车内防护四件套、翼子板布、车轮挡块、举升机垫块等。

3. 资料：车辆维修手册、学习工作页等。

二、实施步骤

1. 大众轿车副车架的拆卸（见表 3–1–1）

表 3–1–1　大众轿车副车架的拆卸

步骤	图示	说明
1		取下左、右两个车轮螺栓盖帽，松开左、右两个车轮螺栓

续表

步骤	图示	说明
2		升高汽车
3		旋松车轮紧固螺母，拆下左、右两个车轮
4	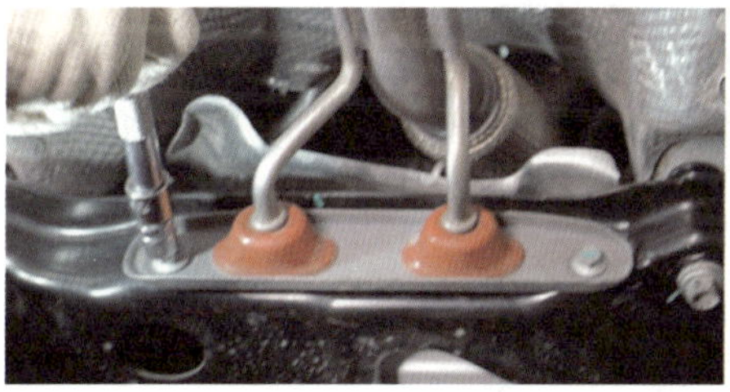	拆下副车架上的排气装置支架
5	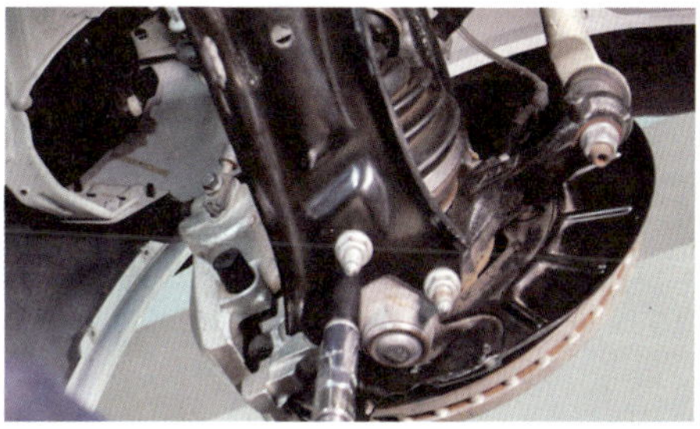	拧下左、右两侧下控制臂的紧固螺母

续表

步骤	图示	说明
6		分别将转向节主销从控制臂中拉出
7		拆下左、右两侧连接杆的六角螺母
8	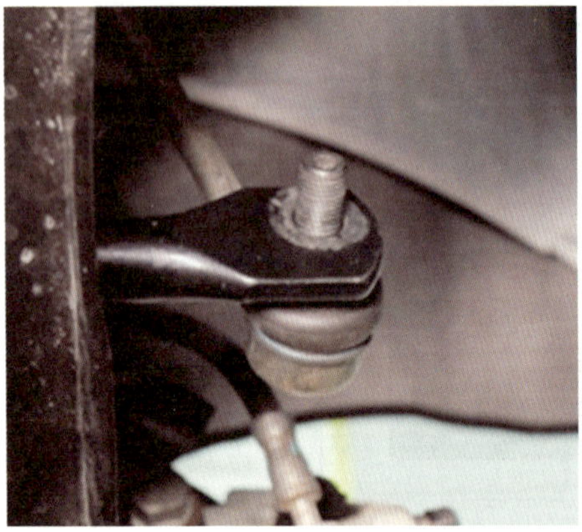	拔出稳定杆左、右两侧的连接杆
9	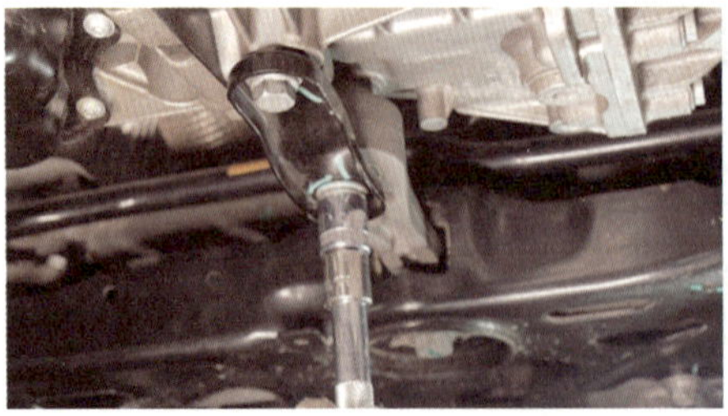	拧出变速器上的摆动支撑的固定螺母，并从变速器上脱开摆动支撑

续表

步骤	图示	说明
10		松开排气前管夹紧套的紧固螺栓，将排气前管向后推，将其与副车架分开
11		拆下转向器和副车架的 3 个固定螺栓，并将转向器螺纹套从副车架上脱开，防止在降下副车架时转向器随副车架一起下坠，造成转向器过度拉伸而损坏
12	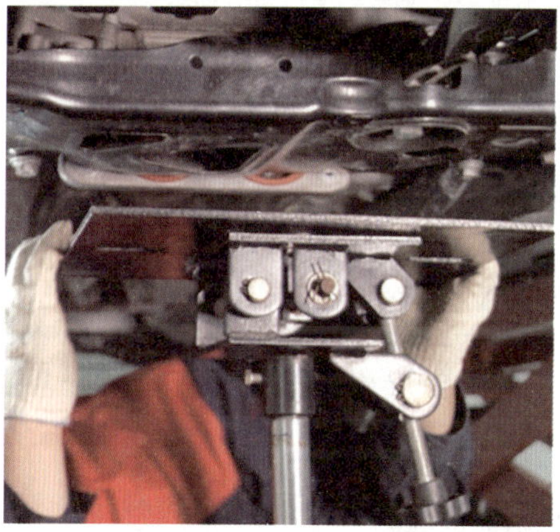	将发动机和变速器举升装置放到副车架下，并调整举升装置至合适高度
13		拧出副车架固定螺栓，并用发动机和变速器举升装置降下副车架

大众轿车副车架零件分解如图 3-1-6 所示。

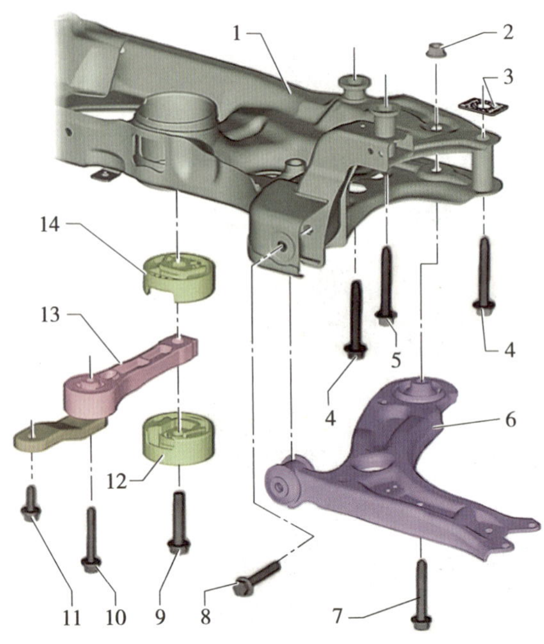

图 3-1-6　大众轿车副车架零件分解

1—副车架　2—螺母　3—盖板　4—螺栓（M12×1.5×100）　5—螺栓（M12×1.5×90）
6—控制臂　7—螺栓（M12×1.5×80）　8—螺栓（M12×1.5×80）　9—螺栓（M14×1.5×70）
10—螺栓（M10×75）　11—螺栓（M10×35）　12—摆动支撑下部橡胶金属支座
13—摆动支撑　14—摆动支撑下部橡胶金属支座

2. 大众轿车副车架的安装（见表 3-1-2）

表 3-1-2　　大众轿车副车架的安装

步骤	图示	说明
1	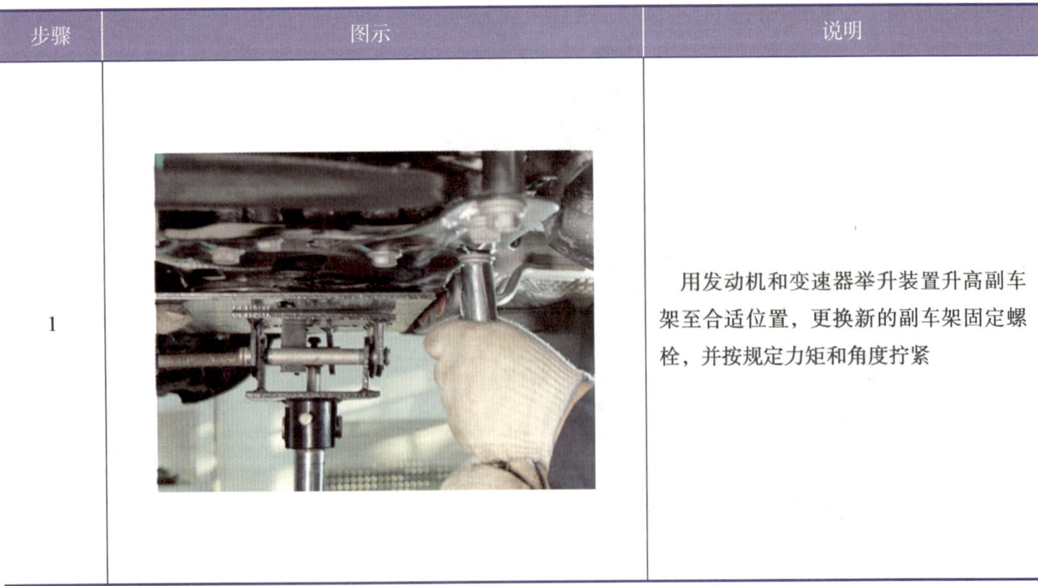	用发动机和变速器举升装置升高副车架至合适位置，更换新的副车架固定螺栓，并按规定力矩和角度拧紧

续表

步骤	图示	说明
2		更换新的转向器固定螺栓，将转向器安装到副车架上，并按规定力矩和角度拧紧
3	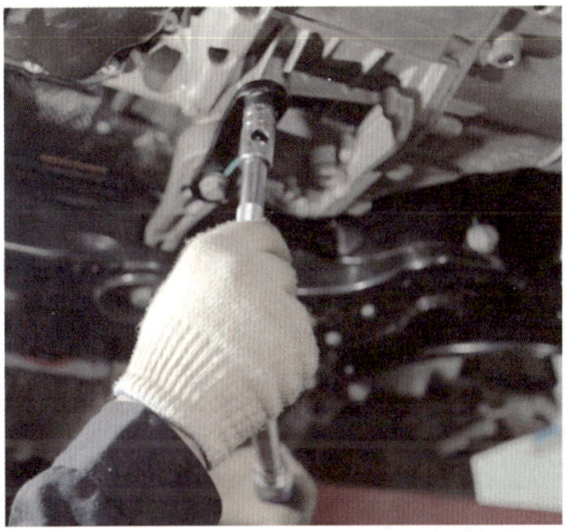	更换新的摆动支撑固定螺栓，先拧在变速器上，然后拧在副车架上，并按规定力矩和角度拧紧
4		更换新的稳定杆螺母，将稳定杆安装到连接杆上，并按规定力矩拧紧

续表

步骤	图示	说明
5	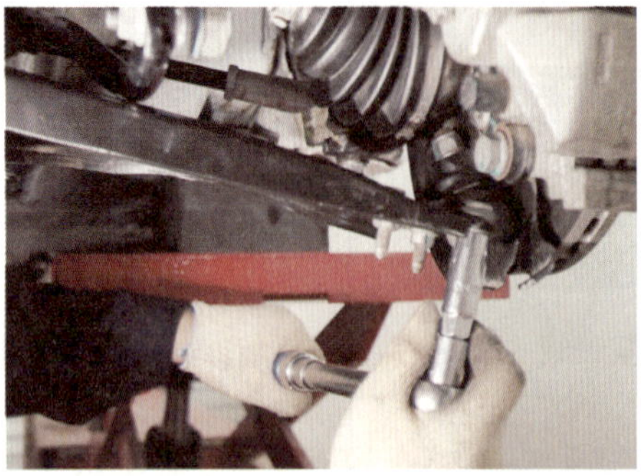	更换新的转向节主销紧固螺母，将转向节主销安装到控制臂上，并按规定力矩拧紧
6		安装排气装置支架到副车架上，并按规定力矩拧紧
7	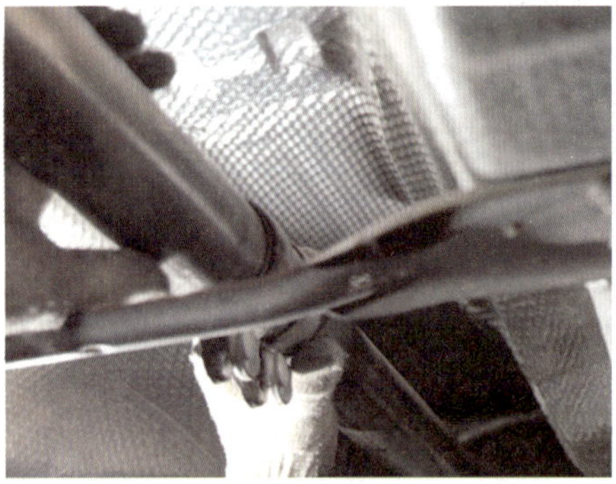	将排气装置调节到无应力，按规定力矩拧紧排气前管夹紧套的紧固螺栓
8		其余安装以倒序进行，最后装上车轮并按规定力矩拧紧

任务 2　悬架系统的结构与维修

学习目标

1. 会描述悬架系统以及电控悬架的功用、组成、类型和工作原理。

2. 能分析独立悬架与非独立悬架的类型、构造特点、相互连接关系。

3. 能分析弹性元件的作用、类型及结构特点。

4. 能够小组合作，在教师指导下，规范完成悬架系统的维修工作，并严格执行“8S”管理规定。

任务描述

一辆大众轿车进厂维修，客户反映行驶在颠簸路面时发出“咯吱咯吱”的声音。经班组长检查后，判断为悬架系统出现故障，需要进行拆装与维修。

你作为一名维修工，在班组长的安排下领取汽车悬架系统故障维修任务，通过小组合作、查阅资料，在规定时间内完成悬架系统的拆装、维修工作，并通过验收后交车。

相关知识

一、悬架的作用

悬架是车架（或承载式车身）与车桥（车轮）之间的一切传力连接装置的总称。其作用是弹性连接车桥与车架或车身，把路面作用于车轮上的垂直反力、纵向反力和侧向反力及这些反力所形成的力矩都传递到车架上，衰减由弹性系统引起的振动，以保证汽车的正常行驶。

二、悬架的组成

现在汽车的悬架虽有不同的结构形式，但一般都由弹性元件（例如弹簧）、减振器、导向机构（纵、横推力杆）等组成，轿车一般还有横向稳定器（杆）。图 3-2-1 所示为某型轿车的悬架。

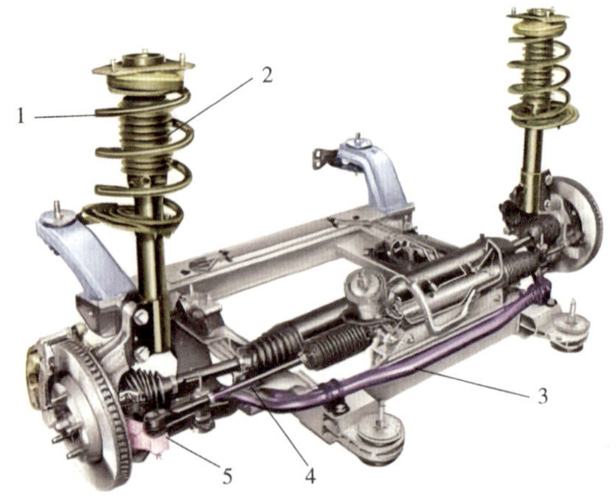

图 3-2-1　某型轿车的悬架

1—螺旋弹簧　2—减振器　3—横向稳定杆　4—转向横拉杆　5—横摆臂

1. 弹性元件

汽车上常用的弹性元件包括钢板弹簧、螺旋弹簧、扭杆弹簧和气体弹簧等。

（1）钢板弹簧

钢板弹簧广泛应用于汽车的非独立悬架中，其构造如图 3-2-2 所示。

钢板弹簧由若干片长度不等的合金弹簧钢片叠加而成，构成一根近似等强度的弹性梁。最长的一片称为主片，其两端卷成卷耳，内装衬套，以便用弹簧销与固定在车架上的支架或吊耳做铰链连接。

各弹簧钢片用中心螺栓连接，并保证各片的相对位置。中心螺栓距两端卷耳中心的距离可以是相等的，称为对称式钢板弹簧，如图 3-2-2a 所示；也可以是不相等的，称为非对称式钢板弹簧，如图 3-2-2b 所示。

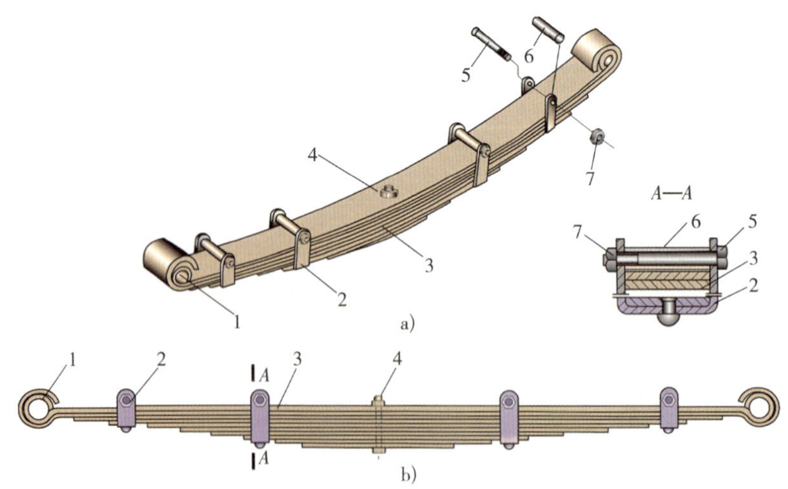

图 3-2-2　钢板弹簧的构造

a）对称式钢板弹簧　b）非对称式钢板弹簧

1—卷耳　2—弹簧夹　3—钢板弹簧　4—中心螺栓　5—螺栓　6—套管　7—螺母

为了防止汽车在行驶过程中各弹簧钢片分开，在钢板弹簧上装有若干弹簧夹，以免主片独自承载。弹簧夹通过铆钉与最下片弹簧钢片相连，弹簧夹两边通过螺栓相连，螺栓上有套管。装配时要求螺母朝向轮胎，以免螺栓脱落时刮伤轮胎，甚至飞崩伤人。

钢板弹簧在载荷作用下变形时，各弹簧钢片之间会相对滑动而产生摩擦，这可以衰减车架的振动。但摩擦会加速弹簧钢片的磨损，所以在装配钢板弹簧时，各弹簧钢片之间要涂抹石墨润滑脂或装有塑料垫片以减磨。

（2）螺旋弹簧

螺旋弹簧广泛应用于独立悬架，有些轿车的后轮非独立悬架也采用螺旋弹簧作弹性元件。由于螺旋弹簧只能承受垂直载荷，且变形时不产生摩擦力，所以悬架中必须装有减振器和导向机构。

螺旋弹簧如图 3–2–3 所示，由特殊的弹簧钢棒卷制而成，可以制成圆柱形或圆锥形，也可以制成等螺距或不等螺距。圆柱形等螺距螺旋弹簧的刚度是不变的，圆锥形或不等螺距螺旋弹簧的刚度是可变的。

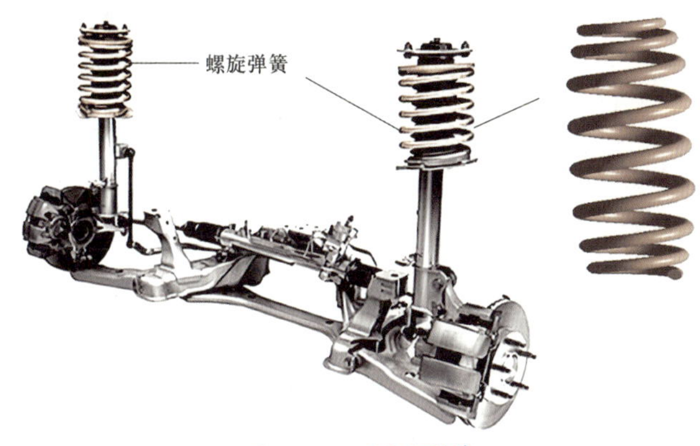

图 3–2–3　螺旋弹簧

（3）扭杆弹簧

扭杆弹簧是由弹簧钢制成的杆件，如图 3–2–4 所示。扭杆的断面通常为圆形，少数为矩形或管形，其两端制成花键、方形、六角形等形状，以便一端固定在车架上，另一

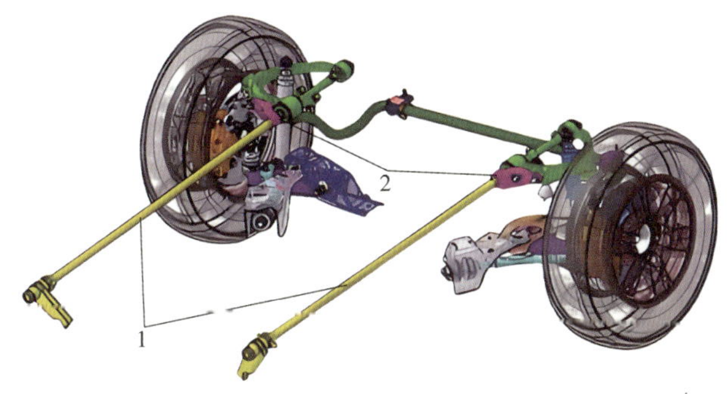

图 3–2–4　扭杆弹簧

1—扭杆　2—摆臂

端固定在悬架的摆臂上。摆臂与车轮相连，当车轮跳动时，摆臂绕扭杆轴线摆动，使扭杆产生扭转弹性变形，以保证车轮与车架的弹性联系。

由于扭杆弹簧在制造时会使之具有一定的预应力，且左、右扭杆弹簧预应力方向是不同的，所以左、右扭杆弹簧不能互换或装错。为此，左、右扭杆弹簧上标有不同的标记。

（4）气体弹簧

气体弹簧分为空气弹簧（见图 3-2-5）和油气弹簧（见图 3-2-6）两种。空气弹簧又分为囊式和膜式两种。空气弹簧的结构、原理都很简单，下面仅介绍油气弹簧的结构和原理。

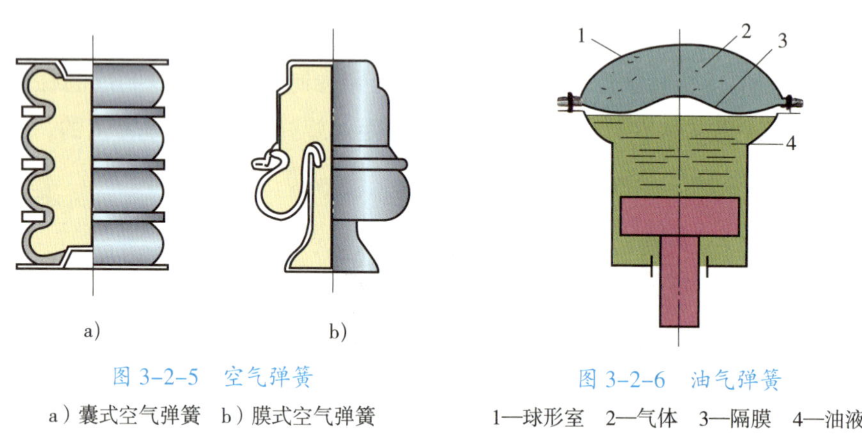

图 3-2-5　空气弹簧
a）囊式空气弹簧　b）膜式空气弹簧

图 3-2-6　油气弹簧
1—球形室　2—气体　3—隔膜　4—油液

油气弹簧的球形室固定在工作缸上，室的内腔用橡胶油气隔膜隔开，充入高压氮气的一侧为气室，与工作缸相通并充满油液的一侧为油室。工作缸内装有活塞、阻尼阀及其阀座。

当载荷增加且车架与车桥相互靠近时，活塞上移，使工作缸内容积减小，油压升高，油液顶开阻尼阀进入球形室，推动隔膜向气室方向移动，使气室容积减小，氮气压力升高，油气弹簧的刚度增大。

当载荷减小时，在高压氮气的作用下隔膜向油室方向移动，油室内油液经阻尼阀流回工作缸，推动活塞下移，这时气室容积增大，氮气压力下降，油气弹簧刚度减小。当氮气压力通过油液传递作用在活塞上的力与载荷平衡时，活塞便停止移动。随着载荷的变化，气室内氮气也随之变化，相应地活塞处于工作缸中的不同位置。可见，油气弹簧具有变刚度的特性。

2. 减振器

目前汽车上应用最广泛的是双向作用筒式减振器，近年来，在高档轿车上也采用充气式减振器。

（1）双向作用筒式减振器

双向作用筒式减振器的基本组成如图 3-2-7 所示，有 3 个同心缸筒，外面的缸筒是防

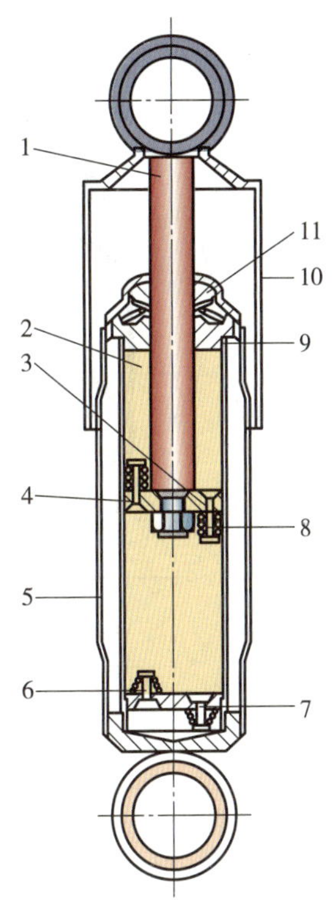

图 3-2-7 双向作用筒式减振器的基本组成

1—活塞杆 2—工作缸筒
3—活塞 4—伸张阀
5—储油缸筒 6—压缩阀
7—补偿阀 8—流通阀
9—导向座 10—防尘罩
11—油封

尘罩，其上部的吊耳与车架相连。中间的缸筒是储油缸筒，内装有一定量的油液，其下端的吊耳与车桥相连。里面的缸筒是工作缸筒，其内装满油液。它还有 4 个阀，即压缩阀、伸张阀、流通阀和补偿阀。流通阀和补偿阀是一般的单向阀，其弹簧很弱，当阀上的油压作用力与弹簧弹力同向时，阀处于关闭状态，完全不通油液；而当油压作用力与弹簧弹力反向时，只要很小的油压，阀便能开启。压缩阀和伸张阀是卸载阀，其弹簧刚度较大，预紧力较大，只有当油压增高到一定程度时，阀才能开启；而当油压降低到 定程度时，阀即自行关闭。

双向作用筒式减振器的工作原理如下（见图 3-2-8）。

1）压缩行程。当车桥移近车架（或车身）时，减振器受压缩，活塞下移，使其下方腔室容积减小，油压升高，具有一定压力的油液顶开流通阀进入活塞上方腔室。由于活塞杆占用上腔室的部分容积，使上腔室增加的容积小于下腔室减小的容积，所以还有一部分油液不能进入上腔室而只能压开压缩阀，流回储油缸筒。油液流经上述阀孔时，受到一定的节流阻力，为克服这种阻力需消耗振动能量，使振动衰减。

2）伸张行程。当车桥相对远离车架（或车身）时，减振器受拉伸，活塞上移，使其上方腔室油压升高，上腔室的油液便推开伸张阀流入下腔室。同样由于活塞杆的存在，上腔室减小的容积小于下腔室增加的容积，因而从上腔室流出来的油液不足以充满下腔室所增加的容积，使下腔室产生一定的真空度，这时储油缸筒中的油液在真空作用下推开补偿阀流进下腔室进行补充。

从上面的工作原理可以得知，这种减振器在压缩、伸张两个行程都能起减振作用，因此称为双向作用筒式减振器。

（2）充气式减振器

充气式减振器的基本组成如图 3-2-9 所示，其结构特点是在缸筒的下部装有一个浮动活塞，高压氮气充在浮动活塞与缸筒一端形成的密闭气室里。在浮动活塞的上面是减振器油液。O 形密封圈把油和气完全分开，因此浮动活塞也称为封气活塞。在工作活塞上装有压缩阀和伸张阀，这两个阀都是由一组厚度相同、直径不等、由大到小排列的弹簧钢片组成的。

当车轮上下跳动时，工作活塞在油液中作往复运动，使工作活塞的上、下腔之间产生油压差，油液便推开压缩阀或伸张阀而来回流动。阀孔对油液产生较大的阻尼力，使振动衰减。

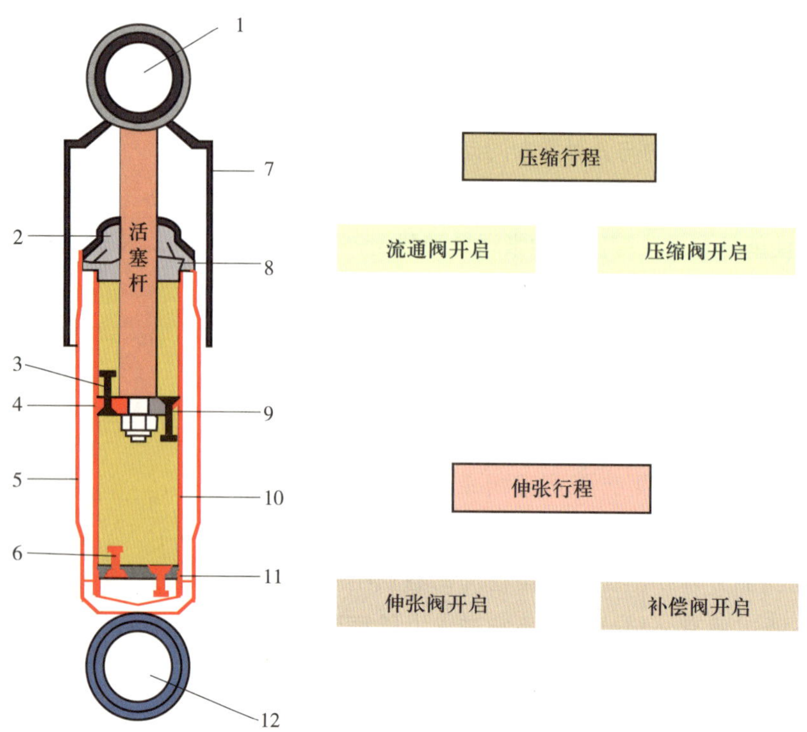

图 3-2-8 双向作用筒式减振器的工作原理

1—吊耳（与车架或车身相连） 2—油封 3—伸张阀 4—活塞 5—储油缸筒 6—压缩阀 7—防尘罩 8—导向座 9—流通阀 10—工作缸筒 11—补偿阀 12—吊耳（与车桥相连）

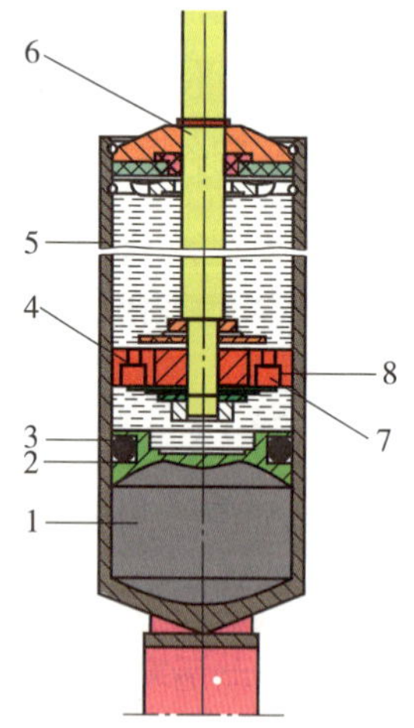

图 3-2-9 充气式减振器的基本组成

1—密封气室 2—浮动活塞 3—O 形密封圈 4—压缩阀 5—缸筒 6—活塞杆 7—伸张阀 8—工作活塞

三、悬架的分类

汽车悬架有非独立悬架和独立悬架两种类型。

1. 非独立悬架

非独立悬架如图 3-2-10 所示，两侧车轮安装在一根整体式车桥上，车轮和车桥一起通过弹性悬架悬挂在车架（或车身）下面，一侧车轮发生位置变化会导致另一侧车轮的位置也发生变化。

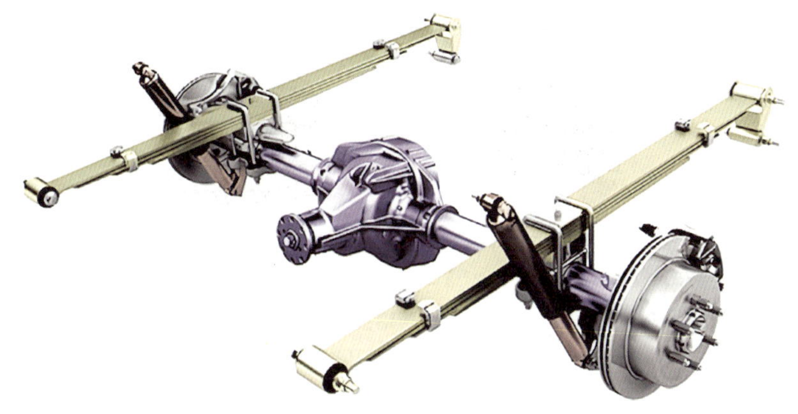

图 3-2-10　非独立悬架

非独立悬架广泛应用于货车的前、后悬架和轿车的后悬架。按照采用弹性元件的不同，非独立悬架可以分为钢板弹簧式非独立悬架和螺旋弹簧式非独立悬架。

（1）钢板弹簧式非独立悬架

这种悬架的钢板弹簧一般纵向布置，所以也称为纵置板簧式非独立悬架。

图 3-2-11 所示为某汽车的钢板弹簧式非独立前悬架。钢板弹簧中部通过 U 形螺栓（骑马螺栓）固定在前桥上。钢板弹簧的前端卷耳用弹簧销与前支架相连，形成固定式铰链支点，起传力和导向作用；而后端卷耳则用吊耳销与可在车架上摆动的吊耳相连，形成摆动式铰链支点，从而保证了钢板弹簧变形时两卷耳中心线间的距离有改变的可能。

减振器的上、下两个吊耳通过橡胶衬套和连接销分别与车架上的上支架和车桥上的下支架相连接。盖板上装有橡胶缓冲块，以限制弹簧的最大变形，并防止弹簧直接碰撞车架。

图 3-2-12 所示为某中型货车的可变刚度钢板弹簧式非独立后悬架，由主、副钢板弹簧叠合而成，其刚度是可变的，以适应装载质量的不同。

当汽车空载或实际装载质量不大时，副钢板弹簧不承受载荷而由主钢板弹簧单独工作。在重载或满载情况下，车架相对车桥下移，使车架上副钢板弹簧滑板式支座与副钢板弹簧接触，主、副钢板弹簧共同参与工作，一起承受载荷而使悬架刚度增大，以保证车身振动频率不致因载荷增大而变化过大。

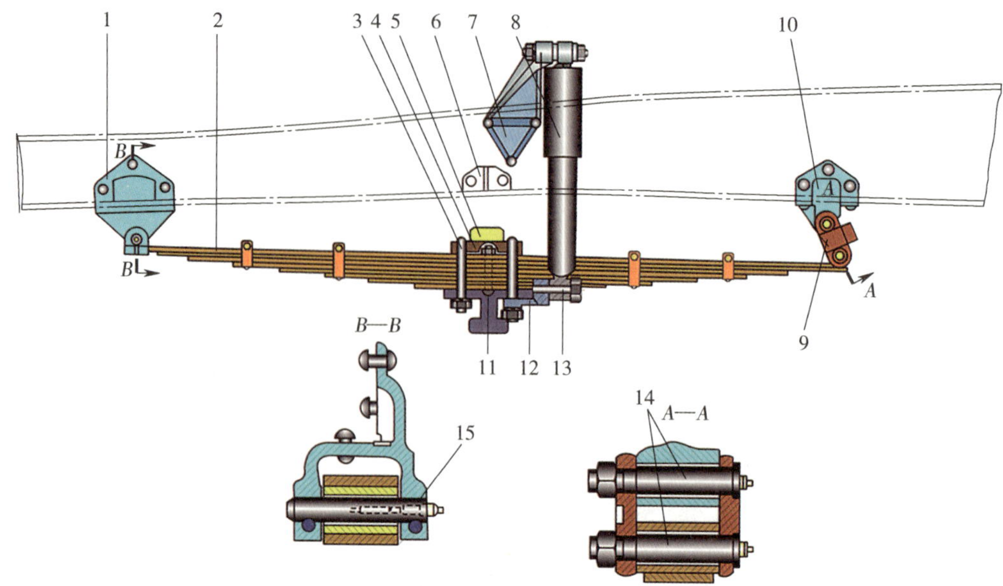

图 3-2-11　某汽车的钢板弹簧式非独立前悬架

1—前支架　2—钢板弹簧　3—U 形螺栓　4—盖板　5—缓冲块　6—限位块　7—减振器上支架　8—减振器　9—吊耳　10—后支架　11—钢板弹簧中心螺栓　12—减振器下支架　13—减振器连接销　14—吊耳销　15—弹簧销

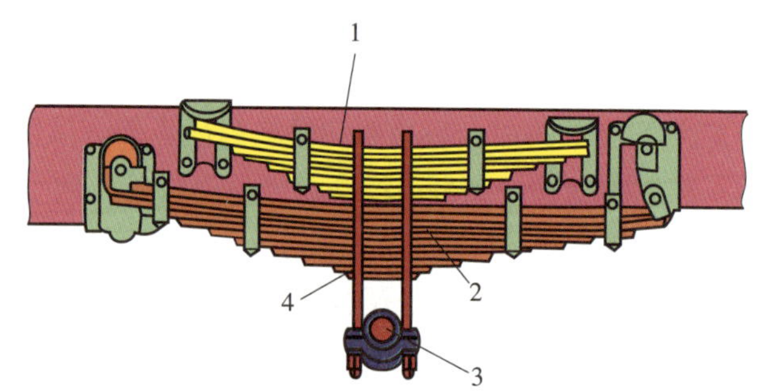

图 3-2-12　某中型货车的可变刚度钢板弹簧式非独立后悬架

1—副钢板弹簧　2—主钢板弹簧　3—车桥　4—U 形螺栓

图 3-2-13 所示为渐变刚度钢板弹簧式非独立悬架。主钢板弹簧由 5 片较薄的钢板弹簧片组成，副钢板弹簧由 5 片较厚的钢板弹簧片组成，它们用中心螺栓固定在一起，主钢板弹簧在上，副钢板弹簧在下。

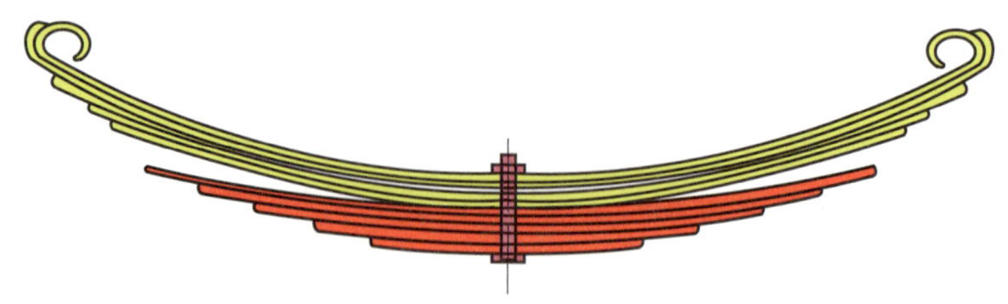

图 3-2-13　渐变刚度钢板弹簧式非独立悬架

在小载荷时，仅主钢板弹簧起作用，而当载荷增加到一定值时，副钢板弹簧开始与主钢板弹簧接触，悬架刚度随之相应提高，弹簧特性变为非线性。当副钢板弹簧与主钢板弹簧全部接触后，弹簧特性又变为线性的。这种渐变刚度钢板弹簧式非独立悬架的特点是副钢板弹簧逐渐地起作用，因此悬架刚度的变化比较平稳，改善了汽车行驶的平顺性。

（2）螺旋弹簧式非独立悬架

螺旋弹簧式非独立悬架一般适用于轿车的后悬架，图 3–2–14 所示为某轿车的螺旋弹簧式非独立后悬架。两根纵向推力杆的中部与后桥焊接为一体，前端通过带橡胶的支撑座与车身做铰链连接，后端与轮毂相连接。纵向推力杆用来传递纵向力及其力矩。整个后桥、纵向推力杆及车轮可以绕支撑座铰支点连线作相对于车身的上下纵向摆动。螺旋弹簧的上端装在弹簧上座中，下端则支撑在减振器外壳上的弹簧下座上，它只承受垂直力。减振器的上端与弹簧上座一起装在车身底部的悬架支座中，下端则与纵向推力杆相连接。

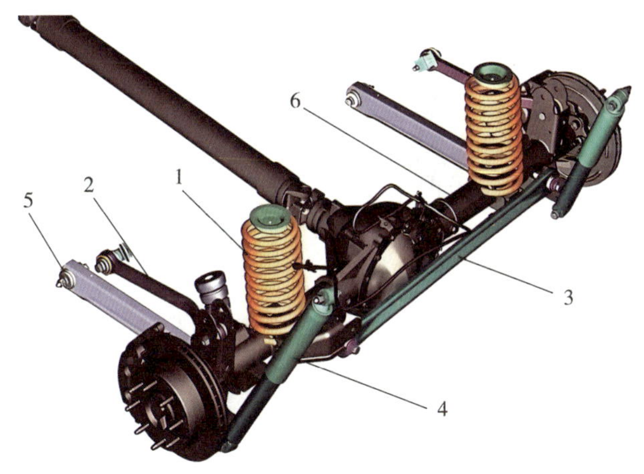

图 3–2–14　某轿车的螺旋弹簧式非独立后悬架

1—螺旋弹簧　2—上纵向推力杆　3—横向导杆　4—减振器　5—下纵向推力杆　6—后桥

2. 独立悬架

如图 3–2–15 所示，采用独立悬架，两侧车轮分别独立地与车架（或车身）弹性相连，与其配用的车桥为断开式车桥，因此两侧车轮的运动是相对独立、互不影响的。

现在的汽车，特别是轿车，广泛采用独立悬架。独立悬架的结构类型有很多，一般可按车轮的运动方式分为横臂式独立悬架、纵臂式独立悬架和车轮沿主销移动的独立悬架三类，如图 3–2–16 所示。

横臂式独立悬架：车轮在汽车横向平面内摆动的悬架，如图 3–2–16a 所示。

纵臂式独立悬架：车轮在汽车纵向平面内摆动的悬架，如图 3–2–16b 所示。

车轮沿主销移动的独立悬架：包括烛式独立悬架和麦弗逊式独立悬架，分别如图 3–2–16c、图 3–2–16d 所示。

图 3-2-15　独立悬架

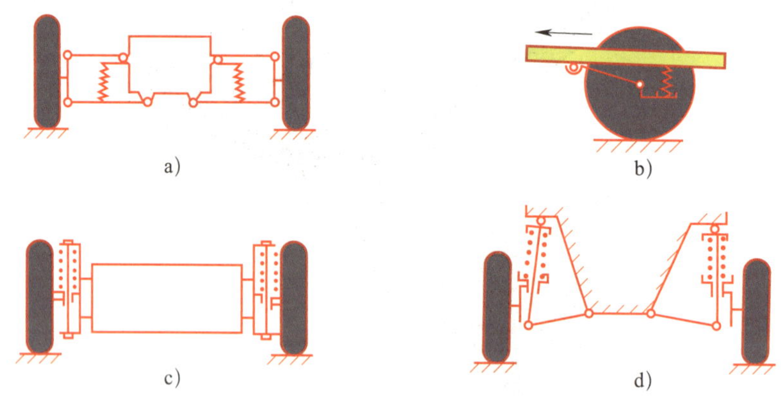

图 3-2-16　独立悬架的类型

a）横臂式独立悬架　b）纵臂式独立悬架　c）烛式独立悬架　d）麦弗逊式独立悬架

（1）横臂式独立悬架

横臂式独立悬架分为单横臂式和双横臂式两种。目前单横臂式独立悬架应用较少，下面仅介绍双横臂式独立悬架。

双横臂式独立悬架如图 3-2-17 所示，其两个横摆臂有等长的（见图 3-2-17a），也有不等长的（见图 3-2-17b）。对于横摆臂等长的独立悬架，当车轮上下跳动时，虽然车轮平面不倾斜，主销轴线的方向也不发生变化，但轮距发生较大的变化，将引起车轮的侧滑和轮胎的磨损。而对于横摆臂不等长的独立悬架，当车轮上下跳动时，虽然车轮平面、主销轴线、轮距都发生变化，但都可以控制在允许范围内，所以这种形式的双横臂式独立悬架应用较多。

（2）纵臂式独立悬架

纵臂式独立悬架分为单纵臂式和双纵臂式两种。

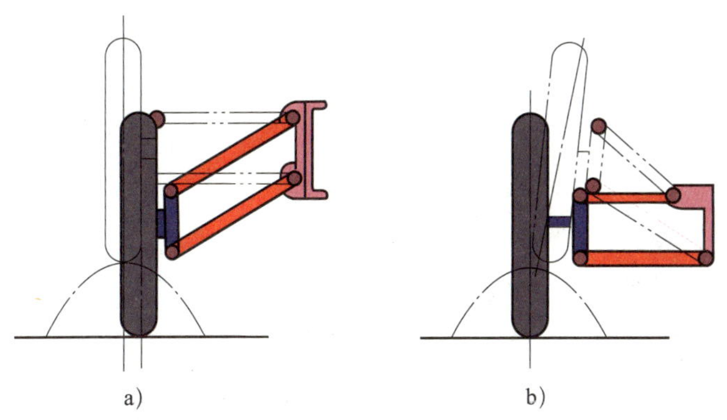

图 3-2-17　双横臂式独立悬架

a）横摆臂等长的独立悬架　b）横摆臂不等长的独立悬架

1）单纵臂式独立悬架。单纵臂式独立悬架如果用于前轮，车轮上下跳动时会使主销后倾角变化很大。因此，单纵臂式独立悬架都用于后轮，如图 3-2-18 所示。纵摆臂是一片宽而薄的钢板，一端与半轴套管铰接，另一端带有套筒，套筒通过花键与扭杆弹簧的外端相连，扭杆弹簧的内端固定在车架上。

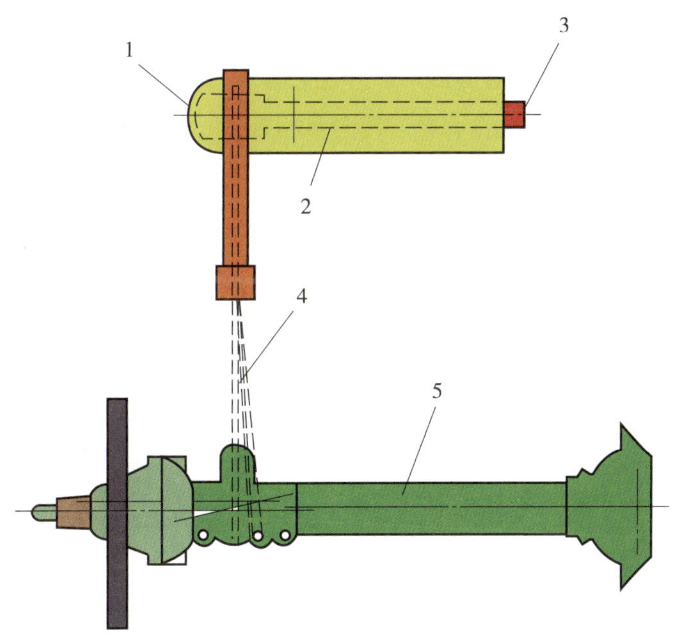

图 3-2-18　用于后轮的单纵臂式独立悬架

1—套筒　2—套管　3—扭杆弹簧　4—纵摆臂　5—半轴套管

2）双纵臂式独立悬架。这种悬架的两个纵摆臂长度一般做成相等，形成平行四连杆机构，如图 3-2-19 所示。转向节和两个等长的纵摆臂作铰链连接。在车架的两根管状横梁内部都装有由若干层矩形断面的薄弹簧钢片叠成的扭杆弹簧，两根扭杆弹簧的内端用螺钉固定在管状横梁的中部，而外端则插入摆臂轴的矩形孔内。摆臂轴用衬套支撑在管状横梁内，摆臂轴与纵摆臂为刚性连接。当车轮上下跳动时，车轮外倾角、轮距和主销后倾角都不发生变化。因此，这种悬架适用于前轮。

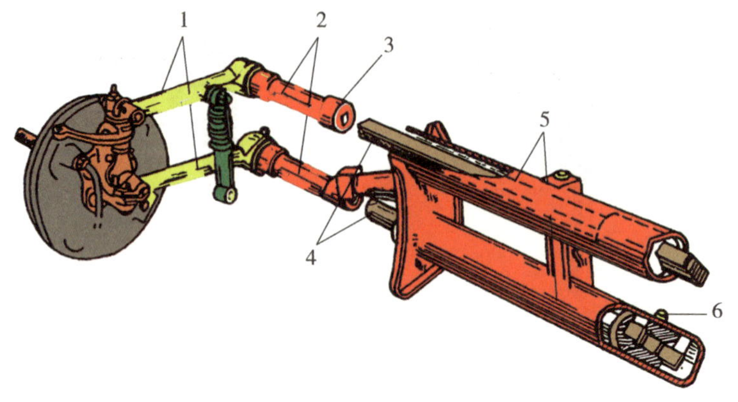

图 3-2-19　双纵臂式独立悬架

1—纵摆臂　2—摆臂轴　3—衬套　4—扭杆弹簧　5—管状横梁　6—螺钉

（3）车轮沿主销移动的独立悬架

1）烛式独立悬架。图 3-2-20 所示为烛式独立悬架，主销的上、下两端刚性地固定在车架上。套在主销上的套筒固定在转向节上。套筒的中部固定装着螺旋弹簧的下支座。筒式减振器的下端与转向节相连，上端与车架相连。悬架的摩擦部分套着防尘罩。通气管与防尘罩内腔相通，以免罩中空气被密封而影响悬架的弹性。

汽车在不平路面上行驶时，车轮、转向节一起沿主销的轴线移动。螺旋弹簧只承受垂直载荷，而车轮上所受的纵向力、侧向力及其力矩则由转向节、套筒经主销传给车架，使得套筒与主销之间的磨损严重。

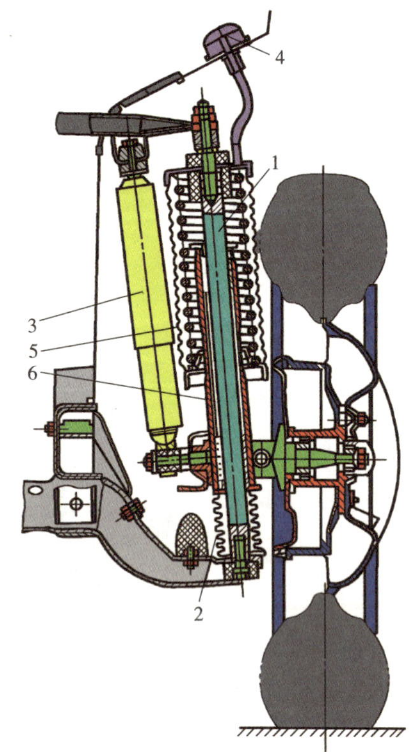

图 3-2-20　烛式独立悬架

1—主销　2、4—防尘罩　3—减振器
5—套筒　6—通气管

2）麦弗逊式独立悬架。麦弗逊式独立悬架（见图 3-2-21）目前在轿车中应用很广泛。这种悬架由减振器、螺旋弹簧、横摆臂、横向稳定器等组成。减振器与套在它外面的螺旋弹簧合为一体，构成悬架的弹性支柱，支柱上端与车身挠性连接，支柱下端与转向节刚性连接。横摆臂的外端通过球头销与转向节的下部连接，内端与车身铰接。

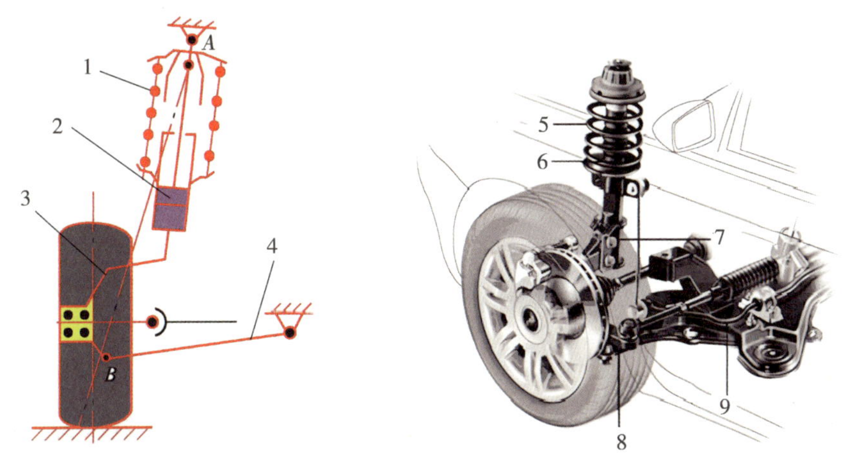

图 3-2-21　麦弗逊式独立悬架

1、5—螺旋弹簧　2、6—减振器　3、7—转向节　4、8—横摆臂　9—横向稳定器

麦弗逊式独立悬架没有传统的主销实体，转向轴线为上、下铰接中心的连线 *AB*（一般与弹性支柱的轴线重合）。当车轮上下跳动时，*B* 点随横摆臂摆动，因而转向轴线 *AB* 随之摆动（弹性支柱也摆动）。这说明车轮沿着摆动的转向轴线运动。

麦弗逊式独立悬架结构较简单，布置紧凑，用于前悬架时能增大两前轮内侧的空间，故多用于发动机前置、前轮驱动的轿车上。

四、电控悬架系统的基本结构和原理

1. 电控悬架系统的分类

电控悬架系统分为主动悬架系统和半主动悬架系统两大类。

主动悬架系统是指根据车辆的运动状态和路面情况，主动调节悬架系统刚度、减振器阻尼系数、车身高度和姿态，使悬架始终处于最佳的减振状态。这种调节要消耗能量，需要有动力源提供能源，即系统是有源的。通常采用闭环电子控制系统对主动悬架系统进行控制和调节。

半主动悬架系统仅对减振器的阻尼系数进行调节，有些还对横向稳定器的刚度进行调节，调节方式分为机械式和电子控制式两种，这种调节是无源的。而传统的汽车悬架中，各元件的特性是不可调节的，称为被动式悬架。

根据电控主动使用的介质不同，电控主动又可分为油气式主动悬架和空气式主动悬架两种。目前，国内外高档汽车使用较多的为空气式主动悬架。

2. 电控悬架系统的组成

电控悬架系统由传感器、电子控制单元、执行机构三部分组成。

（1）传感器

传感器将汽车行驶的起动、加速、车速、转向、制动和路面情况（汽车的振动）等转变为电信号，输送给电子控制单元。传感器主要有以下几种：车身加速度传感器、车身高度传感器、车速传感器、转向盘转角传感器、节气门位置传感器、车门传感器等。

（2）电子控制单元

电子控制单元的英文缩写是 ECU，它将传感器输入的电信号进行综合处理，输出对悬架的刚度、阻尼系数及车身高度进行调节的控制信号。电子控制单元一般由微型计算机和信号输出放大电路组成。

（3）执行机构

调节悬架参数的执行机构按照 ECU 的控制信号，准确及时地动作，调节悬架的刚度、阻尼系数及车身的高度。通常所用的执行元件是电磁阀、步进电动机及气泵电动机等。

3. 半主动悬架系统

半主动悬架系统通常以车身振动加速度作为控制目标参数，以悬架减振器的阻尼系数为控制对象。在半主动悬架系统的 ECU 中，事先设定了一个目标参数，它是以汽车行驶平顺性最优控制为目的而设计的。汽车行驶时，安装在车身上的加速度传感器产生车身振动加速度信号，经过整形放大后输入 ECU，ECU 立刻计算出当前数值，并与设定的目标参数比较，根据比较结果输出控制信号。

根据 ECU 输出的控制信号，步进电动机带动驱动杆转动，改变驱动杆与空心活塞的相对角度，从而改变减振器阻尼孔的流通面积，使减振器的阻尼发生变化，而且这种无级变化响应快，可以在几毫秒内由最小变到最大。可调阻尼减振器的结构如图 3-2-22 所示。

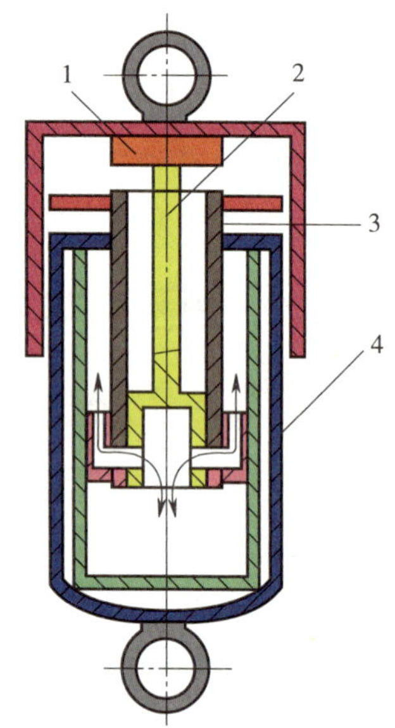

图 3-2-22 可调阻尼减振器的结构

1—步进电动机 2—驱动杆 3—活塞杆 4—活塞

半主动悬架系统可以根据路面的激励和车身的响应，对悬架的阻尼系数进行自适应调整，使车身的振动被控制在一定范围之内。但是，汽车在转向、起步、制动等工况时，半主动悬架系统不能对刚度和阻尼系数进行有效控制。

4. 主动悬架系统

电控主动空气悬架系统的配置如图 3-2-23 所示，由传感器、电子控制单元、空气供给装置等组成。

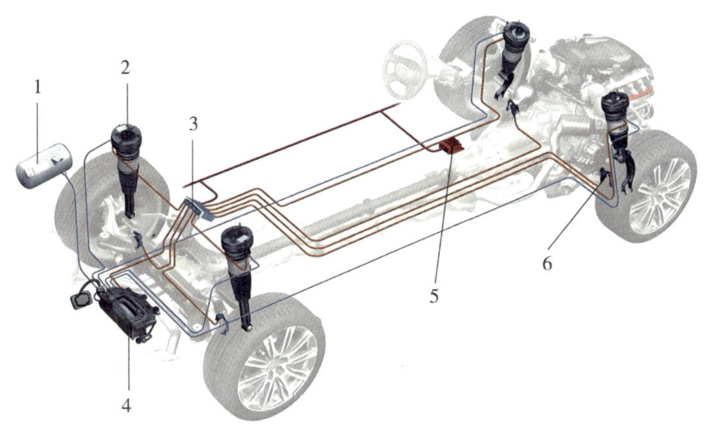

图 3-2-23　电控主动空气悬架系统的配置

1—蓄压器　2—减振调节阀　3—水平调节控制单元　4—空气供给装置
5—电子控制单元　6—车辆水平传感器

5. 主动悬架系统的控制功能

主动悬架系统中，悬架的刚度与阻尼有“软”和“硬”两种控制模式，每种控制模式下按刚度与阻尼的大小依次有低、中、高三种状态。“软”和“硬”控制模式可以用手扳动选择开关决定，有的悬架控制系统则由 ECU 来决定。模式一经确定，就由 ECU 在低、中、高三种状态间自动调节悬架刚度和阻尼系数。

主动悬架系统主要对车速及路面感应、车身姿态、车身高度三方面进行控制。

（1）车速及路面感应控制

车速及路面感应控制主要是指根据车速与路面的变化来改变悬架的刚度和阻尼。

1）高速感应控制。在车速很高时，ECU 输出控制信号，使悬架的刚度和阻尼相应增大，以提高汽车高速行驶时的操纵稳定性。

2）前、后轮相关控制。当汽车前轮在遇到路面接缝等凸起时，ECU 输出控制信号，相应减小后轮悬架的刚度和阻尼，以减小车身的振动和冲击。当后轮越过障碍后，悬架又自动回到选定模式。

3）不良路面感应控制。当汽车进入不良路面行驶时，为抑制车身产生大的振动，ECU 输出控制信号，相应增大悬架的刚度和阻尼。

（2）车身姿态控制

车身姿态控制是指在汽车车速突然改变及转向情况下，ECU 对悬架的刚度和阻尼实施控制，以抑制车身的过度摆动，从而确保车辆的乘坐舒适性和操纵稳定性。

1）转向时车身侧倾控制。当驾驶员急转转向盘使汽车急转弯时，转向盘转角传感器将转向盘的转角和转速电信号输入 ECU，ECU 经过计算分析向悬架输出控制信号，增大悬架的刚度和阻尼，以抑制车身的侧倾。

2）制动时车身点头控制。在汽车紧急制动时，车速传感器的车速信号和制动开关

的阶跃信号输入ECU，ECU经过计算分析后输出控制信号，增大悬架的刚度和阻尼，以抑制车身的点头。

3）起步时车身俯仰控制。驾驶员猛踩加速踏板使汽车突然起步或突然加速时，车速传感器的车速信号和节气门位置传感器的阶跃信号输入ECU，ECU经过计算分析后输出控制信号，增大悬架的刚度和阻尼，以抑制车身的俯仰。

（3）车身高度控制

车身高度控制是指在汽车行驶车速和路面变化时，ECU对悬架输出控制信号，调控车身的高度，以保证汽车行驶稳定性和通过性。

1）高速感应控制。当车速超过90 km/h时，为了提高汽车的行驶稳定性和减小空气阻力，ECU输出控制信号，使排气阀和高度控制阀通电工作，悬架气室向外排气，以降低车身的高度。当车速低于60 km/h时，车身又恢复原有的高度。

2）连续不良路面行驶控制。汽车在连续颠簸不平的不良路面行驶时，车身高度传感器连续2～5 s输出大幅度的振动信号，如果车速在40～90 km/h，就会提高车身，以减弱来自路面的突然起伏感，并提高汽车的通过性；如果车速在90 km/h以上，则优先考虑汽车行驶的稳定性，降低车身高度。

6. 空气悬架刚度和阻尼的调节控制

空气悬架由减振器、气室、执行器等组成，如图3-2-24所示。在主、副气室内充入惰性压缩气体，气体的可压缩性起到弹簧作用，可称为空气弹簧。当空气弹簧上载荷增加时，密闭在气室内的气体被压缩，气压升高，弹簧的刚度增大；当载荷减小时，气室内的气体气压下降，弹簧刚度减小。

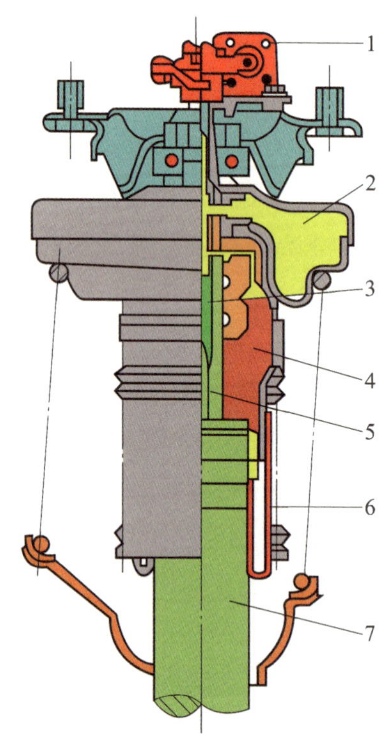

图3-2-24　空气悬架的结构

1—执行器　2—副气室　3—减振器阻尼调节杆　4—主气室　5—减振器活塞杆　6—滚动膜　7—减振器

步进电动机带动空气阀转动，改变主、副气室之间气体通路的大小来调节悬架刚度。如图3-2-25所示，当空气阀阀芯的开口转到对准“低”位置时，主、副气室气体通路的大孔被打开，主气室的气体经过阀芯的中间孔、阀体侧面的通道与副气室的气体连通，两气室的气体互相流动，参与承受载荷的气体容积增加，悬架的刚度降低，处于“低”状态。当阀芯开口转到对准“中”位置时，气体通路的小孔被打开，主、副气室间的气体流量变小，悬架刚度增大，处于“中”状态。当阀芯开口转到对准“高”位置时，主、副气室间的气体通路被切断，只有主气室单独承受载荷，悬架刚度进一步增大，处于“高”状态。

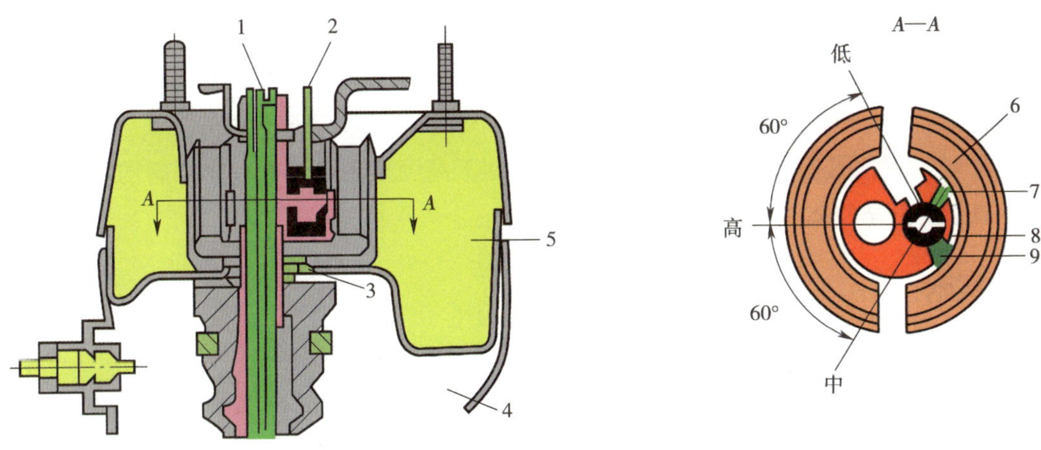

图 3-2-25　悬架刚度的调节原理

1—阻尼调节杆　2—空气阀控制杆　3—主、副气室通路　4—主气室　5—副气室

6—空气阀阀体　7—气体通路小孔　8—阀芯　9—气体通路大孔

通过转动与阻尼调节杆连接的转阀，使转阀上的三个阻尼孔分别处于开、闭状态，改变阻尼孔的流通面积，就可以实现阻尼的调节。

7. 汽车车身高度的调节控制

电控空气悬架可以实现汽车车身高度自动控制。当汽车高速行驶时，可自动降低车身高度，以提高行驶稳定性和空气动力学性能；在关闭点火开关后，能使汽车车身降低到目标高度，改善汽车驻车姿态；当乘客和装载质量发生变化时，汽车可以保持一个恒定的高度。

车身高度调节装置由空气压缩机、直流电动机、高度控制电磁阀、排气电磁阀、调压阀、空气干燥器等组成，如图 3-2-26 所示。

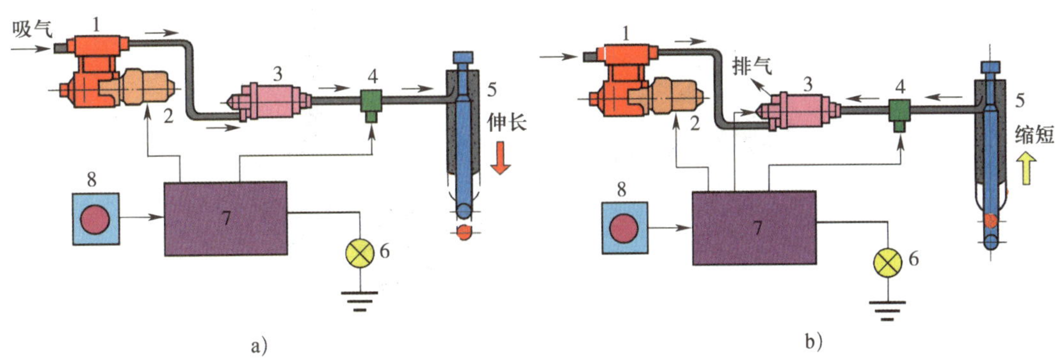

图 3-2-26　车身高度调节装置

a）升高车身　b）降低车身

1—空气压缩机和调压阀　2—直流电动机　3—空气干燥器和排气电磁阀　4—高度控制电磁阀

5—空气悬架　6—指示灯　7—ECU　8—车身高度传感器

ECU 根据车身高度传感器的信号和驾驶员给出的控制信号，向电磁阀发送控制指令。当需要升高车身时，直流电动机带动空气压缩机工作，压缩空气经过空气干燥器后，在高度控制电磁阀控制下进入悬架主气室，车身高度升高。达到规定高度时，高度控制电磁阀断电关闭，悬架主气室的气量保持不变，车身维持在一定的高度。当需要下降车身时，空气压缩机停止工作，在 ECU 控制下高度控制电磁阀和排气阀同时通电打开，悬架主气室气体排出，车身高度下降。

任务实施

一、任务准备

根据任务要求，准备所需的设备、工具和资料。

1. 设备：举升机、实训车辆、弹簧张紧装置、发动机和变速器举升装置、工作台等。

2. 工具：指针式扭力扳手、可调式扭力扳手、快速扳手、角度仪、套筒、轮胎扳手、扩张器、头灯、手套、安全帽、车内防护四件套、翼子板布、车轮挡块、举升机垫块等。

3. 资料：车辆维修手册、学习工作页等。

二、实施步骤

1. 螺旋弹簧式非独立悬架的拆装

图 3-2-27 所示为大众轿车的后桥和后悬架。

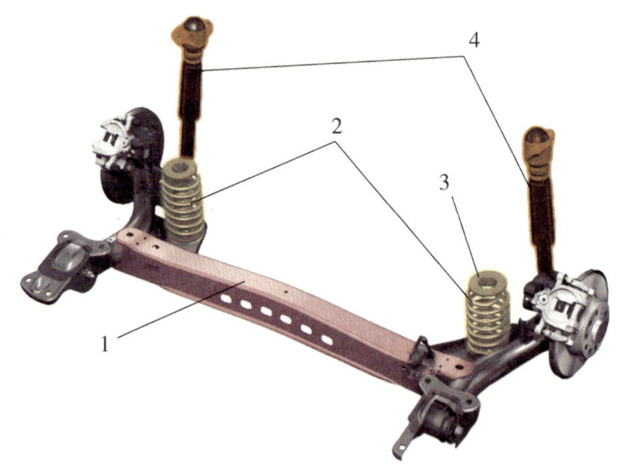

图 3-2-27　大众轿车的后桥和后悬架

1—扭力梁　2—螺旋弹簧　3—上弹簧座　4—减振器

（1）非独立悬架的拆卸（见表 3-2-1）

表 3-2-1　　非独立悬架的拆卸

步骤	图示	说明
1		松开车轮固定螺栓
2		举升汽车至合适高度
3		取出车轮固定螺栓，拆下车轮

续表

步骤	图示	说明
4		插入弹簧张紧装置，注意螺旋弹簧应在弹簧支架的正确位置
5	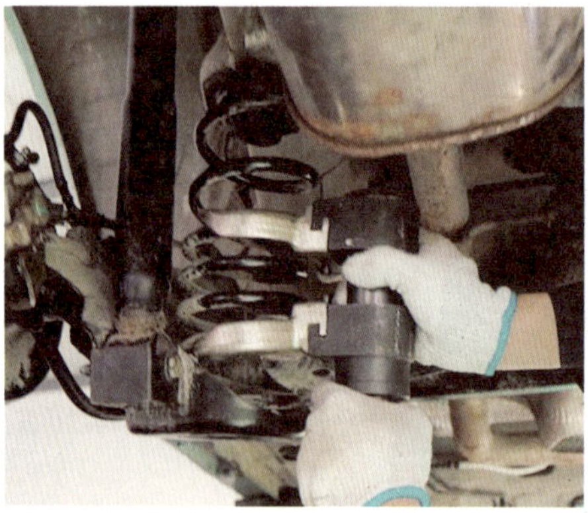	压紧螺旋弹簧，直至将其取下
6	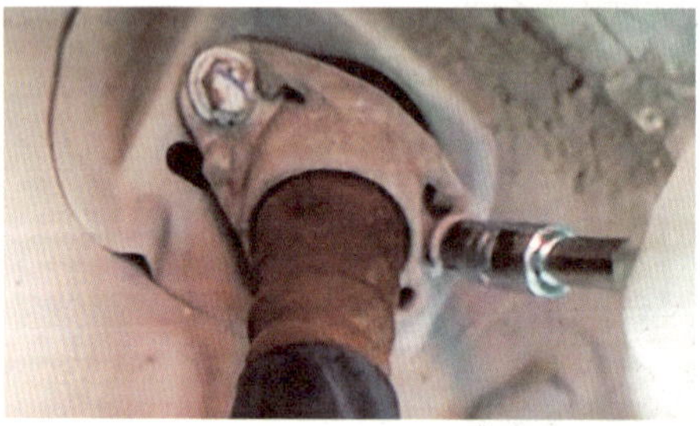	拧出减振器上部的两个固定螺栓
7	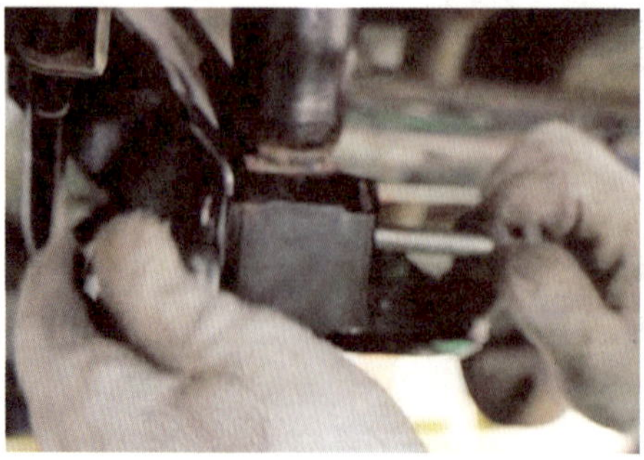	拧下减振器下部的固定螺母，取出后桥承重梁和减振器的连接六角螺栓

续表

步骤	图示	说明
8		取出减振器总成
9		使用专用工具，分解减振器支座

（2）非独立悬架的检查（见表 3–2–2）

表 3–2–2 非独立悬架的检查

步骤	图示	说明
1	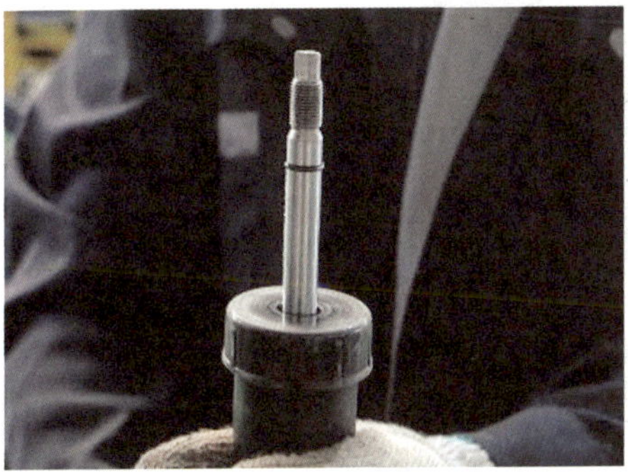	检查减振器。用力均匀地推入活塞杆，使其在整个推入过程中平稳不晃动。如果减振器中有足够的充气压力，活塞杆会返回其初始位置。如果没有油液损失，而活塞杆不能自行回到初始位置，则减振器仍正常

续表

步骤	图示	说明
2		螺旋弹簧表面不允许损坏及变形
3		检查垫圈是否有损伤，必要时更换垫圈

（3）非独立悬架的安装（见表 3–2–3）

表 3–2–3　　非独立悬架的安装

步骤	图示	说明
1		更换自锁螺母，使用专用工具，安装减振器支座，按规定力矩拧紧

续表

步骤	图示	说明
2	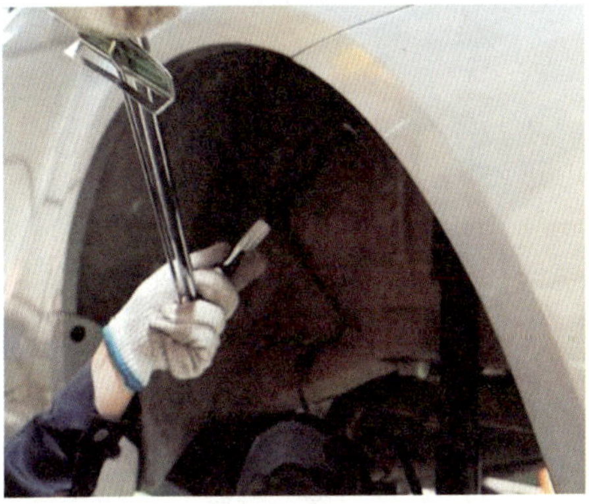	举升汽车，使汽车空载。用新螺栓和螺母将减振器总成安装在后桥承重梁上，并按规定力矩拧紧
3		安装螺旋弹簧，弹簧垫圈必须正确地紧贴在螺旋弹簧上
4		其余安装以倒序进行，最后装上车轮并按规定力矩拧紧

2. 独立悬架的拆装

大众轿车的前悬架分解如图 3-2-28 所示。

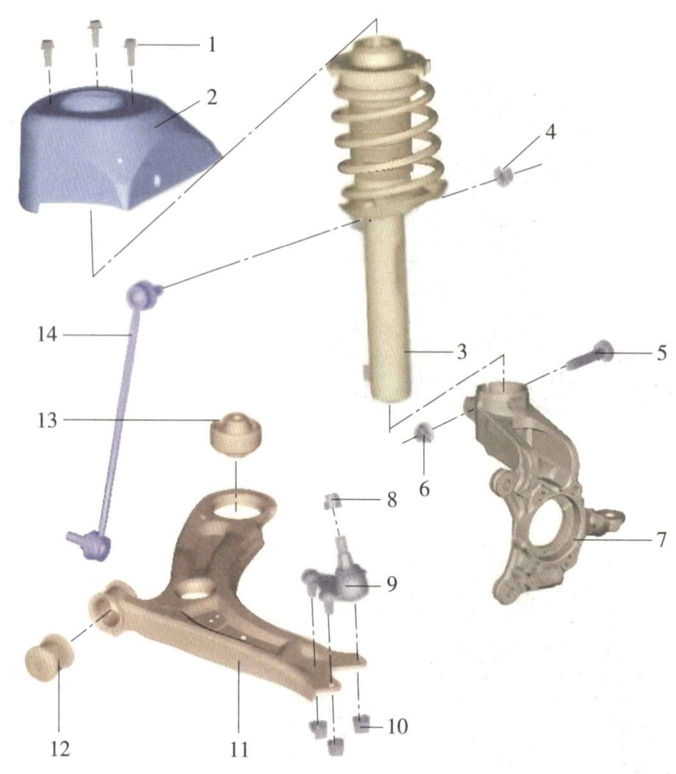

图 3-2-28 大众轿车的前悬架分解

1—螺栓 2—减振器支座 3—减振器 4、6、8、10—螺母 5—内梅花螺栓
7—车轮轴承支座 9—转向节主销 11—控制臂 12—前橡胶金属支座
13—后橡胶金属支座 14—连接杆

（1）独立悬架的拆卸（见表 3-2-4）

表 3-2-4 独立悬架的拆卸

步骤	图示	说明
1	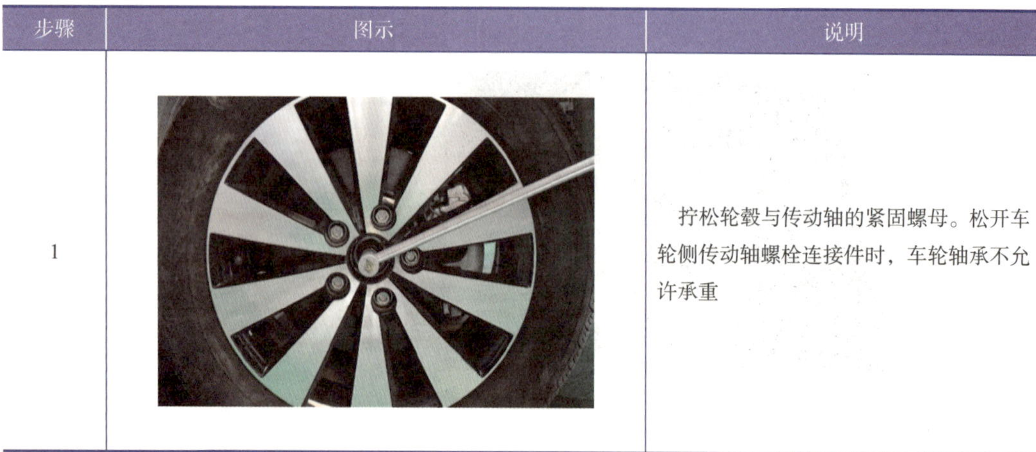	拧松轮毂与传动轴的紧固螺母。松开车轮侧传动轴螺栓连接件时，车轮轴承不允许承重

续表

步骤	图示	说明
2		旋松车轮紧固螺母，举升汽车，拆下车轮
3	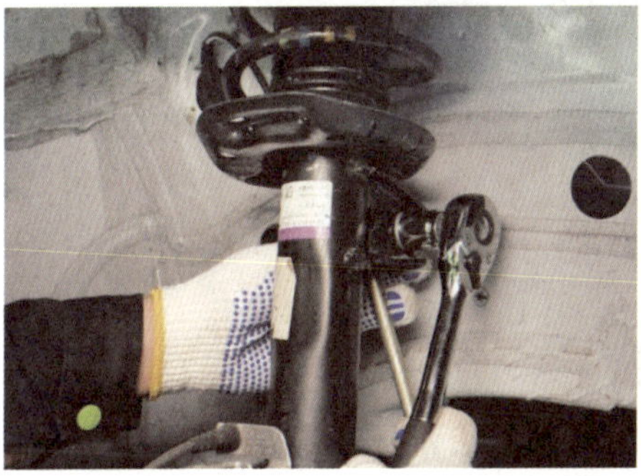	拧下螺母并拔出减振器上的连接杆，脱开前轮转速传感器插头
4		拧出支架固定螺栓，从车轮轴承支座上脱开支架。取下制动软管支架，并用铁丝将制动钳固定在车上（注意不要损坏制动软管）
5	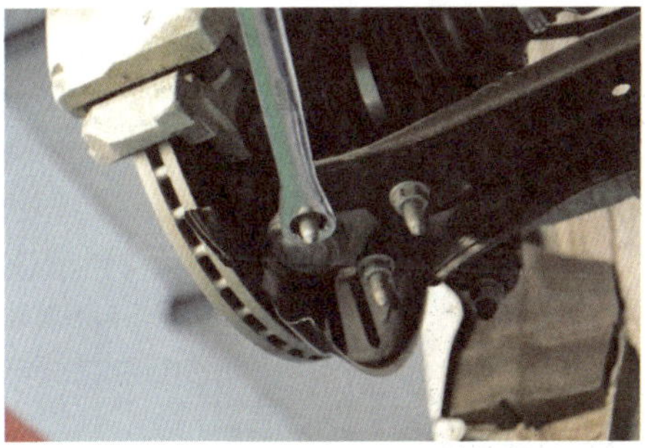	拆下下控制臂紧固螺栓，并从控制臂中拉出转向节主销

续表

步骤	图示	说明
6		从轮毂上拉出传动轴的外侧万向节，用张紧带将传动轴固定在车身上，并重新将转向节主销和控制臂拧在一起 注意：传动轴不得下垂，否则内侧万向节会由于过度弯曲而损坏
7		用一个车轮螺栓将发动机和变速器举升装置 V.A.G 1383A 与定位件 T10149 固定在轮毂上
8		拆下车轮轴承支座和减振器的螺栓连接件
9		将扩张器 3424 放入车轮轴承支座的开口中。将棘轮扳手旋转 90°，并从扩张器 3424 上拔出。用手向下按压制动盘，向下从减振器上拔下车轮轴承支座，并将发动机和变速器举升装置 V.A.G 1383A 降下，直至减振器与车轮轴承支座分离。将车轮轴承支座固定在副车架上

续表

步骤	图示	说明
10	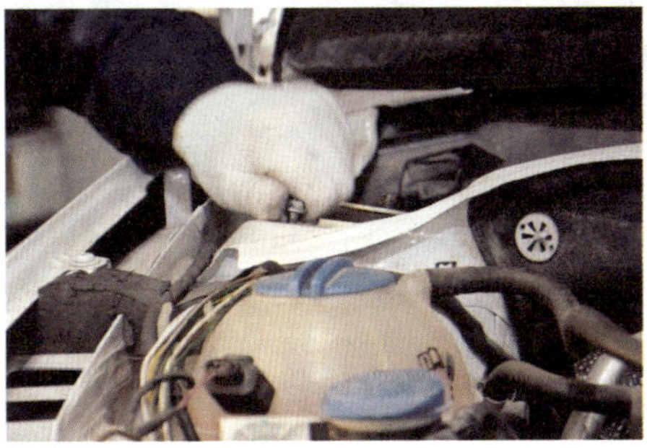	拆卸排水槽盖板，拧下减振器上部3个固定六角螺栓并取出减振器
11		拆下螺旋弹簧，将减振器可靠地固定在支架上，用弹簧张紧装置预紧螺旋弹簧，直到露出上方的压力轴承
12		使用专用工具拧出活塞杆中的六角螺母，取下减振器的部件及螺旋弹簧

（2）独立悬架的检查（见表 3–2–5）

表 3–2–5　　独立悬架的检查

步骤	图示	说明
1		用手压紧减振器。此时，用力均匀地推入活塞杆，使其在整个推入过程中平稳不晃动。如果减振器中有足够的充气压力，活塞杆会返回其初始位置。如果没有油液损失，而活塞杆不能自行回到初始位置，则减振器仍正常
2		螺旋弹簧表面不允许损坏及变形
3		压力轴承转动应无卡滞、无异响

（3）独立悬架的安装（见表 3–2–6）

前悬架总成的安装顺序基本上与拆卸顺序相反，在安装时应注意以下事项：

1）不允许对前悬架总成进行焊接或整形处理，对于不合格的零部件，要更换新的零部件总成。

2）安装时，所有螺栓和螺母的紧固力矩应符合规定。所有螺栓和螺母必须更换新件。

表 3-2-6　　独立悬架的安装

步骤	图示	说明
1		用一个车轮螺栓将发动机和变速器举升装置 V.A.G 1383A 与定位件 T10149 固定在轮毂上
2		将减振器装入车轮轴承支座中，并用内梅花螺栓和新螺母固定减振器，内梅花螺栓的尖端必须指向车辆行驶方向
3	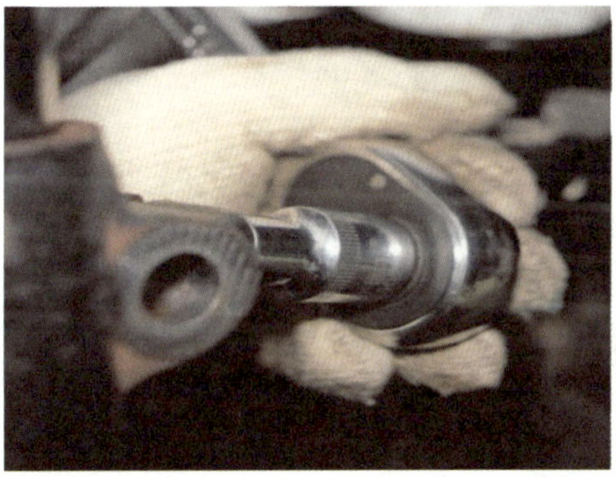	取出扩张器 3424
4	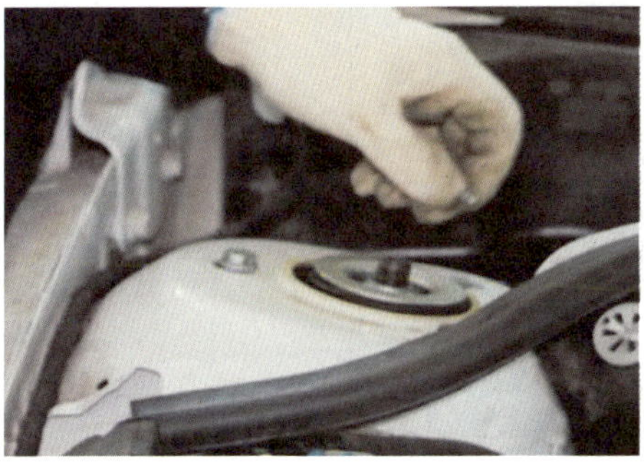	小心地用发动机和变速器举升装置抬起车轮轴承支座，直到可以拧入连接减振器和减振器支座的螺栓

续表

步骤	图示	说明
5		安装减振器到减振器支座上，弹簧座两个标记箭头中的一个必须朝向行驶方向
6	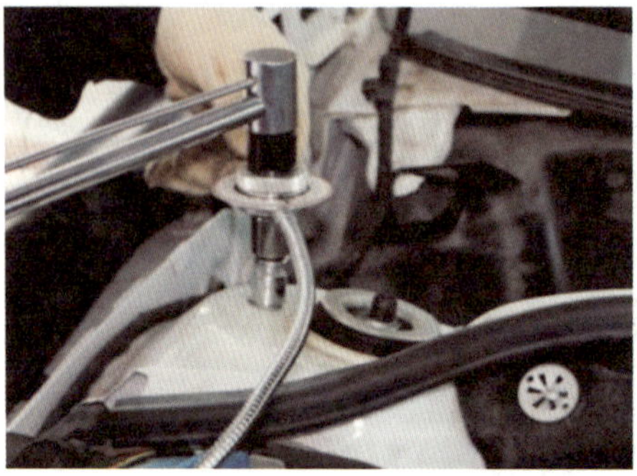	拧紧减振器上部的 3 个新六角螺栓
7	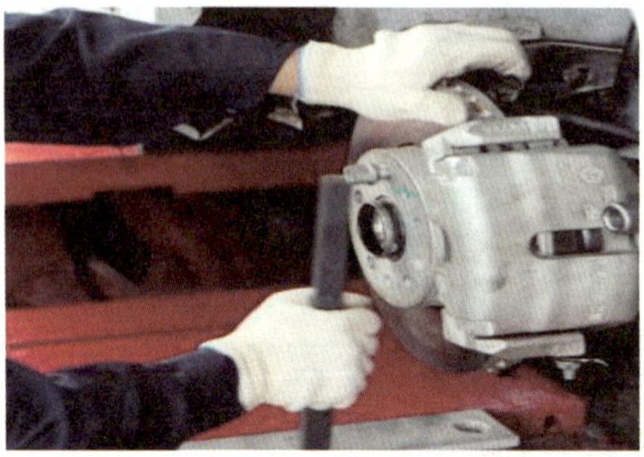	拆下定位件 T10149
8		拧紧车轮轴承支座 / 减振器的螺栓连接件

续表

步骤	图示	说明
9	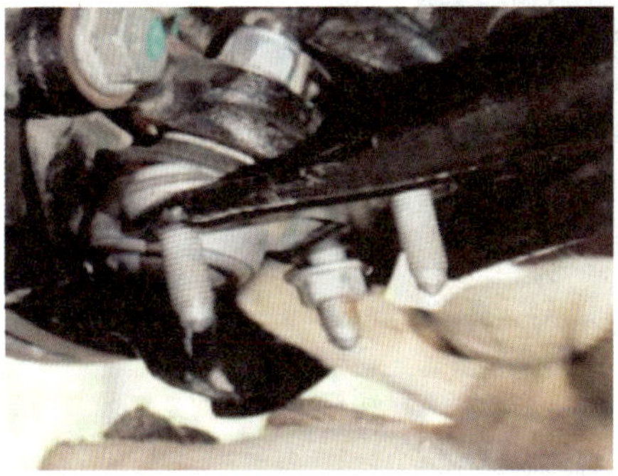	拧下控制臂的三个螺母，把传动轴装入轮毂内 注意：安装传动轴时，应擦净传动轴与轮毂花键齿面上的油污，去除防护剂的残留物
10	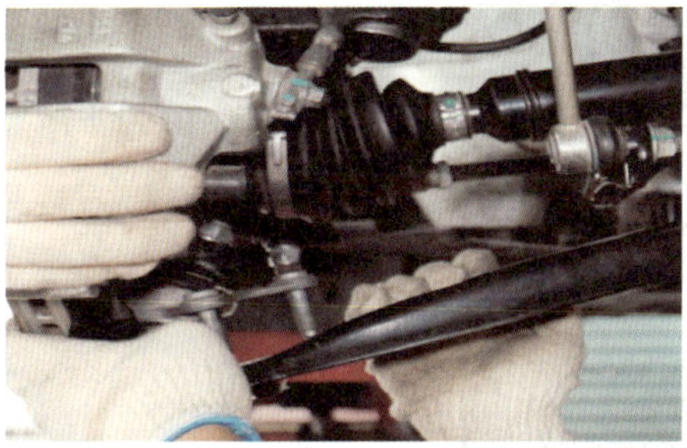	将带转向节主销的车轮轴承支座安装到控制臂中
11	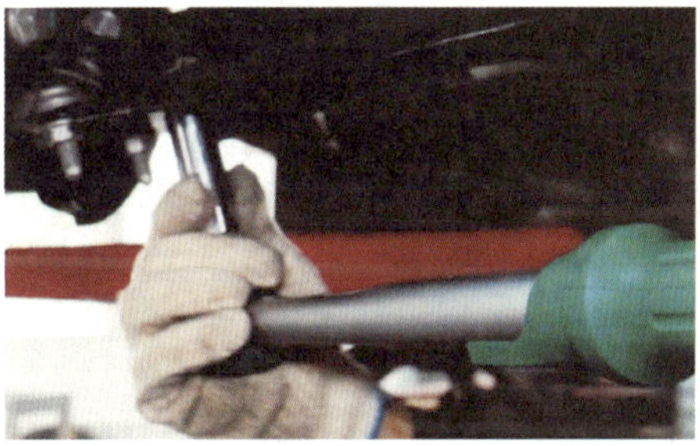	将转向节主销与控制臂拧在一起
12		拧紧轮毂上的传动轴新螺栓

续表

步骤	图示	说明
13		安装排水槽盖板
14		其余安装以倒序进行，最后装上车轮并按规定力矩拧紧

3. 电控悬架的密封性检查

汽车电控悬架系统的元器件大部分采用密封式设计，损坏后一般不易修复，即使修复，其可靠性也大打折扣。因此，通常用更换已损坏元器件的方法来排除故障。

空气调节底盘泄漏探测检测仪（见图 3–2–29）用于对空气减振支柱、电磁阀、蓄压器和空气管路进行密封性检查，如图 3–2–30 所示。

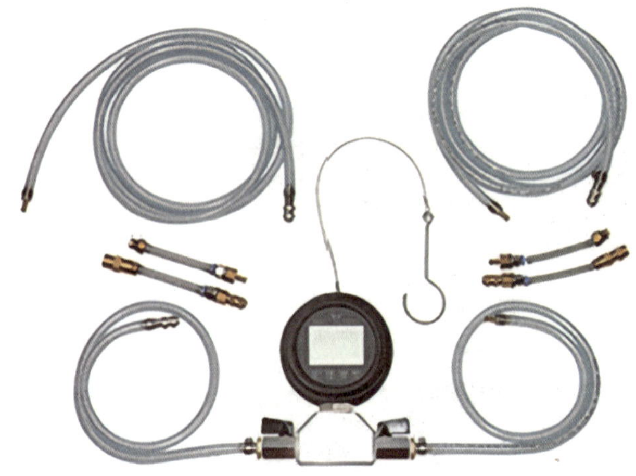

图 3–2–29　空气调节底盘泄漏探测检测仪

1）将待检测部件的空气管路（比如左前减振支柱的空气管路）从电磁阀阀体上分开。在装配过程中，要注意空气弹簧的防尘皮套上不能出现压痕。

2）将适配器 1 连接在电磁阀阀体 2 上。

3）将适配器 3 连接在相应的空气管路 4 上。

4）将检测仪的连接管道 5 连接到适配器 1 上。

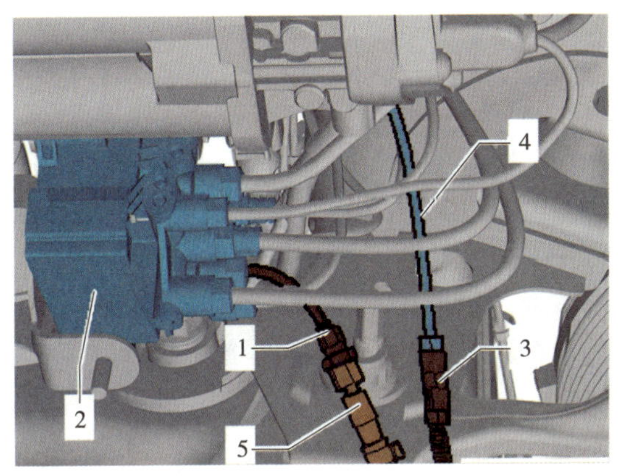

图 3-2-30　密封性检查

1、3—适配器　2—电磁阀阀体　4—空气管路　5—连接管道

5）接通检测仪。

6）打开检测仪的两个截止阀。

7）对空气弹簧进行充气，提高到标准水平高度并锁止。

8）检查压力表是否显示压力下降。如果看到压力下降，就要朝电磁阀阀体方向关闭截止阀。如果看到压力继续下降，就要检查相关部件上空气管路接口的密封性，比如左前减振支柱的空气管路接口是否密封。

9）旋出如图 3-2-31 所示的余压保持阀 1 上的空气管路 2，此时有空气逸出。

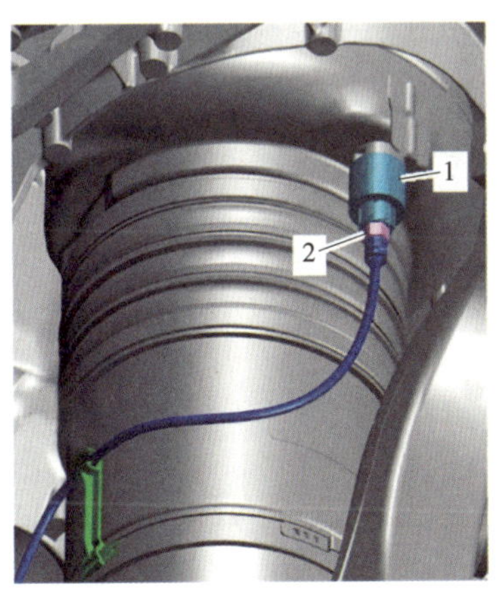

图 3-2-31　余压保持阀

1—余压保持阀　2—空气管路

任务3　车桥的结构与维修

学习目标

1. 会描述车桥的功用、分类和结构。
2. 能分析车轮定位参数的内容。
3. 能够小组合作，在教师指导下，规范完成车桥的维修工作，并进行四轮定位的检查，过程中严格执行“8S”管理规定。

任务描述

一辆大众轿车进厂维修，客户反映在行驶过程中出现跑偏现象。经班组长检查后，判断为转向驱动桥出现故障，需要对车桥进行维修，并完成四轮定位检查。

你作为一名维修工，在班组长的安排下领取车桥故障维修任务，通过小组合作、查阅资料，在规定时间内完成车桥的拆装、维修以及四轮定位工作，并通过验收后交车。

相关知识

一、车桥概述

车桥位于悬架与车轮之间，其两端安装车轮，通过悬架与车架（或车身）相连，其功用是传递车架（或车身）与车轮之间的各种载荷。

按悬架结构不同，车桥分为整体式和断开式两种，如图 3-3-1 所示。整体式车桥的

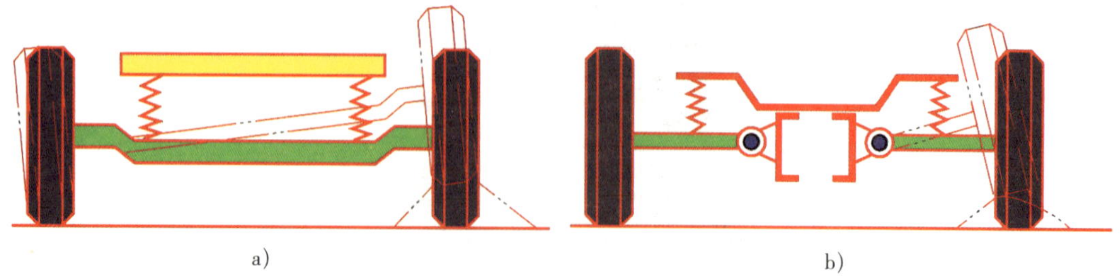

图 3-3-1　整体式和断开式车桥

a）整体式车桥　b）断开式车桥

中部是刚性实心（或空心）梁，与非独立悬架配用；断开式车桥的结构为活动关节式，与独立悬架配用。

按作用不同，车桥分为支持桥、转向桥、驱动桥和转向驱动桥四种类型，见表 3-3-1。

表 3-3-1　　车桥的类型

名称	图示	说明
支持桥		仅用于连接与安装左、右车轮，既不产生驱动力，也不实现转向
转向桥		汽车前桥一般是转向桥，能使装在前桥两端的车轮偏转一定的角度，实现汽车转向
驱动桥		驱动桥不仅用于承载，而且兼起驱动的作用
转向驱动桥	转向驱动桥	既能转向又能驱动的车桥。前轮驱动汽车和四驱汽车的前桥为转向驱动桥。现在轿车前桥广泛使用转向驱动桥

二、车桥的结构

1. 转向桥

转向桥通常位于汽车前部，能使装在其两端的车轮偏转一定的角度，以实现汽车转向。同时，还要承受车架与车轮之间的作用力及其产生的弯矩和转矩。

各种车型转向桥的结构基本相同，主要由前轴、转向节、主销、轮毂等组成，转向桥分解如图 3-3-2 所示。

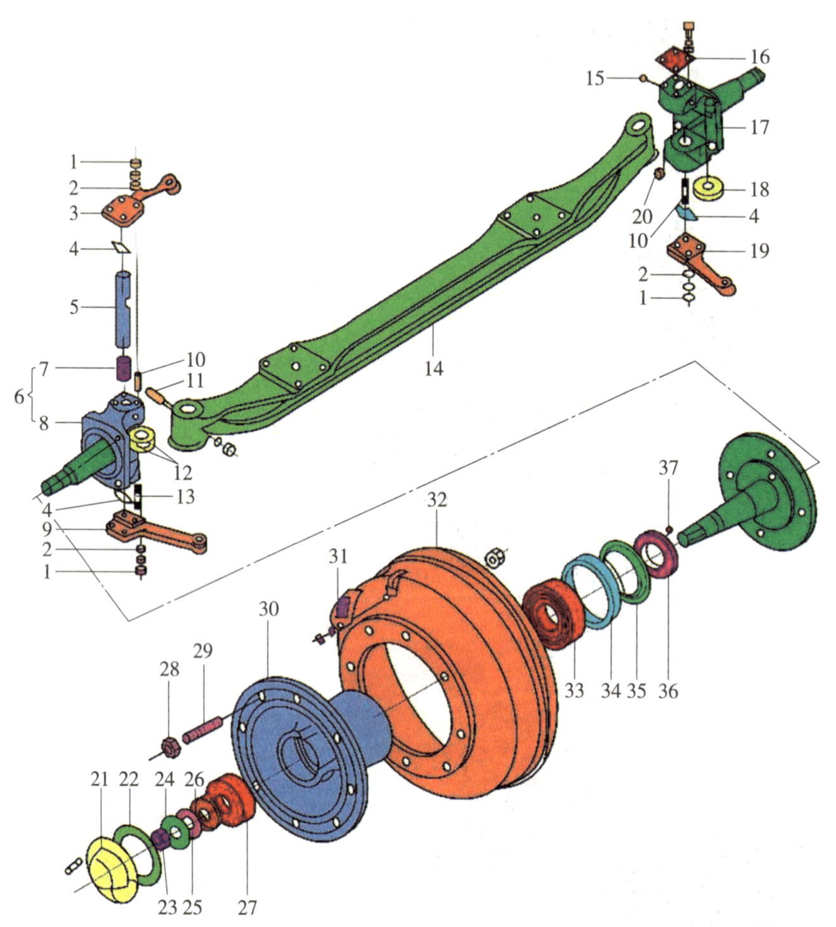

图 3-3-2　转向桥分解

1—紧固螺母　2—锥套　3—转向节臂　4—密封垫　5—主销　6—左转向节总成　7—衬套　8—左转向节　9—左转向梯形臂　10、13—双头螺柱　11—楔形锁销　12—调整垫片　14—前轴　15—油嘴　16—右转向节上盖　17—右转向节　18—止推轴承　19—右转向梯形臂　20—限位螺栓　21—轮毂盖　22—衬垫　23—锁紧螺母　24—止动垫圈　25—锁紧垫圈　26—调整螺母　27—前轮毂外轴承　28—螺母　29—螺栓　30—车轮轮毂　31—检查孔堵塞　32—制动鼓　33—前轮毂内轴承　34—轮毂油封外圈　35—轮毂油封总成　36—轮毂油封内圈　37—定位销

（1）前轴

前轴由钢材锻造而成，如图 3–3–3 所示，一般采用工字形断面以提高抗弯强度。为提高抗扭强度，两端略成方形。前轴中部向下凹，以降低发动机位置，从而降低汽车重心，扩展驾驶员视野，并减小传动轴与变速器输出轴之间的夹角。前轴两端向上翘起呈拳形，其中有通孔，主销插入此孔内与转向节铰连。前端凹形上平面有两处用以支撑钢板弹簧的加宽面，其上钻有安装 U 形螺栓用的四个通孔和一个位于中心的钢板弹簧定位坑。

图 3–3–3　前轴

（2）转向节

转向节是车轮转向的铰节，是一个叉形件，由上、下两叉和支撑轮毂的轴构成，如图 3–3–4 所示。

转向节上、下两叉上有销孔，通过主销与前轴的拳部相连。为了减少磨损，销孔内压入青铜或尼龙衬套，在衬套上开有润滑油槽，向装在转向节上的油嘴注入润滑脂进行润滑。转向节轴上有两道轴颈，内大外小，用来安装内、外轮毂轴承，靠近两叉根部有呈方形的凸缘，其上的通孔用来固定制动底板。

图 3–3–4　转向节

（3）主销

主销的中部切有凹槽，带有螺纹的楔形销通过与主销凹槽配合将主销固定在前轴拳部孔内，使之不能转动，而主销与转向节上、下两叉销孔间是动配合，使转向节绕着主销摆动以实现车轮转向。

（4）轮毂

车轮轮毂通过内、外两个圆锥滚子轴承装在转向节外端的轴颈上，轴承的松紧度可用调整螺母加以调整。轮毂外端用冲压的金属罩盖住，以防泥水和尘土侵入，内侧装有油封、挡油盘，以防润滑油进入制动器。

2. 转向驱动桥

越野汽车、前轮驱动汽车和全轮驱动（4WD）汽车的前桥，既起转向桥的作用，又兼起驱动桥的作用，故称为转向驱动桥。

转向驱动桥如图 3–3–5 所示，同一般驱动桥一样，由主减速器、差速器、半轴和万向节等组成。由于转向时转向轮需要绕主销偏转一个角度，故与转向轮相连的半轴必

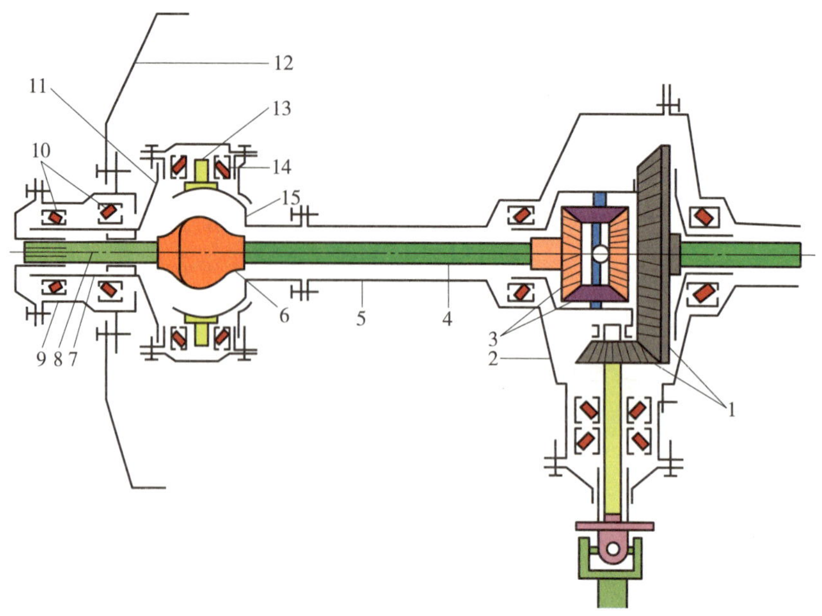

图 3-3-5　转向驱动桥

1—主减速器　2—主减速器壳　3—差速器　4—内半轴　5—半轴套管　6—万向节　7—转向节轴颈　8—外半轴　9—轮毂　10—轮毂轴承　11—转向节壳体　12—车轮　13—主销　14—主销轴承　15—球形支座

须分成内、外两段（内半轴和外半轴），其间用万向节（一般多用等速万向节）连接，同时主销也因此而分制成两段（或用球头销代替）。转向节轴颈部分制成中空的，以便外半轴穿过其中。

图 3-3-6 所示为大众轿车的转向驱动桥，属于断开式、独立悬架转向驱动桥。

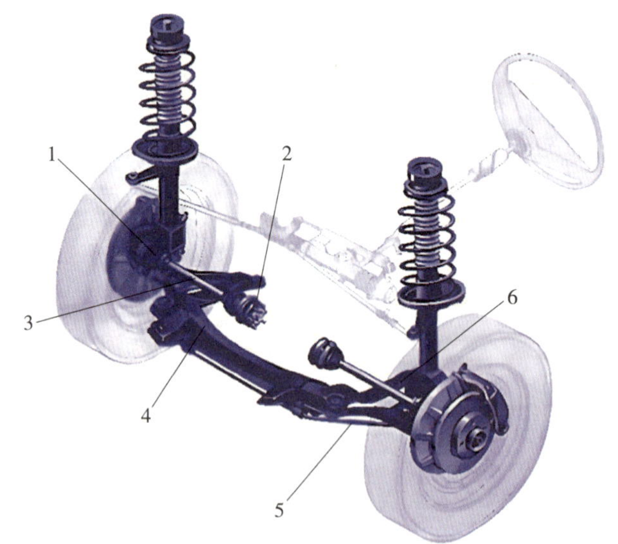

图 3-3-6　大众轿车的转向驱动桥（主减速器和差速器未画出）

1—外等速万向节　2—内等速万向节　3—传动轴（半轴）　4—副车架　5—横向稳定杆　6—悬架摆臂

车桥上端通过左、右悬架与承载式车身相连接，下端通过左、右下摆臂与固定在车身上的副车架相连接。悬架车轮轴承壳与下摆臂之间通过可移动球形接头连接，从而使前轮固定，通过下摆臂上的长孔可调整车轮外倾角。为了减小车辆转向时的车身倾斜，副车架与下摆臂之间还装有横向稳定杆。

三、转向轮定位

为了使汽车直线行驶稳定，转向轻便，减少轮胎和转向机件的磨损，要求装配后的转向轮、转向节、主销具有一定的相对位置。转向轮、转向节、主销与转向轴之间安装的相对位置，称作转向轮定位。它包括主销后倾角、主销内倾角、前轮外倾角和前轮前束。

一般汽车多采用前轮转向，故转向轮定位过去常称为“前轮定位”。现在汽车也有后轮转向的，或前、后轮转向，以适应高速行驶的要求。下面主要介绍前转向轮定位。

1. 主销后倾角

主销在前轴上安装，其上端略向后倾斜，称为主销后倾。在纵向垂直平面内，主销轴线与垂线之间的夹角称为主销后倾角，一般用 γ 表示，如图 3–3–7 所示。

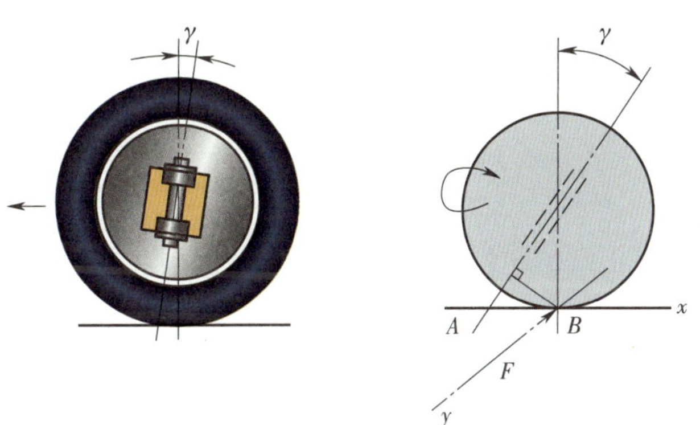

图 3–3–7　主销后倾角

主销后倾角是前轴、悬架和车架装配在一起时，使前轴向后倾斜而形成的。主销后倾的作用是当汽车直线行驶时，保持其方向稳定性，当汽车转向时能使前轮自动回正。汽车转向或前轮偶受外力而偏转一定角度时，由于施加给转向轮的转向力以及汽车转向受到离心力作用，在轮胎与路面的接触点 B 处，路面对车轮作用一个侧向反作用力 F。由于主销后倾，使主销轴线与路面的交点 A 位于点 B 之前，于是反作用力 F 形成了使车轮自动回正到中间位置的力矩，从而增强了汽车直线行驶的稳定性，并能帮助转向回正。该力矩称为回正力矩或稳定力矩。为避免转向变得沉重，主销后倾角一般不超过 3°。

2. 主销内倾角

主销在前轴上安装，其上端向内倾斜，称为主销内倾。在横向垂直平面内，主销轴线与垂线之间的夹角称为主销内倾角，一般用 β 表示，如图 3-3-8 所示。

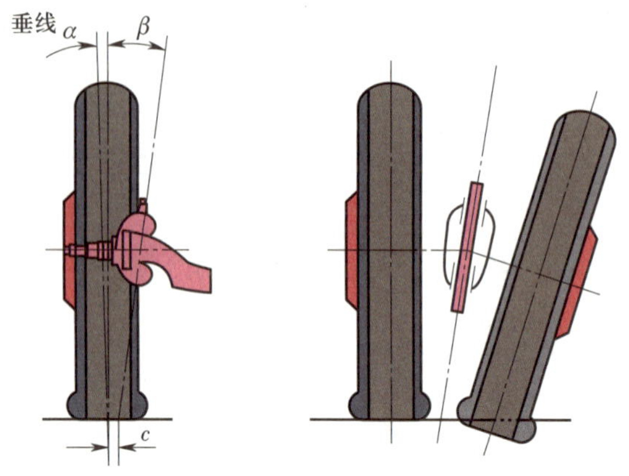

图 3-3-8　主销内倾角

主销内倾的作用是使转向轮自动回正、转向轻便。主销内倾角一般不大于 8°，由前轴制造加工时使主销孔向内倾斜而获得。

由于主销内倾角的存在，当前轮左、右偏转时，汽车的前轴略有提高，因此，汽车前轮承受的重力向下，有使车轮自动回正的作用。此外，主销内倾角的存在，使主销轴线延长线与路面交点到车轮中心平面的距离 c（即转臂）减小，从而使转向操纵轻便。

3. 前轮外倾角

转向轮安装后，其上端略向外倾斜，称为转向轮外倾。转向轮的旋转平面与纵向垂直平面之间的夹角称为转向轮外倾角，即前轮外倾角，一般用 α 表示，如图 3-3-8 所示。转向轮外倾角一般为 1°左右，由转向节的结构设计来保证。当转向节安装到前轴上后，转向节轴相对于水平面向下倾斜，从而使前轮安装后出现外倾。

转向轮外倾的作用是使转向轻便，提高前轮工作的安全性。转向轮外倾使前轮所承受的重力集中到较大的内轴承上，保护较小的外轴承和转向节轴外端的锁紧螺母，有利于行驶安全。此外，转向轮外倾与主销内倾相配合，进一步减小距离 c（见图 3-3-8），使汽车转向更为轻便。

4. 前轮前束

安装前轮后，两前轮的旋转平面不平行，前端略向内束，这种现象称为前轮前束。两轮前端距离 B 小于后端距离 A，其差值（$A-B$）即前轮前束值，如图 3-3-9 所示。

前轮前束的作用是消除前轮外倾使汽车行驶时向外张开的趋势，减少轮胎磨损和燃料消耗。由于前轮外倾，当它向前滚动时，轨迹逐渐向外偏斜，但受车桥和转向横拉杆

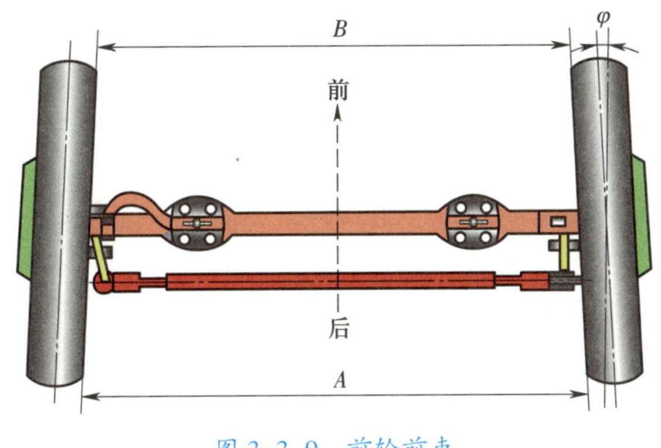

图 3-3-9　前轮前束

的约束，车轮又不能向外偏移，因此，车轮只能边滚动边滑移，结果使轮胎横向偏磨增加，轮毂轴承载荷增大。而前轮前束迫使向前滚动的轨迹向内偏斜，可以使车轮每一瞬时滚动方向接近于正前方，从而减轻和消除了由于前轮外倾而引起轮胎和机件剧烈磨损的不良后果。

前轮前束由调节转向横拉杆的长度来保证。

四、后轮定位

现在一些装配独立悬架的高档车辆，除设置转向轮定位外，非转向的后轮也设置定位，称为后轮定位，包括后轮外倾角和后轮前束。后轮外倾角同前轮外倾角一样，保护外轴承和外锁紧螺母，避免后轮飞脱。同时，为避免后轮外倾带来的“前展”，须设置后轮前束，如雪铁龙 BX 型轿车的后轮前束值为 0 ～ 4 mm，后轮外倾角为 $-1° \pm 20'$。

五、四轮定位

汽车行驶过程中的操纵稳定性是指在驾驶员不感到紧张、疲劳的条件下，车辆能够遵循驾驶员通过转给系给车轮指定的方向行驶，且当遭遇外界干扰时，车辆能够抵御干扰而保持稳定行驶的能力。车辆的操纵稳定性不仅影响汽车驾驶的操纵方便程度，而且也是决定车辆高速安全行驶的一个主要因素。能够影响悬架和转向系的主要数据包括车轮主销内倾角、主销后倾角、前轮外倾角和前轮前束以及后轮外倾角和后轮前束等。一旦这些数据发生改变，反映在车辆的行驶状态上，会出现转向盘抖动、转向力度增大、转向盘位置不正、车辆行驶跑偏、轮胎偏磨等情况。针对这样的情况，需要对数据进行必要的调整，以校正车辆的操纵稳定性。这样的操作称为四轮定位，包括前轮定位和后轮定位两部分。

随着汽车使用常识的普及，四轮定位已经发展成车辆维修的主要项目之一。四轮定位仪由主机、显示器、打印机、车轮检测传感器、传感器支架、转盘、制动锁、转向盘锁及导线等零部件构成，配有专用软件和数据光盘，还配有数码视频图像数据库，能显示检查和调整位置等。

任务实施

一、任务准备

根据任务要求，准备所需的设备、工具和资料。

1. 设备：举升机、实训车辆、四轮定位仪、工作台等。

2. 工具：指针式扭力扳手、可调式扭力扳手、轮胎气压表、套筒、头灯、手套、安全帽、车内防护四件套、翼子板布、车轮挡块、举升机垫块等。

3. 资料：车辆维修手册、学习工作页等。

二、实施步骤

1. 四轮定位的检测与调整

四轮定位检测与调整的步骤如下：

（1）症状询问与试车

仔细倾听并记录驾驶员对车辆不适症状的描述。由定位角度不当所引起的症状，有些是通过目视检查就可以发现的，有些则不能直观看到。倾听驾驶员的描述是很重要的，必要时应该试车，以进一步确定可能存在缺陷的大致区域。

（2）定位前的检查（见表 3–3–2）

表 3–3–2　定位前的检查

检查项目	检查方法及注意事项
整备质量	主要是保证汽车空载的状态，去掉不计在整备质量内的物品 注意：有的汽车对行李箱、工具箱或油箱做出限量要求
轮胎	同轴轮胎的型号、气压、磨损程度是否一致，做车轮动平衡及径向跳动检查
减振器与滑柱	观察减振器是否漏油（用眼观察或进行弹跳实验），滑柱上支座轴承间隙是否过大，螺栓是否松动，橡胶衬套或缓冲块是否破损
车轮轴承	检查轴承造成的车轮转动异响（判断轴承失效），检查轴承间隙（车轮是否有水平移动量）。如有问题，必须进行清洗、更换或调整
摆臂、衬套和球头	检查摆臂是否弯曲变形，摆臂衬套是否磨损松旷，球头是否有径向或轴向移动，发现问题必须更换 注意：检查这一项需要把车辆支起

（3）计算机检测

1）选择正确车型。

2）进行轮圈补偿。定位前，必须确认车辆轮圈状况良好，仔细检查传感器卡具是否完全安装到位。进行轮圈补偿的目的是消除轮圈和传感器卡具托架造成的误差，若忽略轮圈补偿，在某些场合会造成很大的测量和调整误差。

3）测量、读取数据。

4）车辆调整。车辆调整的顺序是先调后轮再调前轮。调后轮时，先调外倾角，后调前束值。调前轮时，先调主销后倾角，再调外倾角，后调前束值。

（4）计算机复检

调整好以后，将传感器挂到车轮上，重新测量各个角度值，与标准数据相比较，看是否在范围内。如果不在范围内，重新调整后再测量，直到所调整的数据在标准数据的范围内。

（5）试车

通过路试找出不足，重新确定调整方案。

（6）打印结果

将最终调整结果打印出来，使驾驶员对调整前、后的数据进行对比。

2. 四轮定位仪的使用方法

各厂家四轮定位仪的使用方法和操作程序不尽相同，但操作流程基本相同，实际操作中应参考设备说明书。

下面以百斯巴特 Easy 3D 四轮定位仪为例，介绍四轮定位仪的使用方法（见表 3-3-3）。

表 3-3-3　　四轮定位仪的使用方法

步骤	图示	说明
1		检查轮胎气压。调整四个轮胎的气压，使左、右两侧轮胎气压保持一致，否则会影响定位的准确性
2		将车辆驶上四轮定位仪时，应保证前轮处于转盘中心位置且转盘和后滑板的销子都插到位

续表

步骤	图示	说明
3		晃动车辆使悬架系统正确回位
4		安装通用快速卡具以及标靶，转动手柄锁紧后，将标靶插入卡具，并将挂钩挂到轮辋上
5		连接通信电缆：分别连接左、右两侧传感器的三根通信电缆
6		安装传感器：把左、右两侧的传感器分别安装到举升机卡具上，并水平放置

续表

步骤	图示	说明
7		调整四个标靶的水平仪，使气泡在正中间，保持水平，并拧紧卡具上的固定螺钉
8	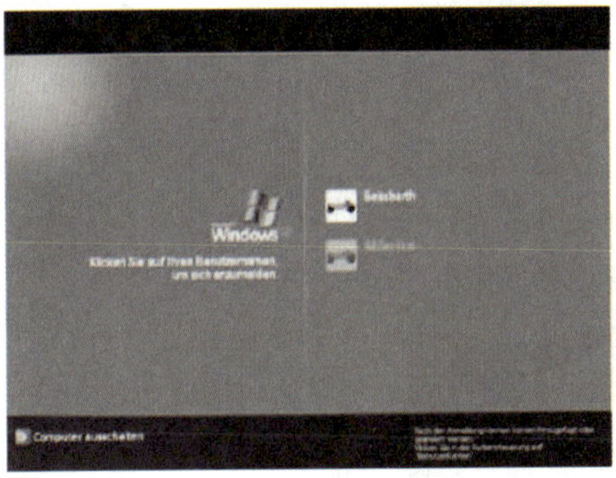	登录计算机：给四轮定位仪接通 220 V 电源，打开计算机开关，Windows 7 操作系统自动启动
9		点击“Beissbarth”图标，系统自动引导进入定位程序初始状态
10	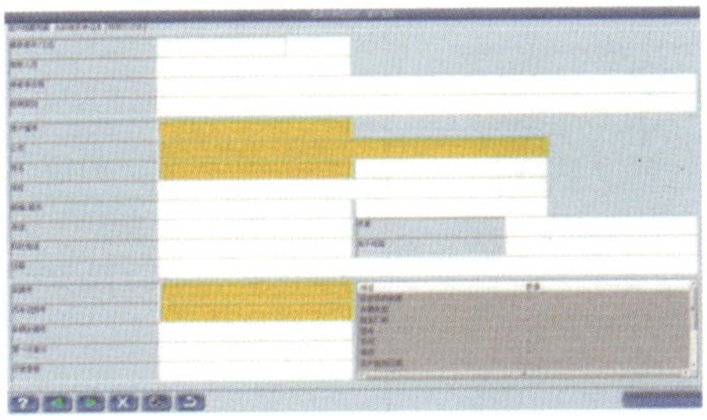	点击工具栏中指向右侧的绿色“前进”图标，进入客户选择界面，根据提示填写客户信息 注意：黄颜色条目为必填项目，其余项目可根据需要填写

续表

步骤	图示	说明
11	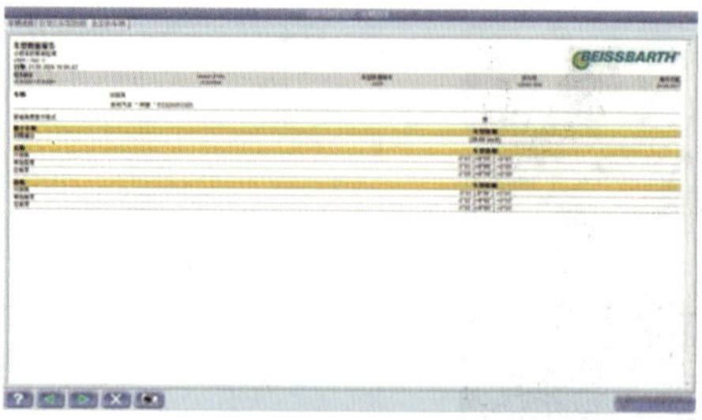	点击“前进”图标进入车型选择画面、车辆状况画面和准备工作画面
12	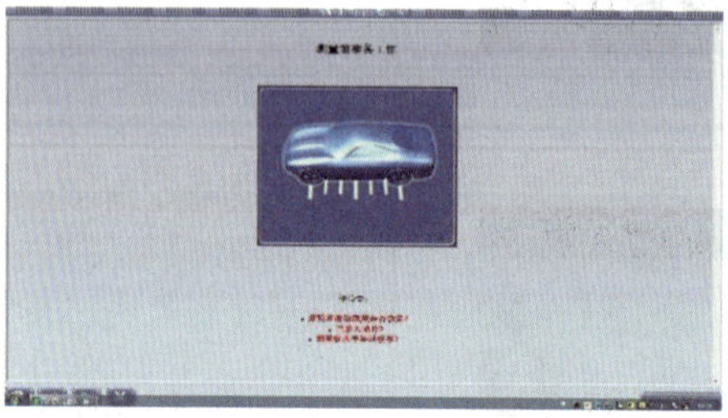	点击“前进”图标进入偏位补偿画面，根据软件提示，拔下转盘和后滑板插销，向后、向前移动车辆，直到软件提示符合要求，然后用车轮挡块塞住车轮
13	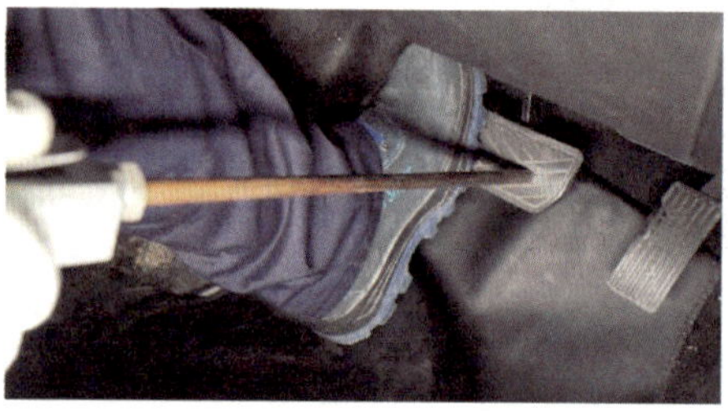	安装制动锁
14	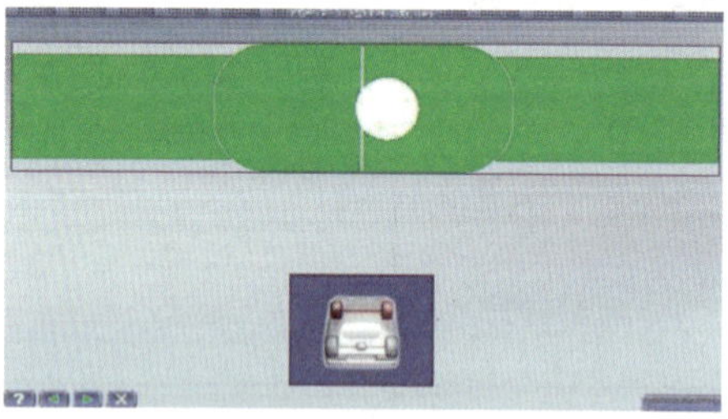	正前打直：转动转向盘，使白色圆点位于中央白线处。应尽可能把方向对准中央白线位置，以得到更高的测量精度
15	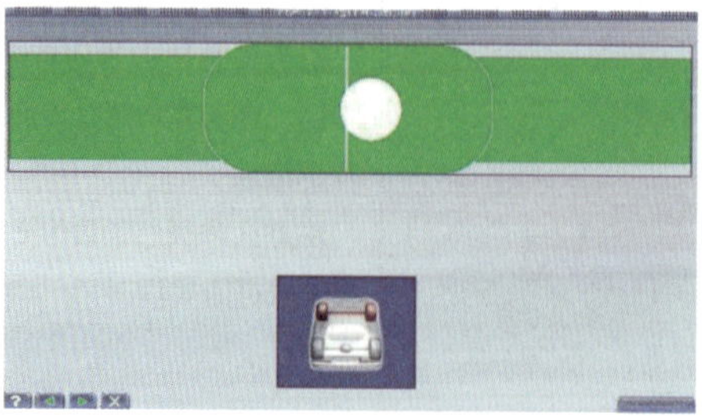	转向操作：转动转向盘，使白色圆点对准中央白线处。应尽可能把方向对准中央白线位置，以得到更高的测量精度，测量转向前展角

续表

步骤	图示	说明
16	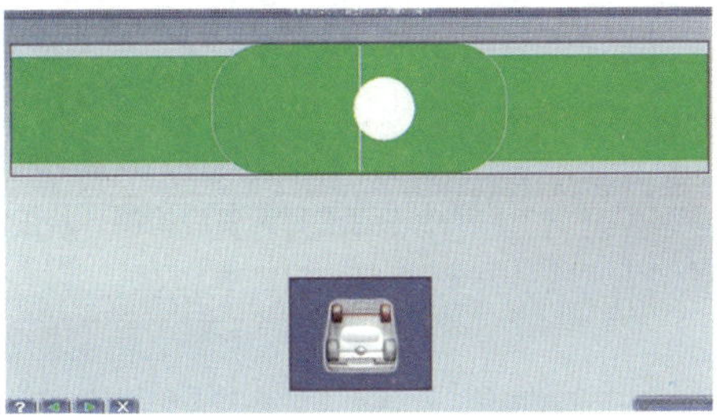	转向操作：转动转向盘，使白色圆点对准中央白线处。应尽可能把方向对准中央白线位置，以得到更高的测量精度，测量最大转向角
17	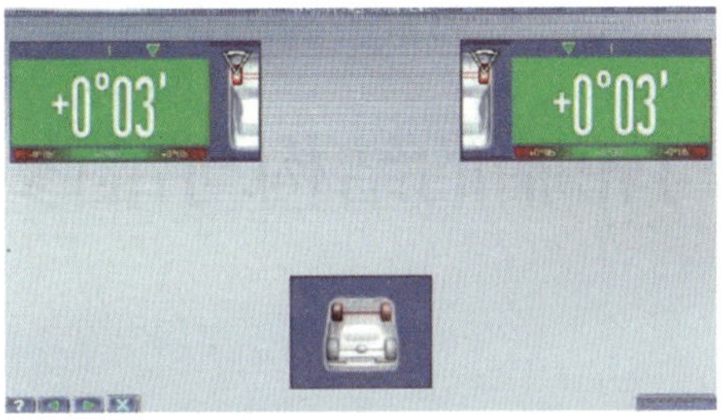	转向盘向左、右转完之后，屏幕会自动弹出前轮调整前的前束值，屏幕显示红色表示前轮前束值不在规定范围内
18	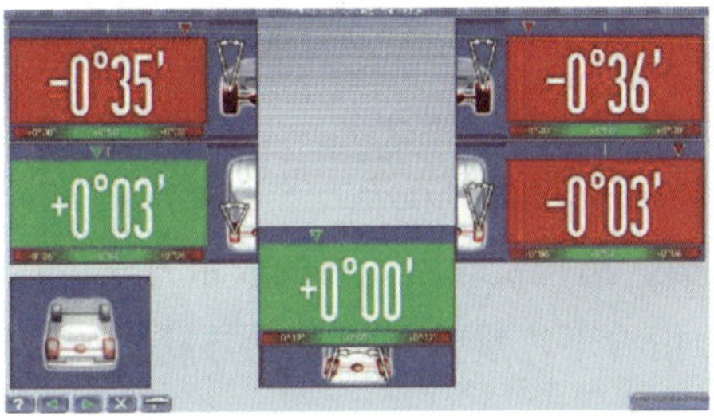	点击“前进”图标，进入后轮定位数据检测界面。如果后轮定位数据不合格，则可在此界面下调整后轮的外倾角和前束
19	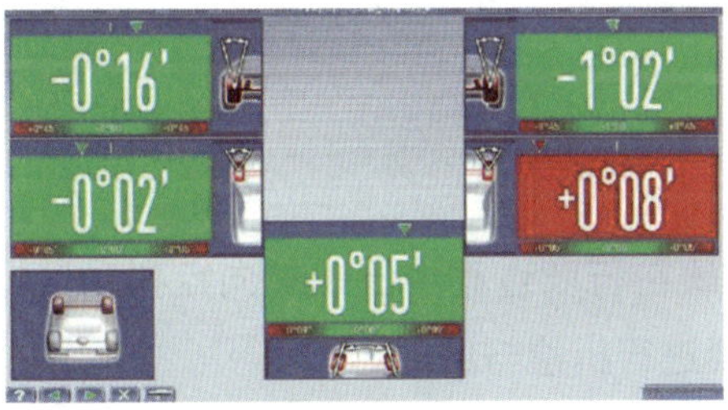	点击“前进”图标，依次显示前轮各项定位值
20		调整前束：若前轴左、右侧前束均不在规定范围之内，应进行前束调整，具体方法是松开左、右侧车轮转向横拉杆锁紧螺母，转动转向横拉杆调整臂，调整前束 注意：前轮外倾角和前束的调整顺序是先调整外倾角后调整前束，因为外倾角的变动会带动前束的变动

续表

步骤	图示	说明
21		正前方行驶：调整完成，继续转动转向盘进行调整后检测，若正常，便可以打印调整报告单

任务 4　车轮与轮胎的结构与维修

学习目标

1. 会描述车轮的结构及轮辋规格的表示方法。

2. 能分析轮胎的功用、种类、结构及轮胎规格的表示方法。

3. 能够小组合作，在教师指导下，规范完成车轮与轮胎的维修工作，并严格执行“8S”管理规定。

任务描述

一辆大众轿车进厂维修，客户反映在行驶过程中出现转向盘抖动。经班组长检查后，判断为车轮与轮胎出现故障，需要进行拆检与维修。

你作为一名维修工，在班组长的安排下领取汽车车轮与轮胎故障维修任务，通过小组合作、查阅资料，在规定时间内完成车轮与轮胎的拆检、维修工作，并通过验收后交车

相关知识

一、车轮

如图 3-4-1 所示，汽车车轮总成由车轮和轮胎两大部分组成。

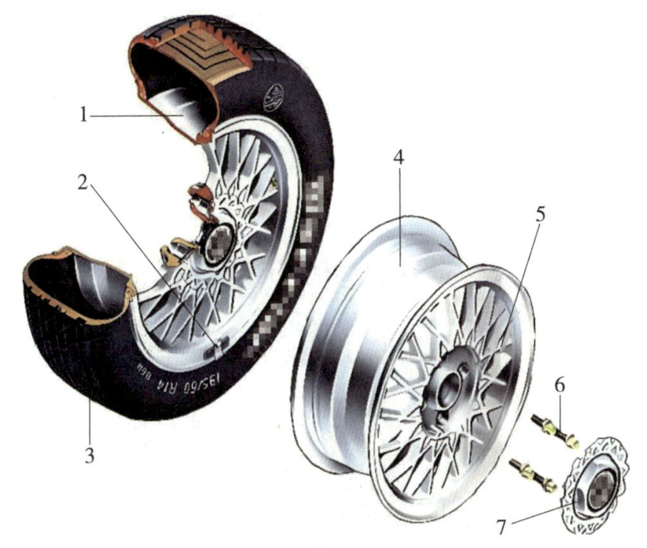

图 3-4-1　汽车车轮总成

1—车轮　2—平衡块及夹子　3—子午线轮胎　4—铝合金轮辋　5—铝合金辐条
6—车轮固定螺栓　7—车轮饰板

1. 车轮的功用和组成

车轮是介于轮胎和车桥之间承受载荷的旋转组件，其功用是安装轮胎，承受轮胎与车桥之间的各种载荷。

车轮一般由轮毂、轮辋和轮辐组成，如图 3-4-2 所示。轮毂通过圆锥滚子轴承装在车桥或转向节轴颈上，用于连接车轮与车桥。轮辋用于安装和固定轮胎。轮辐用于将轮毂与轮辋连接起来。

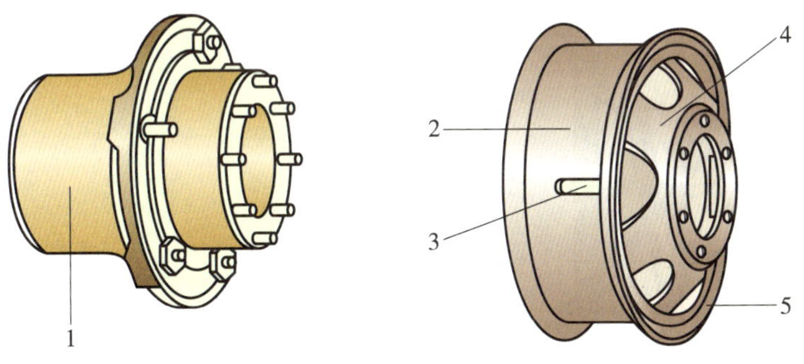

图 3-4-2　车轮的组成

1—轮毂　2—轮辋　3—气门嘴伸出孔　4—轮辐　5—挡圈

2. 车轮的构造

（1）轮辐

按轮辐结构不同，车轮可以分为辐板式车轮和辐条式车轮。

1）辐板式车轮。目前，普通轿车和轻、中型货车普遍采用辐板式车轮（见图 3–4–2），这种车轮由挡圈、轮辋、轮辐（辐板）和气门嘴伸出孔组成。车轮中用以连接轮毂和轮辋的钢质圆盘称为轮辐，大多数是冲压制成的，少数是和轮毂铸成一体的，后者主要用于重型汽车。

货车后桥载荷比前桥载荷大得多，为使后轮轮胎不至于过载，后桥一般装用双式车轮，在同一轮毂上安装两套辐板和轮辋，如图 3–4–3 所示。

图 3–4–3　货车的双式车轮

轿车的辐板所用板料较薄，常冲压成起伏多变的形状，以提高其刚度。目前，轿车车轮普遍采用铝合金车轮，且多为整体式的，即轮辋和轮辐铸成一体，它质量小，尺寸精度高，生产工艺好，美观大方。

2）辐条式车轮。按辐条结构的不同，辐条式车轮又分为钢丝辐条式车轮和铸造辐条式车轮，如图 3–4–4 所示。钢丝辐条式车轮的结构与自行车车轮完全一样，由于其价格昂贵、维修安装不便，故仅用于赛车和某些高档轿车上。另外，钢丝辐条式车轮还不

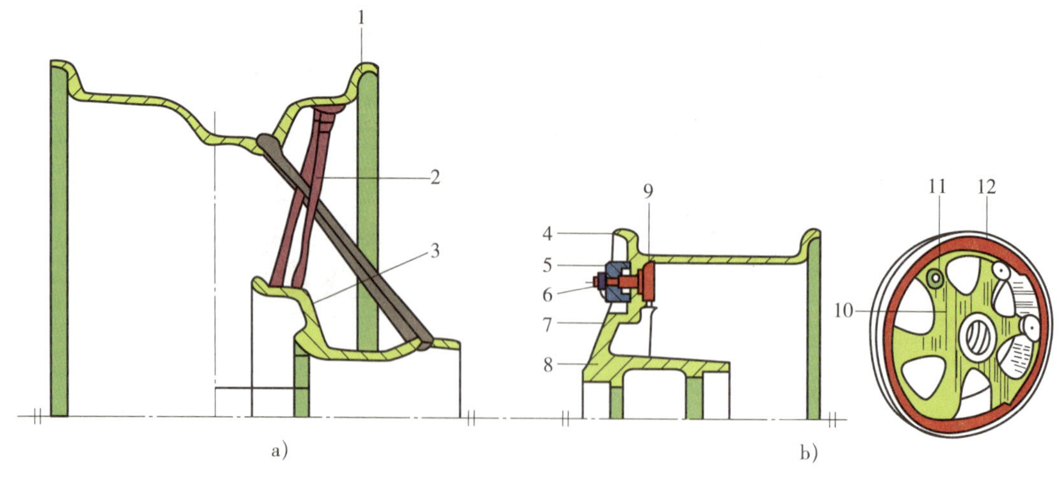

图 3–4–4　辐条式车轮

a）钢丝辐条式车轮　b）铸造辐条式车轮

1、4、12—轮辋　2、7、10—辐条　3、8—轮毂　5、11—衬块　6—螺栓　9—配合锥面

能与无内胎轮胎组合使用。铸造辐条式车轮常用于重型货车上，辐条与轮毂铸成一体，轮辋用螺栓和特殊形状的衬块固定在辐条上，为了使轮辋和辐条对中良好，在轮辋和辐条上都加工出配合锥面。

（2）轮辋

1）轮辋的类型和结构。轮辋用于安装和固定轮胎。轮辋的常见结构形式有深槽轮辋、平底轮辋和对开式轮辋，如图 3-4-5 所示。此外，还有半深槽轮辋、深槽宽轮辋、平底宽轮辋、全斜底轮辋等。

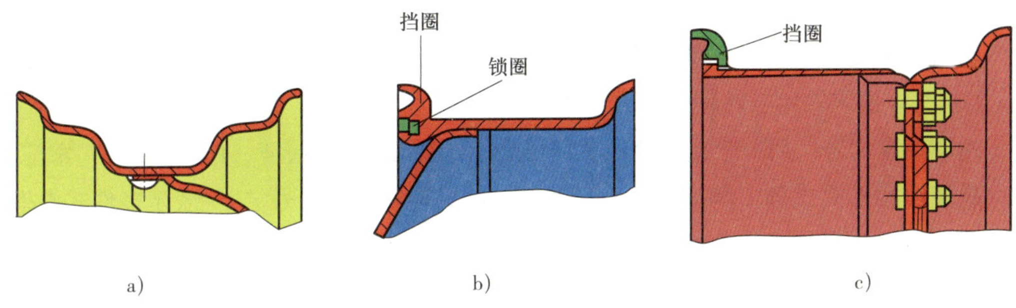

图 3-4-5 轮辋的常见结构形式

a）深槽轮辋 b）平底轮辋 c）对开式轮辋

深槽轮辋如图 3-4-5a 所示，主要用于轿车及轻型越野车，适宜安装尺寸小、弹性较大的轮胎。尺寸较大、较硬的轮胎很难装进这样的整体轮辋。深槽轮辋有带肩的凸缘，用以安放轮胎的胎圈，其肩部通常略向中间倾斜，倾斜部分的最大直径称为轮胎胎圈与轮辋的着合直径。为便于轮胎的拆装，断面的中部制成深凹槽。深槽轮辋的结构简单，刚度大，质量较小。

平底轮辋如图 3-4-5b 所示，多用于货车。其挡圈是整体的，且用一个开口锁圈来防止挡圈脱出。在安装轮胎时，先将轮胎套在轮辋上，而后套上挡圈，并将它向内推，直至越过轮辋上的环形槽，再将开口的弹性锁圈嵌入环形槽中。

对开式轮辋如图 3-4-5c 所示。这种轮辋由内、外两部分组成，其内、外轮辋的宽度可以相等，也可以不相等，二者用螺栓连成一体。拆装轮胎时拆卸螺栓上的螺母即可。图中所示挡圈是可拆的。有的无挡圈，而由与内轮辋制成一体的轮缘代替挡圈的作用，内轮辋与辐板焊接在一起。这种轮辋主要用于载重量较大的重型货车和大型客车。

近年来，为了适应提高轮胎负荷能力的需要，国内外生产的轮辋均朝宽轮辋的方向发展，如美国的货车已全部采用宽轮辋，欧洲各国也在积极普及宽轮辋，我国也在进行由窄轮辋向宽轮辋的过渡。实验表明，采用宽轮辋可以延长轮胎的使用寿命，并可改善汽车的通过性和行驶稳定性。

2）国产轮辋规格的表示方法。国产轮辋规格用一组数字、字母和符号组合表示，分为几部分，各部分的含义及具体内容如下：

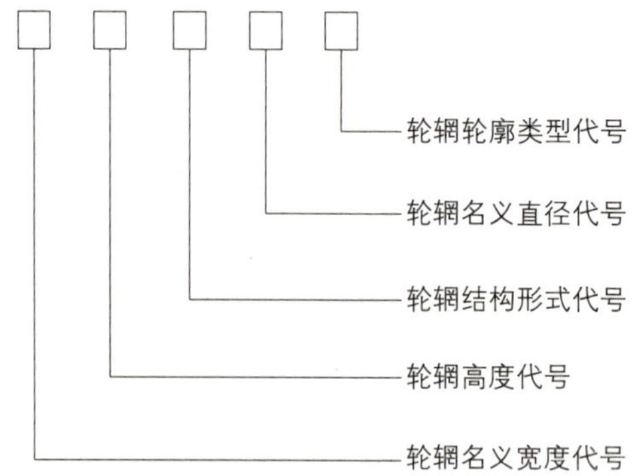

轮辋名义宽度代号：以数字表示，一般取小数点后两位，单位为 in（英寸）（当以 mm 表示时，要求轮胎与轮辋的单位一致）。

轮辋高度代号：用一个或几个拉丁字母表示，如 C、D、E、F、J、K、L、V 等。

轮辋结构形式代号：用符号“×”表示一件式轮辋；用符号“–”表示多件式轮辋。一件式轮辋是指轮辋为整体式的，只有一件，而多件式轮辋由轮辋体、挡圈、锁圈等多个部件组成。

轮辋名义直径代号：以数字表示，单位为 in（当以 mm 表示时，要求轮胎与轮辋的单位一致）。

轮辋轮廓类型代号：用几个字母表示，每个代号所表示的轮辋轮廓类型如图 3–4–6 所示。

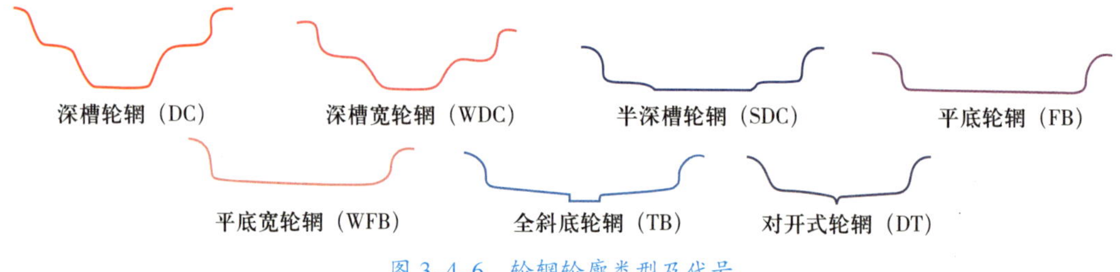

图 3–4–6　轮辋轮廓类型及代号

对于不同形式的轮辋，以上代号不一定同时出现。例如，轮辋的规格为 6.5–20，表明该轮辋宽度为 6.5 in，直径为 20 in，属于多件式轮辋；轮辋的规格为 5.5 J×13，表明该轮辋宽度为 5.5 in，高度为 17.27 mm，直径为 13 in，属于一件式轮辋；轮辋的规格为 6 J×14，表明该轮辋宽度为 6 in，高度为 17.27 mm，直径为 14 in，属于一件式轮辋。

二、轮胎

1. 轮胎的功用

现代汽车都采用充气式轮胎，轮胎安装在轮辋上，直接与路面接触，其功用如下：

（1）支撑汽车的质量，承受路面传来的各种载荷。

（2）与汽车悬架共同缓和汽车行驶中所受到的冲击，并衰减由此而产生的振动，以保证汽车有良好的乘坐舒适性和行驶平顺性。

（3）保证车轮和路面有良好的附着性，以提高汽车的动力性、制动性和通过性。

2. 轮胎的类型

（1）按轮胎内空气压力的大小，轮胎分为高压胎（0.5 ~ 0.7 MPa）、低压胎（0.2 ~ 0.5 MPa）和超低压胎（0.2 MPa 以下）三种。低压胎弹性好、减振性能强、壁薄散热性好、与地面接触面积大、附着性好，因而广泛用于轿车。超低压胎在松软路面上具有良好的通过能力，多用于越野汽车及部分高档轿车。

（2）按有无内胎，轮胎分为有内胎轮胎和无内胎轮胎两种。目前轿车上普遍采用无内胎轮胎。

（3）按胎体帘布层结构的不同，轮胎分为斜交轮胎和子午线轮胎。目前，子午线轮胎在汽车上广泛应用。

3. 轮胎的结构

（1）有内胎轮胎

有内胎轮胎由外胎、内胎和垫带等组成，使用时安装在汽车车轮的轮辋上，如图 3-4-7 所示。

内胎是一个环形的橡胶管，上面装有气门嘴，以便充入或排出空气。为使内胎在充气状态下不产生褶皱，其尺寸应稍小于外胎的内壁尺寸。

垫带是一个环形的橡胶带，垫在内胎与轮辋之间，以保护内胎不被轮辋和胎圈磨伤。

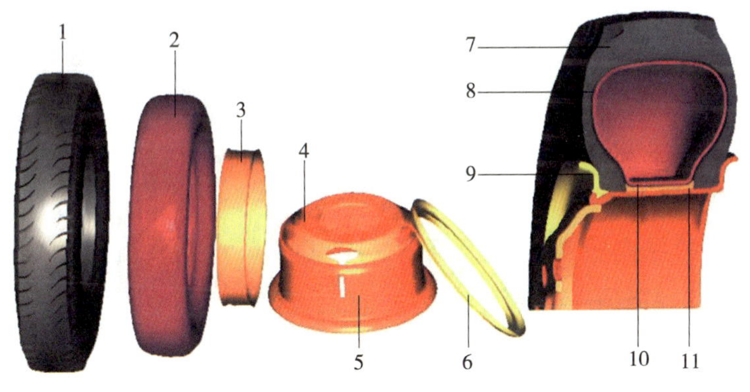

图 3-4-7　有内胎轮胎

1、7—外胎　2、8—内胎　3、10—垫带　4—轮辐　5、11—轮辋　6、9—挡圈

（2）无内胎轮胎

无内胎轮胎俗称真空胎，在外观上与普通轮胎相似，但是没有内胎及垫带。它的气门嘴用橡胶垫圈和螺母直接固定在轮辋上，空气直接充入外胎中，其密封性由外胎和轮辋来保证，如图 3-4-8 所示。

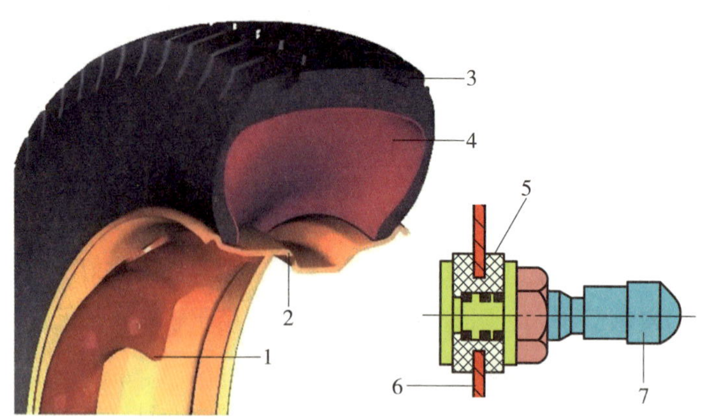

图 3-4-8　无内胎轮胎

1—轮辐　2、6—轮辋　3—轮胎　4—橡胶密封层　5—橡胶垫圈　7—气门嘴

无内胎轮胎的内壁有一层橡胶密封层，有的在该层下面还有一层自粘层，能自行将刺穿的孔黏合。在胎圈外侧也有一层橡胶密封层，用以加强胎圈与轮辋之间的气密性。无内胎轮胎一旦被刺破，穿孔不会扩大，故漏气缓慢，胎压不会急剧下降，仍能继续行驶一定距离，可消除爆胎的危险。因无内胎，其摩擦生热少、散热快，适合高速行驶。此外，其结构简单，质量较小，维修方便。

（3）外胎的结构

外胎由胎面、帘布层、缓冲层和胎圈组成，其结构如图 3-4-9 所示。

1）胎面。胎面是轮胎的外表面，可分为胎冠、胎肩和胎侧三部分。

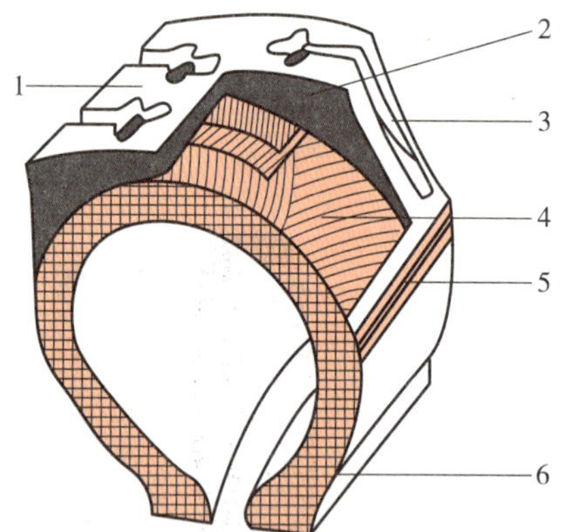

图 3-4-9　外胎的结构

1—胎冠　2—缓冲层　3—胎肩　4—帘布层　5—胎侧　6—胎圈

胎冠与路面直接接触，并产生附着力，使车辆行驶和制动。为使轮胎与地面有良好的附着性能，防止纵、横向滑移，在胎面上制有各种形状的花纹，如图 3-4-10 所示，主要有普通花纹、组合花纹、越野花纹等。

普通花纹中的纵向折线花纹（见图 3-4-10a）最适合于在较好的硬路面上高速行驶，广泛用于轿车、客车及货车等车辆。

横向花纹（见图 3-4-10b）仅用于货车。

组合花纹由纵向折线花纹和横向花纹组合而成（见图 3-4-10c），在良好路面和不良路面上都可提供稳定的驾驶性能，广泛用于客车和货车。

越野花纹（见图 3-4-10d）的凹部深而粗，在软路面上与地面附着性好，越野能力强，适用于在矿山、建筑工地及其他一些在松软路面上行驶的越野汽车。

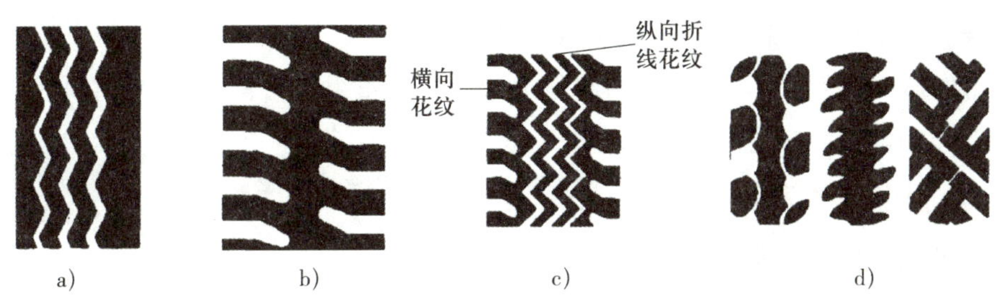

图 3-4-10　胎面花纹

a）纵向折线花纹　b）横向花纹　c）组合花纹　d）越野花纹

胎肩是较厚的胎冠和较薄的胎侧间的过渡部分，一般也制有各种花纹，以提高该部位的散热性能。

胎侧又称胎壁，由数层橡胶构成，覆盖轮胎两侧，保护内胎免受外部损坏。胎侧在行驶过程中，不断地在载荷作用下挠曲变形。胎侧上标有厂家名称、轮胎尺寸及其他资料。

2）帘布层。帘布层是外胎的骨架，主要用于承受载荷，保持外胎的形状和尺寸，并使其具有足够的强度。帘布层通常由成双数的多层帘布用橡胶贴合而成，相邻层的帘线交叉排列。帘布层数越多，轮胎的强度越大，但弹性下降。帘线可以是棉线、人造丝、尼龙和钢丝。

按照帘布层帘线排列方式的不同，外胎可以分为斜交轮胎和子午线轮胎，如图 3-4-11 所示。

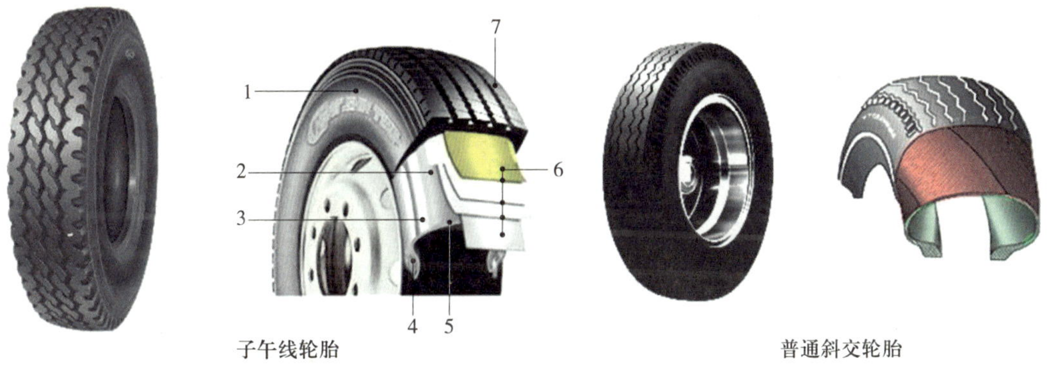

图 3-4-11　轮胎的结构形式

1—胎边胶　2—胎肩垫胶　3—胎体钢丝层　4—三角胶　5—内面胶　6—钢丝环带　7—胎面胶

斜交轮胎帘布层的帘线按一定角度交叉排列，帘线与轮胎横断面的交角通常为 50°。子午线轮胎帘布层的帘线排列方向与轮胎横断面一致，即垂直于轮胎胎面中心线，类似于地球仪上的子午线。子午线轮胎胎侧比斜交轮胎软，在径向上容易变形，可以增加轮胎的接地面积，即使在充足气后，两侧壁上也有一个特殊的凸起部，如图 3-4-12 所示。

子午线轮胎与斜交轮胎相比具有行驶里程长、滚动阻力小、节约燃料、承载能力大、减振性能好、附着性能好、不易爆胎等优势，目前在汽车上应用广泛。

3）缓冲层。缓冲层夹在胎面和帘布层之间，由两层或数层较稀疏的帘布和橡胶制成，弹性较大。其作用是加强胎面与帘布层之间的结合，防止汽车紧急制动时胎面与帘布层脱离，并缓和汽车行驶时所受到的路面冲击。

4）胎圈。胎圈由钢丝圈、帘布层包边和胎圈包布组成，有很高的刚度和强度，可以使外胎牢固地安装在轮辋上。

4. 轮胎规格的表示方法

轮胎的尺寸标注如图 3-4-13 所示。

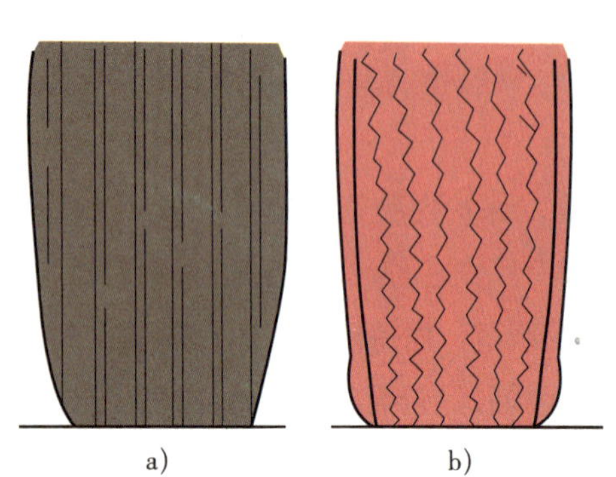

图 3-4-12　子午线轮胎与斜交轮胎胎侧比较

a）斜交轮胎　b）子午线轮胎

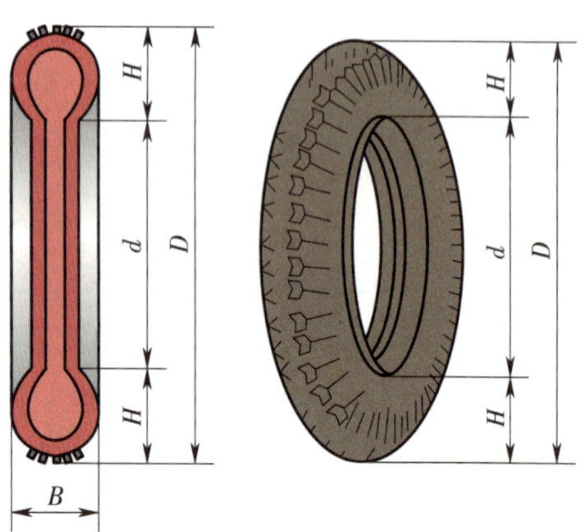

图 3-4-13　轮胎的尺寸标注

D—轮胎外径　*d*—轮胎内径或轮辋直径

B—轮胎宽度　*H*—轮胎高度

（1）斜交轮胎的规格

我国和大多数国家一样，斜交轮胎的规格用 *B*–*d* 表示，载货汽车斜交轮胎和轿车斜交轮胎的尺寸 *B* 和 *d* 均使用 in 为单位，例如 9.00–20 表示宽度为 9.00 in、内径为 20 in 的斜交轮胎。

（2）子午线轮胎的规格

以一汽大众型轿车 205/55R16 81V 轮胎为例进行说明。

1）205 表示轮胎宽度为 205 mm，货车子午线轮胎的宽度一般用 in 为单位。

2）55 表示扁平比为 55%，扁平比为轮胎高度 *H* 与宽度 *B* 之比，有 45、55、60、65、70、75 等系列。

3）R 表示子午线轮胎，即英文单词“Radial”的第一个字母。

4）16 表示轮胎内径为 16 in。

5）81 表示荷重等级，即最大载荷质量。荷重等级为 81 的轮胎的最大载荷质量为 462 kg。

6）V 表示速度等级，表明轮胎能行驶的最高车速。速度等级为 V 的轮胎的最高行驶速度为 240 km/h。

另外，在轮胎规格前加“P”表示轿车轮胎；在胎侧标有“REINFORCED”表示经强化处理；“RADIAL”表示子午线轮胎；“TUBELESS”（或 TL）表示无内胎（真空胎）；“M+S”（Mud and Snow）表示适用于泥地和雪地；“→”表示轮胎旋向，不可装反。

5. 轮胎换位

按时换位可使轮胎磨损均匀，约可延长 20%的使用寿命。因此，应结合车辆二级维护作业定期换位。在路面拱度较大的地区或夏季，轮胎磨损差别较大，可适当增加换位次数。

各个生产厂家一般推荐每行驶 8 000 ~ 10 000 km 将轮胎换位一次。

常用的轮胎换位方法有交叉换位法、循环换位法和单边换位法，如图 3-4-14 和图 3-4-15 所示。

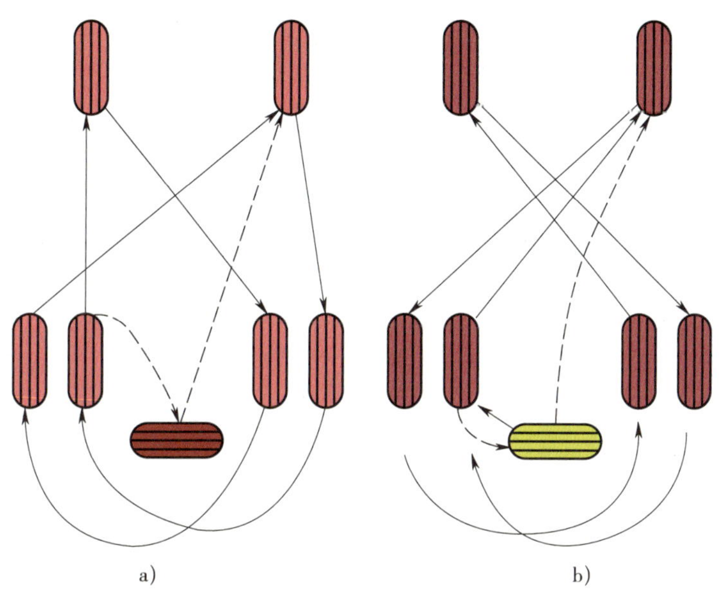

图 3-4-14　六轮二桥汽车的轮胎换位方法

a）循环换位法　b）交叉换位法

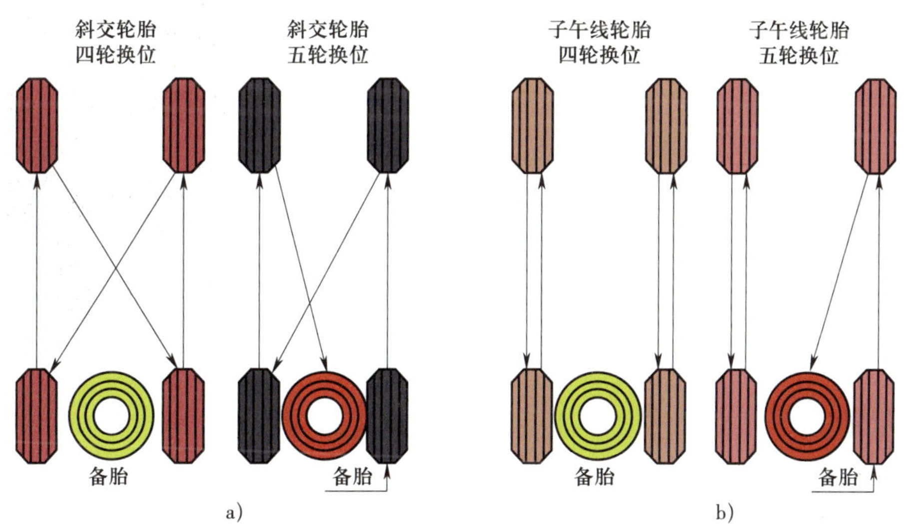

图 3-4-15　四轮二桥汽车的轮胎换位方法

a）交叉换位法　b）单边换位法

装用普通斜交轮胎的六轮二桥汽车，常用图 3–4–14 中的交叉换位法进行轮胎换位，具体做法：左、右两交叉，主胎（后内）换前胎，前胎换帮胎（后外），帮胎换主胎。这样，通过三次换位，每只轮胎都可轮到一次充当主胎。

对于四轮二桥汽车，斜交轮胎也可采用交叉换位法进行轮胎换位，如图 3–4–15a 所示；子午线轮胎宜用单边换位法进行轮胎换位，如图 3–4–15b 所示。部分轿车备胎采用非全尺寸轮胎，应选择四轮换位方法进行轮胎换位。

子午线轮胎的旋转方向应始终不变。若反向旋转，会因钢丝帘线反向变形产生振动，汽车平顺性变差，所以一些轿车的使用手册中推荐采用单边换位法。

轮胎换位后，应按所换的胎位要求，重新调整气压。轮胎换位后需做好记录，下次换位时仍要按上次选定的换位方法换位。

三、车轮动平衡试验

1. 车轮不平衡的原因

（1）质量分布不均匀，如轮胎产品质量欠佳，翻新胎、补胎、胎面磨损不均匀及在外胎与内胎之间增加垫带等。

（2）轮辋、制动鼓变形。

（3）轮毂与轮辋加工质量不佳，如中心不准、螺栓孔分布不均、螺栓质量不佳等。

2. 车轮动平衡试验

车轮动不平衡对汽车危害很大，因此，必须对车轮的动不平衡进行试验，并进行调平衡工作。车轮的不平衡包括静不平衡和动不平衡，由于动平衡的车轮一定处于静平衡状态，因此，只要检测了动平衡，就没有必要检测静平衡。

车轮的动平衡试验有离车式和就车式两种方法。常见的为离车式车轮的动平衡试验。

利用离车式车轮动平衡机对车轮进行动平衡检测时，需将车轮从车上拆下。图 3-4-16 所示为常见的离车式车轮动平衡机优耐特 U–100，该动平衡机主要由驱动装置、转轴与支撑装置、显示与控制装置、制动装置及防护罩等组成。

图 3–4–16　常见的离车式车轮动平衡机优耐特 U–100

任务实施

一、任务准备

根据任务要求，准备所需的设备、工具和资料。

1. 设备：举升机、实训车辆、扒胎机、车轮动平衡机、千斤顶、工作台等。

2. 工具：轮胎扳手、轮胎气门嘴扳手、套筒扳手、轮胎放气工具、轮胎花纹深度尺、头灯、手套、安全帽、车内防护四件套、翼子板布、车轮挡块、举升机垫块等。

3. 资料：车辆维修手册、学习工作页等。

二、实施步骤

1. 车轮的拆装

（1）车轮总成的拆卸（见表 3-4-1）

表 3-4-1　车轮总成的拆卸

步骤	图示	说明
1		停稳车辆，用车轮挡块抵住各车轮。若车轮固定螺栓上配有盖帽，一并取下
2		明确汽车左、右侧车轮与轮毂连接螺栓的螺旋方向，使用车轮螺母拆装机或套筒扳手初步拧松各连接螺母

续表

步骤	图示	说明
3		用千斤顶顶在指定的位置，使被拆车轮稍离地面。也可将车辆停在举升机上，升起车辆，使车轮稍离地面
4		拧下车轮与轮毂连接的全部螺母，并摆放整齐
5		边向外拉边左右晃动车轮，从车轴上取下车轮总成

（2）轮胎的更换

汽车在使用过程中，轮胎磨损过大或出现扎胎等现象，需要进行更换或补胎维修时，需要使用扒胎机将轮胎与轮辋分离。

各厂家扒胎机的使用方法和操作程序不尽相同，但操作流程基本相似，实际操作中应参考说明书。

下面以优耐特汽车扒胎机 U-228S 为例，介绍扒胎机的使用方法（见表 3-4-2）。

表 3-4-2　扒胎机的使用方法

步骤	图示	说明
1	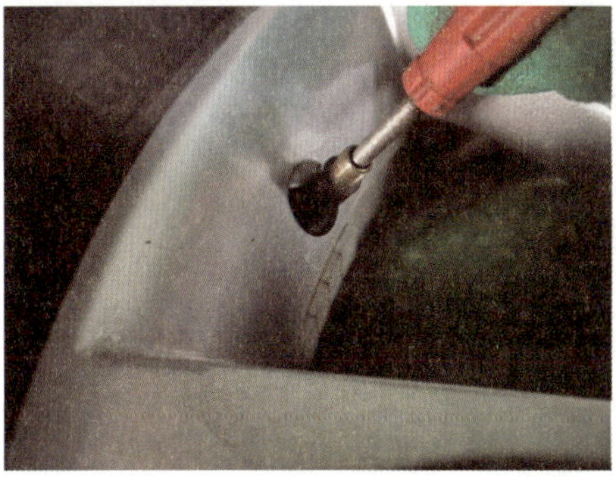	轮胎放气，使用专用的轮胎放气工具，将其插入轮胎气门嘴并旋出以放气
2		使用扒胎机将轮胎内、外两侧趾口与轮辋分离，注意避开气门嘴
3		踩踏分离夹紧踏板，将扒胎机卡爪张开，运用外卡将轮辋卡紧
4		刷上润滑膏

续表

步骤	图示	说明
5		下拉升降杆，使安装头内侧保护垫块与轮辋边缘相贴合，按下自动调节锁止按钮，以安装头右侧为支点，用撬棍将轮胎趾口撬起，顺时针转动转盘，轮胎上层即可拆下
6		插入撬棒，将趾口撬到安装头上，顺时针转动转盘，轮胎下层即可拆下
7		将准备更换的新轮胎或已维修的轮胎内、外趾口涂抹润滑膏
8		将下层轮胎的趾口置于安装头下方，顺时针转动转盘，安装好轮胎下层

续表

步骤	图示	说明
9		将上层轮胎的趾口置于安装头下方，运用右辅助臂将轮胎趾口压到轮辋台阶下，顺时针转动转盘，安装好轮胎上层
10		使用专用的轮胎放气工具，将轮胎气门嘴旋入拧紧并将轮胎气压补充到规定值 轮胎更换或维修后，需做动平衡试验

（3）轮胎的检查（见表 3-4-3）

表 3-4-3　　　　轮胎的检查

步骤	图示	说明
1		将车轮至少旋转一圈，检查胎面、胎侧是否有异常磨损，是否有裂纹和损坏 注意：若有较大裂纹、割痕（能看到帘布层），应更换轮胎

续表

步骤	图示	说明
2	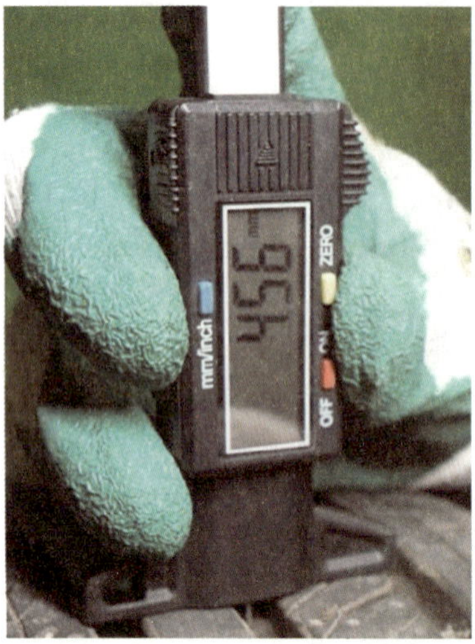	①清洗轮胎花纹深度尺 ②进行校零 ③沿轮胎圆周方向均匀分 3 次测量各沟槽深度 ④读出并记录测量值 注意：测量时避免磨损指示凸块，若测量值小于 1.6 mm，应更换轮胎
3		检查轮胎充气阀是否松动或是否损坏；目视检查轮辋（钢圈）有无变形、腐蚀或损坏 注意：若轮辋变形或损坏严重，应更换

（4）车轮总成的安装（见表 3-4-4）

表 3-4-4 车轮总成的安装

步骤	图示	说明
1		使用举升机或千斤顶举升汽车至合适高度

续表

步骤	图示	说明
2		套上车轮，将螺母初步拧在螺柱上
3		降下车辆，并在车轮前、后用车轮挡块抵住
4		用扭力扳手或车轮螺母拆装机，按对角顺序分 2 ～ 3 次拧紧车轮螺母，最后一次要按规定力矩拧紧

注意：安装后轮双轮胎时，要先拧紧内侧车轮的内螺母，再装外侧轮胎。在安装过程中，应用千斤顶分两次顶起车桥，分别安装内、外两个车轮。双轮胎高低搭配要合适，一般较低的轮胎装于内侧，较高的轮胎装于外侧。应注意内侧轮胎和外侧轮胎的气门嘴位置应互成 180°。

2. 轮胎换位

以大众轿车为例，子午线轮胎换位的操作方法见表 3–4–5。

表 3-4-5　　　　轮胎换位

步骤	图示	说明
1		松开 5 个车轮固定螺栓
2		举升车辆至车轮离地
3		取下 5 个车轮固定螺栓，拆下车轮

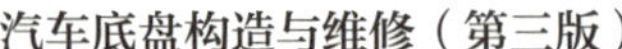

续表

步骤	图示	说明
4	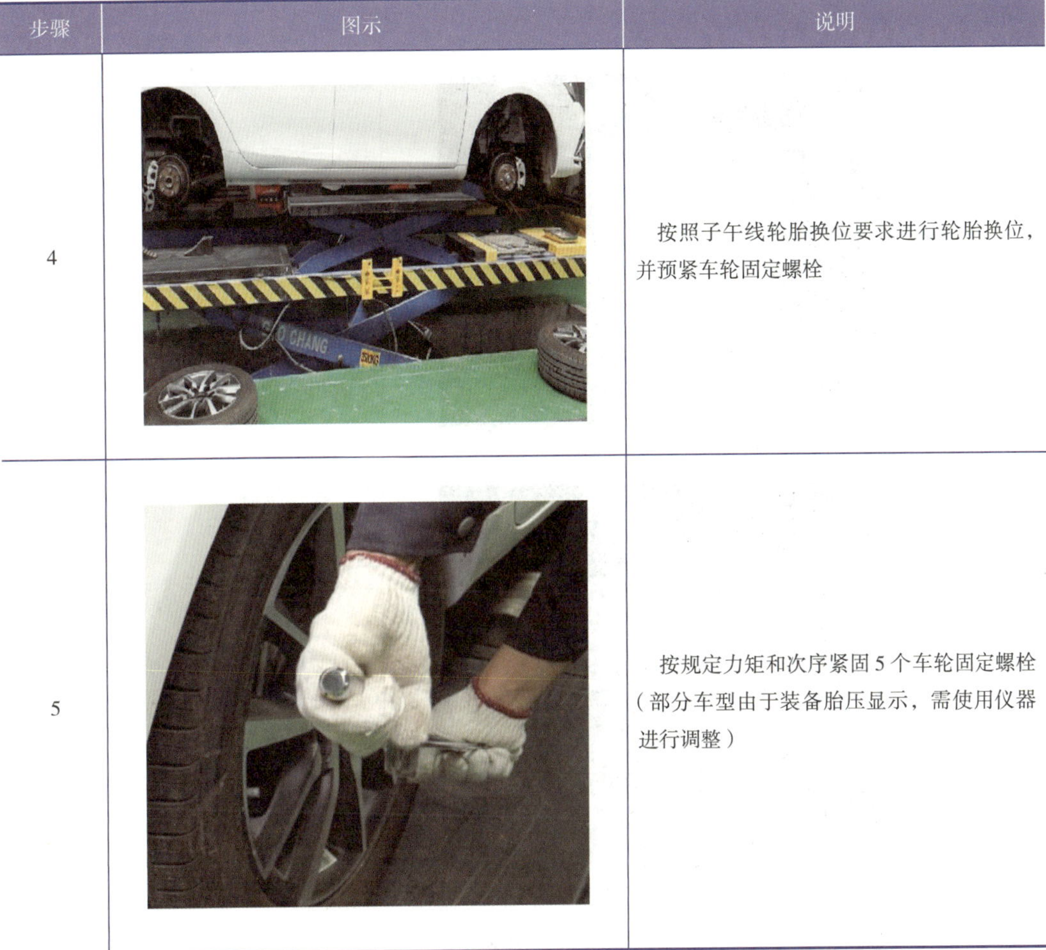	按照子午线轮胎换位要求进行轮胎换位，并预紧车轮固定螺栓
5		按规定力矩和次序紧固 5 个车轮固定螺栓（部分车型由于装备胎压显示，需使用仪器进行调整）

3. 离车式车轮动平衡机的使用

以离车式车轮动平衡机优耐特 U–100 为例，离车式车轮动平衡机的使用方法见表 3–4–6。

表 3–4–6　　离车式车轮动平衡机的使用方法

步骤	图示	说明
1		对被测车轮进行清理，去掉泥土、砂石，拆掉旧平衡块

续表

步骤	图示	说明
2		检查轮胎气压，并充气至规定气压值
3		根据轮辋中心孔的大小选择锥体，将车轮安装于动平衡机上
4	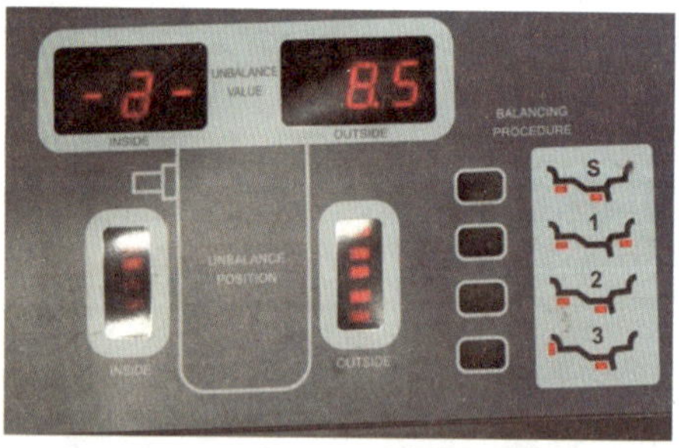	打开电源开关，检查显示装置是否显示正确
5		键入轮辋直径、宽度，测出轮辋边缘到机箱之间的距离并键入

续表

步骤	图示	说明
6	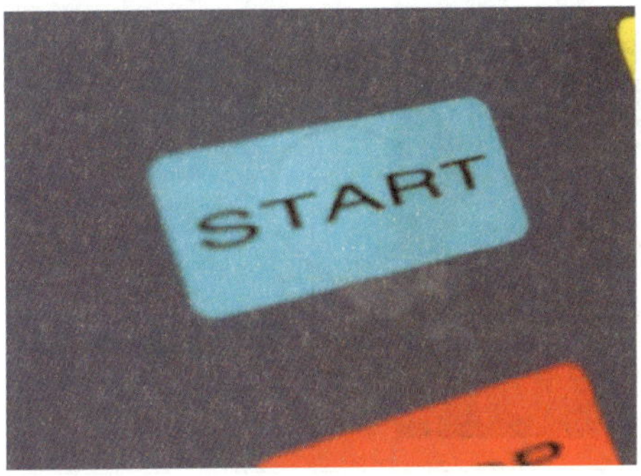	按下启动键，开始测量
7	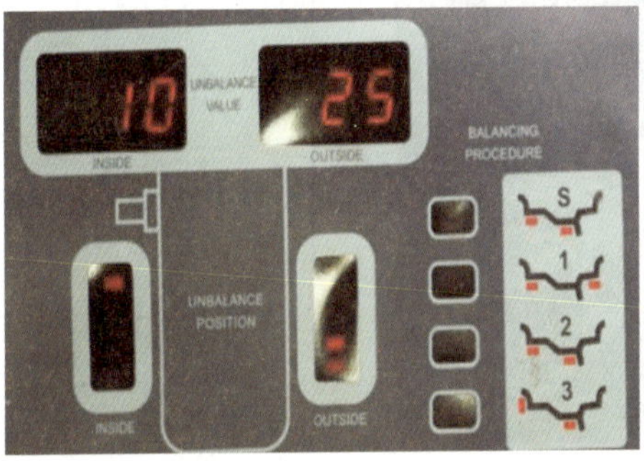	当车轮自动停转后，从显示装置读出车轮内、外动不平衡量和位置
8		用手慢慢旋转车轮，当动平衡机显示装置发出信号时，停止转动车轮
9	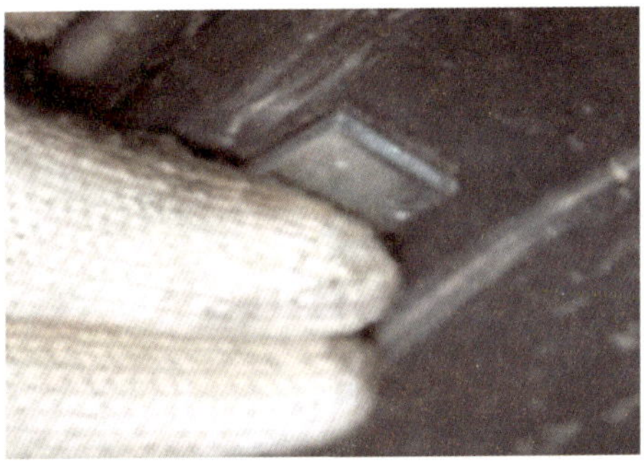	根据动平衡机显示的动不平衡量，在轮辋内侧或外侧的上部（时钟十二点位置）边缘加装平衡块。内、外侧要分别进行，平衡块要装卡牢固

续表

步骤	图示	说明
10	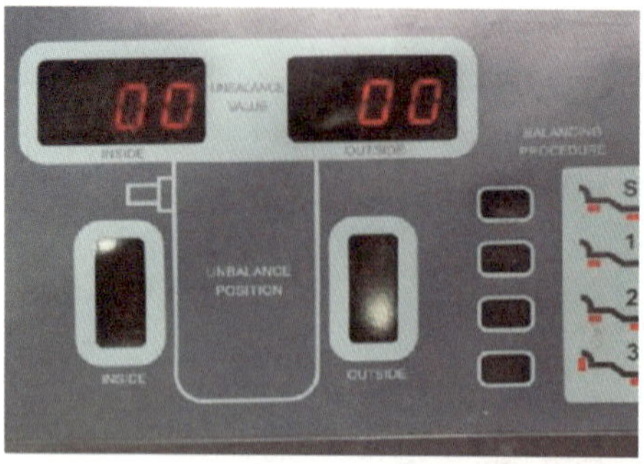	重新启动动平衡机，进行动平衡试验，直至动不平衡量小于5 g、机器显示“00”或“OK”
11		取下车轮，关闭电源，测试结束

项目四　转向系构造与维修

任务 1　机械转向系的结构与维修

学习目标

1. 会描述机械转向系的结构、工作原理。
2. 会描述转向器的类型、特点、工作原理。
3. 能分析转向传动机构的类型、特点。
4. 能够小组合作，在教师指导下，规范完成机械转向系的拆装与维修工作，并严格执行“8S”管理规定。

任务描述

一辆轿车进厂维修，客户反映在转向时转向沉重并伴有异响。经班组长检查后，判断为转向器出现故障，需要进行维修。

你作为一名维修工，在班组长的安排下领取汽车转向系故障维修任务，通过小组合作、查阅资料，在规定时间内完成车辆转向系的拆装、检查和维修工作，并通过验收后交车。

相关知识

一、汽车转向系

1. 转向系的功用

汽车转向系是指由驾驶员操纵，能实现转向轮偏转和回位的一套机构，如图 4–1–1 所示。当汽车需要改变行驶方向时，必须使转向轮绕主销轴线偏转一定角度，直到新的行驶方向符合驾驶员的要求时，再将转向轮恢复到直线行驶的位置。

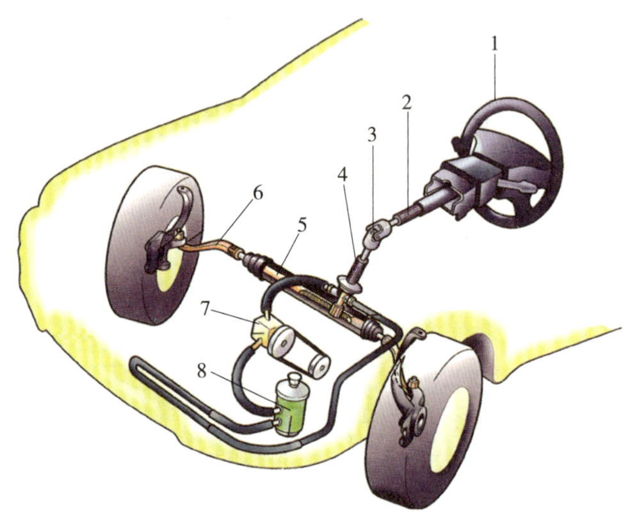

图 4–1–1　汽车转向系

1—转向盘　2—转向轴　3—万向节　4—转向传动轴　5—转向器
6—转向横拉杆　7—转向油泵　8—转向油罐

转向系的功用是按照驾驶员的意愿改变汽车的行驶方向和保持汽车稳定直线行驶。

2. 转向系的类型

汽车转向系按转向动力源的不同分为机械转向系和动力转向系两大类。

机械转向系以驾驶员的体力作为转向动力源。动力转向系除了驾驶员的体力外，还以汽车的动力作为辅助转向动力源，动力转向系又可以分为液压式和电动式两类。

3. 汽车转向的条件

要保证汽车在转向时，每个车轮都纯滚动而不发生侧向滑动，就必须使车轮的运动轨迹符合一定规律。

如图 4–1–2 所示，汽车在转向时，内侧车轮和外侧车轮滚过的路程是不相等的，即两轮角速度是不同的。为能保证两侧车轮的运动基本上是纯滚动而无滑动，每个车轮的轴线延长线在转向时应相交于一点 O，即所有车轮都绕着同一点做圆周运动。O 点称为汽车的转向中心。显然，前轴左、右转向轮的转向角不等，且内转向轮的转向角 β 必然大于外转向轮的转向角 α，汽车才能顺利转向。

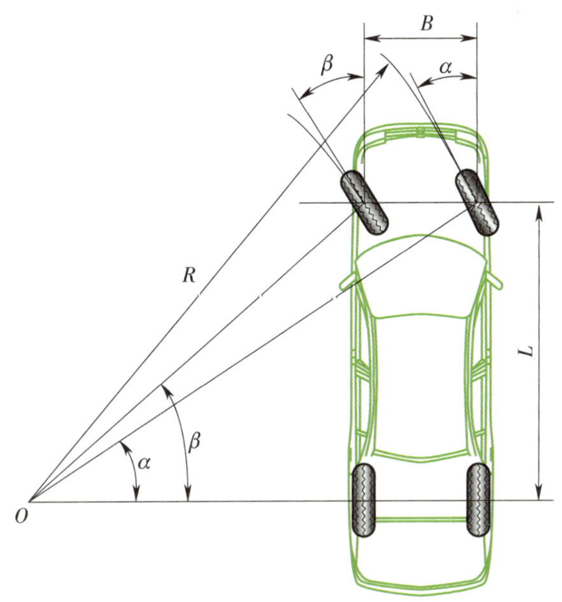

图 4–1–2　汽车转向示意图

汽车的轴距 L 和两主销的中心距 B 是不变的。因此，每一个内转向轮转向角 β 都对应着一个固定的外转向轮转向角 α。这个对应关系是由左、右转向梯形臂，转向横拉杆和前轴所组成的转向梯形机构来保证的。从转向中心 O 到外侧转向轮与地面接触点的距离 R 称为汽车转弯半径，汽车的转弯半径 R 越小，则汽车转向所需场地就越小，汽车的机动性也越好。

二、机械转向系

1. 机械转向系的组成

机械转向系是以人力作为转向动力的。机械转向系由转向操纵机构、转向器和转向传动机构三大部分组成，如图 4–1–3 所示。

转向操纵机构包括转向盘、转向轴、万向节、转向传动轴等；转向器有多种类型，常见的有齿轮齿条式转向器、循环球式转向器和蜗杆曲柄指销式转向器，轿车上常采用齿轮齿条式转向器；转向传动机构包括转向摇（垂）臂、转向直（纵）拉杆、转向节臂、转向梯形臂、转向横拉杆等。

2. 机械转向系的工作原理

如图 4–1–3 所示，汽车转向时，驾驶员转动转向盘，通过转向轴、万向节和转向传动轴，将转向力矩输入转向器。转向器中有 1～2 级啮合传动副，具有降速增矩的作

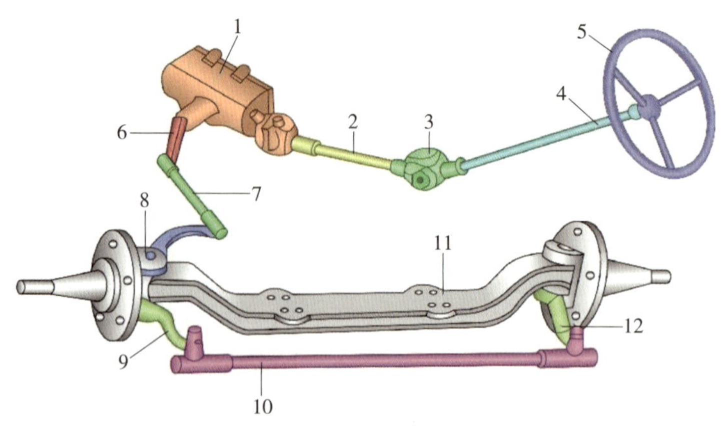

图 4-1-3 机械转向系

1—转向器 2—转向传动轴 3—万向节 4—转向轴 5—转向盘 6—转向摇臂 7—转向直拉杆 8—转向节臂 9—左转向梯形臂 10—转向横拉杆 11—前轴 12—右转向梯形臂

用。转向器输出的转矩经转向摇臂，再通过转向直拉杆传给固定在左转向节上的转向节臂，使左转向节及装于其上的左转向轮绕主销偏转。左、右转向梯形臂的一端分别固定在左、右转向节上，另一端则与转向横拉杆作球铰链连接。当左转向节偏转时，经左转向梯形臂、转向横拉杆和右转向梯形臂的传递，右转向节及装于其上的右转向轮随之绕主销同向偏转一定的角度。

左、右转向梯形臂和转向横拉杆以及前轴构成转向梯形机构，其作用是在汽车转向时，使左、右转向轮按一定的规律进行偏转。

三、转向操纵机构

1. 转向操纵机构的功用和组成

转向操纵机构的功用是产生转动转向器所必需的操纵力，并具有一定的调节功能和安全性能。

转向操纵机构要将驾驶员操纵转向盘的力传给转向器，同时为了驾驶员的舒适驾驶，还要求转向操纵机构可以进行调节，以满足不同驾驶员的需求。为了防止车辆撞击后对驾驶员的损伤，转向操纵机构还应具有一定的安全保护装置。

图 4-1-4 所示为典型的转向操纵机构，一般由转向盘、转向轴总成、转向管柱、转向传动轴、转向万向节叉总成、转向万向节滑动叉总成等组成。

转向盘由塑料制成，内有钢制骨架，通过花键将转向盘毂与转向轴相连，用螺母固定，转向轴上端支撑在衬套内，下端支撑在球轴承中，由孔用弹性挡圈和轴用钢丝挡圈进行轴向定位。转向管柱下端压配在下固定支架中，并通过两个螺栓将下固定支架紧固在驾驶室地板上；转向管柱上端通过橡胶套、盖板，用两个螺栓固定在驾驶室仪表板上。弹簧可消除转向管柱与转向轴间的轴向间隙。

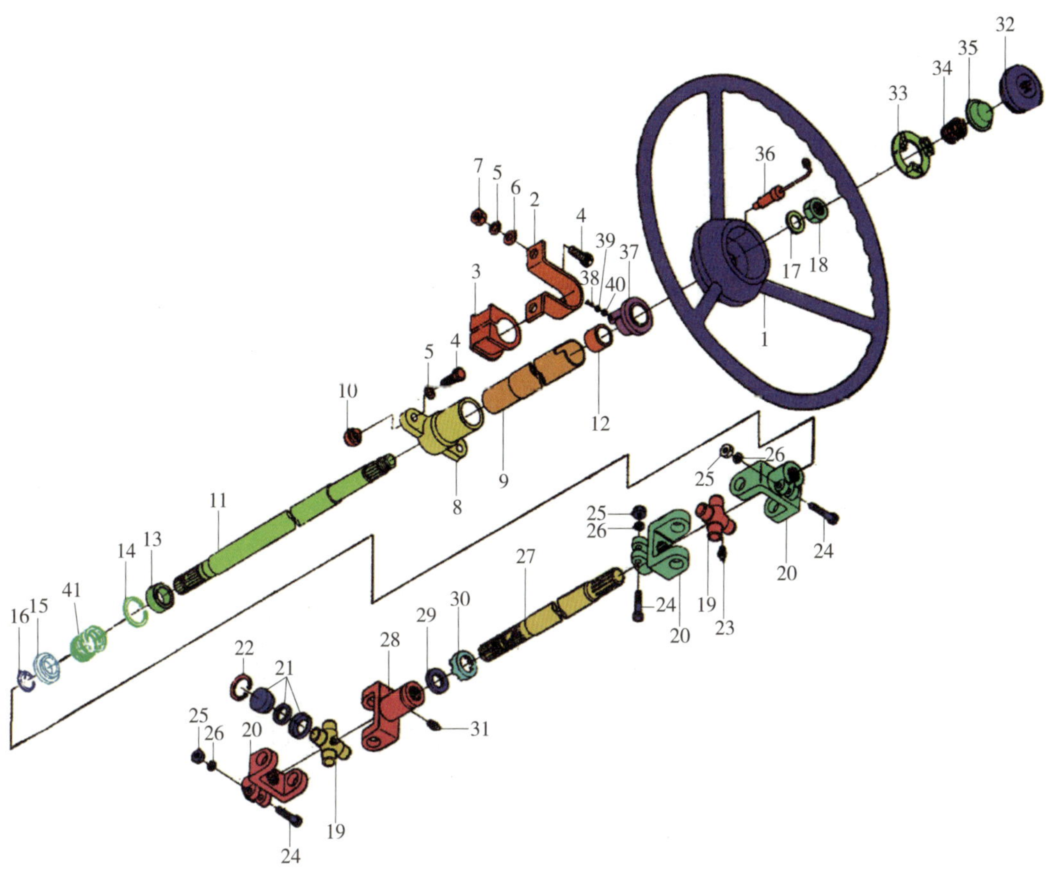

图 4-1-4　典型的转向操纵机构

1—转向盘　2—盖板　3—橡胶套　4、24—螺栓　5、26、40—弹簧垫圈　6、39—垫圈　7、18、25—螺母　8—下固定支架　9—转向管柱　10—楔形螺母　11—转向轴　12—衬套　13—球轴承　14、22—孔用弹性挡圈　15—轴承挡圈　16—轴用钢丝挡圈　17—平垫圈　19—十字轴　20—转向万向节叉　21—滚针轴承　23、31—油嘴　27—转向传动轴　28—转向万向节滑动叉　29—油封　30—防尘套　32—喇叭按钮　33—搭铁接触板总成　34—接触弹簧　35—接触罩　36—电刷总成　37—集电环总成　38—螺钉　41—弹簧

下端的转向万向节叉通过花键与转向器的转向螺杆相连，转向万向节滑动叉通过内花键与转向传动轴的外花键相连，转向传动轴可轴向移动，以适应驾驶室与车架的相对位移。转向万向节滑动叉一端焊有塞片，另一端装油封和防尘套，防止灰砂和泥水进入，并由油嘴对转向万向节滑动叉及转向传动轴的花键进行润滑。

十字轴有两个，上装油嘴，润滑 4 个滚针轴承，以孔用弹性挡圈固定在转向万向节叉上。转向万向节叉的结构与转向万向节滑动叉基本相同，只是多一锁紧螺栓与上端的转向万向节叉和转向轴相连。

2. 安全式转向柱

为了保证驾驶员的安全，同时也为了更加舒适、可靠地操纵转向系，现在汽车（特别是轿车）通常在转向操纵机构上增设相应的安全调节装置。这些装置主要添加在转向轴和转向管柱的结构上。通常将转向轴和转向管柱统称为转向柱。

安全式转向柱有可分离式转向柱和缓冲吸能式转向柱两类。

（1）可分离式转向柱

可分离式转向柱如图 4–1–5 所示，图 4–1–5a 所示为该转向柱的正常工作位置。此类转向柱的转向轴分为上、下两段，用安全联轴节连接，上转向轴下部弯曲并在端面上焊接有半月形凸缘盘，盘上装有两个驱动销，与下转向轴上端凸缘压装尼龙衬套和橡胶圈的孔相配合，形成安全联轴节。一旦发生撞车事故，驾驶员的胸部因惯性扑向转向盘时，迫使转向管柱压缩位于转向柱上方的可折叠安全元件而向下移动，使两个驱动销迅速从下转向轴凸缘的孔中退出，从而形成缓冲，减轻对驾驶员的伤害。图 4–1–5b 所示为转向盘受撞击时，安全元件被折叠、压缩和安全联轴节脱开使转向柱产生轴向移动的情形。图 4–1–6 所示为无可折叠安全元件的转向柱。

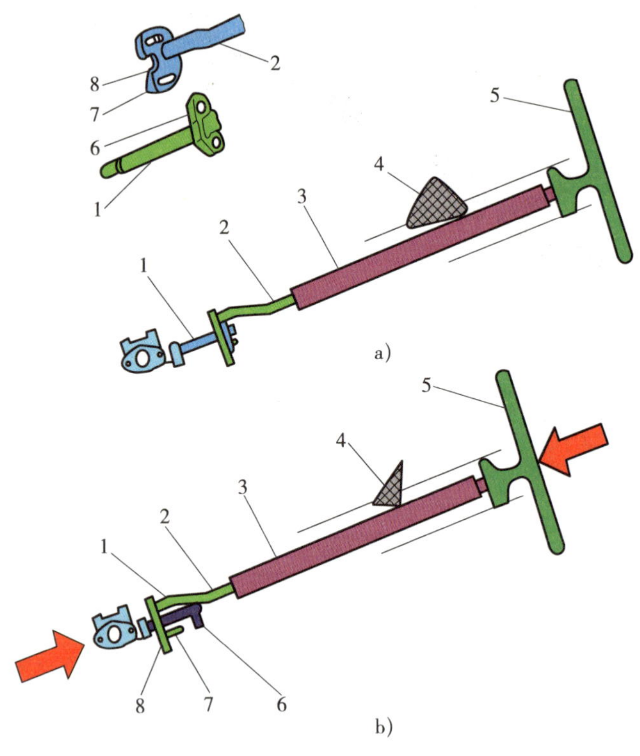

图 4–1–5　可分离式转向柱

a）正常工作位置　b）转向盘受撞击时的情形

1—下转向轴　2—上转向轴　3—转向管柱　4—可折叠安全元件

5—转向盘　6—凸缘　7—驱动销　8—半月形凸缘盘

（2）缓冲吸能式转向柱

缓冲吸能式转向柱能从结构上使转向轴和转向管柱在受到冲击后，轴向收缩并吸收冲击能量，从而有效地缓和转向盘对驾驶员的冲击，减轻对驾驶员的伤害。

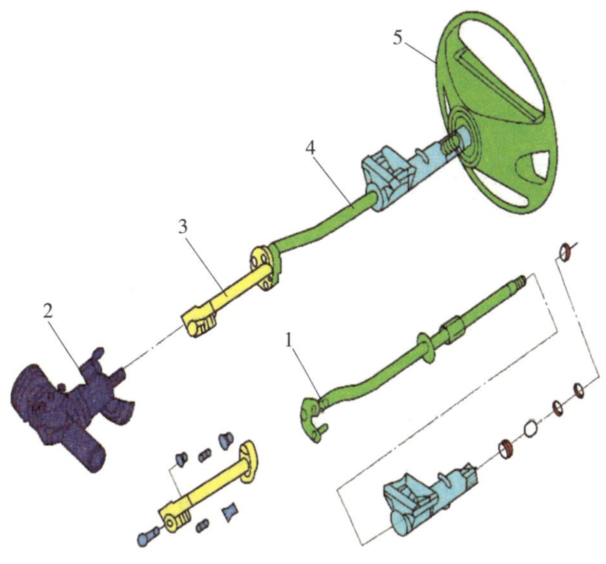

图 4-1-6　无可折叠安全元件的转向柱

1—驱动销　2—转向器　3—下转向轴　4—上转向轴　5—转向盘

汽车撞车时，首先车身被撞坏（第一次碰撞），转向操纵机构被后推，从而挤压驾驶员，使其受到伤害；接着，随着汽车速度的降低，驾驶员因惯性力前冲，再次与转向操纵机构接触（第二次碰撞）而受到伤害。缓冲吸能式转向柱对这两次冲击都具有吸收能量、减轻驾驶员受伤程度的作用。

1）网状管柱变形式转向柱。网状管柱变形式转向柱的转向轴分为上、下两段，如图 4-1-7a 所示。上转向轴套装在下转向轴的内孔中，两者通过塑料安全销结合在一起

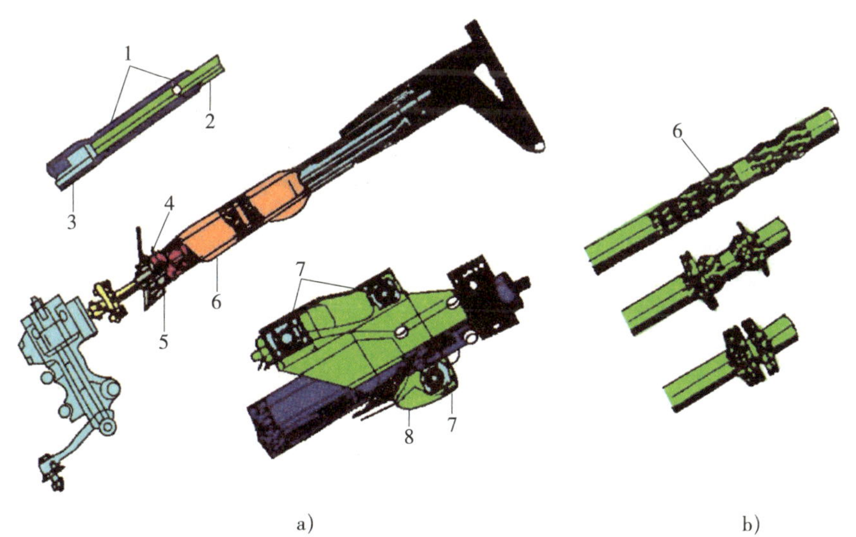

图 4-1-7　网状管柱变形式转向柱

a）分为上、下两段的转向轴　b）部分管壁为网格状的转向管柱

1—塑料销　2—上转向轴　3—下转向轴　4—凸缘盘　5—下托架　6—转向管柱　7—塑料安全销　8—上托架

（也有采用细花键结合的），并传递转向力矩。塑料安全销的传力能力受到严格限制，它既能可靠地传递转向力矩，又能在受到冲击时被剪断。

这种转向柱的转向管柱的部分管壁制成网格状，使其在受到压缩时很容易轴向变形，并消耗一定的变形能量，如图 4–1–7b 所示。另外，车身上固定转向管柱的上托架也是通过两个塑料安全销与转向管柱连接的。当这两个塑料安全销被剪断后，整个转向管柱就能前后自由移动。

当发生第一次碰撞时，塑料销被剪断，上转向轴将沿下转向轴的内孔滑动伸缩；同时，转向管柱上的网格部分被压缩变形。这两个过程都会消耗一部分冲击能量，从而阻止转向管柱整体向上移动，避免转向盘对驾驶员的挤压伤害。第二次碰撞时，固定转向管柱的塑料安全销被剪断，使转向管柱和转向轴的上端能自由移动；同时，转向管柱受到来自上端的冲击力后，会再次被轴向压缩变形并消耗冲击能量，如图 4–1–7b 所示。这样，由转向系引起的对驾驶员的冲击和伤害被大大降低了。

2）钢球滚压变形式转向柱。如图 4–1–8a 所示，钢球滚压变形式转向柱是一种用钢球连接的分开式转向柱。转向轴分为上转向轴和套在轴上的下转向轴两部分，二者用塑料安全销连成一体。转向管柱也分为上、下两部分，上、下转向管柱之间装有钢球，下转向管柱的外径与上转向管柱的内径之间的间隙比钢球直径稍小。上、下转向管柱连同转向管柱托架通过特制橡胶垫固定在车身上，橡胶垫则利用塑料安全销与转向管柱托架连接。

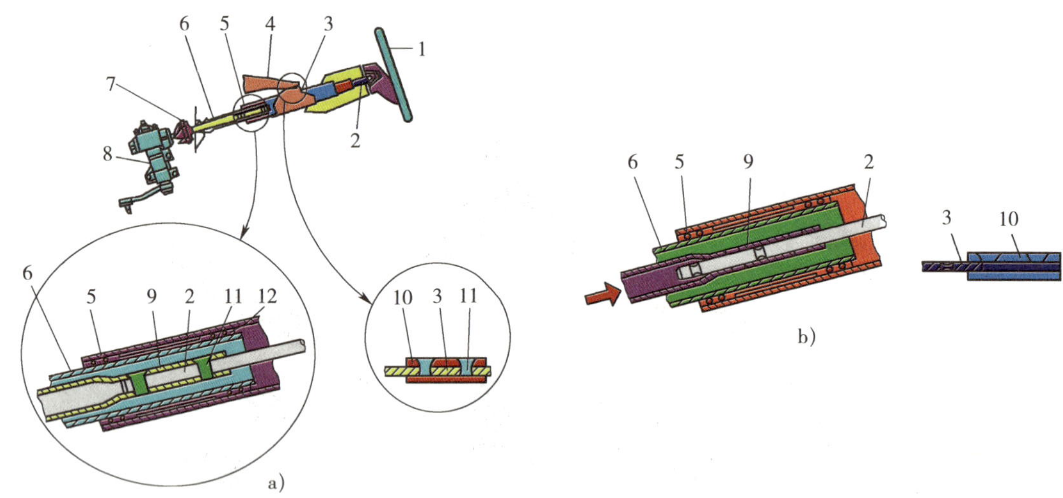

图 4–1–8　钢球滚压变形式转向柱

a）转向柱　b）下转向轴套在上转向轴上向上滑动

1—转向盘　2—上转向轴　3—转向管柱托架　4—车身　5—上转向管柱　6—下转向管柱

7—挠性联轴节　8—转向器　9—下转向轴　10—橡胶垫　11—塑料安全销　12—钢球

当发生第一次碰撞时，连接上、下转向轴的塑料安全销被切断，下转向轴便套在上转向轴上向上滑动，如图 4–1–8b 所示。在这一过程中，上转向轴和上转向管柱的空间位置没有因冲击而上移，故可使驾驶员免受伤害。当发生第二次碰撞时，连接橡胶垫与转向管柱托架的塑料安全销被切断，转向管柱托架脱离橡胶垫，即上转向轴和上转向管柱连同转向盘、转向管柱托架一起，相对于下转向轴和下转向管柱向下滑动，从而减缓对驾驶员胸部的冲击。在上述两次冲击过程中，上、下转向管柱之间均产生相对滑动。因为钢球的直径稍大于上、下转向管柱之间的间隙，所以滑动中带有对钢球的挤压，冲击能量就在这种边滑动边挤压的过程中被吸收。

丰田汽车的一些车型采用这种装置。

3. 可调节式转向柱

驾驶员的驾驶姿势和身材对转向盘的最佳操纵位置有不同的要求。而且，转向盘的这一位置往往会与驾驶员进、出汽车的方便性发生矛盾。为此，汽车装设了可调节式转向柱，使驾驶员可以在一定的范围内调节转向盘位置。

转向柱的调节形式分为倾斜角度调节和轴向位置调节两种。图 4-1-9 所示为转向柱倾斜角度调节机构。转向管柱的上段和下段分别通过倾斜调节支架和下托架与车身相连，而且转向管柱由倾斜调节支架夹持并固定。倾斜调节用锁紧螺栓穿过倾斜调节支架上的长孔和转向管柱，螺栓的左端为左旋螺纹，调节手柄即拧在该螺纹上。当向下扳动调节手柄时，锁紧螺栓松开，转向管柱就以下托架上的枢轴为中心，在装有锁紧螺栓的倾斜调节支架长孔范围内上下移动。确定了转向管柱的合适位置后，向上扳动调节手柄，将转向管柱定位。

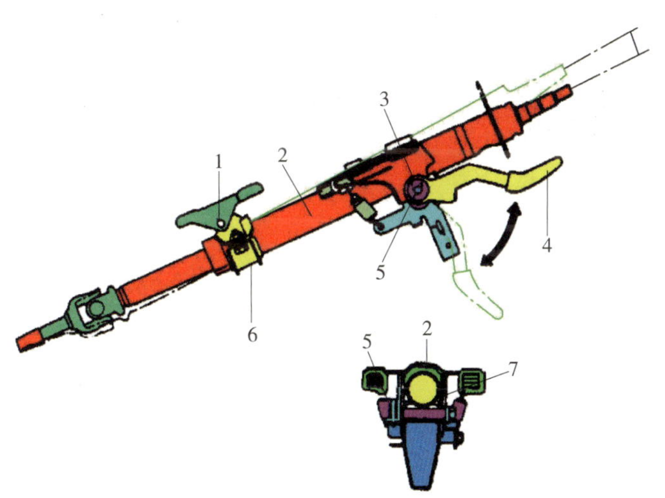

图 4-1-9　转向柱倾斜角度调节机构

1—枢轴　2—转向管柱　3—长孔　4—调节手柄

5—锁紧螺栓　6—下托架　7—倾斜调节支架

图 4-1-10a 所示为一种转向轴伸缩机构。转向轴分为上、下两段，二者通过花键连接。上转向轴由调节螺栓通过楔状限位块夹紧定位。调节螺栓的一端拧有调节手柄。当

需要调节转向轴的轴向位置时，先向下推调节手柄，使楔状限位块松开，再轴向移动转向盘。调到合适的位置后，向上拉调节手柄，将上转向轴锁紧定位。转向盘高度调节机构的工作原理与此类似，如图 4–1–10b 所示。

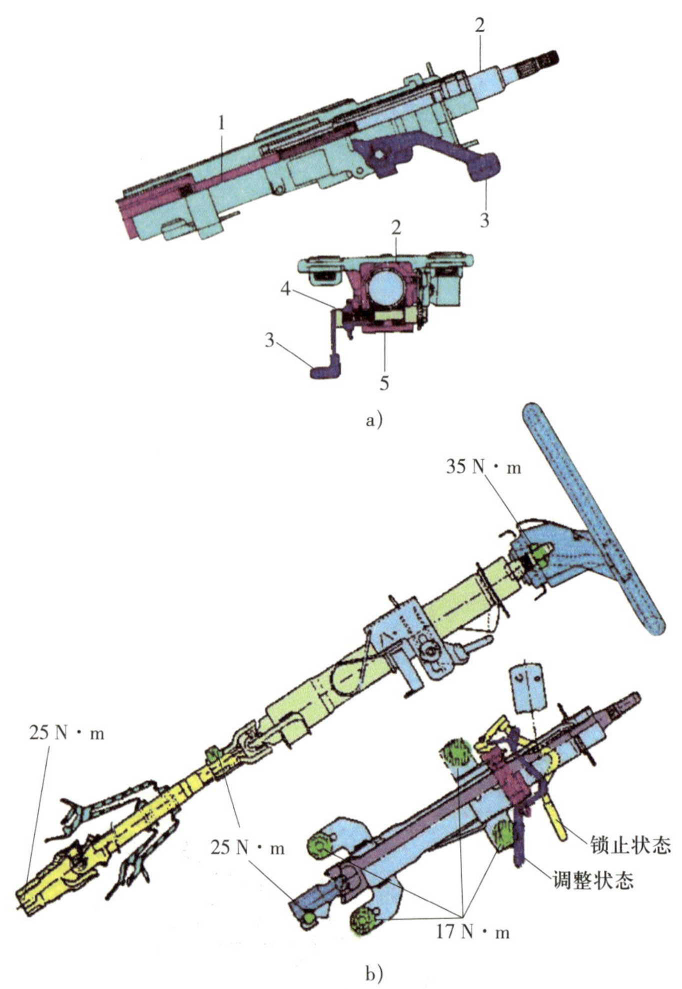

图 4–1–10　转向轴伸缩机构和转向盘高度调节机构

a）转向轴伸缩机构　b）转向盘高度调节机构

1—下转向轴　2—上转向轴　3—调节手柄　4—调节螺栓　5—楔状限位块

四、转向器

1. 转向器的功用及类型

转向器是转向系中减速增矩的装置，其功用是增大转向盘传到转向节的力并改变力的传递方向。

转向器的结构形式很多，目前，应用较广泛的主要有齿轮齿条式、循环球式和蜗杆曲柄指销式三种形式，如图 4–1–11 所示。

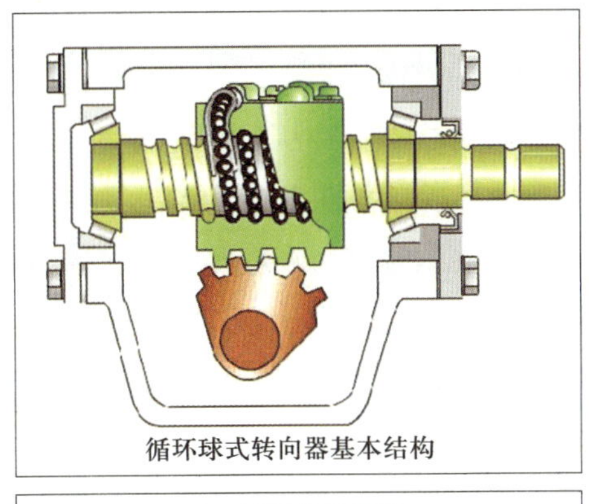
循环球式转向器基本结构

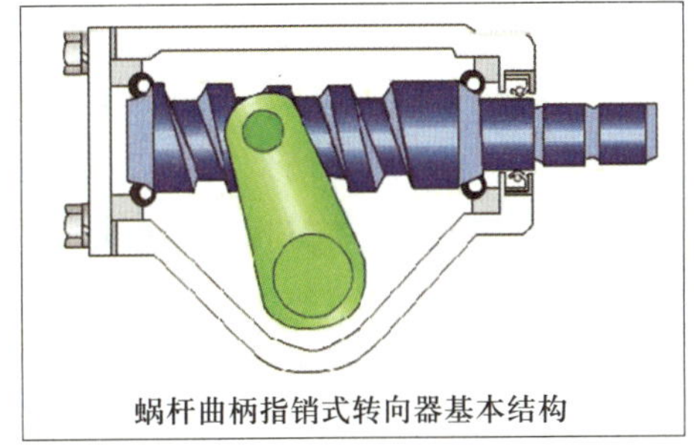
蜗杆曲柄指销式转向器基本结构

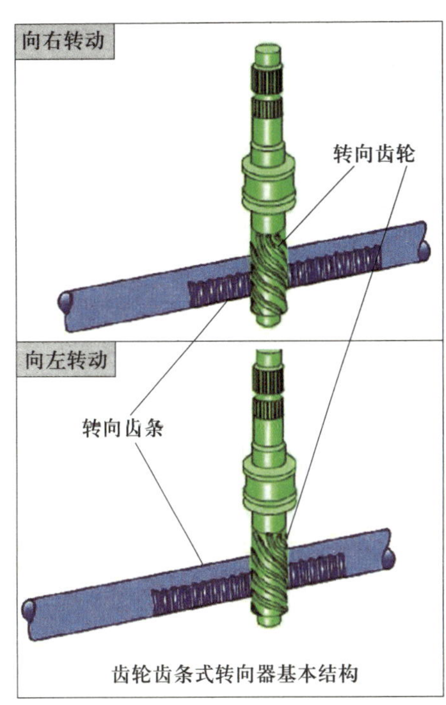

齿轮齿条式转向器基本结构

图 4-1-11　转向器的结构形式

2. 齿轮齿条式转向器

齿轮齿条式转向器的结构如图 4-1-12 所示，它主要由转向器壳体、转向齿轮、转向齿条等组成。

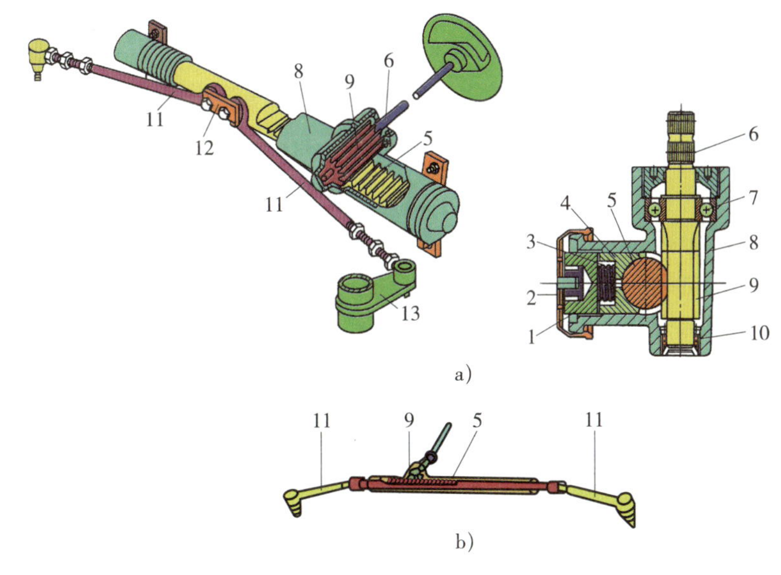

图 4-1-12　齿轮齿条式转向器的结构

1—调整螺塞　2—罩盖　3—压簧　4—压簧垫块　5—转向齿条　6—齿轮轴　7—球轴承
8—转向器壳体　9—转向齿轮　10—滚柱轴承　11—转向横拉杆　12—拉杆支架　13—转向节

转向器壳体的两端用螺栓固定在车身（车架）上。齿轮轴通过球轴承、滚柱轴承垂直安装在转向器壳体中，其上端通过花键与转向轴上的万向节相连，其下部分是与轴制成一体的转向齿轮。转向齿轮是转向器的主动件，与之相啮合的从动件转向齿条水平布置，转向齿条背面装有压簧垫块。在压簧的作用下，压簧垫块将转向齿条压靠在转向齿轮上，保证二者无间隙啮合。调整螺塞可用来调整压簧的预紧力。压簧不仅起消除啮合间隙的作用，而且还是一个弹性支撑件，可以吸收部分振动能量，缓和冲击。

转向齿条的中部通过拉杆支架与左、右转向横拉杆连接。转动转向盘时，转向齿轮转动，与之相啮合的转向齿条沿轴向移动，从而使左、右转向横拉杆带动转向节转动，使转向轮偏转，实现汽车转向。

齿轮齿条式转向器结构简单，可靠性好。转向机构几乎完全封闭，维修工作量少，也便于独立悬架的布置。转向齿轮啮合无须中间传动，操纵的灵敏性很好。同时，转向齿条的节距由齿条端头起至齿条中心逐渐由大变小，在转向盘转动量相同的条件下，齿条的移动距离在啮合处靠近齿条端头时要比在啮合处靠近齿条中心部位时稍长些，从而使转向力变化微小，提升转向器转矩传递性能，且令转向轻便。转向器的这种传动比一般被称为“可变传动比”。轿车已经广泛采用可变传动比的齿轮齿条式转向器。

3. 循环球式转向器

循环球式转向器的结构如图 4-1-13 所示。它有两级传动副，第一级传动副是转向螺杆和转向螺母。转向螺母的下平面加工成齿条，与齿扇轴内的齿扇相啮合，构成第二级传动副。显然，转向螺母既是第一级传动副的从动件，也是第二级传动副的主动件。通过转向盘转动转向螺杆时，转向螺母不能随之转动，而只能沿杆轴向移动，并驱使齿扇轴（即转向摇臂轴）转动。

转向螺杆支撑在两个推力球轴承上，轴承的预紧度可用调整垫片调整。在转向螺杆上松套着转向螺母。为了减少它们之间的摩擦，二者的螺纹并不直接接触，其间装有许多钢球，以实现滚动摩擦。

当转动转向螺杆时，通过钢球将力传给转向螺母，使转向螺母沿转向螺杆轴向移动。随着转向螺母沿转向螺杆做轴向移动，其齿条便带动齿扇绕着转向摇臂轴做圆弧运动，从而使转向摇臂轴连同转向摇臂产生摆动，通过转向传动机构使转向轮偏转，实现汽车转向。

转向螺母下平面上加工出的齿条是倾斜的，与之相啮合的是变齿厚齿扇。只要使齿扇轴相对于齿条做轴向移动，便可调整二者的啮合间隙。调整螺钉旋装在侧盖上。齿扇轴靠近齿扇的端部切有 T 形槽，调整螺钉的圆柱形端头嵌入此切槽中，端头与 T 形槽的间隙用调整垫圈来调整。旋入调整螺钉，则齿条与齿扇的啮合间隙减小；旋出调整螺钉，则啮合间隙增大。调整好后用锁紧螺母锁紧。

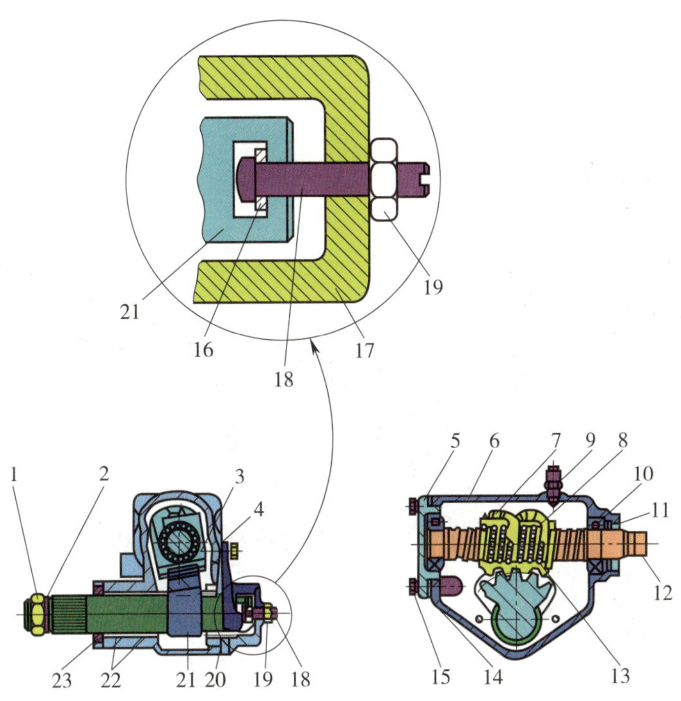

图 4-1-13 循环球式转向器的结构

1—螺母 2—弹簧垫圈 3—转向螺母 4—转向器壳体密封垫圈 5—转向器壳体底盖 6—转向器壳体 7—导管夹 8—钢球导管 9—加油（通气）螺塞 10—球轴承 11、23—油封 12—转向螺杆 13—钢球 14—调整垫片 15—螺栓 16—调整垫圈 17—侧盖 18—调整螺钉 19—锁紧螺母 20、22—滚针轴承 21—齿扇轴（转向摇臂轴）

4. 蜗杆曲柄指销式转向器

蜗杆曲柄指销式转向器的结构如图 4-1-14 所示，它主要由转向器壳体、蜗杆、转向摇臂轴、上盖、下盖、侧盖、调整螺塞和调整螺钉等组成。

转向器壳体固定在车架的转向器支架上。壳体内装有传动副，其主动件是蜗杆，从动件是装在转向摇臂轴曲柄端部的指销。具有梯形截面螺纹的蜗杆支撑在转向器壳体两端的两个向心推力球轴承（蜗杆轴承）上。转向器下盖上装有调整螺塞，用以调整向心推力球轴承的预紧度，调整后用螺母紧固。

蜗杆与两个锥形的指销相啮合，构成传动副。两个指销均用双列圆锥滚子轴承支撑在曲柄上，并可绕自身轴线转动，以减轻蜗杆与指销啮合传动时的磨损，提高传动效率。销颈上的螺母用来调整轴承的预紧度，以使指销能自由转动而无明显轴向间隙。调整后用锁片将螺母锁住。

安装指销和双列圆锥滚子轴承的曲柄制成叉形，与转向摇臂轴制成一体。转向摇臂轴用粉末冶金衬套支撑在壳体中。转向器侧盖上装有转向摇臂轴调整螺钉，旋入（或旋出）调整螺钉可以改变转向摇臂轴的轴向位置，以调整指销与蜗杆的啮合间隙，从而调

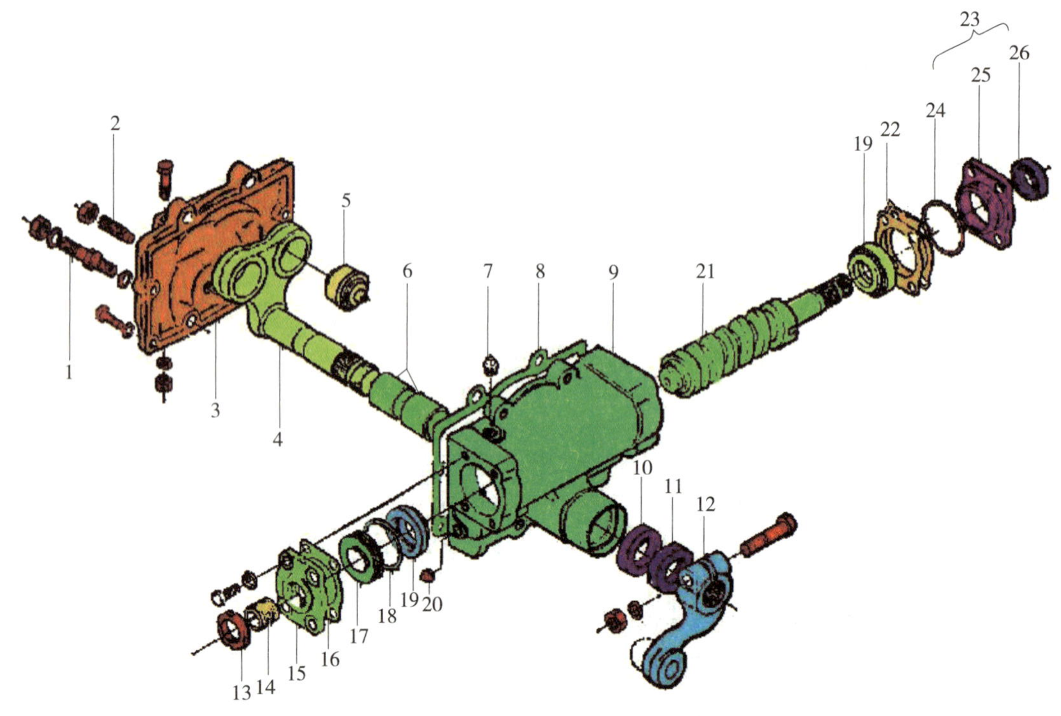

图 4-1-14　蜗杆曲柄指销式转向器的结构

1—螺栓、螺母　2—转向摇臂轴调整螺钉及螺母　3—侧盖　4—转向摇臂轴　5—指销轴承总成
6—转向摇臂轴衬套　7—加油螺塞　8—侧盖衬垫　9—转向器壳体　10、11—油封
12—转向垂臂　13—螺母　14—蜗杆轴承调整螺塞　15—下盖　16—下盖衬垫
17—蜗杆轴承垫块　18—密封圈　19—蜗杆轴承　20—放油螺塞　21—蜗杆
22—调整垫片　23—上盖总成　24—密封圈　25—上盖　26—蜗杆油封

整转向盘的自由行程。调整后用螺母锁紧。转向摇臂轴伸出壳体的一端通过花键与转向摇臂连接。

汽车转向时，驾驶员通过转向盘转动蜗杆（主动件），与其相啮合的指销（从动件）一边自转，一边以曲柄为半径绕转向摇臂轴轴线在蜗杆的螺纹槽内做圆弧运动，从而带动曲柄、转向摇臂摆动，实现汽车转向。

五、转向传动机构

转向传动机构的功用是将转向器输出的力和运动传给转向轮，使两侧转向轮偏转，以实现汽车转向，并保证左、右转向轮的偏转角按一定关系变化。

1. 与非独立悬架配用的转向传动机构

与非独立悬架配用的转向传动机构如图 4-1-15 所示，它一般由转向摇臂、转向直拉杆、转向节臂、两个转向梯形臂和转向横拉杆等组成。各杆件之间都采用球形铰链连接，并设有防止松动、缓冲吸振、自动消除磨损后间隙等的结构。

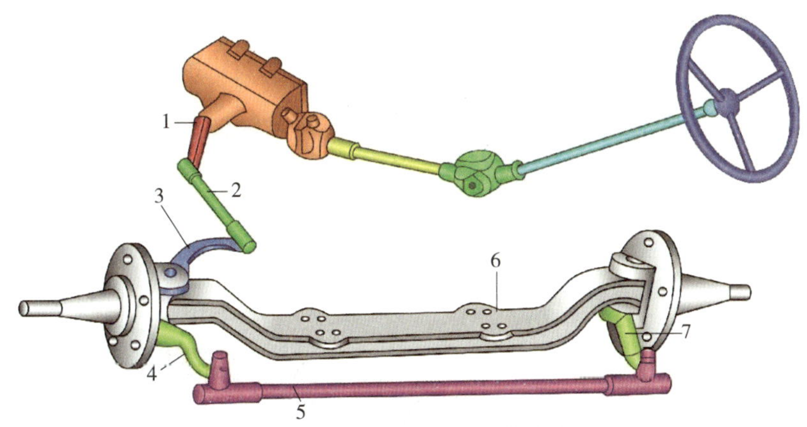

图 4-1-15 与非独立悬架配用的转向传动机构

1—转向摇臂 2—转向直拉杆 3—转向节臂 4—左转向梯形臂

5—转向横拉杆 6—前轴 7—右转向梯形臂

（1）转向摇臂

转向摇臂如图 4-1-16 所示。循环球式转向器和蜗杆曲柄指销式转向器通过转向摇臂与转向直拉杆相连。转向摇臂的大端用带锥度的三角形齿形花键与转向器中转向摇臂轴的外端连接，小端通过球头销与转向直拉杆作空间铰链连接。

（2）转向直拉杆

转向直拉杆如图 4-1-17 所示，它是转向摇臂与转向节臂之间的传动杆件，具有传力和缓冲作用。在转向轮偏转且因悬架弹性变形而相对于车架跳动时，转向直拉杆与转向摇臂及转向节臂的相对运动都是空间运动，为了不发生运动干涉，三者之间的连接件都是球形铰链。

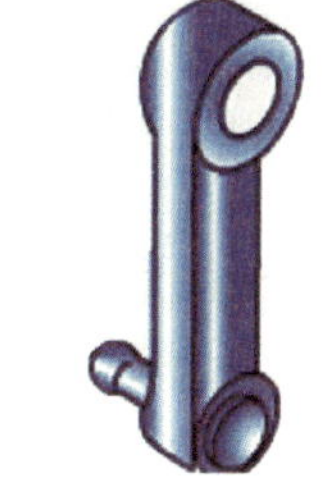

图 4-1-16 转向摇臂

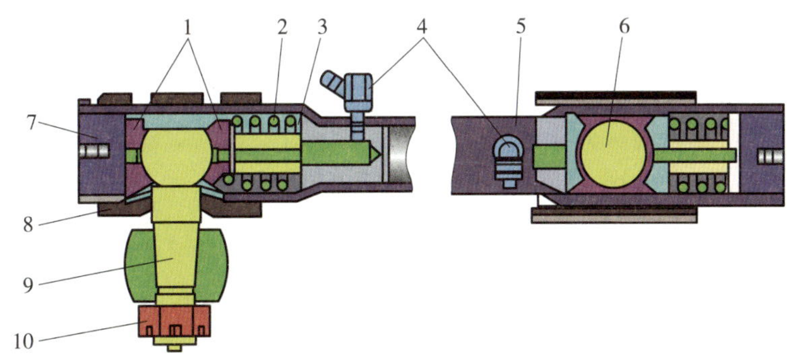

图 4-1-17 转向直拉杆

1—球头座 2—压缩弹簧 3—弹簧座 4—油嘴 5—直拉杆体

6—转向摇臂球头销 7—螺塞 8—橡胶防尘垫

9—球头销 10—螺母

（3）转向横拉杆

转向横拉杆如图 4–1–18 所示，其用钢管制成，两端切有螺纹，一端为右旋，另一端为左旋，与转向横拉杆接头连接。两端接头结构相同，接头的螺纹孔壁上开有轴向切口，故具有弹性，旋装到转向横拉杆杆体上后可用夹紧螺栓夹紧。旋松夹紧螺栓以后，转动转向横拉杆杆体，可改变转向横拉杆的总长度，从而调整转向轮前束。

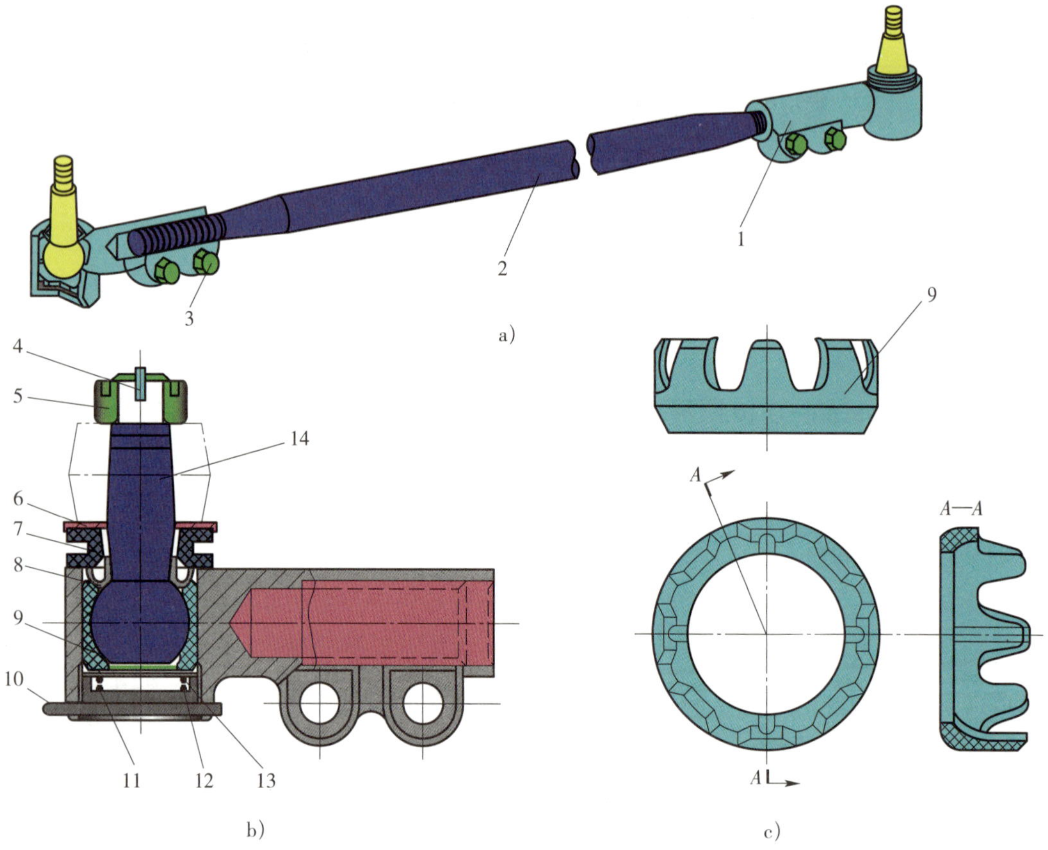

图 4–1–18　转向横拉杆

a）转向横拉杆　b）转向横拉杆接头　c）球头座

1—转向横拉杆接头　2—转向横拉杆杆体　3—夹紧螺栓　4—开口销　5—螺母　6—防尘垫座　7—防尘垫　8—防尘罩　9—球头座　10—限位销　11—螺塞　12—弹簧　13—弹簧座　14—球头销

在转向横拉杆两端的接头上都装有球头销等零件组成的球形铰链。球头销的球头部分被夹在上、下球头座内，球头座用聚甲醛制成，有较好的耐磨性。装配时，上、下球头座凹凸部分互相嵌合。弹簧通过弹簧座压向球头座，以保证两球头座与球头的紧密接触，并在球头和球头座磨损时能自动消除间隙，同时还起缓冲作用。弹簧的预紧力由螺塞调整。球形铰链上部有防尘罩，以防止尘土侵入。球头销的尾部锥形柱与转向梯形臂连接，并用螺母固定，以开口销锁紧。

（4）转向节臂和转向梯形臂

转向节臂和转向梯形臂如图 4-1-19 所示。转向直拉杆通过转向节臂与转向节相连，转向横拉杆两端经左、右转向梯形臂与转向节相连。转向节臂和转向梯形臂带锥形柱的一端与转向节锥形孔相配合，用键防止螺母松动。臂的另一端带有锥形孔，与相应的拉杆球头销锥形柱相配合，同样用螺母紧固后插入开口销锁住。

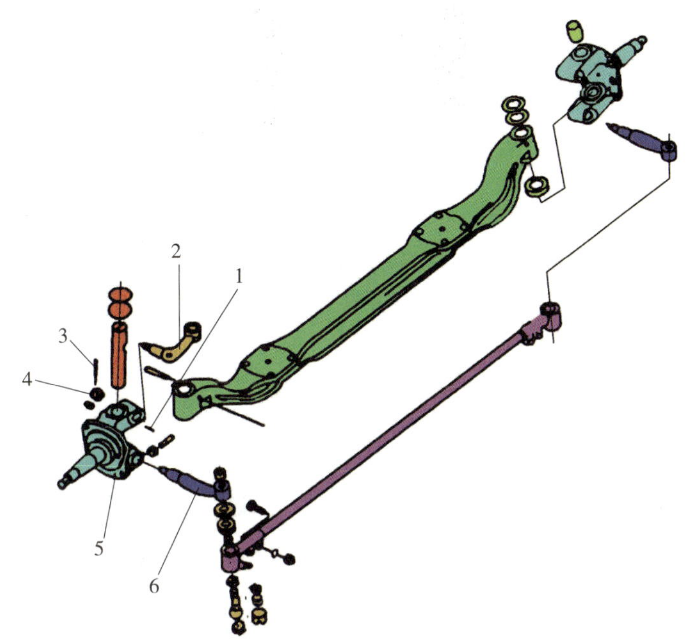

图 4-1-19　转向节臂和转向梯形臂

1—键　2—转向节臂　3—开口销　4—锁紧螺母　5—转向节　6—转向梯形臂

2. 与独立悬架配用的转向传动机构

当转向轮采用独立悬架时，由于每个转向轮都需要相对于车架（或车身）做独立运动，所以，转向桥必须是断开式的。与此同时，转向传动机构中的转向梯形机构也必须分成两段或三段。图 4-1-20 所示为与独立悬架配用的转向传动机构。图 4-1-20a、图 4-1-20b 所示的机构与循环球式转向器配用，图 4-1-20c、图 4-1-20d 所示的机构与齿轮齿条式转向器配用。

某大众轿车的转向器与转向横拉杆如图 4-1-21 所示。转向齿条一端输出动力，输出端铣有平面并钻孔，用两个螺栓与转向支架连接。转向支架下端的两个孔分别与左、右转向横拉杆总成的内端相连。左、右转向横拉杆外端的球头销分别与左、右转向节臂连接。通过调节杆 A、调节杆 B 可以改变两根转向横拉杆总成的长度，以调节前束。

为了避免转向轮的摆振，减缓传到转向盘上的冲击和振动，转向器上还装有转向减振器。转向减振器缸筒固定在转向器壳体上，其活塞杆端经转向减振器支架与转向齿条连接。

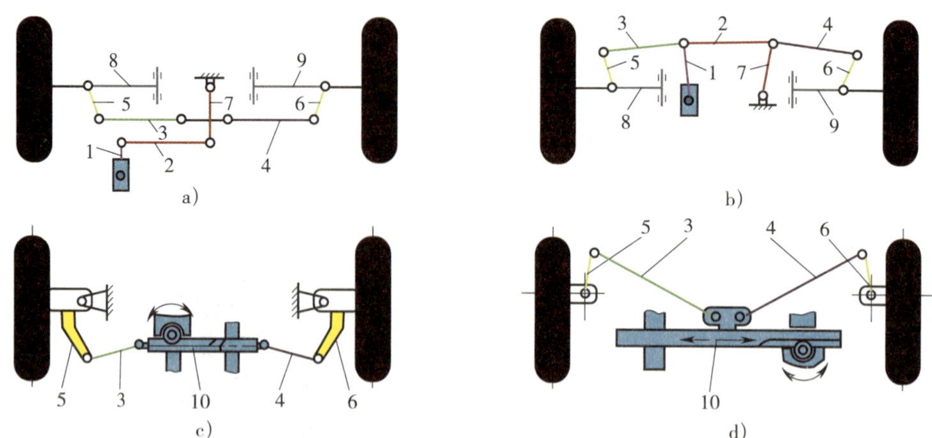

图 4-1-20　与独立悬架配用的转向传动机构

1—转向摇臂　2—转向直拉杆　3—左转向横拉杆　4—右转向横拉杆　5—左转向梯形臂
6—右转向梯形臂　7—摇杆　8—悬架左摆臂　9—悬架右摆臂　10—齿轮齿条式转向器

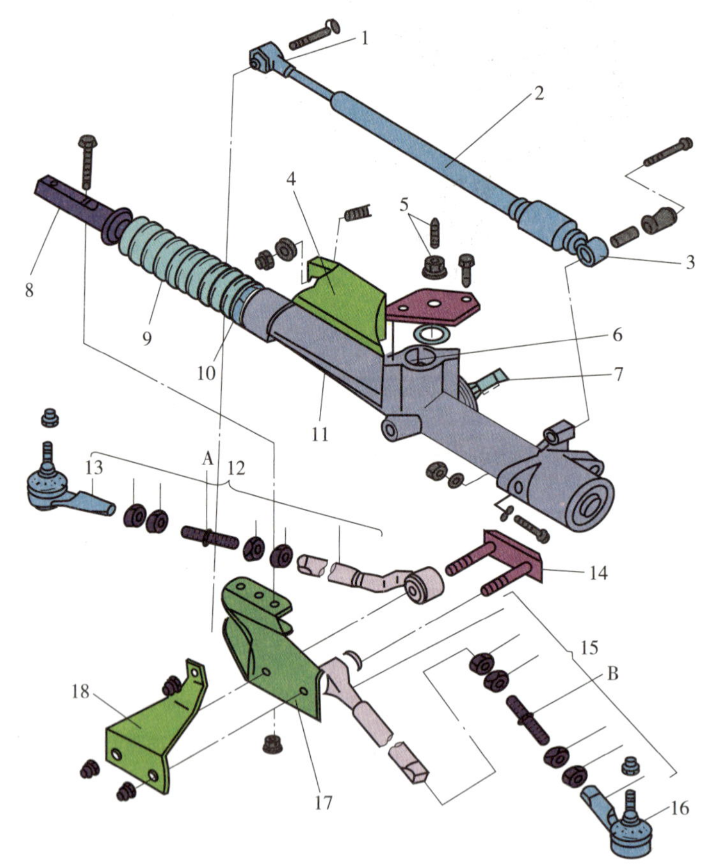

图 4-1-21　某大众轿车的转向器与转向横拉杆

1—转向减振器活塞杆端　2—转向减振器　3—转向减振器缸筒　4—转向器壳体凸台　5—锁紧螺母与调整螺栓
6—补偿弹簧　7—转向齿轮轴　8—转向齿条输出端　9—防尘罩　10—卡箍　11—转向器壳体　12—右转向横拉杆总成
13—右转向横拉杆球头销　14—连接件　15—左转向横拉杆总成　16—左转向横拉杆球头销
17—转向支架（转向齿条与转向横拉杆连接件）　18—转向减振器支架　A、B—调节杆

任务实施

一、任务准备

根据任务要求，准备所需的设备、工具和资料。

1. 设备：举升机、实训车辆、工作台等。

2. 工具：指针式扭力扳手、可调式扭力扳手、球形万向节按压器、角度仪、套筒、卡簧钳、拉拔工具、软尺、头灯、手套、安全帽、车内防护四件套、翼子板布、车轮挡块、举升机垫块等。

3. 资料：车辆维修手册、学习工作页等。

二、实施步骤

1. 转向操纵机构的拆装

图 4-1-22 所示为转向操纵机构。

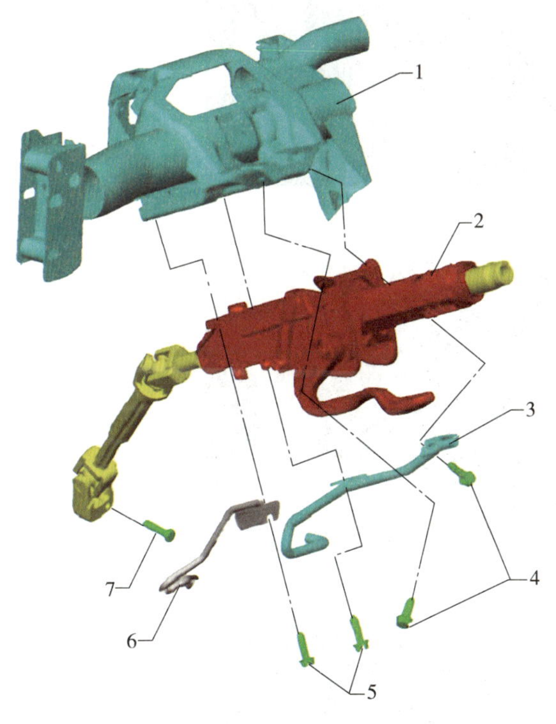

图 4-1-22 转向操纵机构

1—带有支撑座的装配支架 2—转向柱 3—制动踏板碰撞支撑

4、5、7—螺栓 6—离合器踏板碰撞支撑

（1）转向操纵机构的拆卸（见表 4-1-1）

表 4-1-1　　转向操纵机构的拆卸

步骤	图示	说明
1		使车轮处于正前打直位置，断开蓄电池接地线，向下拉转向柱侧面的拨杆，直至解锁位置
2		尽可能向下翻转转向柱并将其拔出，将转向柱侧面的拨杆重新向上推到锁止位置
3		拆卸安全气囊单元。静电可能导致意外触发安全气囊。可以通过短暂地接触车门锁止楔来放电。存放已拆下的安全气囊单元时，带软垫的一侧应朝上
4		做转向盘与转向轴定位标记，拆卸转向盘

续表

步骤	图示	说明
5		拆下转向柱的接地线紧固螺母，断开转向柱开关连接插头
6	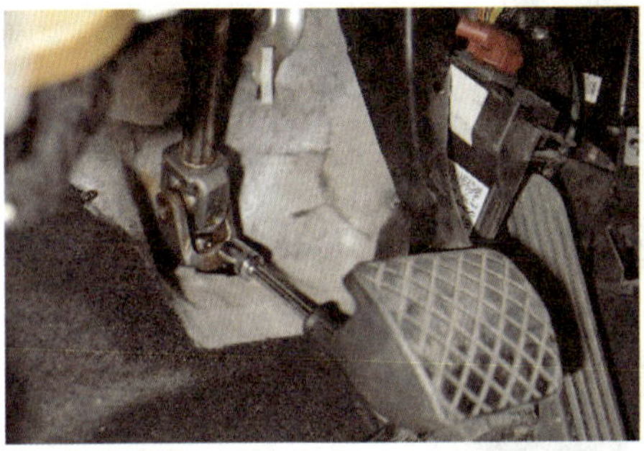	拆卸转向柱下方的脚部空间出风口。拧出脚部空间饰板固定螺母，并拆下脚部空间饰板。拧下万向节轴颈的螺栓，并拔下万向节轴颈
7		拧下转向柱支撑座固定螺栓，取出制动踏板碰撞支撑
8		稍微降下转向柱，然后小心地向上从仪表台中取出转向柱支撑座及转向柱

（2）转向操纵机构的安装

转向操纵机构的安装过程按与拆卸过程的相反顺序进行，但应注意以下几点：

1）转向柱作为配件只能整套供应，无法进行维修。

2）必须在中间位置拆卸和安装转向盘（车轮位于直线行驶位置）。

3）如果转向盘倾斜，则必须重新拆下转向盘并调整转向柱的花键。

4）注意保证转向柱支撑座正确的安装位置，并按规定力矩紧固螺栓。

2. 齿轮齿条式转向器的拆装

（1）齿轮齿条式转向器的拆解（见表 4–1–2）

表 4–1–2　　齿轮齿条式转向器的拆解

步骤	图示	说明
1		拆卸补偿器，拧下紧固螺柱、锁紧螺母及调整螺栓，取下 O 形密封圈及调整弹簧
2		拆卸转向齿轮密封环、卡簧
3		拆卸转向齿轮轴承，取出转向齿轮
4		拆卸齿条杆的防尘罩、挡圈、密封圈

续表

步骤	图示	说明
5		抽出转向齿条，并做行程记号

（2）齿轮齿条式转向器的装配

装配的过程与拆解的过程顺序相反，但需注意以下点：

1）转向器装配后，应检查转向齿轮与转向齿条间隙。调整时，松开锁紧螺母，拧紧调整螺栓至止推垫圈挡块为止，再拧紧锁紧螺母。

2）组装正确的转向器可用手直接转动转向齿轮。转向器啮合间隙的调整，应在车轮着地且处于直行状态下进行，向里旋补偿装置调整螺钉，直至螺钉与压块相接触。此时，转向齿轮应处于间隙变小状态，且转动灵活，调整合适后拧紧锁紧螺母，如图 4-1-23 所示。

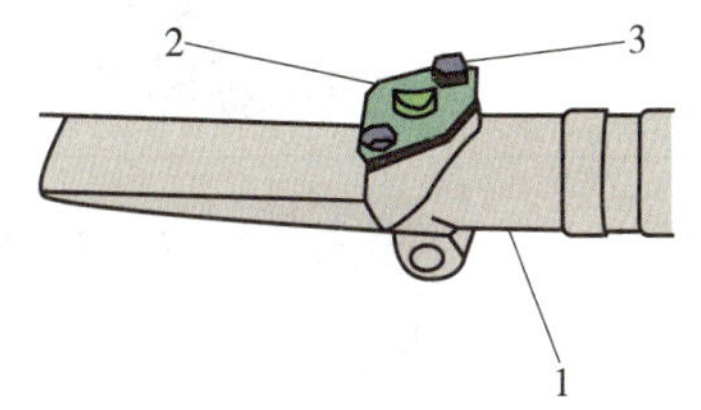

图 4-1-23　补偿装置的调整

1—转向器　2—调整螺钉　3—锁紧螺母

3. 循环球式转向器的拆装

（1）循环球式转向器的拆解（见表 4-1-3）

表 4-1-3　　循环球式转向器的拆解

步骤	图示	说明
1		将转向摇臂轴转到中间位置，在转向垂臂和扇形齿轮轴上做好记号
2		取下齿轮轴螺母及弹簧垫圈，使用专用拉拔工具拆下转向垂臂

续表

步骤	图示	说明
3		拧下侧盖的紧固螺栓，用软质锤或铜棒轻轻敲打转向摇臂轴端头，取出侧盖和转向摇臂轴总成
4		拆下转向器底盖，从壳体中取出转向螺杆及转向螺母总成
5		转向螺杆及转向螺母总成如无异常现象，尽量不要解体。如必须解体，可先拆下导管夹固定螺钉，拆下导管夹，再取出导管
6	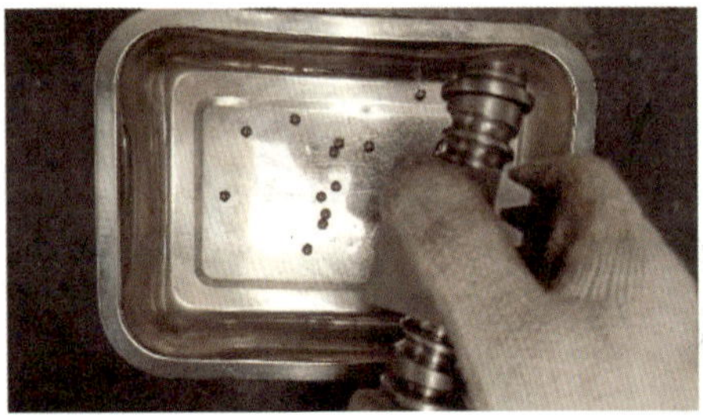	握住转向螺母，缓慢地转动转向螺杆，排出全部钢球

（2）循环球式转向器的装配

装配按与拆解相反的顺序进行。装配时必须注意下列事项：

1）在轴套、轴承和油封上涂多用途润滑脂。

2）每个滚道放约 36 个钢球，其余 24 个钢球分装于两个导管里，并将导管两端涂少量润滑脂插入转向螺母的导管孔中。

3）在垫圈和端盖上涂密封胶。

4. 与独立悬架配用转向传动机构的拆装

（1）转向传动机构的拆卸（见表 4–1–4）

表 4-1-4 转向传动机构的拆卸

步骤	图示	说明
1		将转向盘旋转到直线行驶位置，松开车轮固定螺栓，升高汽车，拆下车轮
2		固定住转向横拉杆接头，使用扳手松开转向横拉杆固定螺母
3		松开转向横拉杆接头螺母，但不要拧下
4	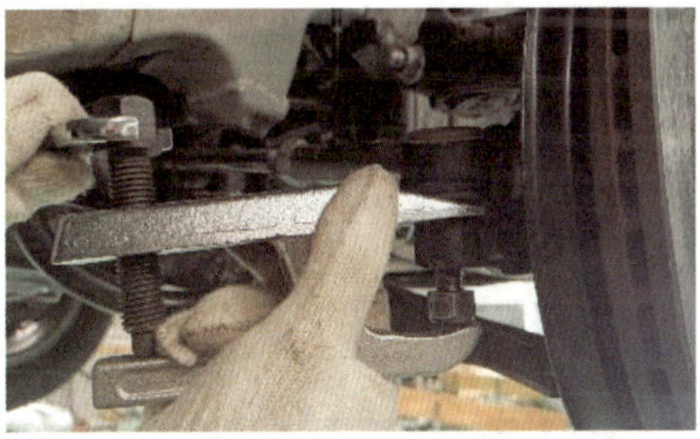	用球形万向节按压器从车轮轴承支座中压出转向横拉杆球头，并拧下螺母
5		拧下转向横拉杆接头

续表

步骤	图示	说明
6		用软管卡箍钳松开防尘罩上的弹簧卡箍，并将弹簧卡箍放置到转向横拉杆上。从转向器壳体上拔下橡胶防尘罩
7		拧下转向横拉杆

（2）转向传动机构的安装

安装按与拆卸相反的顺序进行。安装时必须注意下列事项：

1）不得用油脂润滑齿条。

2）更换新的卡箍和橡胶防尘套，安装在转向横拉杆上。

3）转向横拉杆拧入转向横拉杆接头中，直至达到尺寸 a（参考维修手册），如图 4-1-24 所示。

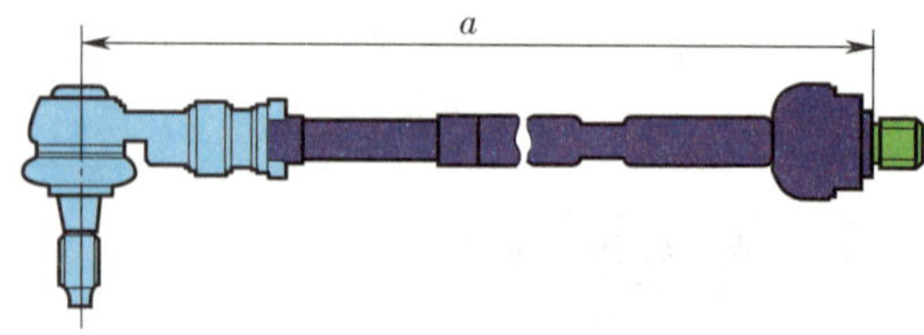

图 4-1-24　转向横拉杆尺寸调整

4）用少量油脂涂抹橡胶防尘套连接转向横拉杆和转向器壳体的密封处。

5）安装完成后需对车辆做四轮定位调整。

任务 2　液压动力转向系的结构与维修

学习目标

1. 会描述液压动力转向系的部件组成、结构和作用。

2. 能分析液压动力转向系的工作原理。

3. 能够小组合作，在教师指导下，规范完成液压动力转向系的检查、维护、调整，并严格执行“8S”管理规定。

任务描述

一辆轿车进厂维修，客户反映在转向时转向沉重。经班组长检查后，判断为液压动力转向系漏油故障，需要进行维修。

你作为一名维修工，在班组长的安排下领取液压动力转向系故障维修任务，通过小组合作、查阅资料，在规定时间内完成车辆液压动力转向系的检查、维护、调整工作，并通过验收后交车。

相关知识

一、液压动力转向系的组成和工作原理

汽车上安装动力转向系，是为了减轻驾驶员的疲劳，增强转向机构的轻便性和灵活性。液压动力转向系是以液体的压力作为转向动力源的。汽车在转向时，大部分动力是由发动机带动液压泵旋转，将油液转变成具有一定压力的液压油，从而输送到转向器的转向动力缸中的。

液压动力转向系按液流形式可以分为常流式和常压式（常压式目前应用比较少），按转向控制阀的运动方式又可以分为滑阀式和转阀式。

1. 液压常流滑阀式动力转向系（主要用于大型货车和客车）

图 4-2-1 所示为汽车单滑阀整体式动力转向装置。该转向装置主要由转向油罐、转向油泵、整体式动力转向器、转向摇臂等组成。

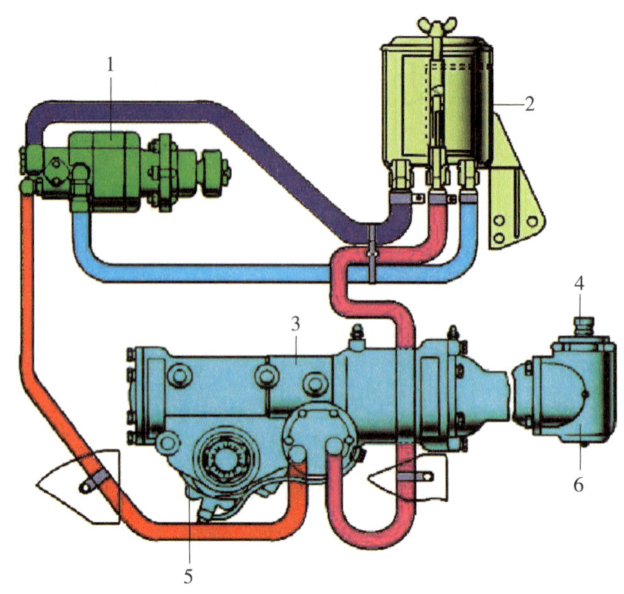

图 4-2-1　汽车单滑阀整体式动力转向装置

1—转向油泵　2—转向油罐　3—整体式动力转向器　4—输入轴　5—转向摇臂　6—锥齿轮

图 4-2-2 所示为液压常流滑阀式动力转向系的工作原理。汽车直线行驶时的工作情况如图 4-2-2c 所示，滑阀依靠装在阀体内的定中弹簧（即回位弹簧）保持在中间位置。由转向油泵输出的工作油液，一部分从滑阀和阀体环槽边缘的环形缝隙进入转向动力缸的左、右腔室，另一部分通过回油管回到转向油罐。这时，油路保持畅通，转向油泵的负荷很小，油压处于低压状态。

开始转动转向盘时，因为转向阻力很大，转向螺母保持不动。当转向盘施加的力使转向螺杆所受轴向力大于定中弹簧的预紧力和反作用柱塞上的油压作用力时，转向螺杆连同滑阀产生轴向移动。其移动方向决定于转向盘转动的方向，从而使油路发生变化。

汽车向右转向时的工作情况如图 4-2-2a 所示。左旋转向螺杆按顺时针方向转动，转向螺杆和滑阀向右做轴向移动。此时转向动力缸左腔室（L 腔）通过控制阀腔与进油道相通，而右腔室（R 腔）通过控制阀腔与回油道相通。转向动力缸左腔室在油压作用下推动活塞向右移动，转向垂臂便以其在壳上的支点为轴线做逆时针转动，从而使转向螺母也随着转向螺杆的转动向左移动，同时转向直拉杆向右带动转向轮。

在转向盘和转向螺杆顺时针方向转动过程中，上述的油压一直存在。当转向盘转过一定角度而保持不动时，转向螺母便不能继续相对于转向螺杆左移。但此时转向动力缸中活塞在油压作用下继续向右移动，从而带动转向螺母、转向螺杆和滑阀一起左移，直到滑阀位于中间稍偏右的位置。此时活塞的推力与回正力矩相平衡，动力转向系停止工作，转向轮不再继续偏转，而保持已转过的转向角度。由此可见，采用动力转向系后，转向轮偏转的开始和终止都较转向盘略滞后一些。

汽车向左转向时的工作情况类似，如图 4-2-2b 所示。此时滑阀左移，与汽车向右转向时转向动力缸加力方向相反。

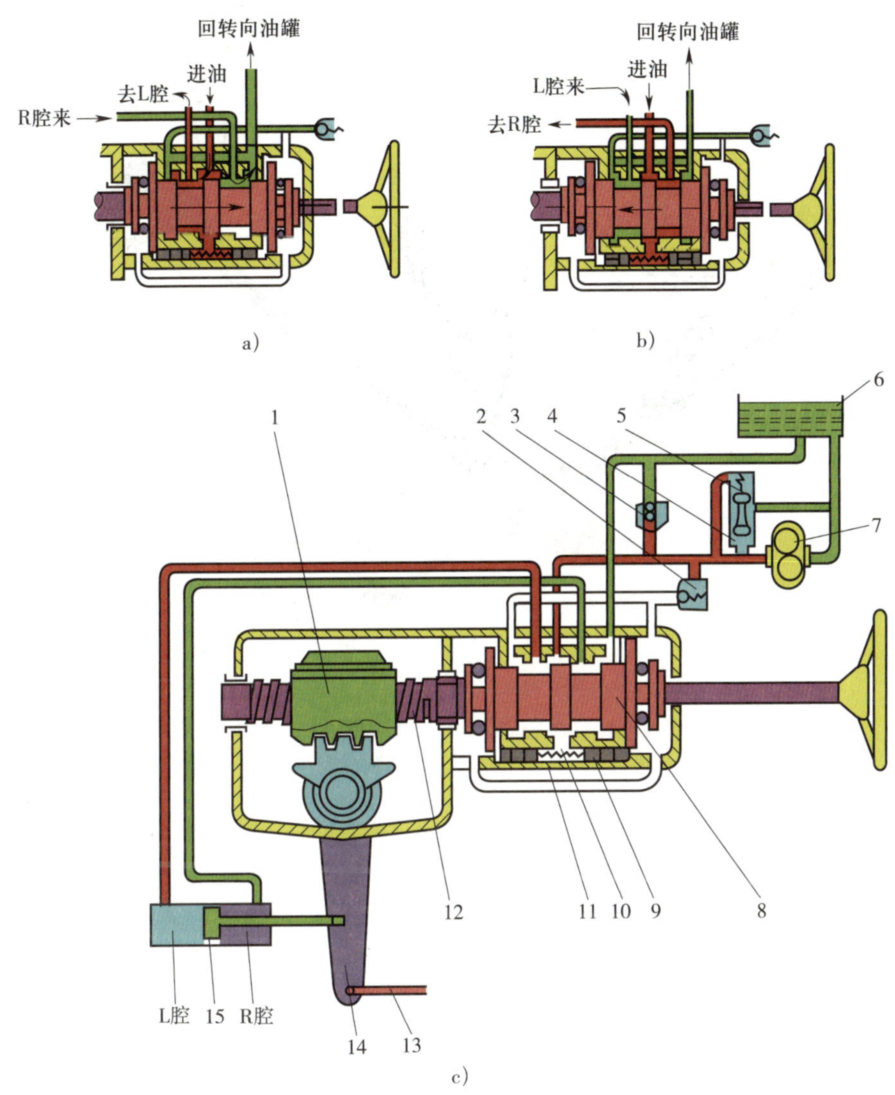

图 4-2-2　液压常流滑阀式动力转向系的工作原理

a）向右转向时　b）向左转向时　c）直线行驶时

1—转向螺母　2—单向阀　3—安全阀　4—量孔　5—溢流阀　6—转向油罐　7—转向油泵　8—滑阀　9—反作用柱塞　10—回位弹簧　11—滑阀阀体　12—转向螺杆　13—转向直拉杆　14—转向摇臂　15—转向动力缸

2. 液压常流转阀式动力转向系（主要用于轿车等小型车辆）

图 4-2-3 所示为液压常流转阀式动力转向系（循环球式转向器）。其中属于动力转向系的部件有转向油泵、油管、转向油罐以及位于整体式动力转向器内部的转向控制阀

及转向动力缸等。当驾驶员转动转向盘时，转向摇臂摆动，通过转向直拉杆、转向横拉杆、转向节臂，使转向轮偏转，从而改变汽车的行驶方向。与此同时，转向器输入轴还带动转向器内部的转向控制阀转动，使转向动力缸产生液压作用力，帮助驾驶员实现转向操纵。

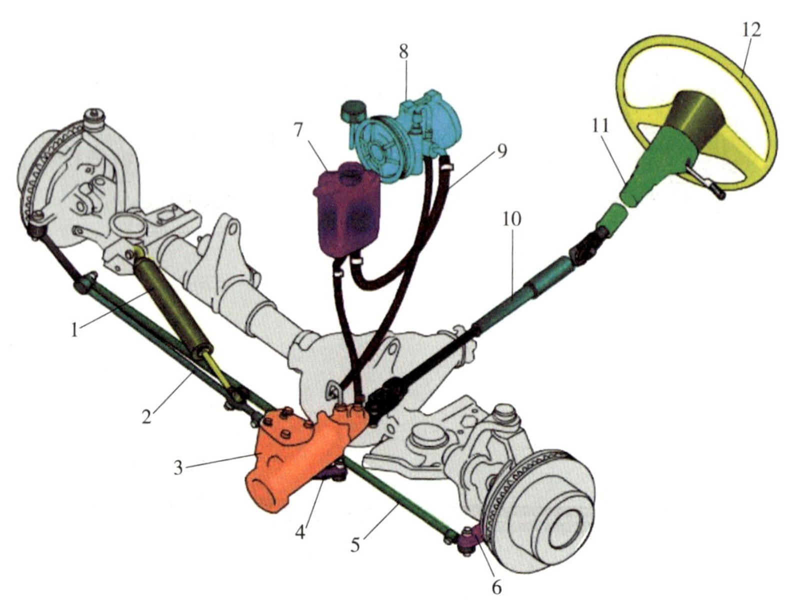

图 4-2-3　液压常流转阀式动力转向系（循环球式转向器）

1—转向减振器　2—转向直拉杆　3—整体式动力转向器　4—转向摇臂
5—转向横拉杆　6—转向节臂　7—转向油罐　8—转向油泵
9—油管　10—转向传动轴　11—转向轴　12—转向盘

液压常流转阀式动力转向系的工作原理如图 4-2-4 所示。

当汽车直线行驶时，转阀处于中间位置，如图 4-2-5a 所示。工作油液从转向器壳体的进油孔流到阀体的中间油环槽中，经过其槽底的通孔进入阀体和阀芯之间，此时阀芯处于中间位置。进入的油液分别通过阀体、阀芯纵槽和槽肩形成的两边相等的间隙，再通过阀芯的纵槽以及阀体的径向孔流向阀体外圆上、下油环槽，通过壳体油道流到动力缸的左转向动力腔和右转向动力腔。流入阀体内腔的油液在通过阀芯纵槽流向阀体上油环槽的同时，通过阀芯槽肩上的径向油孔流到转向螺杆和输入轴之间的空隙中，从回油口经油管回到油罐中去，形成常流式油液循环。此时，上、下腔油压相等且很小，齿条活塞既没有受到转向螺杆的轴向推力作用，也没有受到上、下腔因压力差造成的轴向推力作用。齿条活塞处于中间位置，动力转向器不工作。

向左转向时（右转向与此正相反），转动转向盘，短轴逆时针转动，通过下端轴销带动阀芯同步转动，同时弹性扭杆也通过轴盖、阀体上的销子带动阀体转动，阀体通过缺口和销子带动转向螺杆旋转，但由于转向阻力的存在，促使扭杆发生弹性扭转，造成

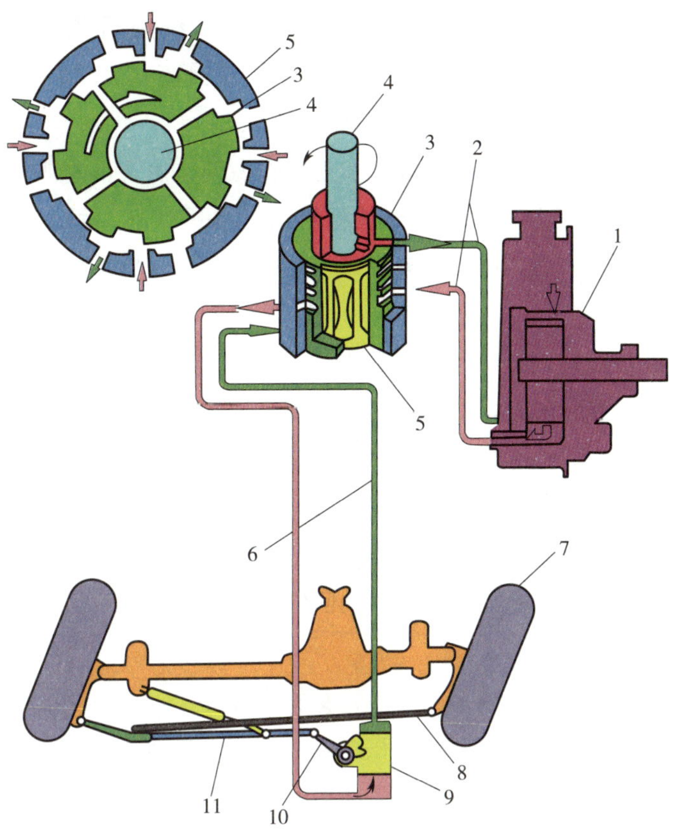

图 4-2-4　液压常流转阀式动力转向系的工作原理

1—转向油泵　2、6—油管　3—阀体　4—扭杆　5—阀芯　7—车轮
8—转向拉杆　9—转向动力缸　10—转向摇臂　11—转向横拉杆

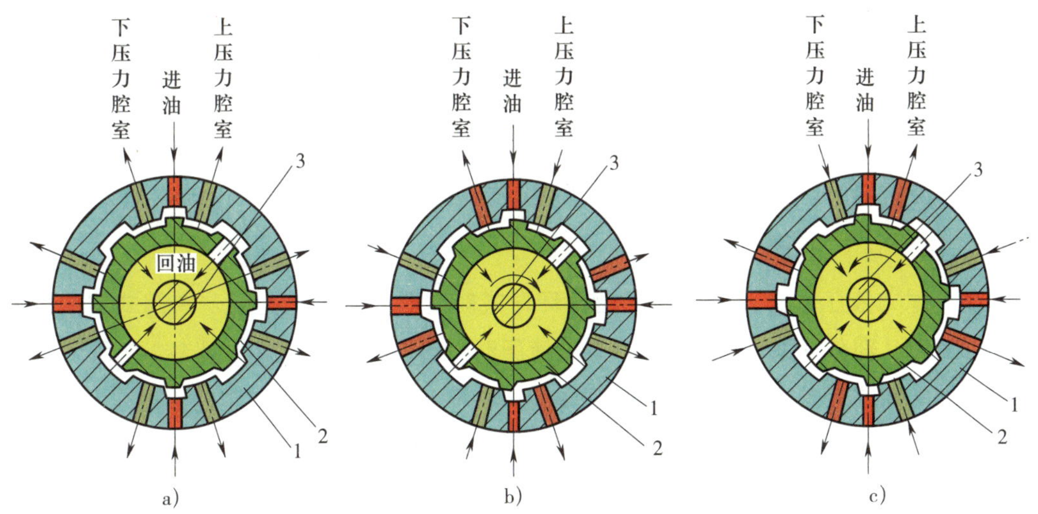

图 4-2-5　转向控制阀阀体与转阀断面相对位置

a）直线行驶时　b）向右转向时　c）向左转向时
1—阀体　2—转阀　3—扭杆

阀体转动角度小于阀芯的转动角度，两者产生相对角位移。通下腔的进油缝隙减小（或关闭），回油缝隙增大，油压降低；上腔正相反，油压升高，上、下动力腔产生油压差，齿条活塞在油压差的作用下移动，产生助力作用。

转向盘转动后停在某一位置，在液力和扭杆弹力的作用下，阀体随转向螺杆沿转向盘转动方向旋转一个角度，使之与滑阀的相对角位移量减小，上、下动力腔油压差减小，但仍有一定的助力作用，使助力转矩与车轮的回正力矩相平衡，车轮维持在某一转角位置上。

在转向过程中，若转向盘转动的速度快，则阀体与阀芯的相对角位移量也大，上、下动力腔的油压差也相应加大，前轮偏转的速度也加快；若转向盘转动得慢，则前轮偏转得也慢；若转向盘转到某一位置上不动，则前轮也偏转到某一位置上不变。此即“快转快助，大转大助，不转不助”原理。

转向后需回正时，驾驶员放松转向盘，阀芯在弹性扭杆作用下回到中间位置，失去助力作用，转向轮在回正力矩的作用下自动回位。若驾驶员同时回转转向盘，转向助力器助力，帮助车轮回正。

当汽车直线行驶遇到外界阻力使转向轮发生偏转时，阻力矩通过转向传动机构、转向螺杆、转向螺杆与阀体的锁定销作用在阀体上，使之与阀芯之间产生相对角位移，动力缸上、下腔油压不等，产生与转向轮转向相反的助力作用，转向轮迅速回正，保证汽车直线行驶的稳定性。

当液压动力转向系失效后，该动力转向器将变成机械转向器。动力传递路线与机械转向系完全一致。

二、液压动力转向系的主要部件

1. 齿轮齿条式液压动力转向器

图 4-2-6 所示为齿轮齿条式液压动力转向器，由转阀、齿轮齿条式转向器和转向动力缸等组成，转向动力缸的动力直接作用在转向齿条上，转向齿条的动力由一端输出。

2. 循环球式液压动力转向器

循环球式液压动力转向器主要由循环球式转向器、转向动力缸、转阀式转向控制阀、卸荷阀、部分管路等组成。循环球式液压动力转向器零件分解如图 4-2-7 所示。

（1）转阀式转向控制阀是控制液压油流向、实现转向助力的控制元件，它主要由阀体、阀套、扭杆组成，扭杆通过销钉上端与输入轴相连，扭杆与阀套内腔构成四条油道，两条通齿条活塞下腔，两条通上腔。

（2）卸荷阀的作用是当汽车转向到一定角度时，活塞运动到某一位置，卸荷阀打开，使活塞上、下腔室相通，齿条活塞上、下压差降低，降低转向器各元件上的负荷。

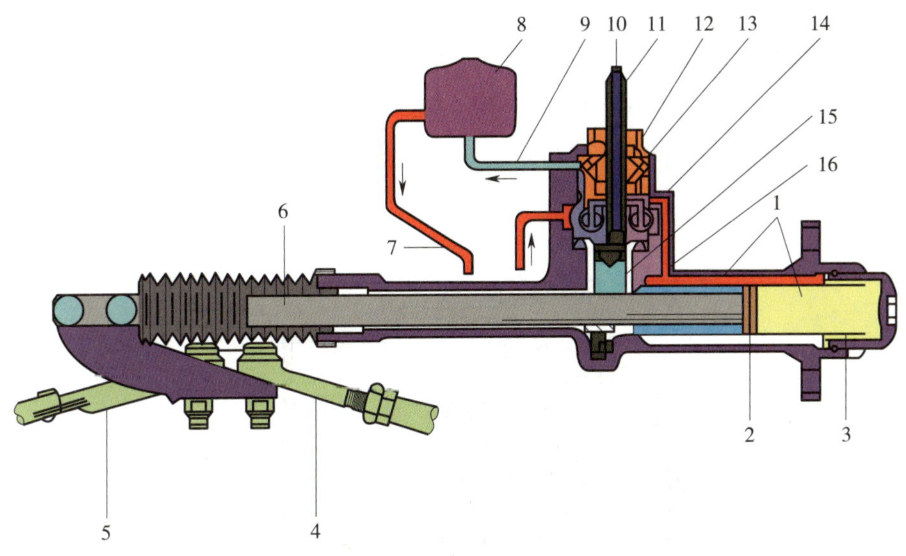

图 4-2-6　齿轮齿条式液压动力转向器

1—压力腔　2—活塞　3—转向动力缸　4—左转向横拉杆　5—右转向横拉杆　6—转向齿条
7—进油管　8—转向油罐　9—回油管　10—转向齿轮　11—扭杆　12—分配阀
13—右阀芯　14—左阀芯　15—活塞右腔进油管　16—活塞左腔进油管

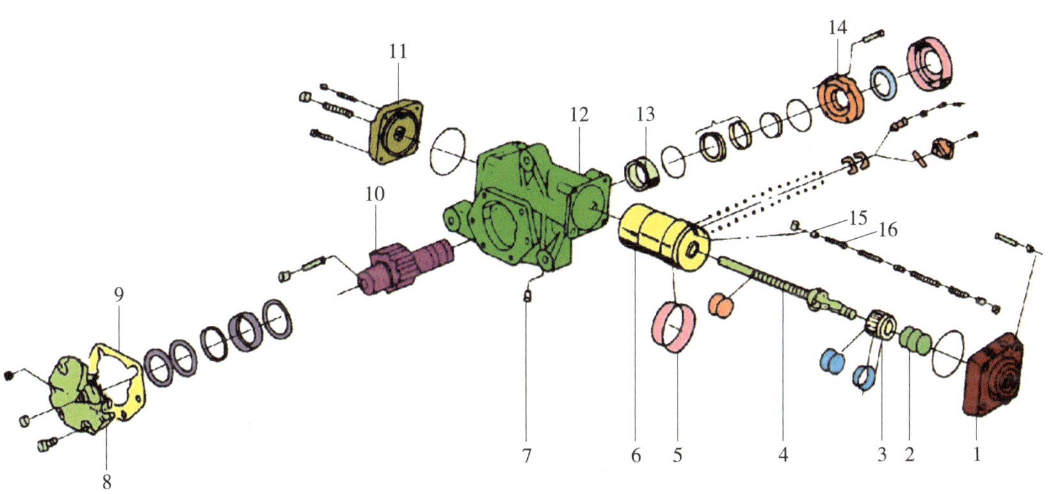

图 4-2-7　循环球式液压动力转向器零件分解

1—阀体　2—轴承止推片　3—阀套　4—扭杆　5—密封环及 O 形密封圈　6—齿条活塞
7—排气螺钉　8—侧盖　9—垫片　10—转向摇臂轴　11—下盖　12—壳体
13—滚针轴承　14—转向摇臂轴盖　15—卸荷阀盖　16—卸荷阀杆

（3）排气系统在转向器靠近输入轴一侧装有排气螺钉，用于排除液压缸中的空气，并且此螺钉孔与回油道相通。

3. 转向油泵

转向油泵的作用是将发动机输入的机械能转化为液压能向外输出。转向油泵的类型主要有齿轮式、转子式和叶片式等。图 4-2-8 所示为叶片式转向油泵的结构，它主要由定子、转子及叶片等组成。定子具有圆柱形内表面，转子上均布着径向切槽。矩形叶片安装在转子槽内，并且可在转子槽内滑动。矩形叶片两端与配油盘端面滑动配合，形成由转子外表面、定子内表面、叶片和配油盘组成的密封工作腔。

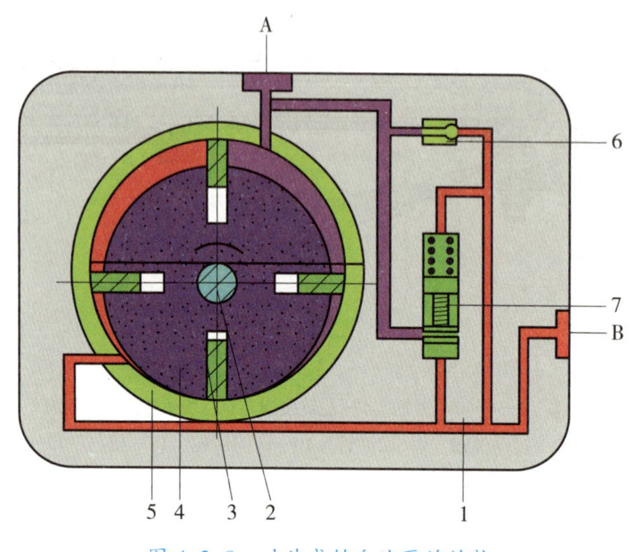

图 4-2-8 叶片式转向油泵的结构

1—节流孔 2—转子轴 3—叶片 4—转子 5—定子 6—限压阀
7—流量控制阀 A—进油口 B—出油口

4. 转向油罐

转向油罐的作用是储存、滤清并冷却液压动力转向系的工作油液。转向油罐一般是单独安装的，也有的安装在转向油泵上。图 4-2-9 所示为转向油罐的结构。中心油管接头座专门用以连接转向控制阀的回油管路。另外两个油管接头座则分别连接转向油泵的进油管和分置式动力转向器的漏泄回油管路。中心油管接头座下部有滤芯密封圈，上部旋装着中心螺柱，滤芯套装在中心螺柱上，而且由锁销限位的弹簧压住。罐盖靠蝶形螺母压紧。

5. 转向控制阀

（1）滑阀式转向控制阀

阀体沿轴向移动来控制油液流量的转向控制阀，称为滑阀式转向控制阀，简称为滑阀。图 4-2-10 所示为滑阀的结构。

（2）转阀式转向控制阀

阀体绕其轴线转动来控制油液流量的转向控制阀，称为转阀式转向控制阀，简称为转阀。图 4-2-11 所示为转阀的结构（直线行驶状态）。

5
6
7
8
4
3
9
10
11
12
13
14
2
1
15
16

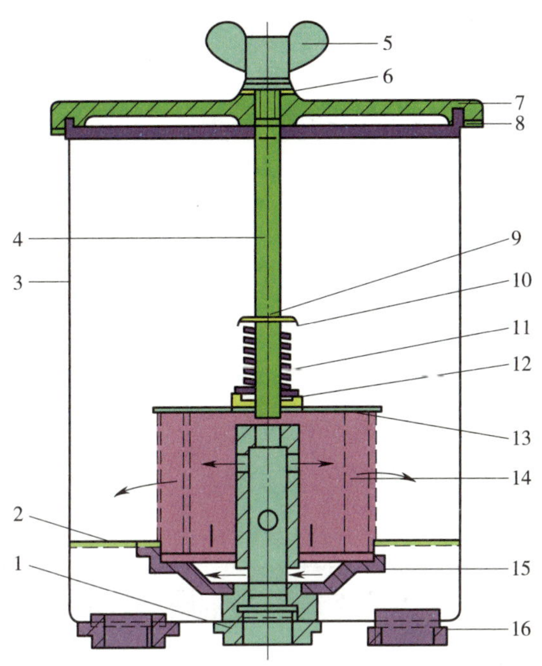

图 4-2-9　转向油罐的结构

1—中心油管接头座　2—滤网片　3—罐体　4—中心螺柱　5—蝶形螺母　6—垫圈
7—罐盖　8—罐盖密封环　9—锁销　10、12—弹簧座　11—弹簧
13—橡胶密封垫圈　14—滤芯　15—滤芯密封圈　16—油管接头座

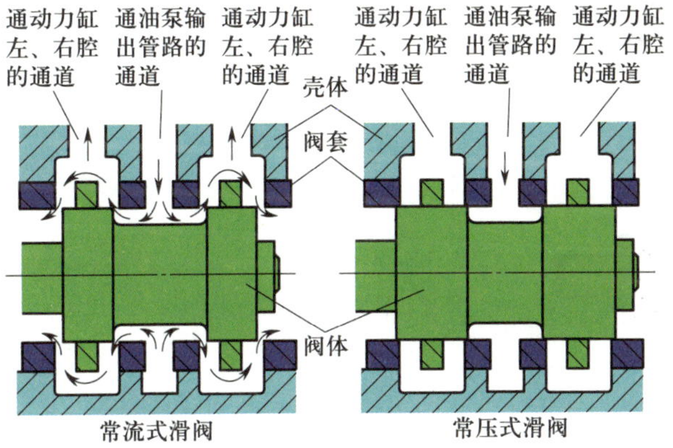

通动力缸左、右腔的通道
通油泵输出管路的通道
通动力缸左、右腔的通道
壳体
阀套
通动力缸左、右腔的通道
通油泵输出管路的通道
通动力缸左、右腔的通道
阀体
常流式滑阀
常压式滑阀

图 4-2-10　滑阀的结构

转向
油泵

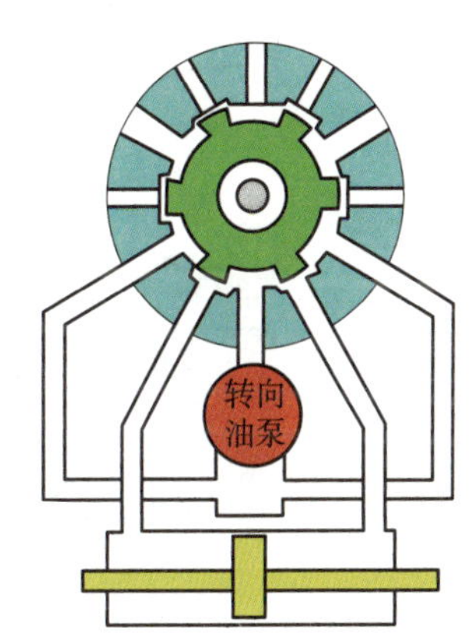

图 4-2-11　转阀的结构（直线行驶状态）

任务实施

一、任务准备

根据任务要求，准备所需的设备、工具和资料。

1. 设备：举升机、实训车辆、工作台等。

2. 工具：软管夹紧器、指针式扭力扳手、可调式扭力扳手、角度仪、套筒、轮胎扳手、头灯、手套、安全帽、车内防护四件套、翼子板布、车轮挡块、举升机垫块等。

3. 资料：车辆维修手册、学习工作页等。

二、实施步骤

1. 液压动力转向器的拆装

（1）液压动力转向器的拆卸（见表 4–2–1）

拆卸转向器前需做好如下准备工作：拆下蓄电池、驾驶员侧的杂物箱；使转向盘位于中间位置；若有点火开关钥匙，在转向盘处于中间位置时将其取出；转向盘少量移动，使得转向挡锁锁上，将转向柱固定，防止脱开。

表 4–2–1　液压动力转向器拆卸

步骤	图示	说明
1		旋下万向节上的螺母 1，按顺时针方向转动紧固螺栓，并取出螺栓
2		向下摇动万向节，直至万向节与转向器齿轮轴脱离
3		用软管夹紧器夹住进油管和出油管

续表

步骤	图示	说明
4		拆下前车轮，拆下六角螺栓 1 和螺栓 2，拉出转向横拉杆的球头销
5		将废油盘放在汽车下面，从转向器上拆掉回油软管的空心螺栓，拆掉压力软管的空心螺栓
6		拆掉转向器的紧固螺栓，通过左轮壳处取出转向器

（2）液压动力转向器的检修

液压动力转向器的结构如图 4-2-12 所示，一般情况下，动力转向的转向器不予修理。如果出现故障，可用压力试验或故障查找程序找出故障原因。

（3）液压动力转向器的安装

按照与拆卸相反的顺序，将各部件装复回位，但需注意：

1）安装转向器前，需进行转向器对中心，如图 4-2-13 所示。在安装好的转向器上对中心也是可能的，但是很困难。

2）用转向器油脂涂抹转向齿条。

3）检查液压油的油位。

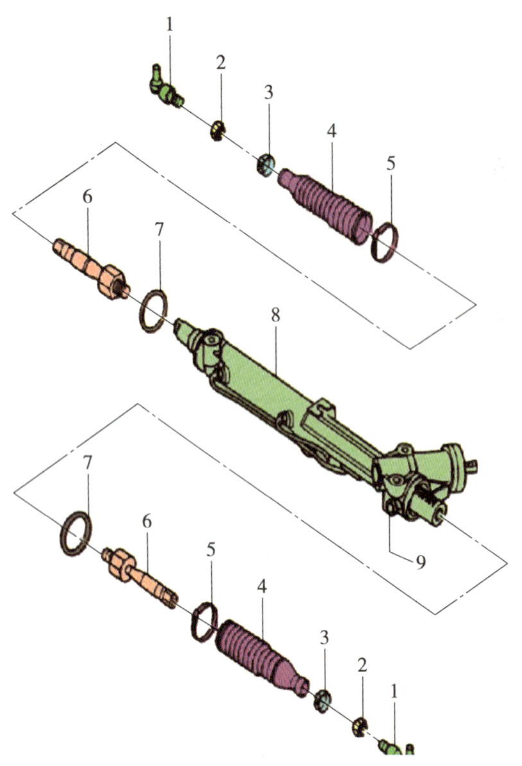

图 4-2-12　液压动力转向器的结构

1—横拉杆球头销　2—六角螺母　3—夹紧卡箍
4—波纹管　5—夹紧卡箍　6—带方向节的横拉杆
7—O 型圈（更换）　8—液压动力转向器
9—内六角螺栓

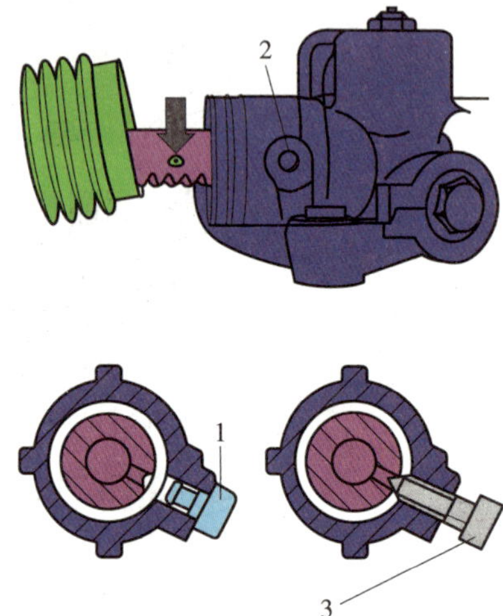

图 4-2-13　转向器对中心

1—螺栓　2—定位孔
3—专用工具 V.A.G 1907

4）检查转向系的密封性。

5）进行转向系排气。

6）进行车轮定位调整。

2. 液压动力转向系的检查

（1）转向油油位的检查（见表 4-2-2）

表 4-2-2　　转向油油位的检查

步骤	图示	说明
1		将发动机熄火，前轮处于直线行驶位置

续表

步骤	图示	说明
2		拧下转向油罐的罐盖，用干净的抹布擦拭油尺，用手拧紧罐盖并重新拧下（当无油尺时，刻度在转向油罐上）。当油处于冷状态时，油位必须位于MIN标志附近（在标志之上或之下2 mm）；当油处于工作温度状态时，油位必须位于MIN和MAX标志之间
3		如果油位在规定范围之上，必须将油抽出；如果油位低于规定的范围，必须检查系统是否漏油，然后添加至规定值

（2）转向油的更换（见表4-2-3）

表4-2-3　　　　转向油的更换

步骤	图示	说明
1		使用举升机举升车辆到合适高度，拧下转向油罐的罐盖
2	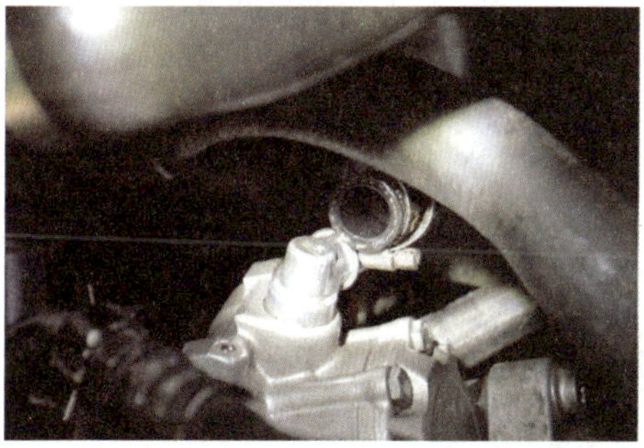	拆下转向油泵回油管，将转向油放入容器中

续表

步骤	图示	说明
3		使发动机怠速运转，在放转向油的同时，左右转动转向盘，直到没有油流出
4		安装转向油泵回油管，向转向油罐内加注符合规定的转向油，观察转向油罐中的油面高度
5		进行转向系排气（详见表 4-2-5）

（3）转向系密封性检查（见表 4-2-4）

转向系进行维修后，或者油位降低时，必须检查转向系的密封性。

表 4-2-4　　转向系密封性检查

步骤	图示	说明
1		起动发动机，将转向盘转到两侧极限位置，并用力保持很短一段时间

续表

步骤	图示	说明
2		检查转向器壳体上、转向器齿轮轴的密封性
3		检查所有油管接头的密封性
4	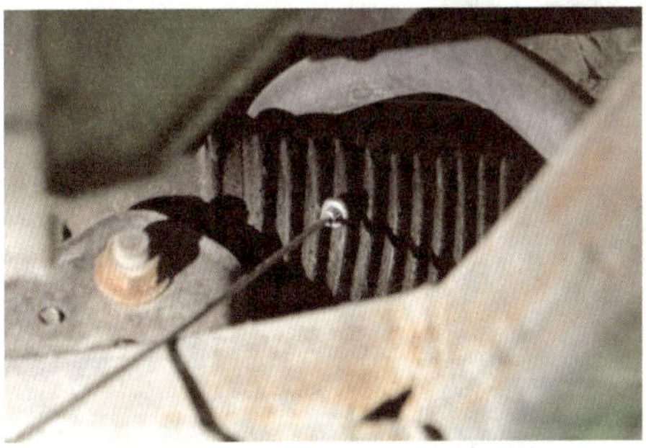	打开波纹管的软管卡箍，检查齿条的密封性

（4）转向系排气（见表 4–2–5）

表 4–2–5　　**转向系排气**

步骤	图示	说明
1		进行油位检查，必要时加满

续表

步骤	图示	说明
2		举升汽车，使前轮离地
3		在发动机停止运转时，将转向盘从一侧极限位置旋转到另一侧极限位置共 10 次
4		检查油位，必要时添加
5		放下汽车，起动发动机，将转向盘在左、右极限位置间来回转动 10 次

续表

步骤	图示	说明
6		检查油位，必要时添加。在转向系中可能遗留的残余空气会在行驶 10~20 km 之后自动逸出

任务 3　电控动力转向系的结构与维修

学习目标

1. 会描述电控动力转向系的结构、组成和作用。
2. 能分析电控动力转向系的工作原理。
3. 能够小组合作，在教师指导下，规范完成电控动力转向系的检查、维护、调整，并严格执行“8S”管理规定。

任务描述

一辆大众轿车进厂维修，客户反映在转向时转向沉重。经班组长检查后，判断为电控动力转向系失效故障，需要进行维修。

你作为一名维修工，在班组长的安排下领取电控动力转向系故障维修任务，通过小组合作、查阅资料，在规定时间内完成车辆电控动力转向系的检查、维护、调整工作，并通过验收后交车。

相关知识

汽车转向系可按转向动力源的不同，分为机械转向系和动力转向系两类。机械转向系是依靠驾驶员操纵转向盘的转向力来实现车轮转向的；动力转向系则是在驾驶员的控制下，借助汽车发动机产生的液体压力或电动机驱动力来实现车轮转向的。

电控动力转向系根据动力源不同，又可分为电控液力式动力转向系和电动动力转向系。

一、电控液力式动力转向系

1. 电控液力式动力转向系的组成

电控液力式动力转向系主要由转向控制阀、电磁阀、分流阀、转向动力缸、转向油泵、转向油罐和电子控制单元（ECU）等组成，如图 4-3-1 所示。

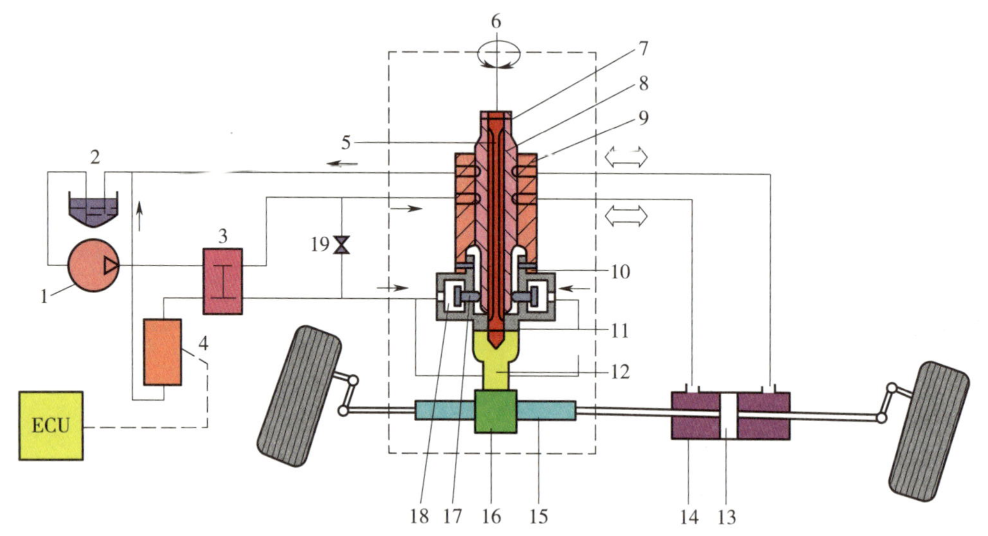

图 4-3-1　电控液力式动力转向系的组成

1—转向油泵　2—转向油罐　3—分流阀　4—电磁阀　5—扭杆　6—转向盘
7、10、11—销　8—转向控制阀阀杆　9—转向控制阀阀体　12—齿轮轴
13—活塞　14—转向动力缸　15—转向齿条　16—转向齿轮
17—柱塞　18—油压反力室　19—阻尼孔

（1）转向控制阀

转向控制阀的结构如图 4-3-2 所示，其基本结构是在传统的整体式动力转向控制阀的基础上，在内部增加了油压反力室和四个小柱塞。四个小柱塞位于转向控制阀阀体下端的油压反力室内。输入轴部分有两个小凸起顶在柱塞上。在油压反力室受到高压作用时，柱塞将推动转向控制阀阀杆。此时，扭杆即使受到转矩作用，由于柱塞推力的影响，也会抑制转向控制阀阀杆与阀体的相对回转。

（2）分流阀

分流阀的作用是将来自转向油泵的液压油向转向控制阀侧和电磁阀侧分流，按照车速和转向要求，改变转向控制阀侧与电磁阀侧的油压，确保电磁阀侧具有稳定的油液流量。阻尼孔的作用是把供给转向控制阀的一部分流量分配到油压反力室侧。

（3）电磁阀

电磁阀由滑阀、电磁线圈、油路通道等构成。电磁阀油路的阻尼面积可随电磁线圈通电电流占空比（通断比）变化而变化。车速低时，通电电流大，滑阀被吸引，油路的阻尼增大，流向转向油罐的油液回流量增加。随着车速的升高，电流减小，油液回流量也减少。

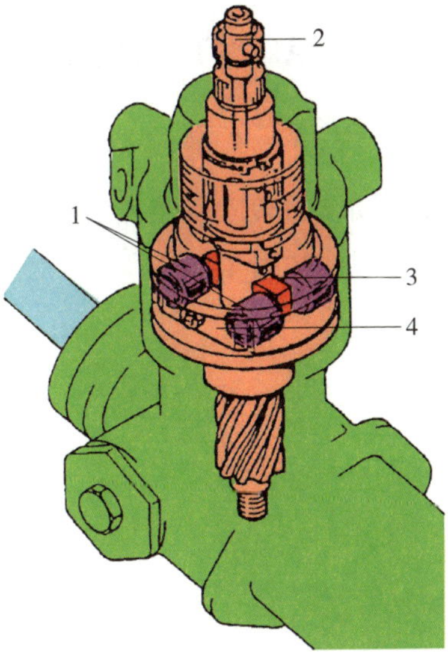

图 4-3-2　转向控制阀的结构

1—柱塞　2—扭杆　3—凸起　4—油压反力室

2. 电控液力式动力转向系的工作原理

电控液力式动力转向系具有三种控制状态。电子控制单元（ECU）根据车速传感器信号判断出车辆停止、低速状态与中高速状态，控制电磁阀通电电流。

（1）停车与低速状态

电子控制单元（ECU）使电磁阀通电电流大，经分流阀分流的油液通过电磁阀流回转向油罐，柱塞受到的背压小（油压低），柱塞推动转向控制阀阀杆的力矩小，因此只需要较小的转向力就可使扭杆扭转变形，使阀体与阀杆发生相对转动而使转向控制阀打开，转向油泵输出油压作用到转向动力缸右室（或左室），使转向动力缸活塞左移（或右移），产生转向助力。

（2）中高速直行状态

车辆直行时，转向偏摆角小，扭杆相对转矩小，转向控制阀油孔开度减小，转向控制阀侧油压升高。由于分流阀的作用，使电磁阀侧油量增加。同时，随着车速的升高，通电电流减小，通过电磁阀流回转向油罐的阻尼增大，油压反力室的反力增大，使柱塞推动转向控制阀阀杆的力矩增大，转向盘手感增强。

（3）中高速转向状态

从存在油压反力的中高速直行状态转向时，扭杆的扭转角减小，转向控制阀油孔开度进一步减小，转向控制阀侧油压进一步升高。随着该油压升高，将从固定阻尼孔向油压反力室供给油液。这样，除从分流阀向油压反力室供给的一定流量油液外，增加了从固定阻尼孔侧供给的油液，导致柱塞推力进一步增强。此时需要较大的转向力才能使阀体与阀杆之间相对转动而实现转向助力作用，从而使得驾驶员在中高速时体验到良好的转向手感和转向特性。

二、电动动力转向系

1. 电动动力转向系的组成及工作原理

电动动力转向系通常由转矩传感器、电动机、电磁离合器、减速机构、电子控制单元等组成，如图 4–3–3 所示。

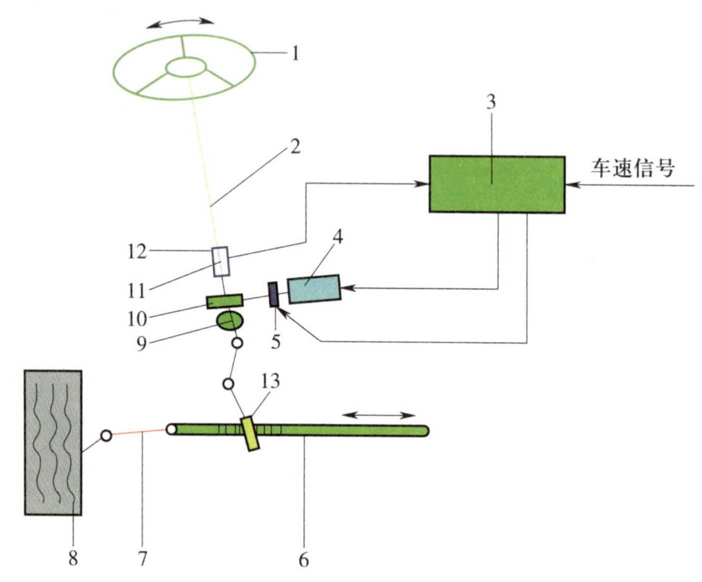

图 4–3–3　电动动力转向系的组成

1—转向盘　2—输入轴（转向轴）　3—电子控制单元　4—电动机　5—电磁离合器　6—转向齿条　7—转向横拉杆　8—轮胎　9—输出轴　10—减速机构　11—扭杆　12—转矩传感器　13—转向齿轮

当操纵转向盘时，装在转向轴上的转矩传感器不断测出转向轴上的转矩，并由此产生一个电压信号。该信号与车速信号同时输入电子控制单元，电子控制单元根据这些输入信号进行运算处理，确定助力转矩的大小和转向，即选定电动机的电流和转向，调整转向助力。电动机的转矩由电磁离合器通过减速机构减速增矩后，加在汽车的转向机构上，使之得到一个与工况相适应的转向力矩。

2. 电动动力转向系的主要部件

（1）转矩传感器

转矩传感器也称转向传感器，其作用是测定转向盘与转向器之间的相对转矩，作为电动助力的依据之一。转矩传感器的结构与工作原理如图 4–3–4 所示。

用磁性材料制成的定子和转子可以形成闭合的磁路，线圈 A、B、C、D 分别绕在极靴上，形成一个桥式回路。转向轴扭转变形的扭转角与转矩成正比，所以只要测定转向轴的扭转角，就可间接地知道转向力的大小。

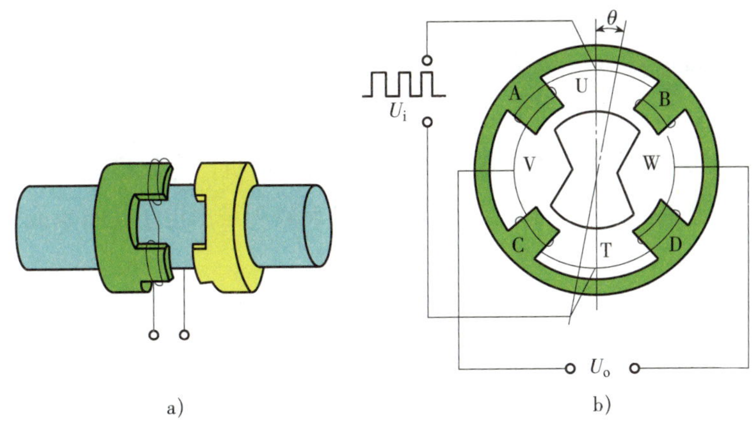

图 4-3-4　转矩传感器的结构与工作原理

a）结构　b）工作原理

在线圈的 U、T 两端施加连续的脉冲电压信号 U_i，当转向轴上的转矩为零时，定子与转子的相对转角也为零。这时转子的纵向对称面处于定子 AC、BD 的对称平面上，每个极靴上的磁通量是相同的。电桥平衡，V、W 两端的电位差 U_o=0。

当转向轴上存在转矩时，定子与转子的相对转角不为零，此时转子与定子间产生角位移 θ。极靴 A、D 间的磁阻增加，B、C 间的磁阻减小，各个极靴的磁阻产生差别，电桥失去平衡，在 V、W 两端产生电位差。这个电位差与转向轴的扭转角 θ 和输入电压 U_i 成比例，从而可知道转向轴的转矩。

（2）转向盘角度传感器

转向盘角度传感器也称转角传感器，其作用是检测转向盘的转动角度和转动方向。转向盘左转或右转都会被转角传感器检测到，从而使汽车电子控制单元发出正确的转向指令。根据结构原理不同，转角传感器可分为光电式转角传感器、滑动电阻式转角传感器和各向异性磁阻元件式转角传感器。

光电式转角传感器的基本组件由带有两个编码环的编码盘、光电耦合对（一个光源和一个光敏传感器）组成。编码盘由两个环组成，外侧的叫绝对环，内侧的叫相对环。相对环分成 5 个扇区，每个扇区为 72°，由光电耦合对来读取，该环的扇区上都穿有孔，同一块扇区上的这些孔的间距是相同的，但是不同扇区上的孔距是不同的，这就形成了扇区编码。绝对环确定角度，角度由 6 组光电耦合对来读取。由于会把角度值加在一起，该转角传感器可以识别 1 044° 的转向角。在超过 360° 标记时，它会识别出转向盘已转过一整圈。

为了简单明了地了解光电式转角传感器，这里只以相对环为例介绍其工作原理。相对环一侧有一个光源，另一侧有一个光敏传感器。如果光穿过缝隙照到光敏传感器上，就会产生一个电压信号；如果光源被遮住，就不会产生电压信号。转动这个相对环，就会产生一系列电压信号。

（3）电动机、电磁离合器与减速机构

电动机、电磁离合器与减速机构组成的整体称为电动机组件，其结构如图 4–3–5 所示。

1）电动机。转向助力电动机就是一般的永磁电动机，电动机的输出转矩控制是通过控制其输入电流来实现的，而电动机的正转和反转则是由电子控制单元输出的正反转触发脉冲控制的。

2）电磁离合器。一般使用干式单片电磁离合器，其结构如图 4–3–6 所示。其工作电压为 12 V，额定转速时传递的转矩为 15 N·m，线圈电阻（20 ℃时）为 19.5 Ω。

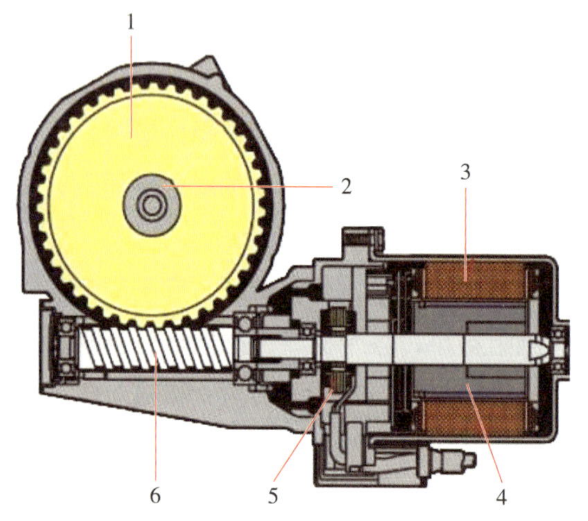

图 4–3–5　电动机组件的结构

1—蜗轮　2—转向柱轴　3—定子

4—转子　5—电磁离合器　6—蜗杆

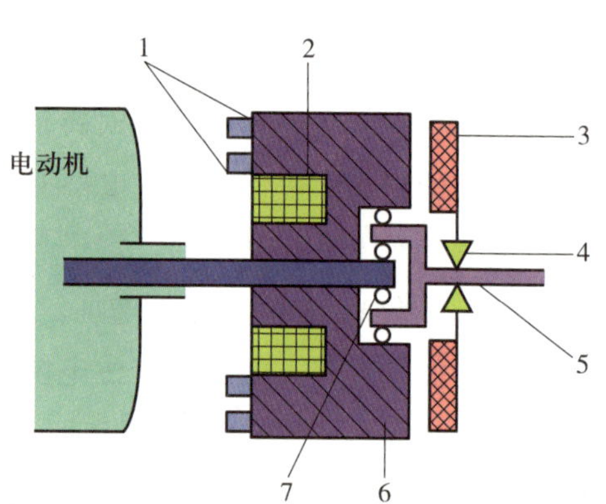

图 4–3–6　电磁离合器的结构

1—滑环　2—线圈　3—压板　4—花键

5—从动轴　6—主动轮　7—滚珠轴承

其工作原理是当电流通过滑环进入离合器线圈时，主动轮产生电磁吸力，带花键的压板被吸引，与主动轮压紧，电动机的动力经过轴、主动轮、压板、花键、从动轴传给执行机构。

由于转向助力的工作范围限定在一速度区域内，所以离合器一般设定一个速度范围，如当车速超过 30 km/h 时，离合器便分离，电动机也停止工作，这时就没有转向助力的作用。当电动机停止工作时，为了不使电动机及离合器的惯性影响转向系的工作，离合器也应及时分离，以切断辅助动力。当系统中电动机等发生故障时，离合器会自动分离，这时仍可手动控制转向。

3）减速机构。目前使用的减速机构有多种组合方式，一般采用蜗轮蜗杆与转向轴驱动组合式，也有的采用双级行星齿轮与传动齿轮组合式，如图 4–3–7 所示。

（4）控制系统

电动动力转向系的控制系统如图 4–3–8 所示。

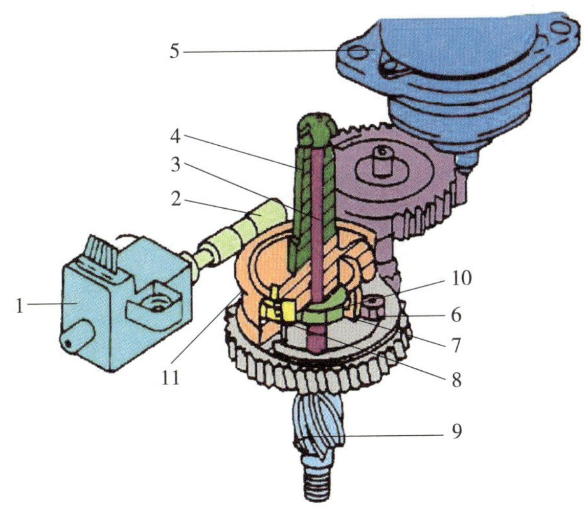

图 4-3-7　双级行星齿轮与传动齿轮组合式减速机构

1—转矩传感器　2—转向轴　3—扭杆　4—输入轴　5—电动机与电磁离合器
6—行星小齿轮　7—太阳轮　8—行星小齿轮　9—驱动小齿轮　10—齿圈 B　11—齿圈 A

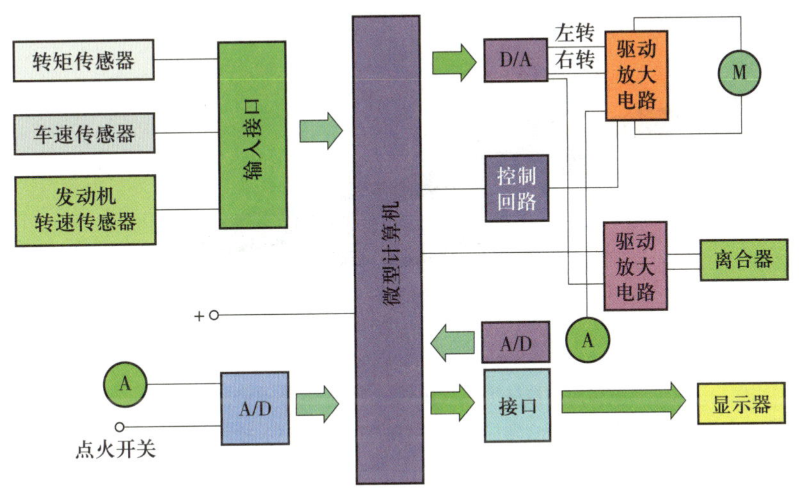

图 4-3-8　电动动力转向系的控制系统

转向盘转矩信号和车速信号经过输入接口送入微型计算机，随着车速的升高，微型计算机控制相应地减小电动机电流，以减少助力转矩。发动机转速信号也被送入微型计算机，当发动机处于怠速时，由于供电不足，电动机和离合器不工作。因此，电动动力转向系工作时，电子控制单元必须控制发动机处于高怠速工作状态。点火开关的通断（ON/OFF）信号经 A/D 转换接口送入微型计算机。当点火开关断开时，电动机和离合器不能进入工作。微型计算机输出的控制指令经 D/A 转换接口送入电动机和离合器的驱动放大电路中，控制电动机的旋转转向和离合器的离合。电动机的电流经驱动放大电路、电流表 A、A/D 转换接口反馈给微型计算机，即将电动机的实际电流与按微型计算机指令应给的电流相比较，调节电动机的实际电流，使两者趋于一致。

任务实施

一、任务准备

根据任务要求，准备所需的设备、工具和资料。

1. 设备：举升机、实训车辆、压具、发动机和变速器举升装置、工作台等。

2. 工具：指针式扭力扳手、可调式扭力扳手、角度仪、套筒、轮胎扳手、头灯、手套、安全帽、车内防护四件套、翼子板布、车轮挡块、举升机垫块、万用表、专用解码仪等。

3. 资料：车辆维修手册、学习工作页等。

二、实施步骤

电控机械式转向器的拆检

大众电控机械式转向器如图 4–3–9 所示。

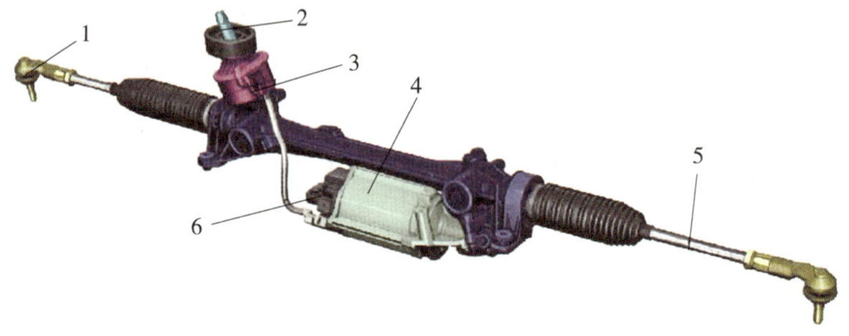

图 4–3–9　大众电控机械式转向器

1—转向横拉杆接头　2—输入轴　3—集成的传感器
4—电控机械式转向助力器电动机 V187　5—转向横拉杆
6—助力转向控制单元 J500

（1）电控机械式转向器的拆卸（见表 4–3–1）

表 4–3–1　电控机械式转向器的拆卸

步骤	图示	说明
1		将转向盘旋至直线行驶位置，断开蓄电池正极和负极连接线

续表

步骤	图示	说明
2	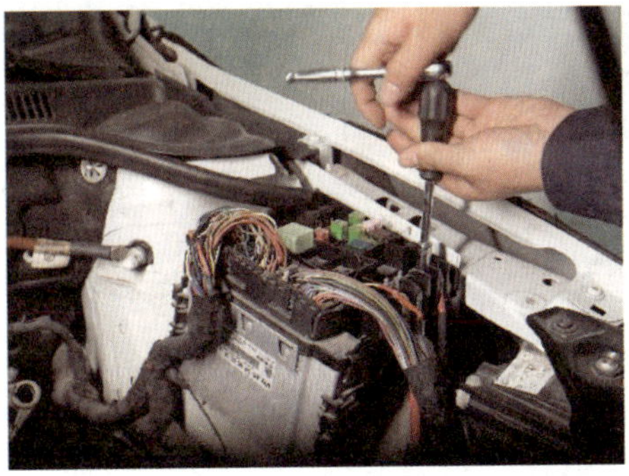	移走蓄电池并拆卸蓄电池座，找到并松开转向器的线束连接插头
3		拧松转向轴万向节轴颈上的紧固螺栓并取下
4	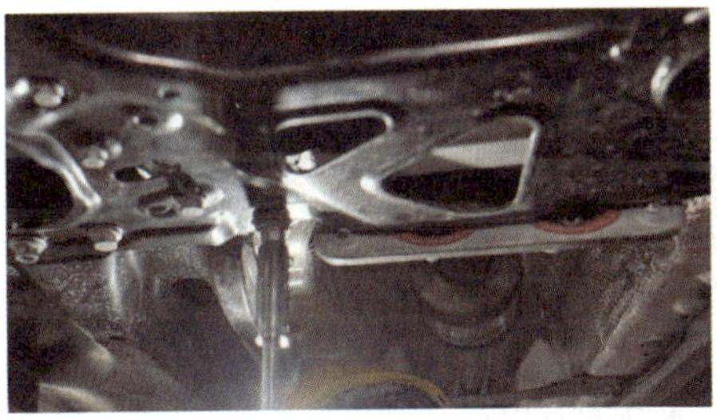	松开并取下转向器固定螺栓
5		降下副车架（最多下降 10 cm），松开转向横拉杆接头螺母，但不要拧下

续表

步骤	图示	说明
6		从车轮轴承支座中用球形万向节按压器压出转向横拉杆球头，并拧下螺母
7	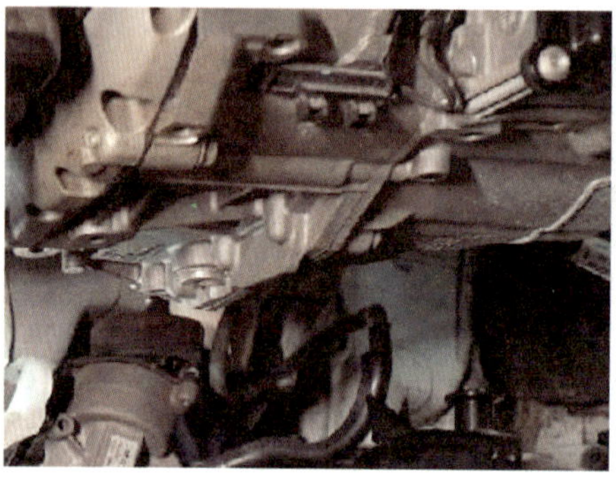	向下缓慢移出转向器的连接线束
8		从转向器上取下线束固定卡，并将线束从转向器上脱开。用发动机和变速器举升装置，小心地将副车架连同转向器一起降下
9		拆卸转向器隔热板固定螺栓，取下隔热板

续表

步骤	图示	说明
10	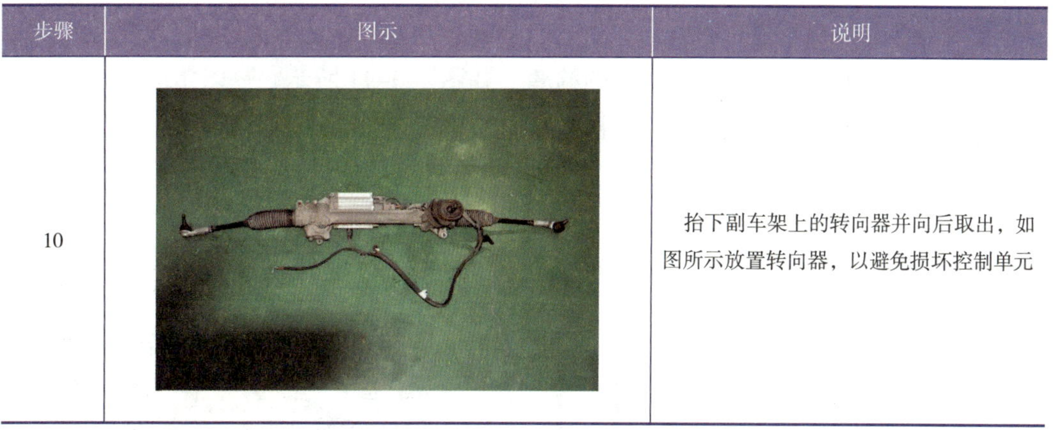	抬下副车架上的转向器并向后取出，如图所示放置转向器，以避免损坏控制单元

电控机械式转向器装配图如图 4-3-10 所示。

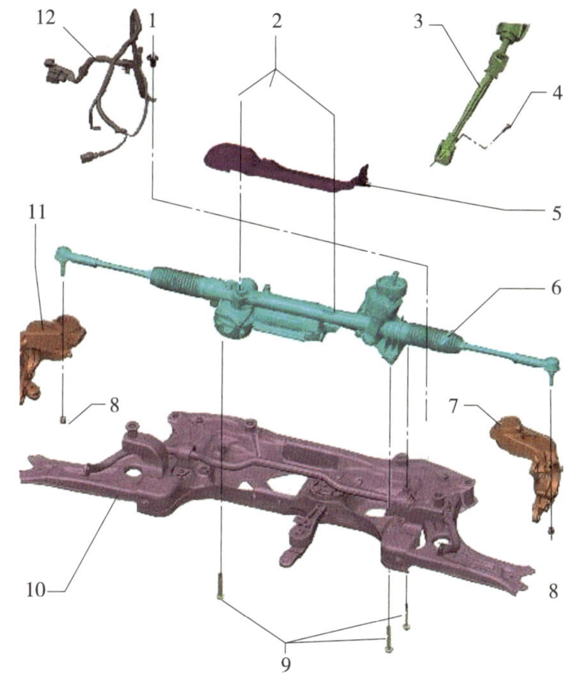

图 4-3-10　电控机械式转向器装配图

1、2、4、9—螺栓　3—万向节轴颈　5—隔热板　6—电控机械式转向器
7—左侧车轮轴承支座　8—螺母　10—副车架　11—右侧车轮轴承支座　12—电线

（2）电控机械式转向器的检修

1）转向盘角度传感器 G85 的基本设置。转向盘角度传感器 G85 在转向器内并且不能单独更换，但是在完成下列装配工作后必须检查转向盘角度传感器 G85 的基本设置：拆卸或更换了转向柱，拆卸或更换了转向器，转向盘偏转。

连接车辆诊断、测量和信息系统并选择功能，操作步骤为：启动诊断→控制单元列

表→在动力转向上右击选择引导型功能→选择转向盘角度传感器 G85 的基本设置→执行→按照屏幕上的提示进行操作。

2）电控机械式转向器控制线路的检查。如图 4–3–11 所示，可以用电压法、电阻法检查助力转向控制单元 J500 的控制线路通断情况以及插头 T2p、T3am、T5g 的连接情况。

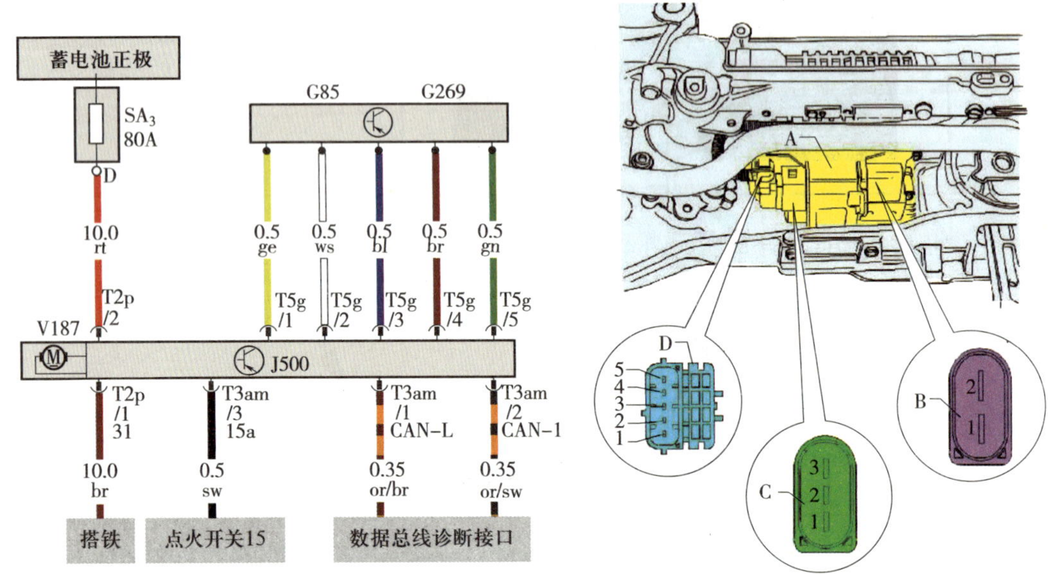

图 4–3–11　某大众汽车电控机械式转向器电路图和插接器位置

A—助力转向控制单元 J500　B—2 芯插头 T2p 连接在线束上

C—3 芯插头 T3am 连接在线束上　D—5 芯插头 T5g 连接在线束上

（3）电控机械式转向器的装配

按照与拆卸相反的顺序将各部件装复回位。注意：安装转向器前，在转向器的密封件上涂润滑剂，例如润滑皂。安装后，用车辆诊断测试器对转向盘角度传感器 G85 进行基本设置。如果安装了新的转向器，则必须用车辆诊断测试器对助力转向控制单元 J500 进行匹配。在试车时必须检查转向盘的位置，如果转向盘倾斜或更换了新的转向器，则必须对车辆进行四轮定位。

项目五 —— 制动系构造与维修

任务1　车轮制动器的结构与维修

学习目标

1. 会描述制动系的功用和组成。
2. 能分析鼓式制动器的结构、类型和工作原理。
3. 能分析盘式制动器的结构、类型和工作原理。
4. 能够小组合作，在教师指导下，规范完成盘式制动器、鼓式制动器的拆装与维修工作，并严格执行“8S”管理规定。

任务描述

一辆轿车进厂维修，客户反映在制动时感觉车辆制动力下降，制动距离明显增大，出现制动无力现象。经班组长检查后，判断为制动器出现故障，需要进行维修。

你作为一名维修工，在班组长的安排下领取汽车制动器故障维修任务，通过小组合作、查阅资料，在规定时间内完成车辆鼓式制动器、盘式制动器的拆装、检查和维修工作，并通过验收后交车。

相关知识

一、制动系的功用和组成

1. 制动系的功用

（1）根据需要使汽车减速或在最短距离内停车。

（2）下坡行驶时限制车速。

（3）使汽车可靠地停放在原地（包括在坡道上），且保持不动。

2. 制动系的组成

总体来说，任何制动系都具有供能装置、控制装置、传动装置及制动器四个基本组成部分，如图 5-1-1 所示。

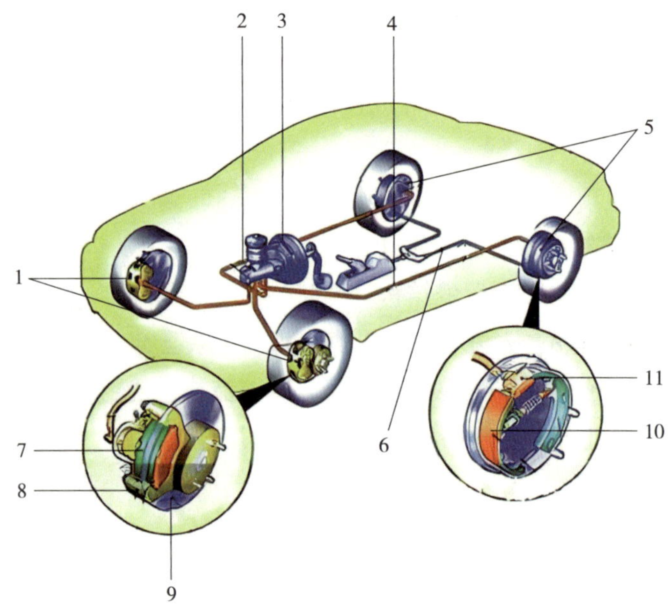

图 5-1-1　制动系的组成

1—前轮盘式制动器　2—制动总泵　3—真空助力器　4—制动管路　5—后轮鼓式制动器　6—驻车制动拉线　7—制动钳摩擦片　8、11—制动分泵　9—制动盘　10—制动蹄摩擦片

供能装置：包括供给、调节制动所需能量以及改善传能介质状态的各种部件。其中产生制动能量的部分称为制动能源，人的肌体也可作为制动能源。

控制装置：包括产生制动动作和控制制动效果的各种部件，如制动踏板等。

传动装置：将驾驶员或其他动力源的作用力传到制动器，同时控制制动器工作，从而获得所需要的制动力矩的各种部件。制动传动装置按传力介质的不同可分为机械式、液压式、空气液压式、真空液压式、气压式等。

制动器：产生制动力（阻碍车辆运动或运动趋势的力）的部件。除竞赛汽车上用的缓速装置外，一般制动器均为摩擦式制动器，即利用固定元件与旋转元件工作面的摩擦而产生的制动力矩来完成制动。旋转元件固装在车轮上，制动力矩直接作用于车轮上的制动器称为车轮制动器。车轮制动器分为鼓式和盘式两大类，二者均利用固定元件与旋转元件工作面的摩擦产生制动力矩，均属于摩擦式制动器。但鼓式制动器摩擦副中的旋转元件为制动鼓，其内圆柱面为工作面；盘式制动器摩擦副中的旋转元件为圆盘状的制动盘，以端面为工作面。现在汽车广泛采用盘式制动器。

二、鼓式制动器

鼓式制动器多为内张双蹄式。按张开装置的形式，鼓式制动器可分为以制动轮缸（即制动分泵）作为制动蹄张开装置的轮缸式制动器和以制动凸轮作为制动蹄张开装置的凸轮式制动器。按制动时两制动蹄对制动鼓的径向作用力之间的关系，鼓式制动器又可分为非平衡式、平衡式和自增力式。

1. 鼓式制动器的结构

简单的鼓式制动器由旋转部分、固定部分、促动装置和定位调整装置组成，如图 5–1–2 所示。

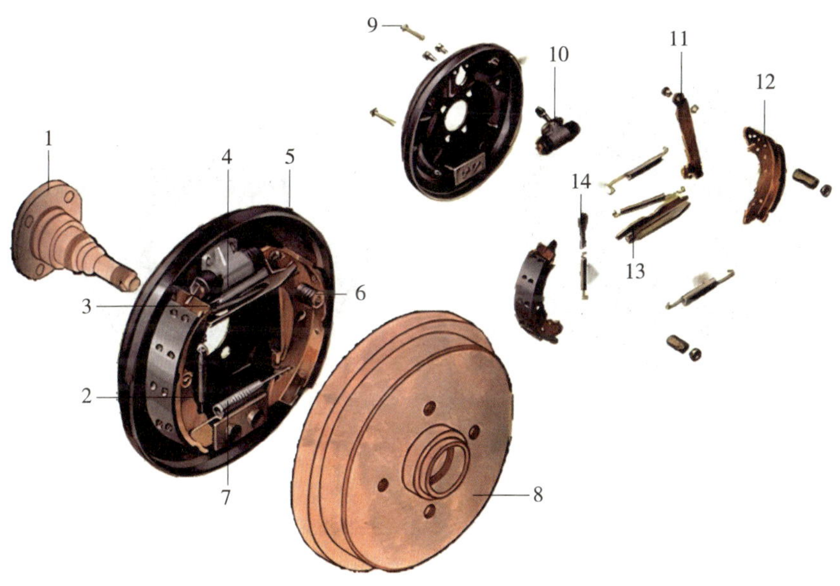

图 5–1–2　鼓式制动器的结构

1—后轮轴　2—制动间隙调节弹簧　3—驻车制动推杆弹簧　4—上回位弹簧　5—制动底板　6—限位杆　7—下回位弹簧　8—制动鼓　9—限位杆　10—制动轮缸　11—驻车制动杠杆　12—制动蹄　13—驻车制动推杆　14—楔形调节块

（1）旋转部分

旋转部分多为制动鼓。制动鼓通常为浇铸件，对于受力小的制动鼓也可用钢板冲压而成，如图 5–1–3 所示。

（2）固定部分

固定部分是制动底板和制动蹄。制动底板固装在车桥的凸缘盘上，通过支撑销与制动蹄相连。制动蹄常用钢板冲压后焊接而成，也有的由铸铁或轻合金浇铸，采用T形截面，以增大刚度，摩擦片采用粘接或铆接的方式固定于制动蹄上，如图 5-1-4 所示。

图 5-1-3　制动鼓

图 5-1-4　制动蹄

（3）促动装置

促动装置的作用是对制动蹄施加力使其向外张开。常用的促动装置有制动凸轮和制动轮缸，如图 5-1-5 所示。

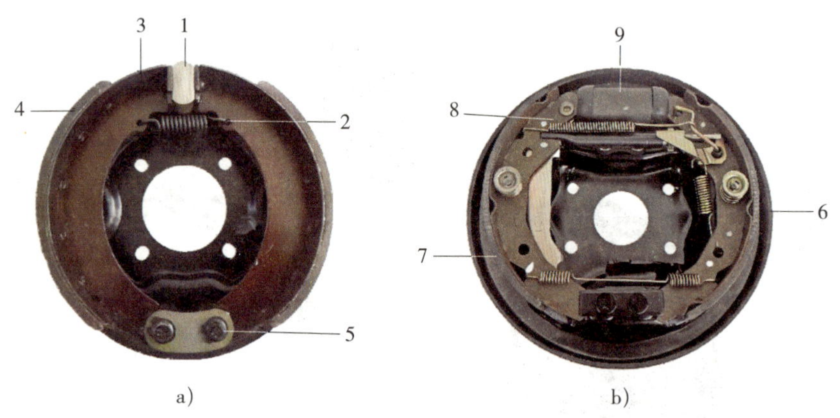

图 5-1-5　常用的促动装置

a）制动凸轮　b）制动轮缸

1—制动凸轮　2—回位弹簧　3、8—制动蹄　4、7—摩擦片

5—支撑销　6—制动鼓　9—制动轮缸

（4）定位调整装置

定位调整装置的作用是保持和调整制动蹄与制动鼓间正确的相对位置。制动蹄不工作时，其摩擦片与制动鼓之间应有合适的间隙，此间隙一般为 0.25 ~ 0.5 mm。间隙过小易造成制动解除不彻底；但间隙过大又将使制动踏板行程过大，使驾驶员操作不便，同时也会推迟制动时刻。在制动过程中，摩擦片的不断磨损必将导致此间隙逐渐增大。因此，各种形式的制动器均设有检查、调整间隙的装置。

2. 鼓式制动器的工作原理

鼓式制动器的旋转部分是制动鼓，它固定于轮毂上，与车轮一起旋转。固定部分是制动蹄和制动底板等。制动蹄上铆有摩擦片，制动蹄下端套在支撑销上，上端用回位弹簧拉紧压靠在制动轮缸内的活塞上。支撑销和制动轮缸都固定在制动底板上，制动底板用螺钉与转向节凸缘（前桥）或桥壳凸缘（后桥）固定在一起。制动蹄靠制动分泵使其张开。

图 5-1-6 所示为行车制动系的基本组成。其工作过程如下：

（1）汽车行驶中不需要制动时，制动踏板处于自由状态，制动主缸（即制动总泵）无制动液输出，制动蹄在回位弹簧的作用下压靠在制动轮缸活塞上，制动鼓的内圆柱面与摩擦片之间保留一定间隙，制动鼓可以随车轮一起旋转。

（2）制动时，驾驶员踩下制动踏板，推杆便推动制动主缸内的活塞前移，迫使制动液经管路进入制动轮缸，推动制动轮缸的活塞向外移动，使制动蹄克服回位弹簧的拉力绕支撑销转动而张开，消除摩擦片与制动鼓内圆柱面之间的间隙，使摩擦片压紧在制动鼓内圆柱面上。此时，不旋转的摩擦片对旋转的制动鼓就产生一个摩擦力矩 M_u，其方向与车轮的旋转方向相反。制动鼓将此力矩传到车轮后，由于车轮与路面的附着作用，车轮即对路面作用一个向前的圆周力 F_A，与此相反，路面会给车轮一个向后的反作用力 F_B，这个力就是车轮受到的制动力。各车轮制动力的总和就是汽车受到的总的制动力。

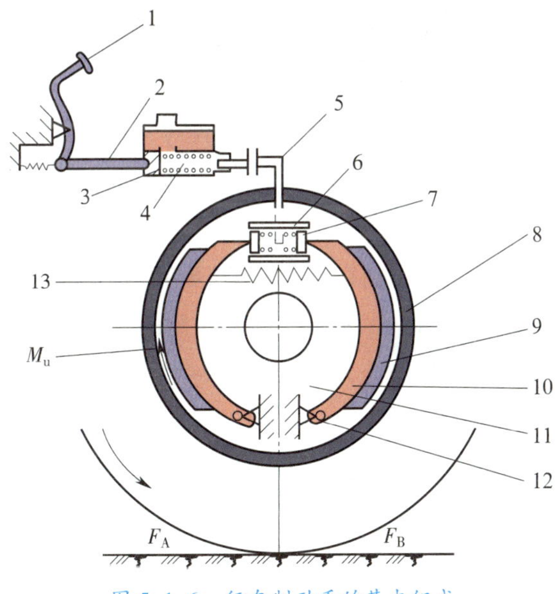

图 5-1-6　行车制动系的基本组成

1—制动踏板　2—推杆　3—制动主缸活塞　4—制动主缸　5—油管　6—制动轮缸
7—制动轮缸活塞　8—制动鼓　9—摩擦片　10—制动蹄　11—制动底板
12—支撑销　13—制动蹄回位弹簧

（3）松开制动踏板，在回位弹簧的作用下，摩擦片与制动鼓内圆柱面之间的间隙又得以恢复，从而解除制动。

3. 鼓式制动器的类型

根据制动时两制动蹄对制动鼓的法向力之间的关系，鼓式制动器可分为非平衡式、平衡式和自增力式。

（1）制动蹄的增势和减势

如图 5–1–7 所示，汽车前进时制动鼓的旋转方向如箭头所示。在制动过程中，两制动蹄在相等的促动力 P 作用下，分别绕各自的支撑销向外偏转紧压在制动鼓上。同时，旋转的制动鼓对两制动蹄分别作用着法向反力 Y_1 和 Y_2，以及相应的切向反力 X_1 和 X_2。

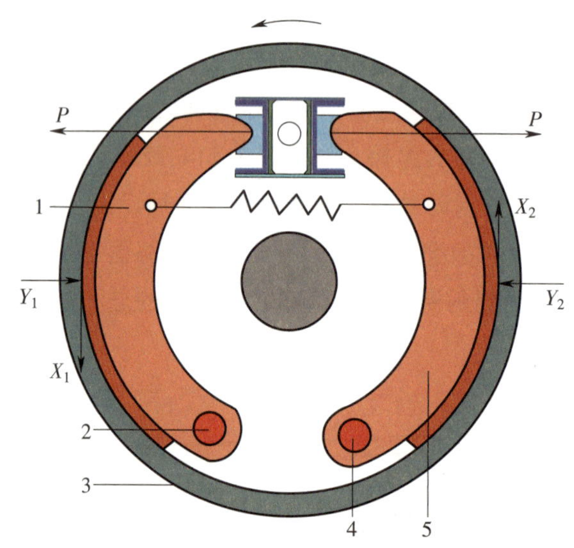

图 5–1–7 非平衡式制动器

1—前制动蹄 2、4—支撑销 3—制动鼓 5—后制动蹄

X_1 作用的结果使得制动蹄在制动鼓上压得更紧，则 Y_1 变得更大，这种情况称为“增势”，相应的制动蹄被称为“领蹄”。X_2 作用的结果则使得制动蹄有放松制动鼓的趋势，即 X_2 和 Y_2 有减小的趋势，这种情况称为“减势”，相应的制动蹄被称为“从蹄”。

通过以上的分析，可得出这样的结论：虽然领蹄、从蹄所受的促动力相等，但由于 X_1 和 X_2 的作用方向相反，使得两制动蹄所受到的法向反力 Y_1 和 Y_2 不相等，且 $Y_1>Y_2$，相应地 $X_1>X_2$。所以制动蹄作用到制动鼓上的法向力不相等，两制动蹄对制动鼓所施加的制动力矩也不相等。

（2）非平衡式制动器

制动鼓所受来自两制动蹄的法向力不能互相平衡的制动器称为非平衡式制动器，如

图 5–1–7 所示。

非平衡式制动器两制动蹄的支撑点都位于蹄的下端，而促动装置的作用点在蹄的上端，共用一个制动轮缸，且轮缸活塞直径是相等的。汽车前进或倒车制动时，各有一个领蹄和从蹄。领、从蹄对制动鼓的法向作用力不相等，而这个不平衡的法向作用力只能由车轮的轮毂轴承来承担。

（3）平衡式制动器

制动鼓所受来自两制动蹄的法向力互相平衡的制动器称为平衡式制动器。

1）单向平衡式制动器。单向平衡式制动器的结构如图 5–1–8 所示，两制动蹄各用一个单活塞式制动轮缸，且前、后制动蹄与其制动轮缸、调整凸轮零件在制动底板上的布置是中心对称的，两制动轮缸用油管连接。前进制动时，两制动蹄均为领蹄，有较强的增力；倒车制动时，两制动蹄均为从蹄，制动力较小。

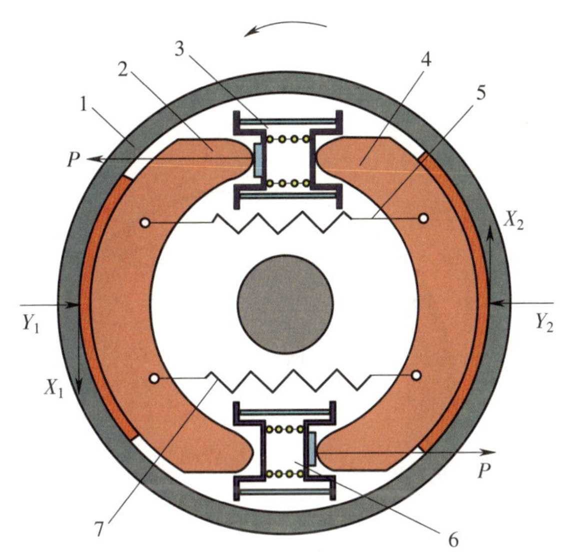

图 5–1–8　单向平衡式制动器的结构

1—制动鼓　2—前制动蹄　3—上制动轮缸　4—后制动蹄
5—上回位弹簧　6—下制动轮缸　7—下回位弹簧

2）双向平衡式制动器。双向平衡式制动器的结构如图 5–1–9 所示，制动蹄、制动轮缸、回位弹簧均成对地对称布置，两制动蹄的两端采用浮式支撑，且支点在周向位置浮动，用回位弹簧拉紧。汽车前进或倒车中制动时，两个制动蹄均为领蹄，均有较强的增力，制动效果好，摩擦片磨损均匀。

（4）自增力式制动器

1）单向自增力式制动器。单向自增力式制动器的结构如图 5–1–10 所示。第一制动蹄和第二制动蹄的下端分别浮支在浮动的顶杆两端。制动器只在上方有一个支撑销。不制动时，两制动蹄上端均靠各自的回位弹簧拉靠在支撑销上。

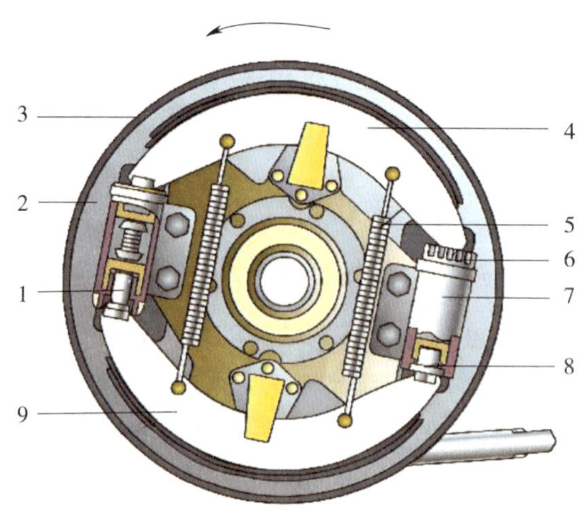

图 5-1-9 双向平衡式制动器的结构

1—可调支座 2—制动底板 3—制动鼓 4—制动蹄 5—回位弹簧 6—调整螺母 7—制动轮缸 8—支座 9—制动蹄

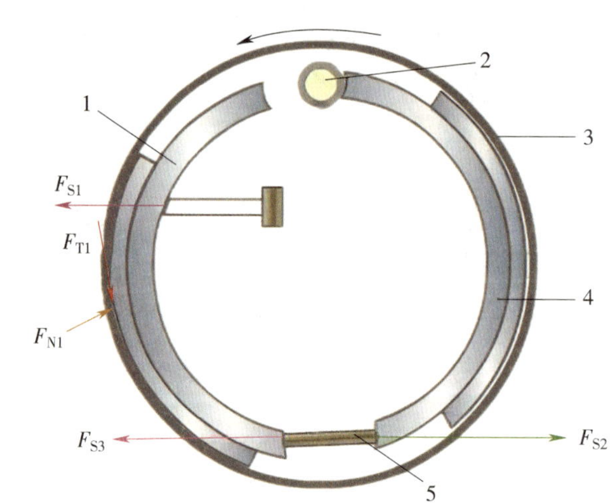

图 5-1-10 单向自增力式制动器的结构

1—第一制动蹄 2—支撑销 3—制动鼓 4—第二制动蹄 5—顶杆

汽车前进制动时，单活塞式制动轮缸只将促动力 F_{S1} 加于第一制动蹄，使其上端离开支撑销，整个制动蹄绕顶杆左端支撑点旋转，并压靠在制动鼓上。显然，第一制动蹄是领蹄，并且在促动力 F_{S1}、法向合力 F_{N1}、切向（摩擦）合力 F_{T1} 和沿顶杆轴线方向的力 F_{S1} 作用下处于平衡状态。顶杆是浮动的，自然成为第二制动蹄的促动装置，而将与力 F_{S1} 大小相等、方向相反的促动力 F_{S2} 施于第二制动蹄的下端，故第二制动蹄也是领蹄。

2）双向自增力式制动器。双向自增力式制动器的结构如图 5-1-11 所示。前进制动时，两制动蹄在促动力 F_S 的作用下张开并压紧制动鼓，此时两制动蹄的上端均离开支撑销。沿图中箭头方向旋转的制动鼓对两制动蹄产生摩擦力矩，带动两制动蹄沿旋转方向转过一个不大的角度，直到后制动蹄又顶靠到支撑销上。此时，前制动蹄为领蹄，但其支撑为浮动的顶杆。制动鼓作用在前制动蹄上的摩擦力和法向力的一部分对顶杆形成一个推力 F_S'，顶杆又将此推力完全传到后制动蹄的下端。后制动蹄在推力 F_S' 的作用下也形成领蹄，并在制动轮缸液压促动力 F_S 的共同作用下进一步压紧制动鼓。推力 F_S' 比促动力 F_S 大得多，从而使后制动蹄产生的制动力矩比前制动蹄更大。

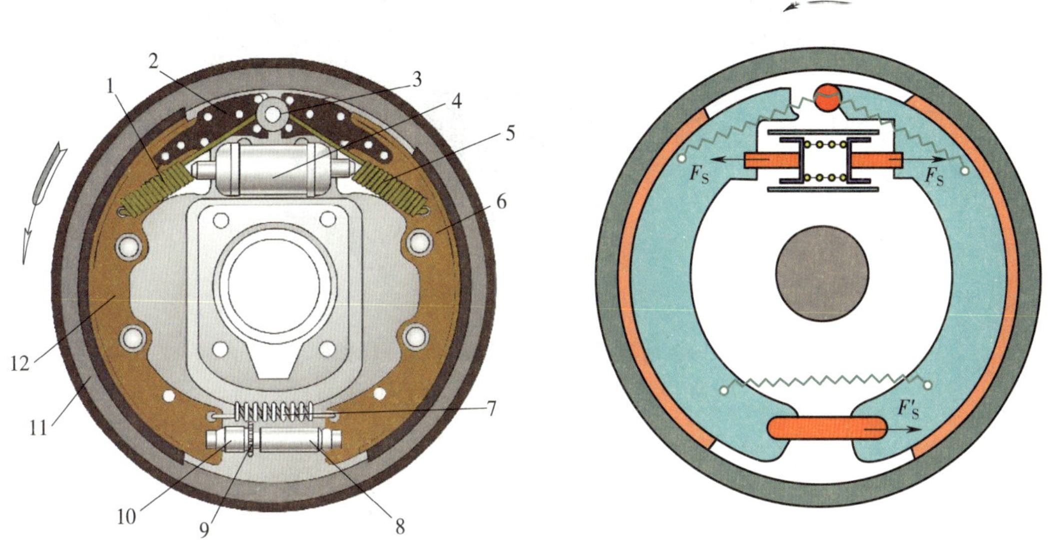

图 5-1-11　双向自增力式制动器的结构

1—前制动蹄回位弹簧　2—夹板　3—支撑销　4—制动轮缸　5—后制动蹄回位弹簧　6—后制动蹄　7—拉紧弹簧　8—可调顶杆　9—调整螺钉　10—顶杆套　11—制动底板　12—前制动蹄

倒车制动时，作用过程与此相反，与前进制动时具有同等的自增力作用。

三、盘式制动器

1. 盘式制动器的结构及类型

如图 5-1-12 所示，盘式制动器摩擦副中的旋转元件为以端面作工作面的金属圆盘，称为制动盘。根据固定元件的结构形式，盘式制动器可分为钳盘式制动器与全盘式制动器。钳盘式制动器的固定元件为制动钳，制动钳中的制动块由工作面积不大的摩擦片与其金属背板组成，每个制动器中有 2～4 个制动块。钳盘式制动器按制动钳固定在支架上的结构形式又可分为浮钳盘式和定钳盘式两种。全盘式制动器的固定元件的金属背板和摩擦片都做成圆盘形，因而其制动盘的全部工作面可同时与摩擦片接触。钳盘式制动

器目前被各级轿车和轻型货车用作车轮制动器，全盘式制动器只被少数汽车（主要是重型汽车）采用，本书只介绍钳盘式制动器。

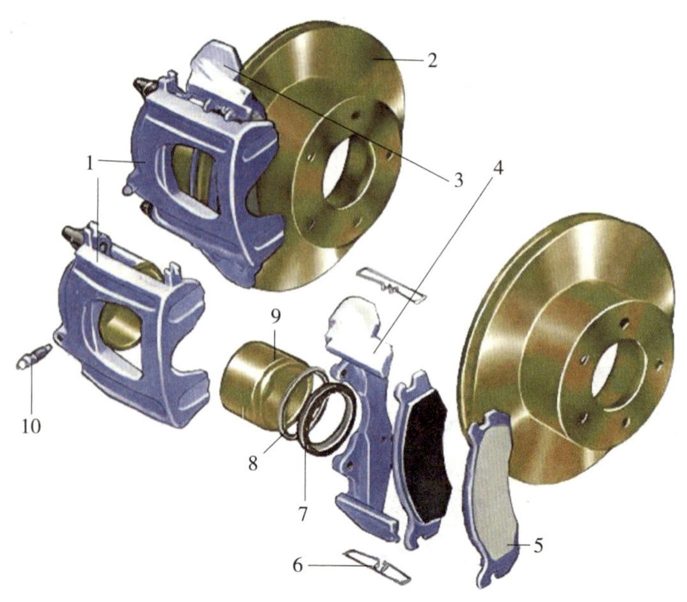

图 5-1-12　盘式制动器的结构

1—制动钳　2—制动盘　3、4—制动钳支架　5—制动块　6—夹子　7—防尘罩　8—油封　9—活塞　10—放气螺钉

2. 浮钳盘式制动器

浮钳盘式制动器的轴向和径向尺寸较小，其中制动液受热汽化的机会较少。此外，浮钳盘式制动器在兼作行车和驻车制动器的情况下，只需在行车制动钳制动轮缸附近加装一些用以推动制动轮缸活塞的驻车制动机械传动零件即可。目前，浮钳盘式制动器逐渐取代了定钳盘式制动器。

浮钳盘式制动器如图 5-1-13 所示，它由制动盘、制动块、制动钳、活塞等组成。制动钳钳体通过导向销与车桥相连，可以相对于制动盘轴向移动。制动钳钳体只在制动盘的内侧设置制动轮缸，而外侧的制动块则附装在钳体上。

制动时，制动液通过进油口进入制动轮缸，推动活塞及其上的制动块向右移动，并压到制动盘上，使得制动轮缸连同制动钳整体沿导向销向左移动，直到制动盘右侧的制动块也压到制动盘上并夹住制动盘使其制动。

3. 定钳盘式制动器

定钳盘式制动器如图 5-1-14 所示，跨置在制动盘上的制动钳固定安装在车桥上，制动钳不能旋转也不能沿制动盘轴线方向移动，其内的两个活塞分别位于制动盘的两侧。制动时，制动液由制动总泵（制动主缸）经进油口进入制动钳钳体中两个相通的液压腔中，将两侧的制动块压向与车轮固定连接的制动盘，从而产生制动作用。

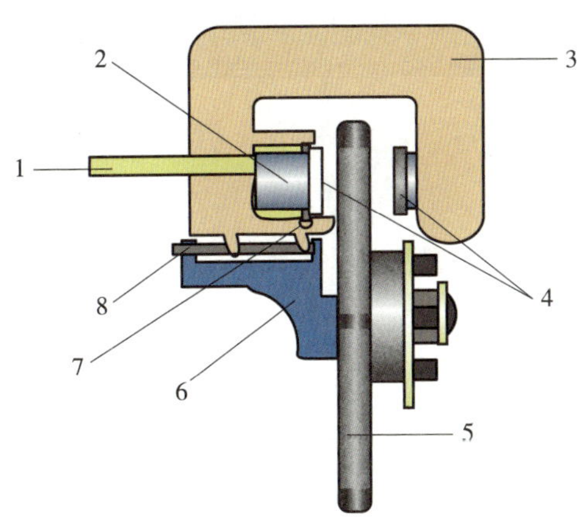

图 5-1-13　浮钳盘式制动器

1—进油口　2—活塞　3—制动钳　4—制动块
5—制动盘　6—车桥　7—橡胶圈　8—导向销

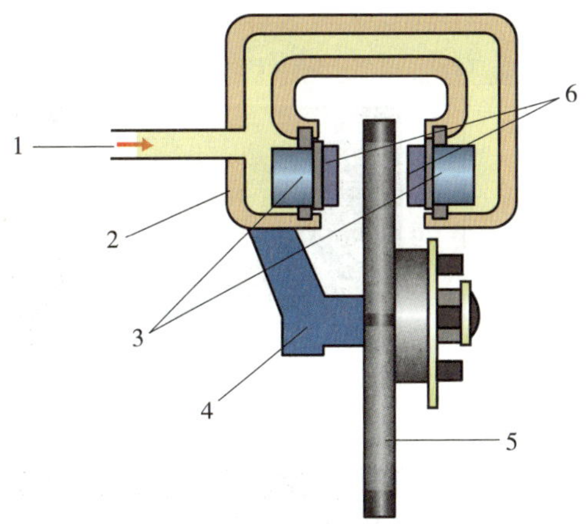

图 5-1-14　定钳盘式制动器

1—进油口　2—制动钳　3—活塞　4—车桥
5—制动盘　6—制动块

4. 盘式制动器的特点

（1）散热能力强，热稳定性好。受热后，制动盘只在径向膨胀，不会影响制动间隙。

（2）抗水衰退能力强。受水浸后，在离心力作用下被很快甩干，摩擦片上的剩水也由于压力高而容易挤出，一般仅需要一到二次制动即可恢复正常。

（3）制动时的平顺性好。

（4）制动时管路液压要求较高，一般需要伺服装置和较大直径油缸。

（5）防污性能差，制动块摩擦面积小，磨损较快。

任务实施

一、任务准备

根据任务要求，准备所需的设备、工具和资料。

1. 设备：举升机、实训车辆等。

2. 工具：套筒扳手、扭力扳手、螺钉旋具、尖嘴钳、钢直尺、游标卡尺、千分尺、百分表、头灯、手套、安全帽、车内防护四件套、翼子板布、车轮挡块等。

3. 资料：车辆维修手册、学习工作页等。

二、实施步骤

1. 鼓式制动器的拆检

（1）鼓式制动器的拆卸（见表 5-1-1）

表 5-1-1　　鼓式制动器的拆卸

步骤	图示	说明
1	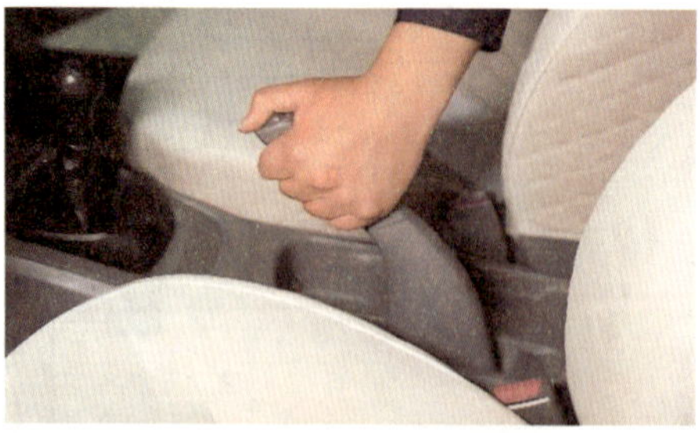	松开驻车制动器
2	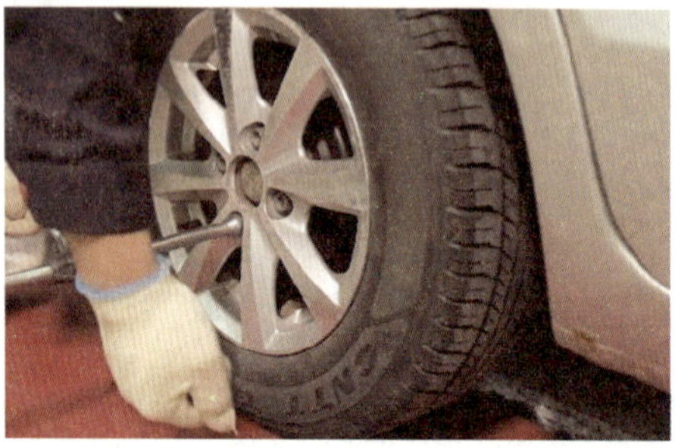	按照对角顺序先后拧松车轮螺母
3		使用举升机举升车辆，拧下车轮螺母并取下车轮，可看到制动鼓部分
4		取下轮毂盖
5		取下开口销及开槽垫圈，拧下车轮轴承调整螺母，取出止推垫圈

续表

步骤	图示	说明
6	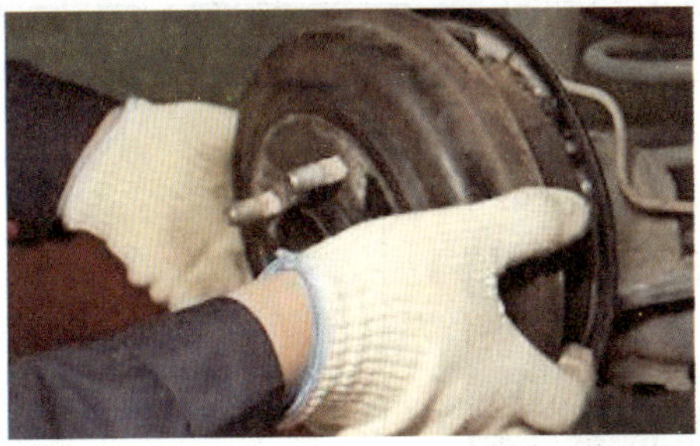	前后晃动制动鼓，使制动蹄与制动鼓放松，然后取下制动鼓
7		拆卸上回位弹簧和自动调整杆张紧弹簧
8		用尖嘴钳拆下压簧座圈，用手从下面的支架上提起后制动蹄，取出下回位弹簧
9		取下制动杆上的驻车制动拉线
10		用尖嘴钳拆下压簧座圈，用手从下面的支架上取下前制动蹄

（2）鼓式制动器的检修（见表 5-1-2）

表 5-1-2　　鼓式制动器的检修

步骤	图示	说明
1		用酒精或专用清洗剂清洗制动鼓内表面，检查制动鼓内孔有无烧损、刮痕和凹陷，若不能修磨，应更换新件
2	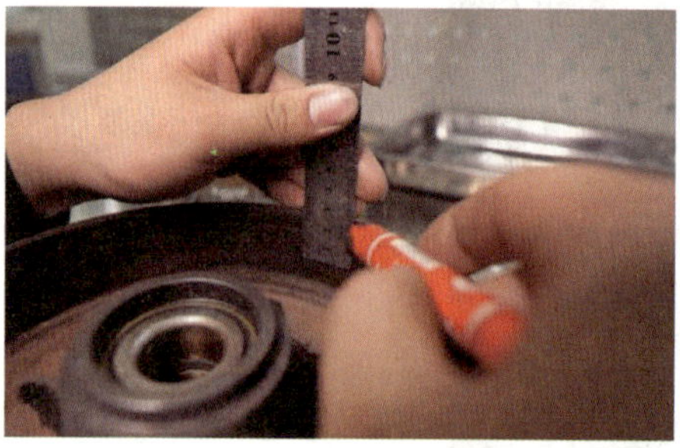	在制动鼓上均匀选择 4 个位置，在每个位置距离制动鼓外沿约 2 cm 处做好标记
3		用游标卡尺沿标记位置处检查内孔尺寸，测量制动鼓内孔的圆度误差，并根据对应车型维修手册的要求判断是否超过极限，若超过极限，应更换新件
4		用钢直尺测量制动蹄摩擦片的厚度，一般标准值为 5 mm，使用极限为 2.5 mm。其铆钉与摩擦片的表面深度不得小于 1 mm，以免铆钉头刮伤制动鼓内表面。在未拆下车轮时，制动蹄摩擦片的厚度可从制动底板的观察孔中检查

续表

步骤	图示	说明
5		在制动鼓内表面均匀涂抹白垩，将后制动蹄摩擦片表面打磨干净后，靠在后制动鼓上旋转一圈，检查二者的接触面积，应不小于60%，否则应继续打磨摩擦片的表面

（3）鼓式制动器的装配（见表 5-1-3）

表 5-1-3　　鼓式制动器的装配

步骤	图示	说明
1		在制动蹄与制动底板接触位置涂抹润滑脂
2	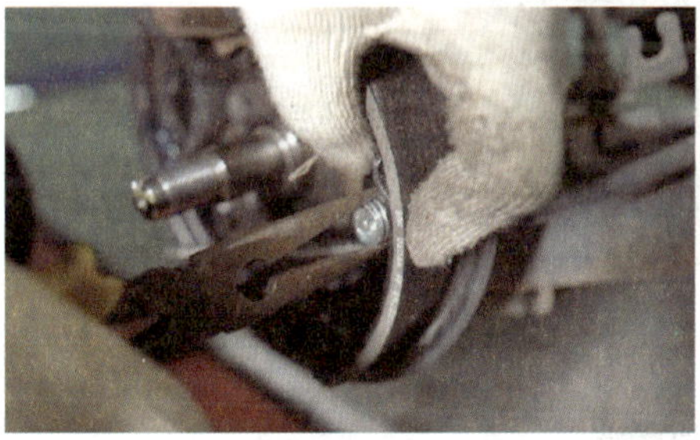	放置前制动蹄，用尖嘴钳安装压簧座圈
3		安装驻车制动拉线，并放置后制动蹄，用尖嘴钳安装压簧座圈

续表

步骤	图示	说明
4		安装上回位弹簧和自动调整杆张紧弹簧
5		安装下回位弹簧
6		安装制动鼓，装复轴承调整螺母，并拆下后孔塞，转动调节器以使制动蹄张开，直到制动鼓锁止后，用螺钉旋具松开调节器的12个缺口，安装孔塞
7		安装车轮，并按照规定力矩紧固螺栓

2. 盘式制动器的拆检

（1）盘式制动器的拆卸（见表 5-1-4）

表 5-1-4　　盘式制动器的拆卸

步骤	图示	说明
1		按照对角顺序松开车轮螺母，将车升起后拧下车轮螺母并取下车轮
2	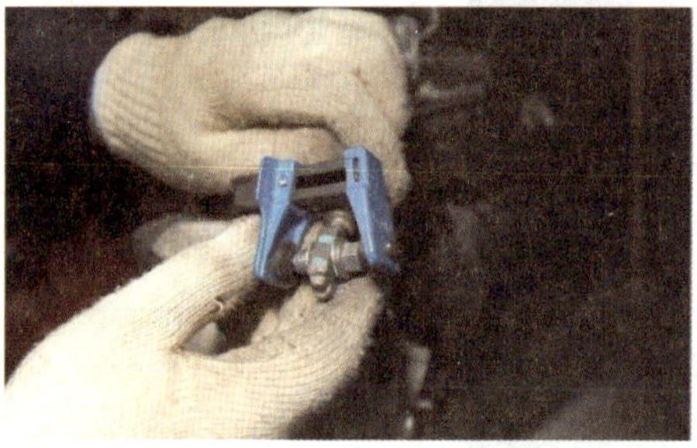	拆下管接螺栓和垫片，然后从盘式制动器制动轮缸上拆下挠性软管，并用密封夹封住管路接口，防止制动液泄漏
3		拆下盘式制动器制动轮缸总成的 2 个螺栓，然后拆下盘式制动器制动轮缸和制动块
4		拆下制动轮缸支架的 2 个固定螺栓，然后从转向节上拆下盘式制动器制动轮缸支架

续表

步骤	图示	说明
5	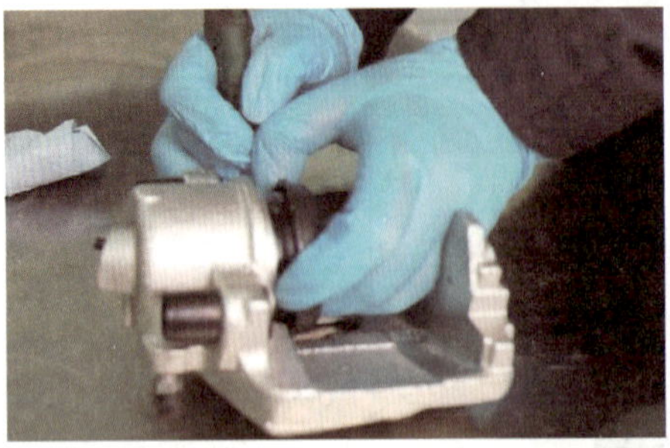	用一把刀头被保护带包住的螺钉旋具，从盘式制动器制动轮缸上拆下固定环和制动轮缸防尘套
6	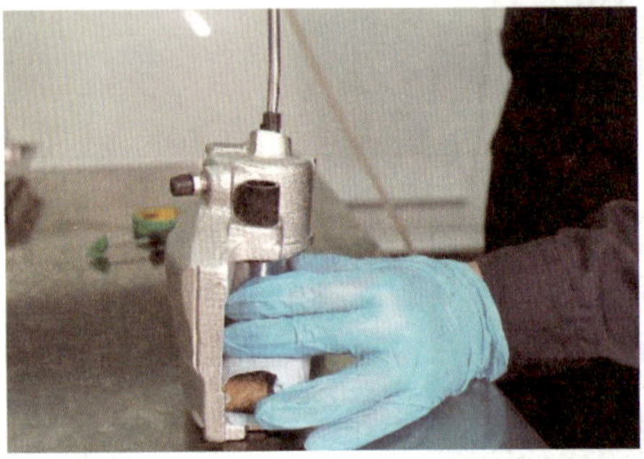	将一块布放在活塞和盘式制动器制动钳之间，吹入压缩空气，从盘式制动器制动轮缸上拆下活塞 注意：吹入压缩空气时不要将手指放在活塞的前面
7	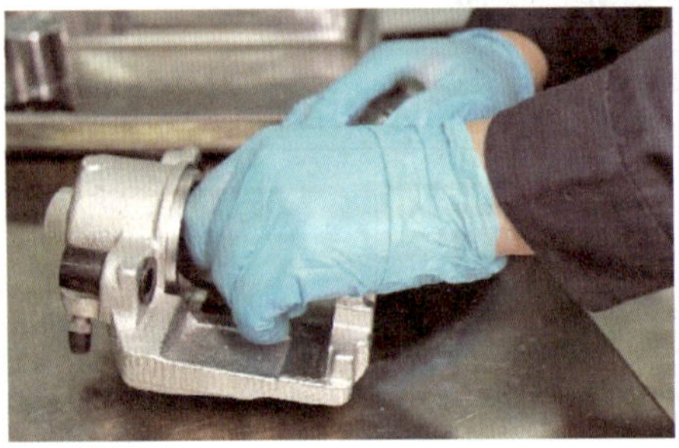	用一把刀头被保护带包住的螺钉旋具，从盘式制动器制动轮缸上拆下活塞密封件，过程中注意不要损坏制动轮缸的内表面或活塞密封件槽

（2）盘式制动器的检修（见表 5–1–5）

表 5–1–5　盘式制动器的检修

步骤	图示	说明
1		用钢直尺测量制动块摩擦片厚度，根据车辆维修手册规定的标准厚度和最小厚度，判断是否符合要求，如果制动块摩擦片厚度小于等于最小值，则应更换制动块组件

续表

步骤	图示	说明
2		检查制动盘厚度，可用游标卡尺或千分尺直接测量。根据车辆维修手册规定的标准厚度和使用极限，判断是否符合要求，超过极限尺寸时应予以更换
3		检查制动盘端面圆跳动，可用百分表检查。端面圆跳动量应不大于 0.06 mm。如果不符合要求，可进行修复（加工后的厚度不得小于 20 mm）或更换

（3）盘式制动器的装配（见表 5–1–6）

表 5–1–6　　盘式制动器的装配

步骤	图示	说明
1		安装盘式制动器活塞，在活塞和新的制动轮缸防尘套上涂上锂皂基乙二醇润滑脂，将制动轮缸防尘套安装到活塞上后，安装活塞到盘式制动器制动轮缸内
2		安装盘式制动器制动轮缸支架，用 2 个螺栓将盘式制动器制动轮缸支架安装到转向节上，并按照维修手册规定数值施加力矩

续表

步骤	图示	说明
3		安装制动块和制动钳，并根据维修手册要求的力矩拧紧固定螺栓
4		用管接螺栓和新垫片连接挠性软管，将挠性软管锁牢固地安装到盘式制动器制动轮缸的锁孔内，并按照维修手册规定数值施加力矩
5		向储液罐加注制动液，并通过制动钳上的放气螺栓配合放气，完成后安装车轮

任务 2　驻车制动器的结构与维修

学习目标

1. 会描述驻车制动器的功用、类型。

2. 能分析典型驻车制动器的结构和工作原理。

3. 能够小组合作，在教师指导下，规范完成驻车制动器的拆装与维修工作，并严格执行“8S”管理规定。

任务描述

一辆轿车进厂维修，客户反映车辆在坡道上停车时，拉紧驻车制动器后，汽车不能停止而发生溜车现象。经班组长检查后，判断为车辆驻车制动器出现故障，需要进行维修。

你作为一名维修工，在班组长的安排下领取汽车驻车制动器故障维修任务，通过小组合作、查阅资料，在规定时间内完成车辆驻车制动器的拆装、检查和维修工作，并通过验收后交车。

相关知识

一、驻车制动器的功用

（1）车辆停驶后防止滑溜。

（2）便于坡道上顺利起步。

（3）行车制动效能失效后临时使用或配合行车制动器进行紧急制动。

二、驻车制动器的类型

驻车制动器按其安装位置可分为中央制动式和车轮制动式两种。中央制动式驻车制动器通常安装在变速器的后面，其制动力矩作用在传动轴上。车轮制动式驻车制动器通常与车轮制动器共用一个制动器总成，只是传动装置是相互独立的，如图 5-2-1 所示。

驻车制动器按其结构形式可分为鼓式、盘式、带式和弹簧作用式。

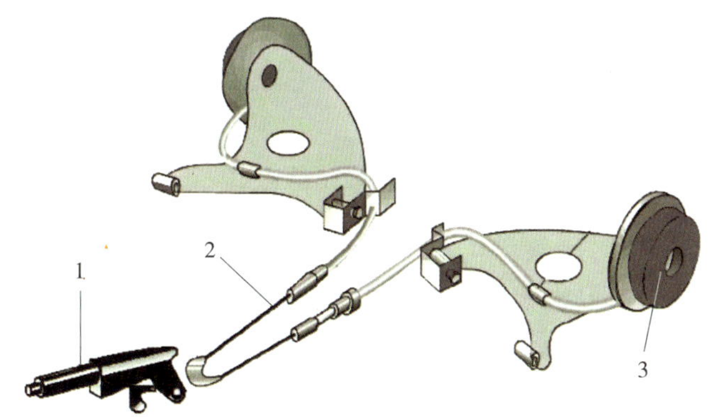

图 5-2-1 车轮制动式驻车制动器的组成

1—驻车制动杆 2—拉线 3—驻车制动器

三、典型驻车制动器

1. 中央制动式驻车制动器

（1）结构

图 5-2-2 所示为某汽车驻车制动器的结构，该制动器为中央制动、鼓式、非平衡式驻车制动器。

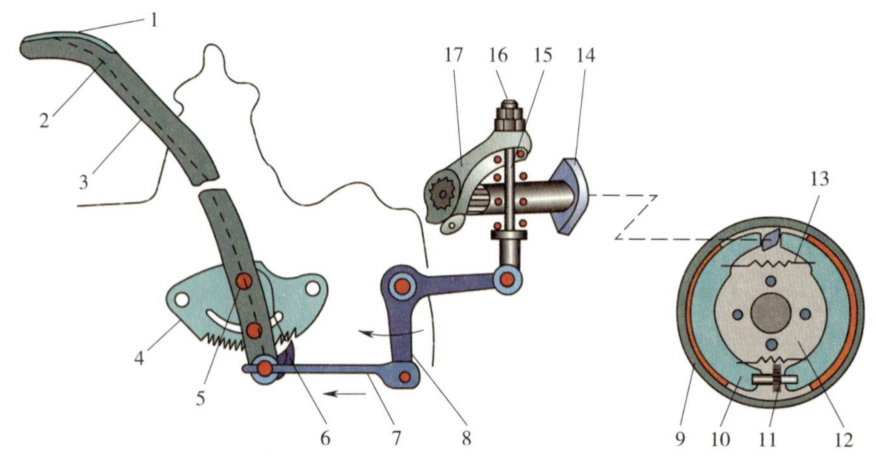

图 5-2-2　某汽车驻车制动器的结构

1—按钮　2—棘爪拉杆　3—驻车制动杆　4—齿扇　5—销轴　6—棘爪
7—传动杆　8—摇臂　9—制动鼓　10—制动蹄　11—推杆总成　12—制动底板
13—制动蹄回位弹簧　14—制动凸轮　15—拉杆　16—调整螺母　17—摆臂

制动鼓通过螺栓与变速器输出轴的凸缘盘紧固在一起，制动底板固定在变速器输出轴轴承盖上，两制动蹄下端在弹簧的作用下，用凹槽紧套在推杆总成的两端，其上端在回位弹簧的作用下紧靠在制动凸轮的两侧，凸轮轴支撑在制动底板的上部，轴外端与摆臂连接，摆臂的另一端与穿过压紧弹簧的拉杆相连，拉杆再通过摇臂、传动杆与驻车制动杆相连。驻车制动杆上连有棘爪。

（2）工作原理

进行驻车制动时，将驻车制动杆上端向后拉动，则驻车制动杆的下端向前摆动，传动杆带动摇臂顺时针转动，拉杆则带动摆臂顺时针转动，凸轮轴也顺时针转动，制动凸轮则使两制动蹄以推杆总成两端为支点向外张开，压靠到制动鼓上，产生制动作用。当驻车制动杆拉到制动位置时，棘爪嵌入齿扇上的棘齿内，起锁止作用。

解除驻车制动时，按下驻车制动杆上的按钮，使棘爪脱离棘齿，向前推动驻车制动杆，则传动杆、拉杆带动凸轮轴按逆时针方向转动，制动蹄在回位弹簧的作用下回位，制动蹄与制动鼓间恢复制动间隙，驻车制动解除。

2. 车轮制动式驻车制动器

目前常用的车轮制动式驻车制动器根据控制方式不同可分为机械式和电子式两种。

（1）机械式驻车制动器

机械式驻车制动器由驻车制动操纵机构（见图 5-2-3）和后轮制动器两部分组成。后轮制动器兼作驻车制动器，在制动器中装有驻车制动器的机械促动装置。

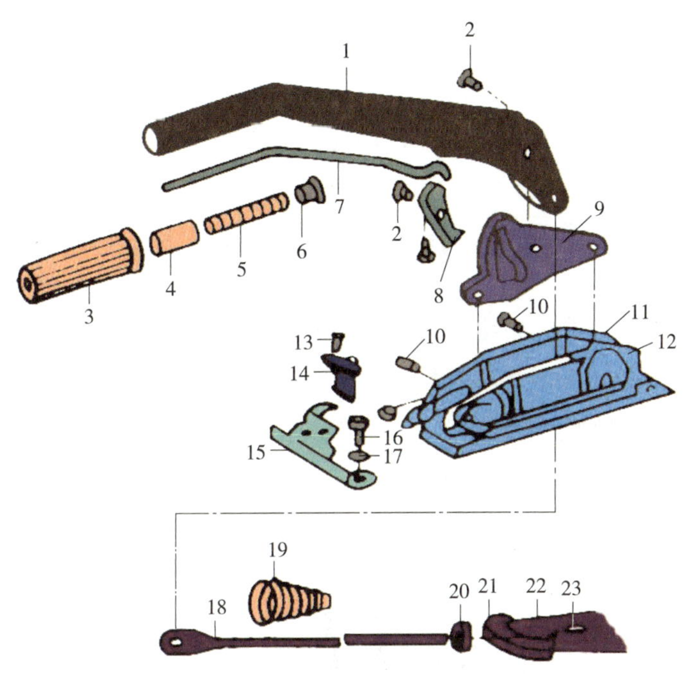

图 5-2-3　驻车制动操纵机构

1—驻车制动杆　2、16—螺栓　3—手柄　4—按钮　5—弹簧　6—弹簧座　7—棘爪拉杆　8—棘爪　9—齿扇　10—销子　11—右支架　12—左支架　13—固定螺钉　14—驻车制动指示灯开关　15—支架　17—垫圈　18—拉杆　19—防尘套　20—限位垫圈　21—拉线平衡拉臂　22—拉线　23—调整螺母

进行驻车制动时，把手柄向上拉起，通过拉杆将拉线拉紧，从而将带斜楔装置的制动蹄总成压向制动鼓，开始制动。解除驻车制动时，松开手柄，制动蹄恢复原位，驻车制动解除。

（2）电子式驻车制动器

电子式驻车制动器也称为电子驻车制动系统（electrical park brake，EPB），是指将行车过程中的临时性制动和停车后的长时性制动功能整合在一起，并且由电子控制方式实现驻车制动的技术。

目前，汽车上广泛应用的电子驻车制动技术主要呈现为两种形式：拉线式电子驻车制动系统和卡钳集成式电子驻车制动系统。拉线式电子驻车制动系统由于依旧保留了传统机械系统的拉线设计，被视为一种过渡性产品，在现在汽车中的应用相对较少。相比之下，卡钳集成式电子驻车制动系统则更为普及，它利用电子按钮和电动机组件替代了传统的手柄、机械杠杆和拉线等控制元件。

在卡钳集成式电子驻车制动系统中，电动机组件被集成到车辆左、右后制动卡钳上，电子控制单元（ECU）则通过电气线束与电动机组件连接。当需要驻车时，驾驶者只需轻触电子驻车制动系统的按钮，电子控制单元便会迅速响应，指挥集成在制动卡钳中的电动机工作，通过带动制动卡钳活塞的移动产生机械夹紧力，从而实现车辆的稳定驻车。

相较于传统的机械式驻车制动系统，电子驻车制动系统具备显著优势：

1）它彻底消除了驾驶室内的驻车制动杆，使得整车内饰设计更加灵活，为设计师提供了更大的创意空间。

2）驻车制动操作变得更加简便，驾驶员只需一键操作即可完成，极大地提升了使用的便捷性。

3）随着汽车电子驻车控制技术的不断发展，该系统不仅能够实现静态驻车、静态释放（关闭）、自动释放（关闭）等基本功能，还增加了自动驻车和动态驻车等辅助功能。

3. 强力弹簧式驻车制动器

图 5-2-4 所示为强力弹簧式驻车制动器的结构。

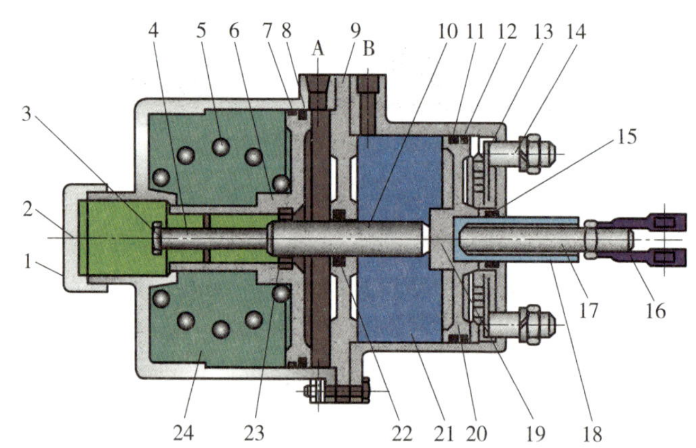

图 5-2-4　强力弹簧式驻车制动器的结构

A—通驻车制动操纵阀　B—通行车制动控制阀

1—防尘罩　2—滤网　3—螺塞　4—传力螺栓　5—强力弹簧　6—驻车制动活塞

7—油浸毡圈　8、11—橡胶密封圈　9—隔板　10—中间推杆　12—毡圈

13—小活塞回位弹簧　14—安装螺栓　15—导管油封　16—连接叉

17—推杆　18—导管　19—推杆座　20—小活塞　21—后制动气室

22—密封圈　23—内、外密封圈总成　24—驻车制动气室

（1）结构

强力弹簧式驻车制动器是一个双功能综合体。后制动气室和驻车制动气室借隔板隔

开。推杆外端通过连接叉与制动器的制动臂相连，其球面则支靠在与小活塞连为一体的推杆座中。预压的强力弹簧力图使驻车制动活塞保持在其气室的右端，因而通过中间推杆将后制动气室的小活塞回位弹簧压缩，使制动器产生制动作用。

拧出传力螺栓，可使中间推杆回到左端位置而放松制动。

后制动气室由行车制动控制阀控制，驻车制动气室由驻车制动操纵阀控制。

（2）工作原理

图 5-2-5 所示为强力弹簧式驻车制动器的工作原理（不制动位置）。

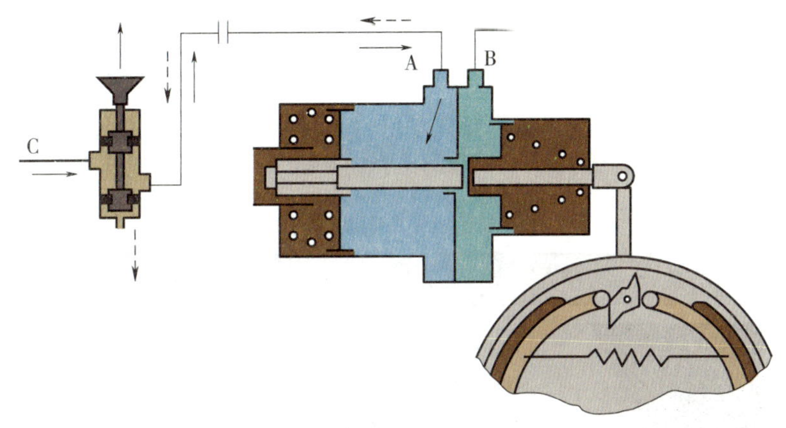

图 5-2-5　强力弹簧式驻车制动器的工作原理（不制动位置）

A—通驻车制动操纵阀　B—通行车制动控制阀　C—通储气筒

1）单独进行驻车制动时：汽车停驶后，将驻车制动操纵阀拉出，驻车制动气室右侧的压缩空气便被操纵阀从下端气孔放出，此时 A 孔和 B 孔与大气相通。强力弹簧便伸张，其作用力依次经驻车制动活塞、传力螺栓和中间推杆，将后制动气室的小活塞推到制动位置，并完全压缩小活塞回位弹簧。

2）正常行驶，不制动时：在汽车起步之前，应将驻车制动操纵阀推回到不制动位置，使压缩空气自储气筒经 A 孔充入驻车制动气室右侧，压缩强力弹簧，将驻车制动活塞推到左端不制动位置。同时，后制动气室小活塞也在其回位弹簧的作用下回到不制动位置，汽车方可正常行驶。

3）单独进行行车制动时：行车中踩下制动踏板，压缩空气便经行车制动控制阀自 B 孔充入后制动气室而产生制动作用。

4）无压缩空气时：若汽车的气源或气路发生故障，不能对驻车制动气室充气，则强力弹簧将处于伸张状态，使汽车保持制动。

此时，若需要开动或拖动汽车，必须将驻车制动气室中的传力螺栓旋出，卸除强力弹簧对中间推杆的推力，使后制动气室的小活塞在回位弹簧的作用下退回到不制动位置，制动因而解除。

任务实施

一、任务准备

根据任务要求，准备所需的设备、工具和资料。

1. 设备：举升机、实训车辆等。

2. 工具：套筒扳手、螺钉旋具、头灯、手套、安全帽、车内防护四件套、翼子板布、车轮挡块等。

3. 资料：车辆维修手册、学习工作页等。

二、实施步骤

1. 车轮制动式驻车制动器的调整（见表 5-2-1）

表 5-2-1　　车轮制动式驻车制动器的调整

步骤	图示	说明
1		松开驻车制动杆至最低位置
2		将拉线调整螺母逆时针调至最松，使拉线处于完全放松状态
3		将后轮支离地面，用力踩数次制动踏板。如车辆后轮制动间隙不可自调，需将左、右两侧车轮制动间隙调整到合适位置（旋转车轮时，感觉制动蹄与制动鼓稍有阻力即可）

续表

步骤	图示	说明
4		把驻车制动杆拉紧三个齿
5		用扳手顺时针拧紧拉线调整螺母，直到用手不能旋转两后轮，然后锁紧调整螺母

2. 车轮制动式驻车制动器性能的检查

汽车每行驶 12 000 km 左右时，应对驻车制动器的性能进行检查。驻车制动器应满足以下性能：

（1）在空载状态下，驻车制动装置应能保证车辆在坡度为 20%（总质量为整备质量的 1.2 倍以下的车辆为 15%）、轮胎与路面间附着系数≥ 0.7 的坡道上，正、反两个方向保持固定不动的时间不少于 5 min。

（2）拉紧驻车制动器，空车平地用二挡应不能起步。

（3）驻车制动杆的工作行程不能超过全行程的 3/4。

（4）放松驻车制动杆，变速器处于空挡，支起一个驱动轮，制动鼓应能用手转动且无摩擦声。

任务 3　液压式制动传动装置的结构与维修

学习目标

1. 会描述液压式制动传动装置的组成、类型。

2. 能分析液压式制动传动装置主要部件的结构和工作原理。

3. 能够小组合作，在教师指导下，规范完成液压式制动传动装置的拆装与维修工作，并严格执行“8S”管理规定。

任务描述

一辆轿车进厂维修，客户反映车辆在行驶过程中出现制动力明显下降的情况，经班组长检查后，判断为车辆液压式制动传动装置出现故障，需要进行维修。

你作为一名维修工，在班组长的安排下领取液压式制动传动装置故障维修任务，通过小组合作、查阅资料，在规定时间内完成车辆液压式制动传动装置的拆装、检查和维修工作，并通过验收后交车。

相关知识

一、制动传动装置的功用

制动传动装置的功用是将驾驶员或其他动力源的作用传到制动器，并控制制动器的工作，从而获得所需要的制动力矩。

液压式制动传动装置利用制动液将制动踏板力转换为液压力，通过管路传至车轮制动器，再将液压力转变为制动蹄张开的机械推力。

二、液压式制动传动装置的组成

液压式制动传动装置由制动踏板、制动主缸、制动主缸推杆、制动轮缸、储液罐、油管、制动灯开关、指示灯、比例阀等组成，如图 5-3-1 所示。

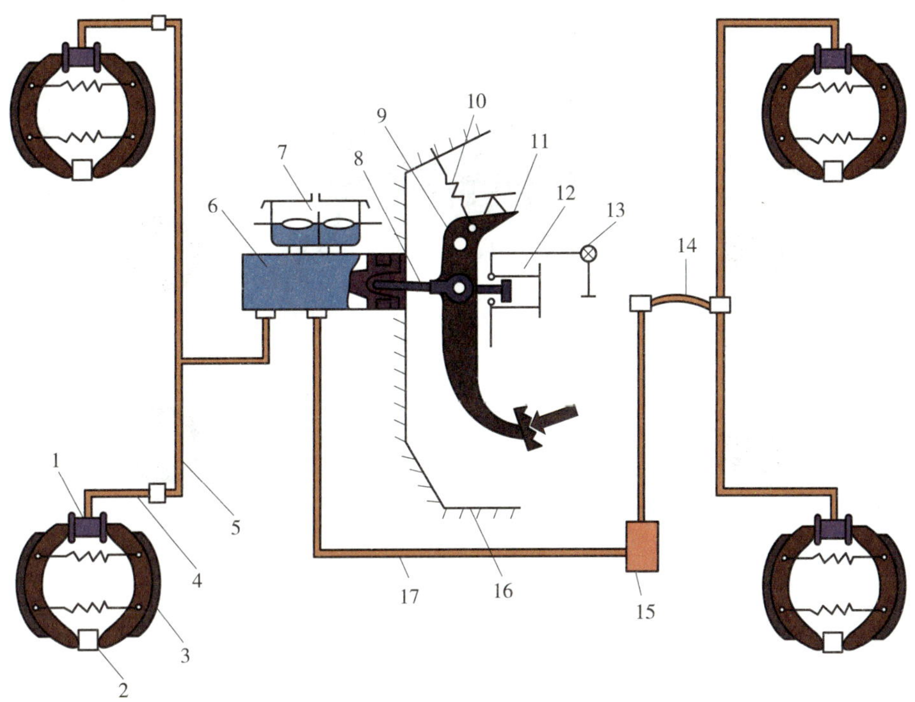

图 5-3-1　液压式制动传动装置

1—制动轮缸　2—支撑座　3—制动蹄　4、14—软管　5—前桥油管　6—制动主缸　7—储液罐　8—制动主缸推杆　9—支撑销　10—回位弹簧　11—制动踏板　12—制动灯开关　13—指示灯　15—比例阀　16—地板　17—后桥油管

提示：

按照交通法规的要求，现在汽车的行车制动系须采用双管路制动传动装置，单管路制动传动装置已被淘汰。

三、液压式制动传动装置的类型

双管路液压式制动传动装置利用彼此独立的双腔制动主缸，通过两套独立管路，分别控制两桥或三桥的车轮制动器。若其中一套管路发生故障而失效，另一套管路仍能继续起制动作用，从而提高汽车制动的可靠性和行车的安全性。

双管路的布置方案有很多种，常见的有前后独立式和交叉式两种。

1. 前后独立式

前后独立式双管路液压制动传动装置由双腔制动主缸通过两套独立的管路分别控制前桥和后桥的车轮制动器，如图 5-3-2 所示。这种布置方式结构简单，如果其中一套管路损坏漏油，另一套仍能起作用，但会破坏前、后桥制动力分配的比例。其主要用于发动机前置、后轮驱动的汽车。

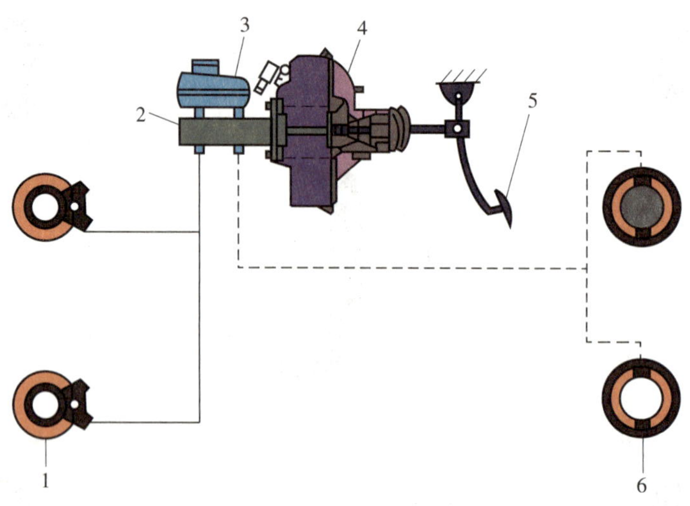

图 5-3-2 前后独立式双管路液压制动传动装置

1—前轮盘式制动器 2—串联式双腔制动主缸 3—储液罐 4—真空助力器
5—制动踏板 6—后轮鼓式制动器（兼驻车制动器）

2. 交叉式

交叉式双管路液压制动传动装置由双腔制动主缸通过两套独立的管路分别控制前、后桥对角线方向的两个车轮制动器，如图 5-3-3 所示。这种布置方式在任一管路失效时，仍能保持一半的制动力，且前、后桥制动力分配比例保持不变，有利于提高制动方向稳定性。其主要用于发动机前置、前轮驱动的轿车。

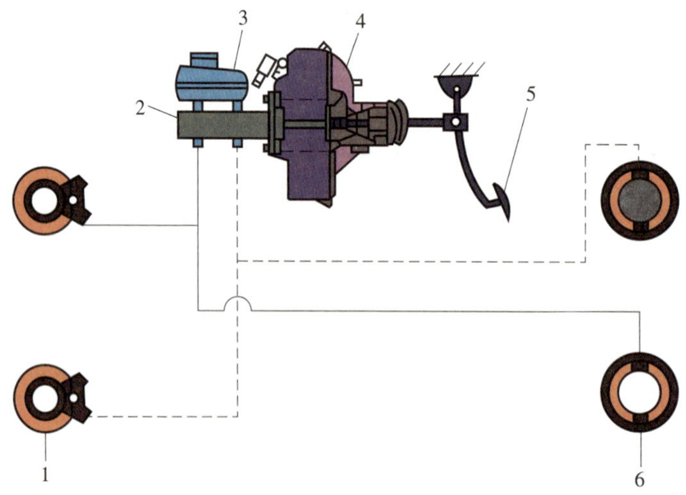

图 5-3-3 交叉式双管路液压制动传动装置

1—前轮盘式制动器 2—串联式双腔制动主缸 3—储液罐 4—真空助力器
5—制动踏板 6—后轮鼓式制动器（兼驻车制动器）

四、液压式制动传动装置的主要零部件

1. 制动主缸

制动主缸（见图 5–3–4）又称为制动总泵，它位于制动踏板与管路之间，功用是将制动踏板输入的机械力转换成液压力。

图 5–3–4　制动主缸

1—储液罐　2—制动主缸

（1）结构

串联式双腔制动主缸主要由缸体、前活塞、后活塞、活塞回位弹簧、皮碗等组成，如图 5–3–5 所示。

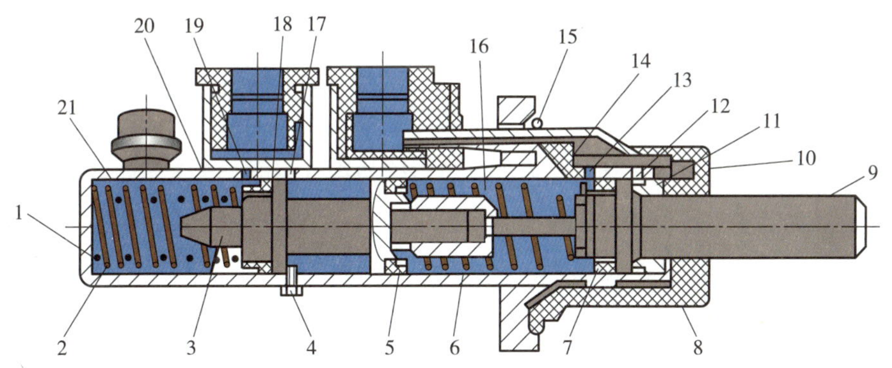

图 5–3–5　串联式双腔制动主缸

1—前活塞副回位弹簧　2—前活塞主回位弹簧　3—前活塞　4—限位螺钉　5、7、18—皮碗　6—后活塞回位弹簧　8—制动主缸密封套　9—后活塞　10—制动主缸油封　11—制动主缸限位环　12、17—进油孔　13、19—补偿孔　14—密封圈　15—密封环　16—后工作腔　20—缸体　21—前工作腔

制动主缸的缸体内装有前活塞、后活塞及回位弹簧，前、后活塞分别用皮碗密封，前活塞用限位螺钉保证其正确位置。储液罐分别与制动主缸的前、后工作腔相通，前出油阀、

后出油阀分别与制动轮缸相通，前活塞靠后活塞的液力推动，而后活塞直接由推杆推动。

（2）工作原理

串联式双腔制动主缸的工作原理如图 5-3-6 所示。

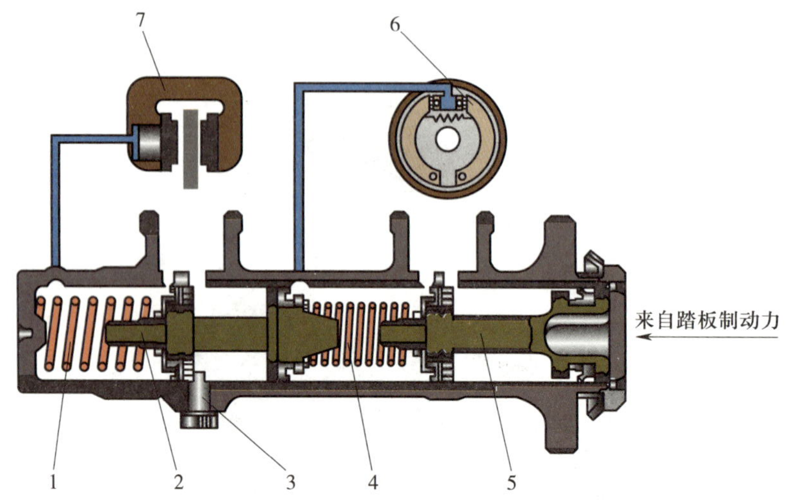

图 5-3-6　串联式双腔制动主缸的工作原理

1—前活塞回位弹簧　2—前活塞　3—限位螺钉　4—后活塞回位弹簧
5—后活塞　6—后轮制动器　7—前轮制动器

不制动时，两活塞前部皮碗均遮盖不住其旁通孔，制动液由储液罐进入制动主缸。

正常状态下制动时，踩下制动踏板，推杆推动后活塞左移，在其皮碗遮盖住旁通孔之后，后工作腔制动液压力升高，制动液一方面经出油阀流入一侧制动管路，另一方面推动前活塞左移。在后工作腔液压和弹簧弹力的作用下，前活塞向左移动，前工作腔制动液压力也随之升高，制动液推开出油阀流入另一侧制动管路。于是两制动管路在等压下对汽车制动。

解除制动时，松开制动踏板，活塞在回位弹簧作用下复位，高压制动液自制动管路流回制动主缸。如活塞复位过快，工作腔容积迅速增大，工作腔内液压会快速下降，而制动管路中的制动液由于管路阻力的影响，来不及充分流回工作腔，工作腔内便形成一定的真空度，于是储液罐中的油液便经补偿孔和活塞上的轴向小孔推开垫片及皮碗进入工作腔。当活塞完全复位时，旁通孔开放，制动管路中流回工作腔的多余油液经旁通孔流回储液罐。

若与前工作腔连接的制动管路损坏漏油，则在踩下制动踏板时，只有后工作腔中能建立液压，前工作腔中无液压。此时，在压力差的作用下，前活塞迅速移到左端，顶到制动主缸缸体上。此后，后工作腔中液压方能升高到制动所需的值。

若与后工作腔连接的制动管路损坏漏油，则在踩下制动踏板时，起先只是后活塞左移，而不能推动前活塞，因而后工作腔液压不能建立。但在后活塞直接顶触前活塞时，前活塞便左移，使前工作腔建立必要的液压而制动。

2. 制动轮缸

制动轮缸的作用是将制动主缸传来的液压力转变为使制动蹄张开的机械推力。

（1）结构

制动轮缸主要由缸体、活塞、皮碗、弹簧和放气螺钉等组成，如图 5-3-7 所示。

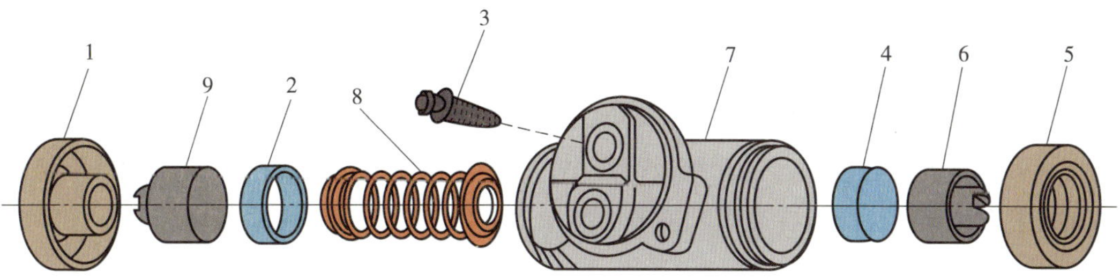

图 5-3-7　制动轮缸

1、5—防尘罩　2、4—皮碗　3—放气螺钉　6、9—活塞　7—缸体　8—弹簧

制动轮缸的缸体通常用螺钉固装在制动底板上，位于两制动蹄之间。缸体内装铝合金活塞，密封皮碗的刃口方向朝内，并由弹簧压靠在活塞上与其同步运动。活塞外端压有顶块并与制动蹄的上端相抵紧。在缸体的另一端装有防尘罩，可防止尘土及泥土的侵入。缸体上方装有放气螺钉，以便放出液压系统中的空气。

（2）分类

常见的制动轮缸类型有双活塞式、单活塞式、阶梯式。单活塞式制动轮缸多用于单向平衡式车轮制动器，目前趋于淘汰；阶梯式制动轮缸用于简单非平衡式车轮制动器。应用最为广泛的是双活塞式制动轮缸，如图 5-3-8 所示。

（3）工作原理

如图 5-3-9 所示，制动轮缸受到液压作用后，顶出活塞，使制动蹄扩张。松开制动踏板，液压力消失，靠制动蹄回位弹簧的力使活塞回位。

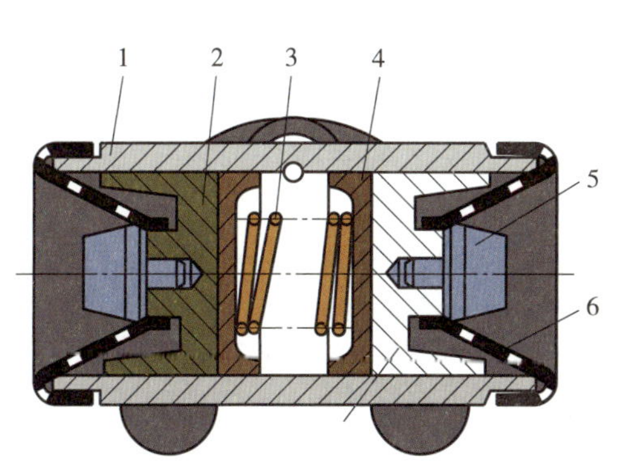

图 5-3-8　双活塞式制动轮缸

1—缸体　2—活塞　3—弹簧　4—皮碗　5—顶块　6—防尘罩

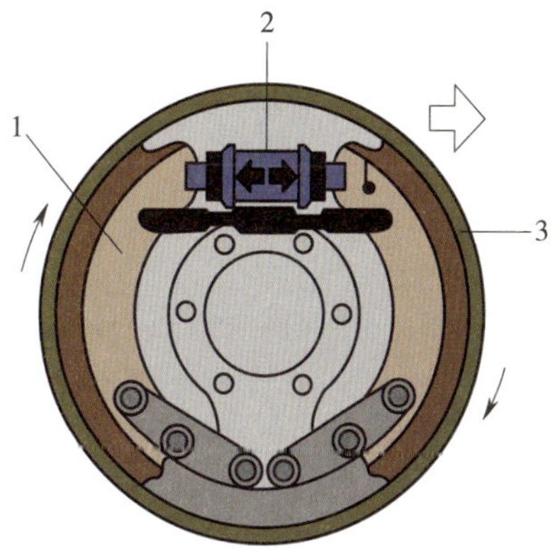

图 5-3-9　制动轮缸的工作情况

1—制动蹄　2—制动轮缸　3—制动鼓

知识拓展

轿车主要采用液压制动，而商用车大多采用气压制动的形式。下面对气压式制动传动装置进行简单讲解。

一、气压式制动传动装置的特点

气压式制动传动装置是利用压缩空气作动力源的动力制动装置。制动时，驾驶员通过控制制动踏板的行程，便可控制制动气压的大小，得到不同的制动强度。其特点：制动操纵省力、制动强度大、制动踏板行程小；需要消耗发动机的动力；制动粗暴而且结构比较复杂。因此，一般在重型和部分中型车上采用气压式制动传动装置。

二、气压式制动传动装置的组成

双管路气压式制动传动装置利用一个双腔（或三腔）的制动控制阀、两个或三个储气筒，组成两套彼此独立的管路，分别控制两桥（或三桥）的制动器。

图 5-3-10 所示为汽车双管路气压式制动传动装置。它由气源和控制装置两部分组成，气源部分包括空气压缩机、气压调节器、气压表、储气筒、低压报警开关和安全阀等；控制装置部分包括制动踏板（图中未画出）、制动控制阀等。

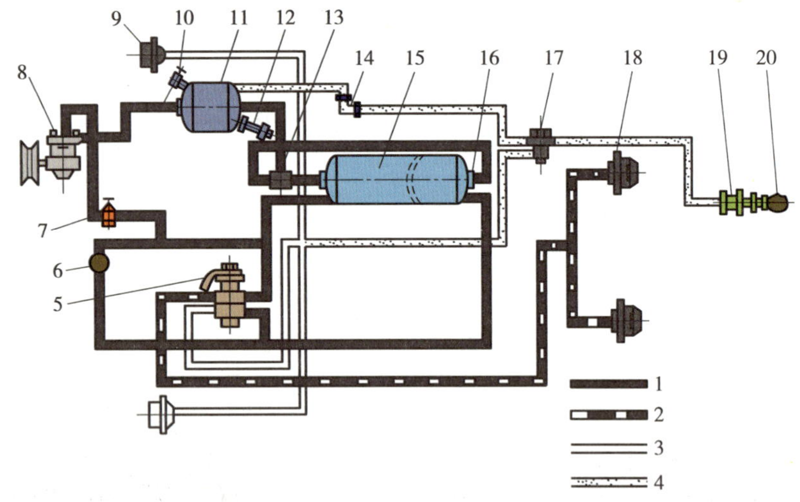

图 5-3-10 汽车双管路气压式制动传动装置

1—供气管路 2—后制动管路 3—前制动管路 4—挂车制动管路 5—制动控制阀 6—气压表 7—气压调节器 8—空气压缩机 9—前制动气室 10—放气阀 11—湿储气筒 12—安全阀 13—三通管 14—低压报警开关 15—储气筒 16—单向阀 17—挂车制动阀 18—后制动气室 19—分离开关 20—连接头

发动机驱动的活塞式空气压缩机将压缩空气压入湿储气筒，湿储气筒上装有安全阀和供其他系统使用的压缩空气放气阀。压缩空气在湿储气筒内冷却并进行油水分离，然后进入储气筒的前、后腔。储气筒的前腔与制动控制阀的上腔相连，以控制后轮制动，同时通过三通管与气压表及气压调节器相连；储气筒的后腔与制动控制阀的下腔相连，以控制前轮制动，并通过三通管与气压表相连。

当驾驶员踩下制动踏板时，拉杆带动制动控制阀拉臂摆动，使制动控制阀工作。储气筒前腔的压缩空气经制动控制阀的上腔进入后制动气室，使后轮制动；同时，储气筒后腔的压缩空气经制动控制阀的下腔进入前制动气室，使前轮制动。当松开制动踏板时，制动控制阀使各制动气室与外界相通，以解除制动。

三、气压式制动传动装置的主要零部件

1. 空气压缩机

空气压缩机的作用是产生压缩空气，是整个制动系统的动力源，按其缸数可分为单缸与双缸两种。

空气压缩机主要由气缸体、曲轴箱、曲轴、活塞、连杆、气缸盖总成、空气滤清器等组成。

气缸体由铸铁制成，下端用螺栓与曲轴箱连接，缸筒外圆铸有散热片。气缸盖用螺栓紧固于气缸体的上端面，其间装有密封垫。气缸盖上的进、排气室分别装有进、排气阀，排气阀经管路与储气筒相通，进气阀经进气道与空气滤清器相通，其上方装有卸荷装置。

压缩机的曲轴用两盘球轴承支撑于曲轴箱前、后座孔内，前端与驱动带盘相连，由发动机的曲轴带盘通过三角带驱动。

2. 气压调节器

气压调节器的作用是使储气筒内气压保持在规定的气压范围内，并在超过规定气压后，实现空气压缩机的卸荷空转，以减小发动机的功率消耗。

气压调节器在管路中的连接方式有两种：一种是将气压调节器与空气压缩机和储气筒并联，当系统内的气压达到规定值时，使空气压缩机的进气阀常开，卸荷空转；另一种是将气压调节器串联在空气压缩机和储气筒之间，当系统内的气压达到规定值时，将多余的压缩空气直接排入大气，使空气压缩机基本上卸荷空转。与储气筒并联的膜片式气压调节器主要由调压弹簧、膜片、调整螺钉等零件组成。

3. 制动控制阀

制动控制阀用来控制储气筒进入制动气室和挂车制动控制阀的压缩空气量，并有渐进变化的随动作用，以保证作用在制动器上的力与制动踏板的行程成正比。

制动控制阀的类型有单管路单腔式、双管路双腔式或多管路三腔式，现在大多数车辆采用双管路双腔式。而双管路双腔式制动控制阀又有双腔串联式和双腔并联式两种。双腔串联式制动控制阀工作的协调性和稳定性较双腔并联式制动控制阀可靠。

4. 制动气室

制动气室的作用是将输入的空气压力转换成机械推力，使车轮制动器产生制动力矩。制动气室可分为膜片式和活塞式两种，膜片式制动气室结构简单，但膜片寿命较短，行程较小，制动蹄与制动鼓间隙稍有变化即需调整；活塞式制动气室不存在上述问题，但结构较复杂，成本较高，多用于重型汽车。

任务实施

一、任务准备

根据任务要求，准备所需的设备、工具和资料。

1. 设备：制动液更换机、举升机、实训车辆等。

2. 工具：套筒扳手、扭力扳手、螺钉旋具、游标卡尺、千分尺、内径表、细砂布、吹枪、头灯、手套、安全帽、车内防护四件套、翼子板布、车轮挡块等。

3. 资料：车辆维修手册、学习工作页等。

二、实施步骤

1. 制动主缸的检修（见表 5-3-1）

表 5-3-1　　制动主缸的检修

步骤	图示	说明
1		检查储液罐是否破损，若出现破损，应更换
2		检查缸体内孔，其表面不得有划伤和腐蚀

续表

步骤	图示	说明
3		检查活塞表面，其表面不得有划伤和腐蚀
4	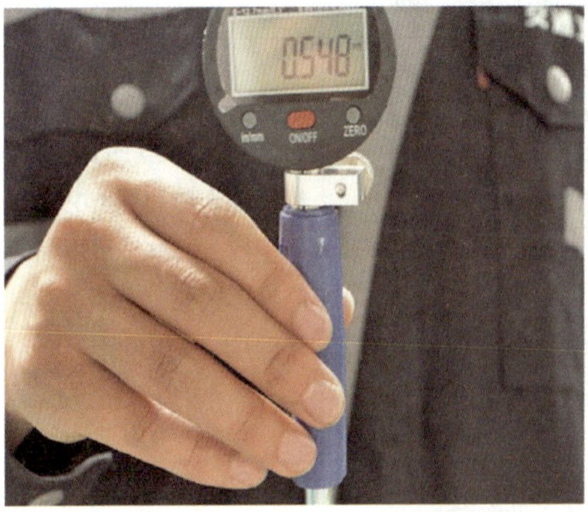	用内径表测量缸体内孔的直径
5		用千分尺测量活塞的外径，并计算出缸体内孔与活塞之间的间隙值，若超过车型维修手册的规定极限，应更换
6	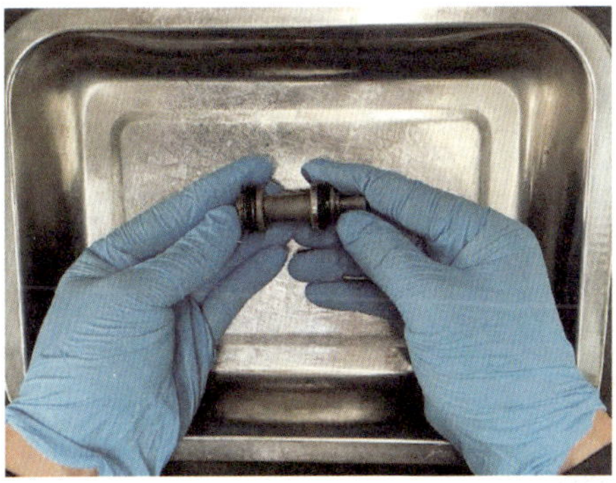	检查制动主缸皮碗、密封圈是否老化、损坏与磨损，若出现问题，应更换

2. 制动轮缸的检修（见表 5-3-2）

表 5-3-2　　制动轮缸的检修

步骤	图示	说明
1	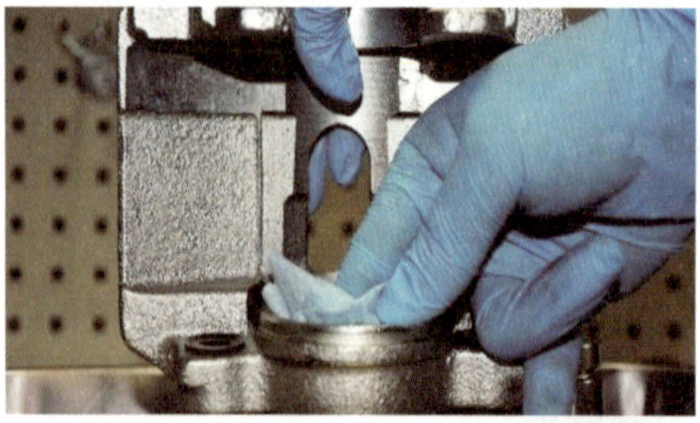	将制动轮缸分解后，用清洗液清洗制动轮缸零件
2		清洗后，检查制动轮缸缸体内孔的烧蚀、刮伤和磨损情况。如果缸体内孔有轻微刮伤或腐蚀，可用细砂布磨光。磨光后的缸体内孔应用清洗液清洗，再用无润滑油的压缩空气吹干
3		检查制动轮缸活塞外圆表面的烧蚀、刮伤和磨损情况
4	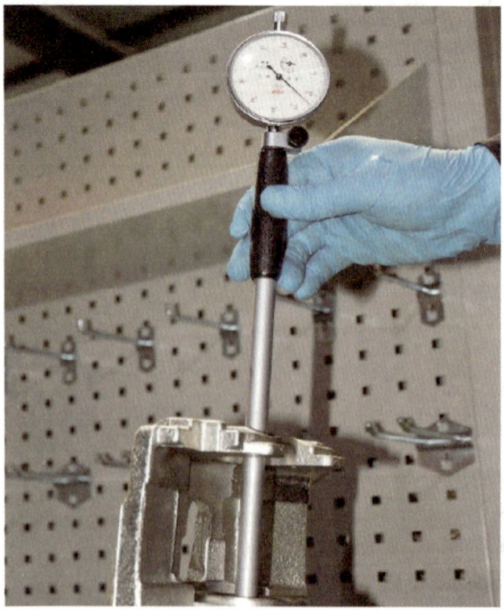	测量制动轮缸缸体内孔直径

续表

步骤	图示	说明
5	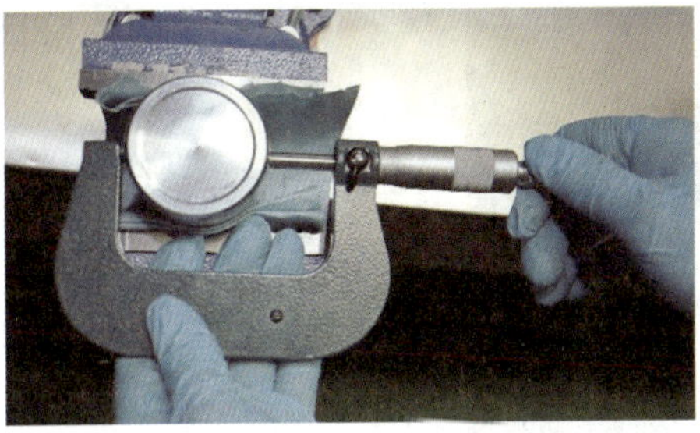	测量活塞外径，并计算出缸体内孔与活塞的间隙值，标准值和使用极限以具体车型的维修手册为准

3. 制动液的更换（见表 5-3-3）

表 5-3-3　　制动液的更换

步骤	图示	说明
1		更换制动液时，现在一般使用制动液更换机
2	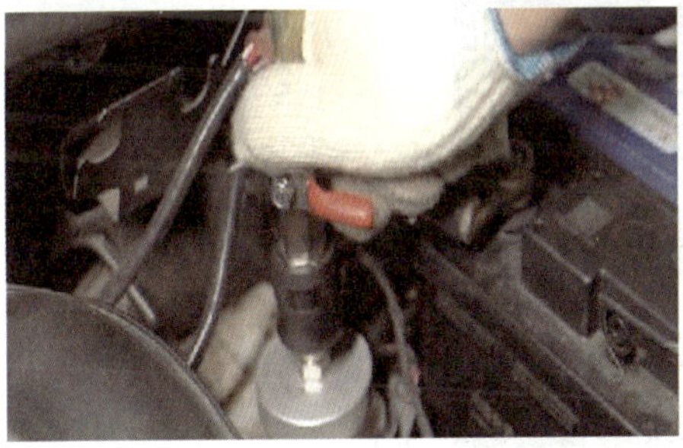	用相应的连接盖将充液软管连接到车辆制动主缸的储液罐上，拧紧以保证密闭性良好
3	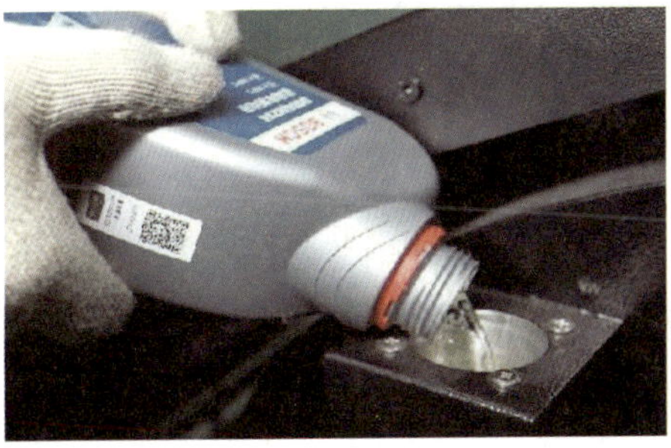	将新的制动液用漏斗倒入制动液更换机内

续表

步骤	图示	说明
4	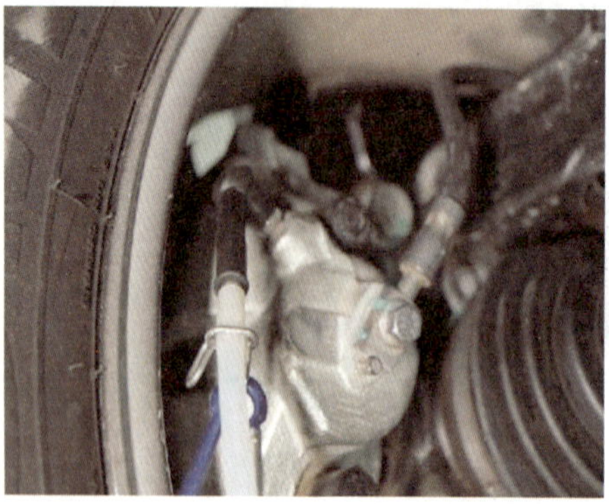	拧开车轮制动轮缸上的放液螺塞，再将加注机的软管连接到放液接口上
5		打开制动液更换机的电源，启动制动液更换机，制动液更换机可自动顶出旧制动液和空气
6		旧制动液指示管内的液面逐渐上升，直至旧制动液排出 2 L 左右，同时观察流经管路的制动液颜色，待颜色由深灰色或黑色变为半透明黄色后即可结束
7	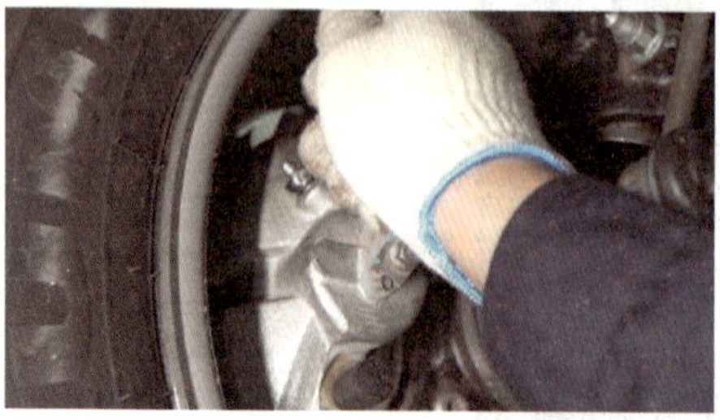	更换结束后，及时将放液螺塞拧紧，并擦干净一旁的液渍，检查一下是否有轻微渗漏

续表

步骤	图示	说明
8		检查液面高度，液面应保持在上、下标线之间

任务4　制动增压装置的结构与维修

学习目标

1. 会描述真空增压式液压制动传动装置的结构和工作原理。
2. 会描述真空助力式液压制动传动装置的结构和工作原理。
3. 能分析制动力分配调节装置的结构和工作原理。
4. 能够小组合作，在教师指导下，规范完成制动增压装置的拆装与维修工作，并严格执行“8S”管理规定。

任务描述

一辆大众轿车进厂维修，客户反映车辆在行驶过程中出现制动踏板踩下时较硬，制动效能明显下降的情况，经班组长检查后，判断为车辆制动增压装置出现故障，需要进行维修。

你作为一名维修工，在班组长的安排下领取汽车制动增压装置故障维修任务，通过小组合作、查阅资料，在规定时间内完成车辆制动增压装置的拆装、检查和维修工作，并通过验收后交车。

相关知识

为了兼取气压制动和液压制动二者之长，在普通的液压制动系统中加装真空增压装置（真空液压制动传动装置），可以减轻驾驶员施加于制动踏板上的力，增加车轮的制动力，达到操纵轻便、制动可靠的目的。

真空增压装置可分为增压式和助力式两种。增压式真空增压装置通过增压器将制动主缸的液压进一步增加，增压器装在制动主缸之后；助力式真空增压装置通过助力器来帮助制动踏板对制动主缸产生推力，助力器装在制动踏板与制动主缸之间。目前家用轿车一般采用助力式真空增压装置。

一、真空增压式液压制动传动装置简述

图 5-4-1 所示为典型真空增压式液压制动传动装置。它在普通液压制动传动装置中加装了一套真空增压装置，包括：由发动机进气歧管、真空单向阀、真空罐组成的供能装置，作为控制装置的控制阀，以及作为传动装置的真空伺服气室、辅助缸和安全缸。

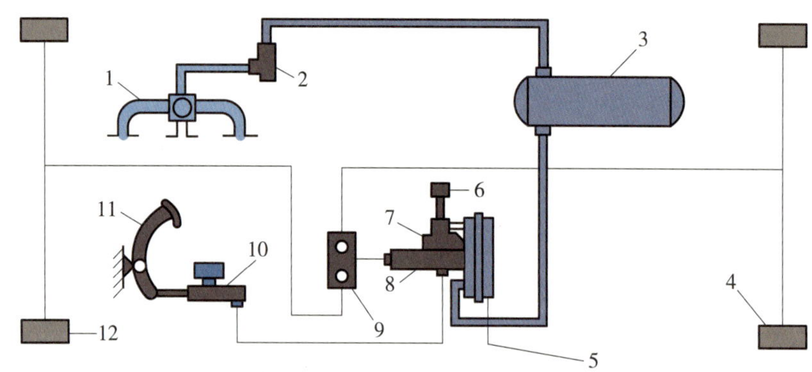

图 5-4-1　典型真空增压式液压制动传动装置

1—发动机进气歧管　2—真空单向阀　3—真空罐　4—后制动轮缸　5—真空伺服气室
6—空气滤清器　7—控制阀　8—辅助缸　9—安全缸　10—制动主缸
11—制动踏板　12—前制动轮缸

发动机工作时，因进气歧管真空度较高，真空罐中的空气经真空单向阀被吸入发动机，因而真空罐内部气压小于外部气压。这一气压差可形成制动加力的力源。

踩下制动踏板时，制动主缸输出的制动液先进入辅助缸，由此一方面传入前、后轮制动轮缸作为促动力，另一方面又作为控制压力输入控制阀，启动控制阀使真空伺服气室产生的推力与来自制动主缸的液压力一起作用在辅助缸活塞上，从而使辅助缸输送到各制动轮缸的压力远高于制动主缸的压力。

安全缸的作用是当前、后轮制动管路之一损坏漏油时，该管路上的安全缸即自动封堵，保证另一管路仍能保持其中的压力。

二、真空助力式液压制动传动装置

1. 组成

图 5–4–2 所示为双管路真空助力式液压制动传动装置。串联式双腔制动主缸的前腔通向左前制动轮缸 10，并经感载比例阀 9 通向右后制动轮缸 13。制动主缸的后腔通向右前轮制动轮缸 12，并经感载比例阀 9 通向左后制动轮缸 11。加力气室 3 和控制阀 2 组成一个整体部件，称为真空助力器。制动主缸 4 直接装在加力气室 3 的前端，真空单向阀 7 装在加力气室上。加力气室工作时产生的推力，也同制动踏板 / 所施加力一样直接作用在制动主缸 4 的活塞推杆上。

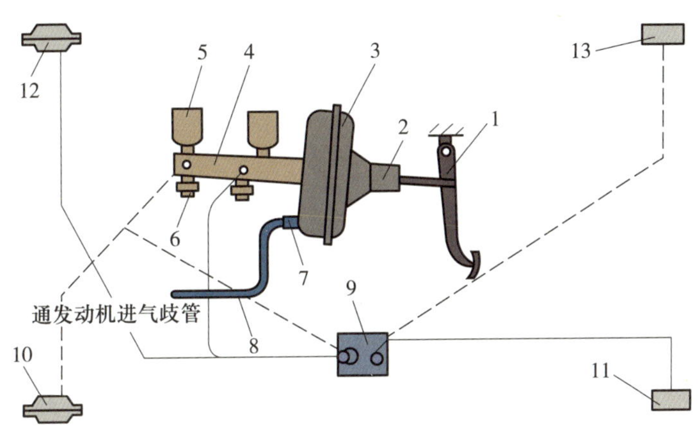

图 5–4–2　双管路真空助力式液压制动传动装置

1—制动踏板　2—控制阀　3—加力气室　4—制动主缸　5—储液罐　6—制动信号灯液压开关　7—真空单向阀　8—真空供能管路　9—感载比例阀　10—左前制动轮缸　11—左后制动轮缸　12—右前制动轮缸　13—右后制动轮缸

2. 真空助力器的结构

图 5–4–3 所示为某汽车的单膜片真空助力器。真空助力器和制动主缸用 4 个螺钉固定在车身前围上，借推杆与制动踏板连接。加力气室由前、后壳体组成，其间夹装有膜片和座，它的前腔经真空单向阀通发动机进气歧管或真空罐，后腔膜片座毂筒中装有控制阀，空气阀与推杆固接，橡胶阀门与在膜片座上加工出来的真空阀座组成真空阀。

3. 真空助力器的工作原理

（1）不制动时真空助力器的工作状态如图 5–4–4 所示，控制阀处于非工作状态。回位弹簧将控制阀推杆连同控制阀柱塞推至右极限位置，控制阀柱塞紧压空气阀座而关闭空气阀；橡胶阀门被压缩而离开真空阀座，真空阀开启。真空阀开启，则加力气室的前、后两腔相通，并与大气隔绝。发动机运转后，真空单向阀被吸开，前、后两腔内均具有一定的真空度。

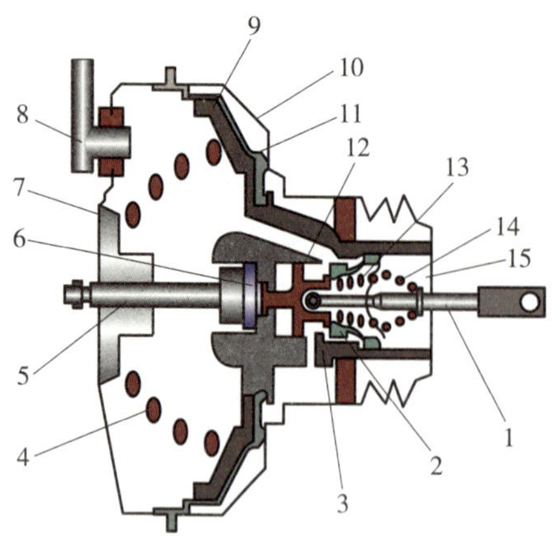

图 5-4-3　某汽车的单膜片真空助力器

1—控制阀推杆　2—真空阀　3—真空阀座
4—膜片回位弹簧　5—制动主缸推杆
6—橡胶反作用盘　7—后壳体　8—真空单向阀
9—气室膜片隔板　10—前壳体　11—气室膜片
12—空气阀　13—橡胶阀门弹簧
14—控制阀推杆回位弹簧　15—空气滤清器

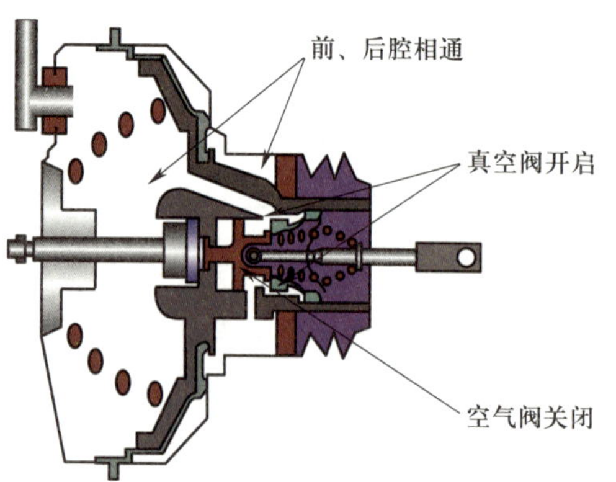

图 5-4-4　不制动时真空助力器的工作状态

（2）制动时真空助力器的工作状态如图 5-4-5 所示，控制阀推杆连同控制阀柱塞向左移动，消除与橡胶反作用盘的间隙，压缩橡胶反作用盘中心部分产生压凹变形，并推动制动主缸推杆向左移动，使制动主缸内液压上升。与此同时，控制阀推杆通过弹簧将橡胶阀门压向真空阀座而关闭真空阀，使前、后腔隔绝。进而空气阀座与橡胶阀门分离而开启空气阀，外界空气经空气滤清器、通气道进入后腔。随着空气的进入，在加力气室膜片的两侧出现压力差而产生推力，此推力通过膜片座、橡胶反作用盘推动制动主缸推杆左移。此时，制动主缸推杆上的作用力为制动踏板力和加力气室推力之和，但加力气室推力比制动踏板力大得多，从而使制动主缸输出的液压成数倍地增高。

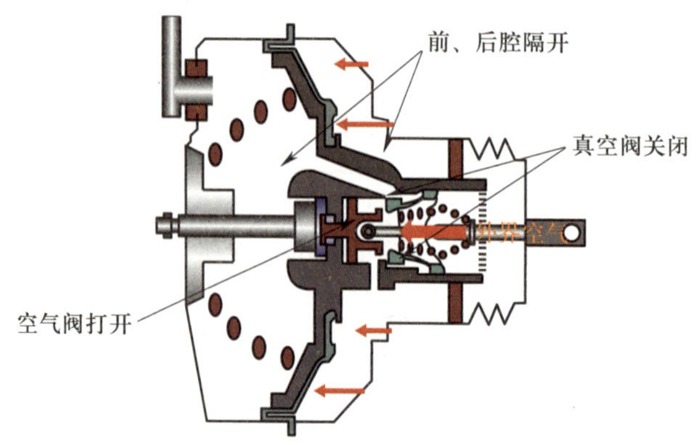

图 5-4-5　制动时真空助力器的工作状态

（3）维持制动时真空助力器的工作状态如图 5-4-6 所示，制动踏板被踩下且停止在某一位置，控制阀推杆和空气阀座推压橡胶反作用盘的推力不再增加，膜片两边压力差使橡胶反作用盘中心部分的凹下变形恢复，空气阀重新落座而关闭，出现“双阀关闭”的平衡状态。

（4）放松制动时真空助力器的工作状态如图 5-4-7 所示，回位弹簧使控制阀推杆和空气阀座后移，橡胶阀门离开真空阀座，加力气室前、后腔相通，成为真空状态。膜片和膜片座在膜片回位弹簧的作用下回位，制动主缸即解除制动。

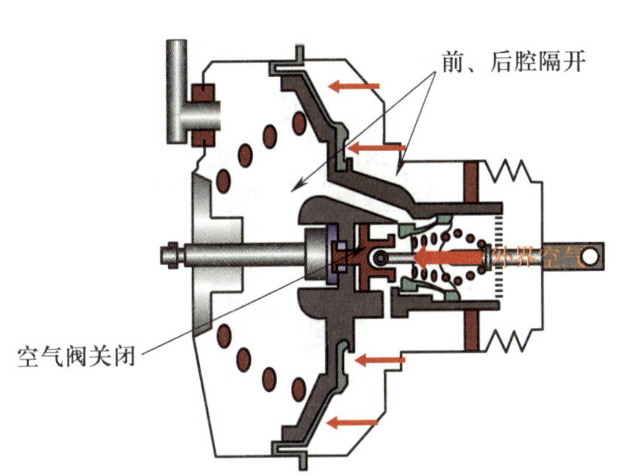

图 5-4-6　维持制动时真空助力器的工作状态

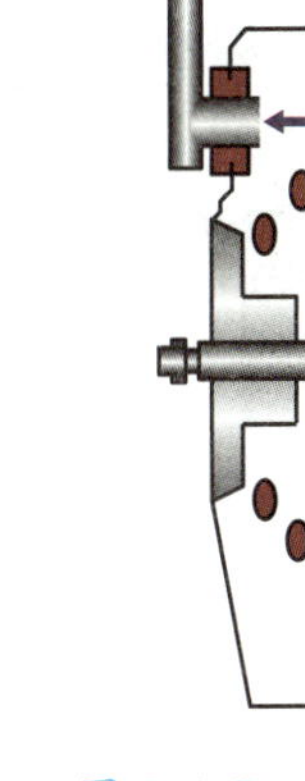

图 5-4-7　放松制动时真空助力器的工作状态

三、制动力分配调节装置

汽车前、后轮的实际载荷是不同的，要想满足车轮最佳制动状态，汽车前、后轮制动力的比例应是变化的。为使前、后轮获得理想的制动力，现在汽车上采用了各种制动力分配调节装置，用于调节前、后轮制动管路的工作液压。

常用的制动力分配调节装置有限压阀、比例阀、感载比例阀和惯性阀等。

1. 限压阀

限压阀（见图 5-4-8）串联在制动主缸与后轮制动器的管路之间，其功用是当前、后轮制动管路液压 p_1 和 p_2 由零同步增长到一定值后，自动将 p_2 限定在该值不变。

2. 比例阀

比例阀也串联在制动主缸与后轮制动器的管路之间，其功用是当前、后轮制动管路液压 p_1 和 p_2 由零同步增长到一定值 p_S 后，自动对 p_2 的增长加以限制，使 p_2 的增量小于 p_1 的增量。

图 5-4-9 所示为比例阀的结构原理，比例阀通常采用两端承压面积不等的活塞。不工作时，活塞 2 在弹簧 3 的作用下处于上极限位置。此时阀门 1 保持开启，因而在输入液压 p_1 与输出液压 p_2 从零开始同步增长的初始阶段，p_1 与 p_2 相等。但是液压 p_1 的作用

面积小于液压 p_2 的作用面积，故活塞上方液压作用力大于活塞下方的液压作用力。在 p_1、p_2 同步增长的过程中，活塞上、下两端液压作用力之差超过弹簧 3 的预紧力时，活塞便开始下移。当 p_1 和 p_2 增长到一定值 p_S 时，活塞内腔中的阀座与阀门接触，进油腔与出油腔被隔绝，此即比例阀的平衡状态。

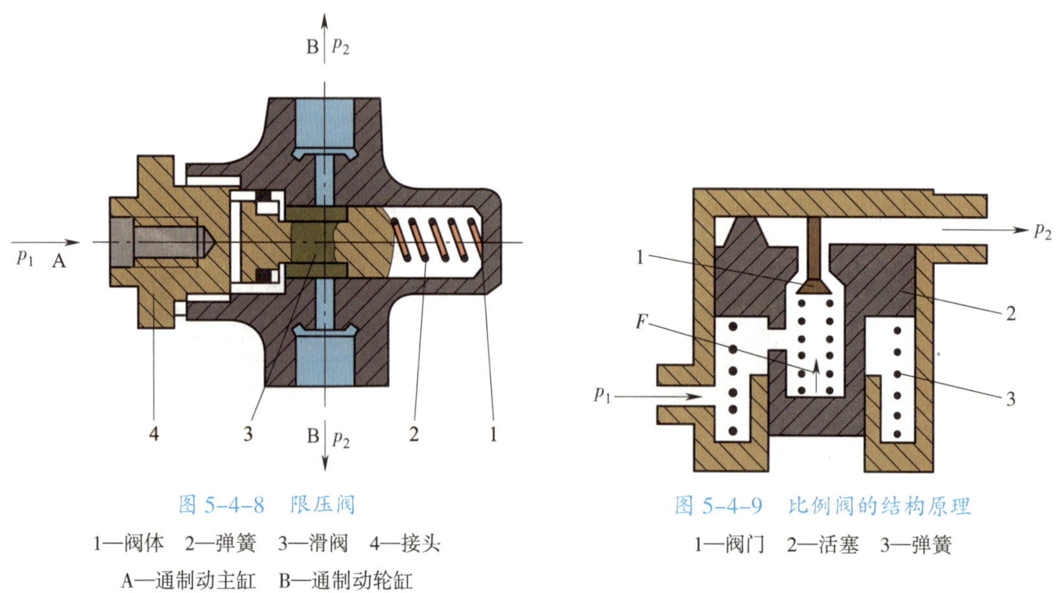

图 5-4-8 限压阀

1—阀体 2—弹簧 3—滑阀 4—接头

A—通制动主缸 B—通制动轮缸

图 5-4-9 比例阀的结构原理

1—阀门 2—活塞 3—弹簧

若进一步提高 p_1，则活塞上升，阀门再度开启，油液继续流入出油腔，使 p_2 也升高，但由于活塞的下端面积小于上端面积，因此 p_2 尚未增加到新的 p_1 值，活塞就又下降到平衡位置。

3. 感载比例阀

有些车辆在实际载重量不同时，其总重力和重心位置变化较大。因此，满载和空载时的前、后轮制动力分配差距也较大，应采用随汽车实际载重量变化而改变的感载比例阀。

图 5-4-10 所示为液压式感载比例阀及其感载控制机构。阀体 3 安装在车身上，其中活塞 4 为两端承压面积不等的差径结构，其右部空腔内有阀门 2。

不制动时，活塞在感载拉力弹簧 6 在杠杆 5 施加的推力 F 作用下处于右极限位置。阀门 2 因其杆部顶触螺塞 1 而开启，使左、右阀腔连通。

轻微制动时，来自制动主缸的液压 p_1 由进油口 A 输入，并通过阀门 2 从出油口 B 输出至后制动轮缸，出油口 B 处液压 p_2 与 p_1 相等。

重踩制动踏板时，制动管路的液压 p_2 和 p_1 将同步增长，当增长至活塞左、右两端面液压作用力之差大于推力 F 时，活塞即左移一定距离。阀门 2 落座，将左、右阀腔隔绝。此时的液压为限压点的液压 p_S，活塞处于平衡状态。若进一步提高 p_1，则活塞将右移，阀门 2 再度开启，油液继续流入出油腔，使 p_2 也升高。

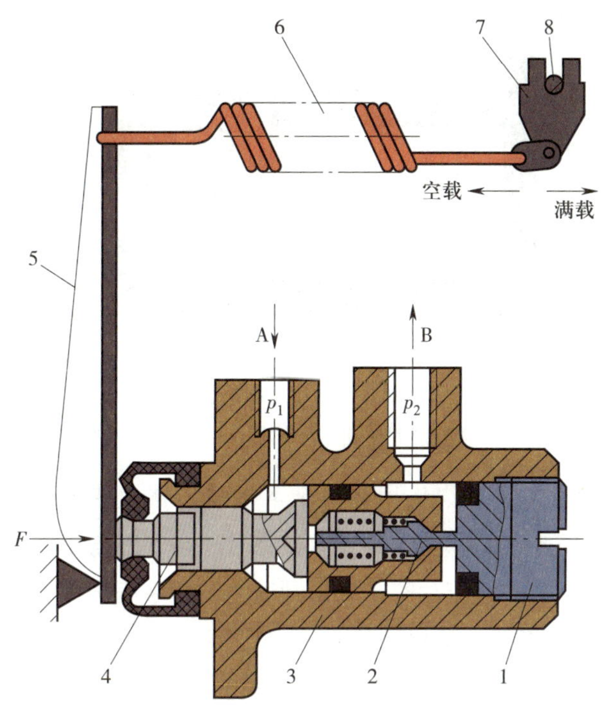

图 5-4-10 液压式感载比例阀及其感载控制机构

1—螺塞 2—阀门 3—阀体 4—活塞 5—杠杆 6—感载拉力弹簧 7—摇臂 8—后悬架横向稳定杆

当汽车的轴载质量变化时，车身和车桥间的距离发生变化，利用此变化来改变感载拉力弹簧 6 的预紧力，即能实现感载调节。感载拉力弹簧 6 右端经吊耳与摇臂 7 相连，而摇臂则夹紧在汽车后悬架横向稳定杆 8 的中部。当汽车的轴载质量增加时，后桥向车身移近，后悬架横向稳定杆便带动摇臂 7 逆时针转过一个角度，将感载拉力弹簧 6 进一步拉伸，作用于活塞 4 上的推力 F 便增加；反之，汽车轴载质量减小时，感载拉力弹簧 6 的拉伸量和推力 F 即减小。因而，限压点液压 p_S 随轴载质量变化而变化。

4. 惯性阀

汽车轴载质量的变化不仅与汽车总质量或实际装载质量有关，还与汽车制动时的减速度大小有关。当汽车制动减速度增加时，前轴的轴载质量增大，而后轴的轴载质量减小。

惯性阀的作用是使限压点液压 p_S 取决于汽车制动时作用在汽车重心上的惯性力。即 p_S 不仅与汽车的实际质量有关，还与汽车制动减速度有关。

图 5-4-11 所示为惯性阀。惯性阀内有一个惯性钢球 2，惯性钢球的支撑面相对于水平面的仰角 θ 必须大于零，惯性阀方可起作用。汽车在水平路面上时，θ 应为 10° ~ 13° 。

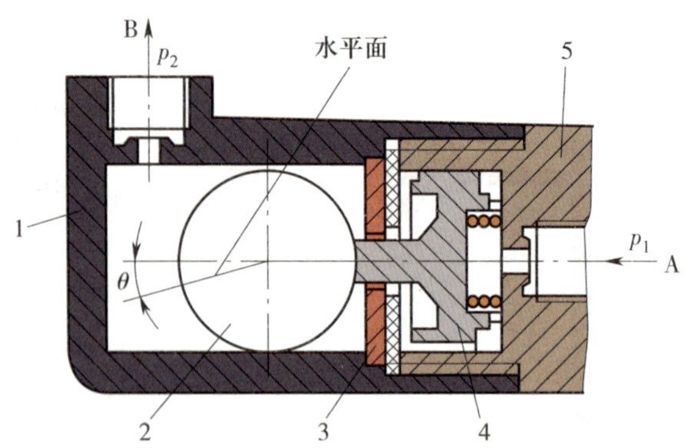

图 5-4-11 惯性阀

1—阀体 2—惯性钢球 3—阀座 4—阀门 5—阀盖

通常惯性钢球在其本身重力作用下处于下极限位置，并将阀门 4 推到与阀盖 5 接触，使得阀门 4 与阀座 3 之间保持一定间隙。此时进油口 A 与出油口 B 相通。

当汽车在水平路面上施行制动时，来自制动主缸的液压由进油口 A 输入惯性阀，再从出油口 B 进入后制动管路，输出液压 p_2 即等于输入液压 p_1。当路面对车轮的制动力使汽车产生减速度时，作为汽车零件的惯性钢球也具有相同的减速度。在液压 p_1 较低，减速度较小，惯性钢球向前的惯性力沿支撑面的分力不足以平衡钢球的重力沿支撑面的分力时，阀门仍保持开启状态，输出液压 p_2 仍等于输入液压 p_1。当 p_1 上升到一定值 p_S，制动减速度增大到足以实现上述二力平衡时，阀门弹簧便通过阀门将惯性钢球推向前方，使阀门得以压靠阀座，切断液流通路。此后 p_1 继续升高，前轮制动力也即汽车总制动力继续增大，惯性钢球的惯性力使惯性钢球滚到前上极限位置不动。阀门对阀座的压紧力也因 p_1 的升高而加大，但 p_2 就保持为 p_S 不变。

当汽车在上坡路上施行制动时，支撑面仰角 θ 增大，惯性钢球重力沿支撑面的分力也增大，使得惯性阀开始起作用所需的控制液压 p_S 也升高，即所限定的输出液压 p_2 更高。这正与汽车上坡时后轮附着力加大相适应。相反，当汽车在下坡路上施行制动时，后轮附着力减小，惯性阀所限定的 p_S 也正好相应地降低。

任务实施

一、任务准备

根据任务要求，准备所需的设备、工具和资料。

1. 设备：举升机、实训车辆等。

2. 工具：套筒扳手、扭力扳手、螺钉旋具、T 形管真空表、软管、卡紧装置、头灯、手套、安全帽、车内防护四件套、翼子板布、车轮挡块等。

3. 资料：车辆维修手册、学习工作页等。

二、实施步骤

1. 就车检查真空助力器（见表 5-4-1）

表 5-4-1　　就车检查真空助力器

步骤	图示	说明
1	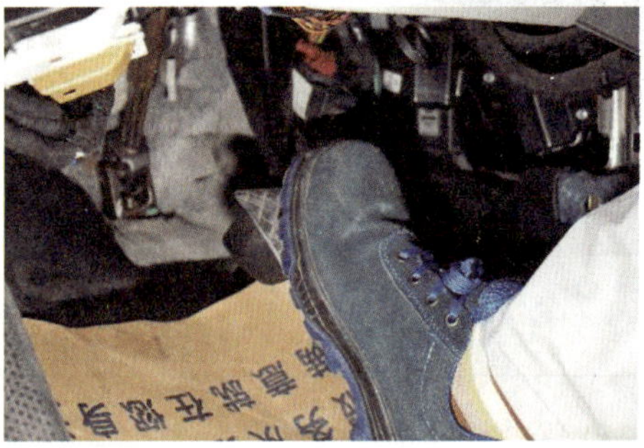	将发动机熄火，用力踩几次制动踏板，以消除真空助力器中残余的真空度
2	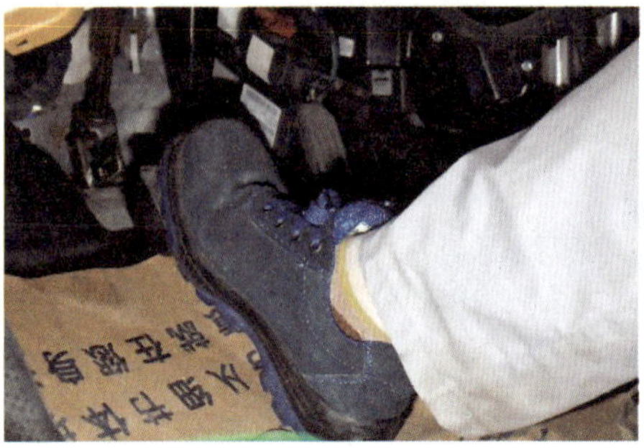	用适当的力踩住制动踏板，并保持在一定位置，然后起动发动机，使真空系统重新建立起低压环境，并观察制动踏板。若制动踏板位置有所下降，说明真空助力器正常；若制动踏板位置保持不动，则说明真空助力器或真空单向阀损坏

2. 真空助力器就车真空试验（见表 5-4-2）

表 5-4-2　　真空助力器就车真空试验

步骤	图示	说明
1	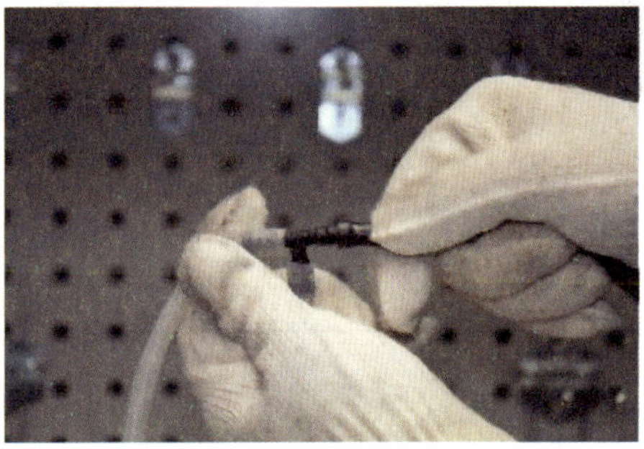	将 T 形管、真空表、软管及卡紧装置等连接好

续表

步骤	图示	说明
2		起动发动机，怠速运转 1 min
3		卡紧与进气歧管相连的真空管上的卡紧装置，切断真空助力器真空单向阀与进气歧管之间的通路，将发动机熄火，观察真空表的变化
4		如果在规定时间内真空度下降过多（以对应车型维修手册为准），说明真空助力器膜片或真空单向阀损坏

任务 5　汽车防滑控制系统的结构与维修

学习目标

1. 会描述 ABS 的基本结构组成、类型及布置形式。

2. 能分析 ABS 部件的工作原理。

4. 能分析驱动防滑系统的基本组成和工作原理。

5. 能够小组合作，在教师指导下，规范完成 ABS 的维修工作，并严格执行“8S”管理规定。

任务描述

一辆大众速腾轿车进厂维修，客户反映汽车防滑控制系统故障灯常亮。经班组长检查后，判断为汽车防滑控制系统出现故障，需要进行维修。

你作为一名维修工，在班组长的安排下领取汽车防滑控制系统故障维修任务，通过小组合作、查阅资料，在规定时间内完成汽车防滑控制系统的维修工作，并通过验收后交车。

相关知识

防抱死制动系统（anti-lock braking system，简称 ABS）通过安装在车轮上的传感器发出车轮将被抱死的信号，控制器指令调节器降低该车轮制动轮缸的液压，减小制动力矩，经一定时间后，再恢复原有的液压。不断地这样循环（每秒可达 5 ~ 10 次），就能始终令车轮处于转动状态而又有最大的制动力矩。

没有安装 ABS 的汽车，在行驶中如果用力踩下制动踏板，车轮转速会急速降低，当制动力超过车轮与地面的摩擦力时，车轮就会被抱死，完全抱死的车轮会使轮胎与地面的摩擦力下降。如果前轮被抱死，驾驶员就无法控制车辆的行驶方向；如果后轮被抱死，就极容易出现侧滑现象。

一、ABS 的基本组成和工作原理

ABS 主要由轮速传感器、制动压力调节器和电子控制单元（ECU）等组成，如图 5-5-1 所示。

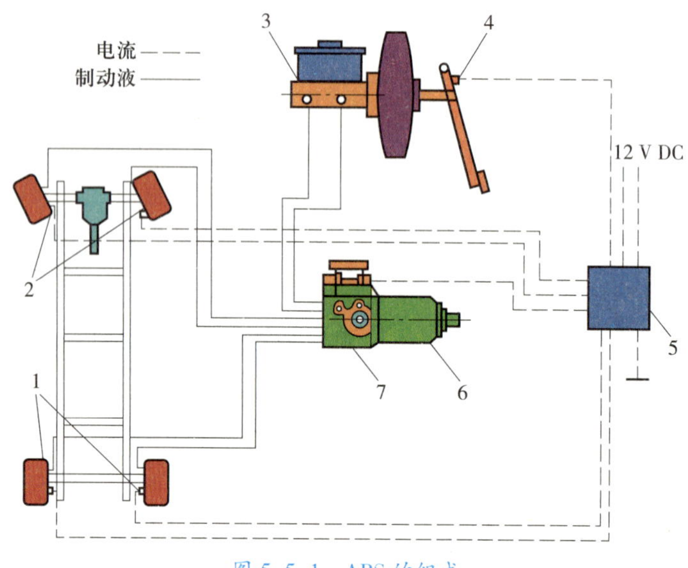

图 5-5-1　ABS 的组成

1、2—轮速传感器　3—制动主缸　4—制动灯开关　5—电子控制单元
6—电动机　7—制动压力调节器

每个车轮上装有一个轮速传感器，它们将各车轮的转速信号及时输入电子控制单元。电子控制单元是 ABS 系统的控制中心，它根据各个轮速传感器输入的信号对各个车轮的运动状态进行监测和判定，并形成相应的控制指令，再适时发出控制指令给制动压力调节器。制动压力调节器对各制动轮缸的制动压力进行调节，以调节制动力矩，使之与地面附着状况相适应，防止制动车轮被抱死。

ABS 系统具有失效保护和自诊断功能，当电子控制单元监测到系统出现故障时，将自动关闭 ABS，恢复常规制动，存储故障信息，并将 ABS 警告灯点亮，提示驾驶员尽快进行修理。

二、ABS 的类型及布置形式

1. 按汽车制动系统分类

（1）液压制动系统 ABS

（2）气压制动系统 ABS

（3）气顶液制动系统 ABS

2. 按 ABS 中控制管路（通道）数和传感器数量分类

ABS 按控制通道数量可分为四通道、三通道、二通道和一通道 4 种；按传感器数量主要可分为四传感器和三传感器两种。

控制通道是指能够独立进行制动压力调节的制动管路。如果一个车轮的制动压力占用一个控制通道，可以进行单独调节，称为独立控制；如果两个车轮的制动压力是一同调节的，称为一同控制。

两个车轮一同控制时有两种方式：如果以保证附着系数较小车轮不发生抱死为原则进行制动压力调节，则称这两个车轮按低选原则一同控制；如果以保证附着系数较大车轮不发生抱死为原则进行制动压力调节，则称这两个车轮按高选原则一同控制。按低选原则一同控制较常见。

目前汽车上应用较多的 ABS 为三通道（前轮独立控制、后轮低选控制）四传感器式、三通道三传感器式和四通道四传感器式。

（1）三通道四传感器式

三通道四传感器式 ABS 如图 5-5-2 所示，一般采用两个前轮独立控制，两个后轮按低选原则进行一同控制。对两个前轮进行独立控制，主要是考虑轿车，特别是前轮驱动的汽车，前轮制动力在汽车总制动力中所占的比例较大（可达 70% 左右），可以充分利用两前轮的附着力。这种形式的 ABS 制动方向稳定性较好，但制动效能稍差。

（2）三通道三传感器式

三通道三传感器式 ABS 如图 5-5-3 所示，也是采用两个前轮独立控制，两个后轮按低选原则进行一同控制。与三通道四传感器式 ABS 的不同是，后桥只有一个轮速传感器，装在差速器附近。这种形式的 ABS 制动方向稳定性较好，但制动效能稍差。

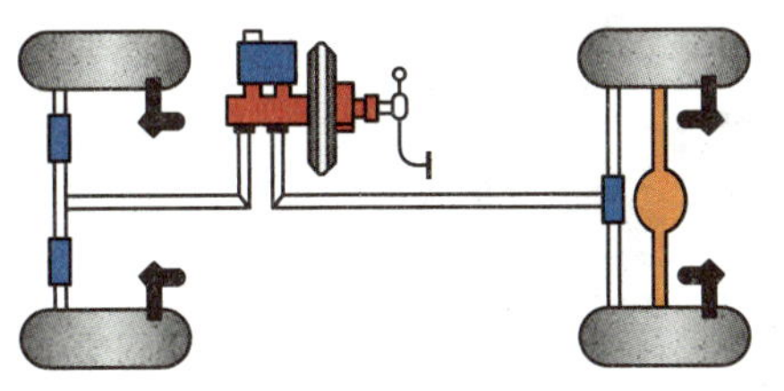

图 5-5-2　三通道四传感器式 ABS

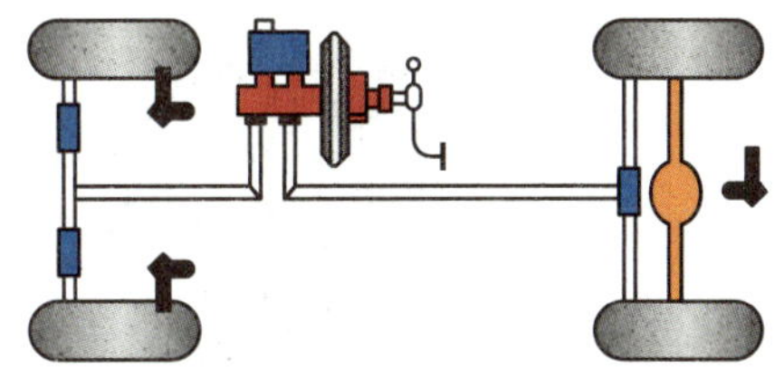

图 5-5-3　三通道三传感器式 ABS

（3）四通道四传感器式

四通道四传感器式 ABS 如图 5-5-4 所示，每个车轮都有一个轮速传感器，且每个车轮的制动压力都是独立控制的。这种形式的 ABS 制动效能好，但在不对称路面上制动时的方向稳定性差。

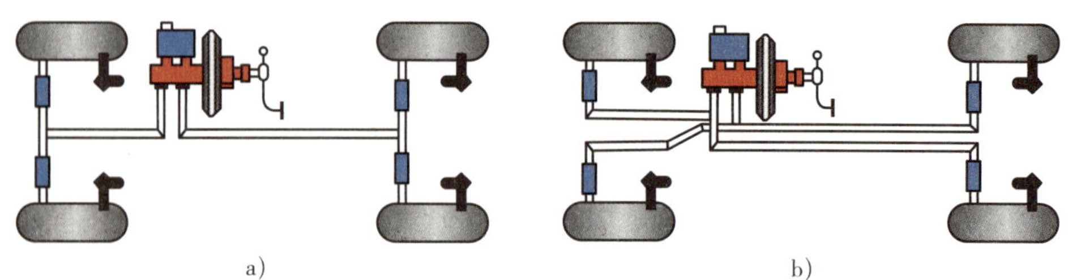

图 5–5–4　四通道四传感器式 ABS

a）双管路前后布置　b）双管路交叉布置

三、ABS 部件的结构及其工作原理

1. 轮速传感器

轮速传感器的功用是检测车轮的旋转速度，并将速度信号输入电子控制单元。目前，常用的轮速传感器主要有电磁式和霍尔式两种。

（1）电磁式轮速传感器

电磁式轮速传感器主要由传感头和齿圈两部分组成，其外形如图 5–5–5 所示。电磁式轮速传感器的安装位置如图 5–5–6 所示，齿圈一般安装在轮毂或轴座上。对于后轮驱动且后轮采用一同控制的汽车，齿圈也可安装在差速器或传动轴上，电磁式轮速传感器在传动系中的安装位置如图 5–5–7 所示。

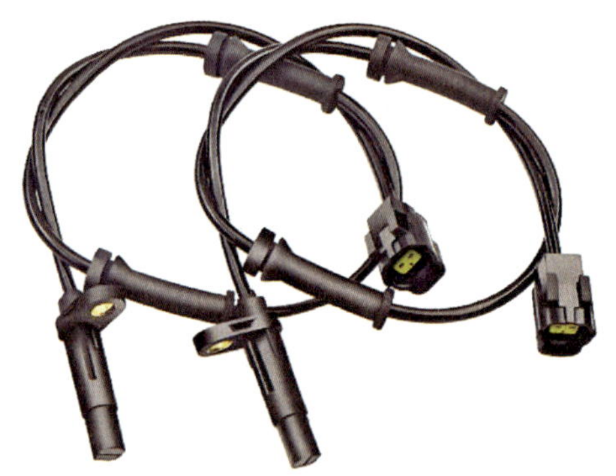

图 5–5–5　电磁式轮速传感器外形

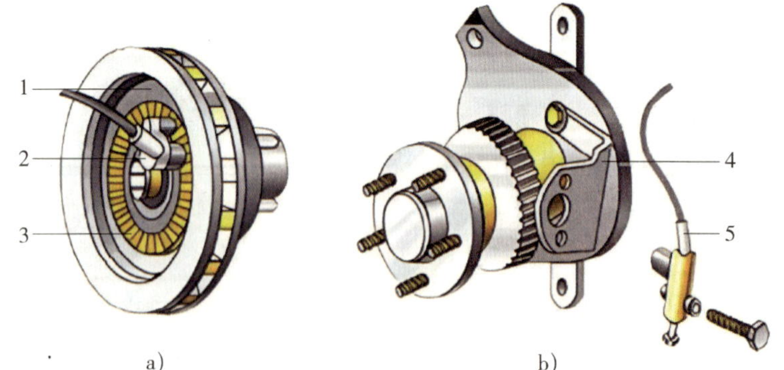

图 5–5–6　电磁式轮速传感器的安装位置

a）前轮　b）后轮

1—轮毂　2、5—传感头　3—齿圈　4—支架

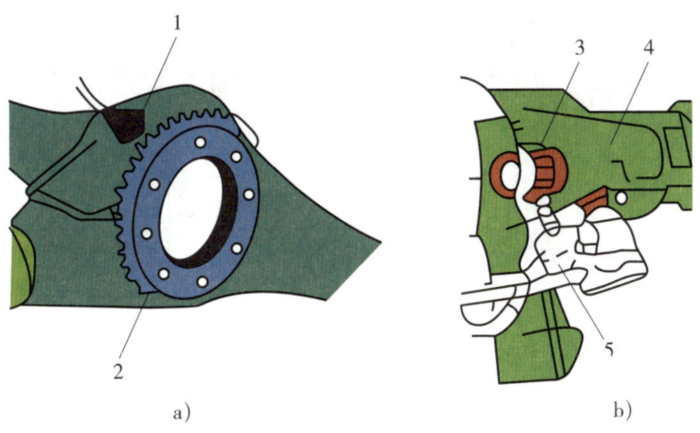

图 5-5-7 电磁式轮速传感器在传动系中的安装位置

a）主减速器 b）变速器

1、5—传感头 2—主减速器从动齿轮 3—齿圈 4—变速器输出部位

电磁式轮速传感器的结构如图 5-5-8 所示。齿圈随车轮或传动轴一起转动，通常用磁阻很小的铁磁材料制成。传感头通常由永久磁铁、电磁线圈和极轴等组成，它对应安装在靠近齿圈而又不随齿圈转动的部件上，如转向节、制动底板、驱动轴套管或差速器、变速器壳体等固定件上。传感头与齿圈的端面有一空气间隙，此间隙一般为 1 mm，通常可移动传感头的位置来调整间隙。

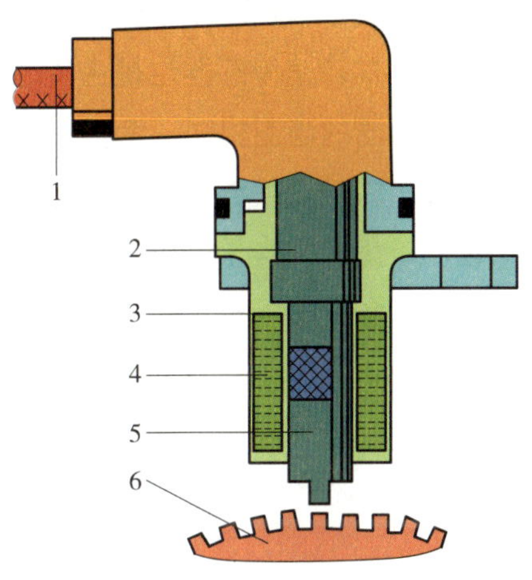

图 5-5-8 电磁式轮速传感器的结构

1—导线 2—永久磁铁 3—外壳

4—电磁线圈 5—极轴 6—齿圈

电磁式轮速传感器的工作原理如图 5-5-9 所示。齿圈随车轮旋转的同时，即与传感头极轴做相对运动。当传感头的极轴与齿圈的齿隙相对时，极轴与齿圈之间的空气间隙最大，即磁阻最大，传感头的磁极磁力线只有少量通过齿圈而构成回路，在电磁线圈周围的磁场较弱，如图 5-5-9a 所示。当传感头的极轴与齿圈的齿顶相对时，两者之间的空气间隙最小，即磁阻最小，传感头的磁极磁力线通过齿圈的数量增多，在电磁线圈周围的磁场较强，如图 5-5-9b 所示。齿圈随车轮不停地旋转，就使传感头电磁线圈周围的磁场以强 - 弱 - 强 - 弱……周期性地变化，因此电磁线圈就感应出交变电压信号，即车轮转速信号。

轮速传感器由电磁线圈引出两根引线，将其产生的交变电压信号送至 ABS 的电子控制单元。为防止外部电磁波对信号的干扰，传感器的引线采用屏蔽线，以保证反映车轮转速变化的交变电压信号准确传送。

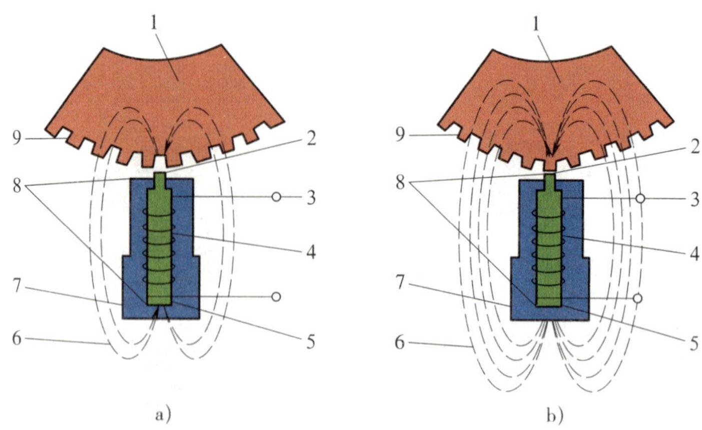

图 5-5-9　电磁式轮速传感器的工作原理

a）齿隙与磁心端部相对时　b）齿顶与磁心端部相对时

1—齿圈　2—极轴　3—电磁线圈引线　4—电磁线圈　5—永久磁铁

6—磁力线　7—电磁式轮速传感器　8—磁极　9—齿圈齿顶

（2）霍尔式轮速传感器

霍尔式轮速传感器也是由传感头、齿圈组成的。其齿圈的结构及安装方式与电磁式轮速传感器的齿圈相同，传感头则由永磁体、霍尔元件和电子电路等组成。

霍尔式轮速传感器的工作原理如图 5-5-10 所示，永磁体的磁力线穿过霍尔元件通向齿圈，齿圈相当于一个集磁器。当齿圈位于图 5-5-10a 所示位置时，穿过霍尔元件的磁力线分散，磁场相对较弱；而当齿圈位于图 5-5-10b 所示位置时，穿过霍尔元件的磁力线集中，磁场相对较强。齿圈转动时，使得穿过霍尔元件的磁力线密度发生变化，因而引起霍尔元件电压的变化，霍尔元件将输出毫伏级的准正弦波电压。此信号由电子电路转化成标准的脉冲电压。

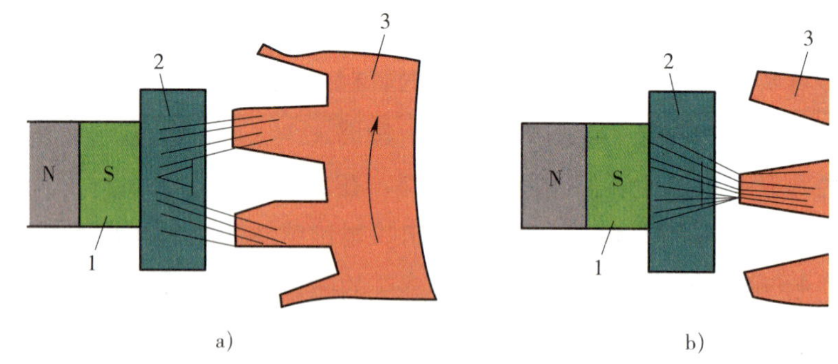

图 5-5-10　霍尔式轮速传感器的工作原理

a）霍尔元件磁场较弱　b）霍尔元件磁场较强

1—永磁体　2—霍尔元件　3—齿圈

2. 电子控制单元

电子控制单元是 ABS 的控制中枢，其功用是接收轮速传感器及其他传感器输入的信号，对这些输入信号进行比较、分析、放大和判别处理，通过精确计算，得出制动时车轮的滑移率、车轮的加速度和减速度，以判断车轮是否有抱死趋势。再由其输出控制指令，控制制动压力调节器去执行压力调节任务。

电子控制单元还具有监控和保护功能，当系统出现故障时，能及时转换成常规制动，并以点亮故障灯的形式警告驾驶员。

3. 制动压力调节器

（1）功用

制动压力调节器的功用是在制动时根据电子控制单元的控制指令，自动调节制动轮缸制动压力的大小，防止车轮抱死，使车轮处于理想滑移率的状态。

（2）类型

1）根据制动压力调节器的动力源不同，可分为液压式和气压式两种。液压式制动压力调节器主要用在轿车和一些轻型载货汽车上；气压式制动压力调节器主要用在大型客车和载货汽车上。

2）根据制动压力调节器与制动主缸的结构关系，可分为整体式和分离式两种。整体式制动压力调节器与制动主缸制成一体；分离式制动压力调节器自成一体，通过制动管路与制动主缸相连。

3）根据制动压力调节器的调压方式，可分为循环式和可变容积式两种。循环式制动压力调节器通过电磁阀直接控制制动轮缸的制动压力；可变容积式制动压力调节器通过电磁阀间接改变制动轮缸的制动压力。

（3）循环式制动压力调节器

如图 5–5–11 所示，循环式制动压力调节器主要由制动踏板、制动主缸、液压泵、储液器、电磁阀、制动轮缸等组成，在制动主缸与制动轮缸之间串联一电磁阀，直接控制制动轮缸的制动压力。循环式制动压力调节器的工作过程见表 5–5–1。

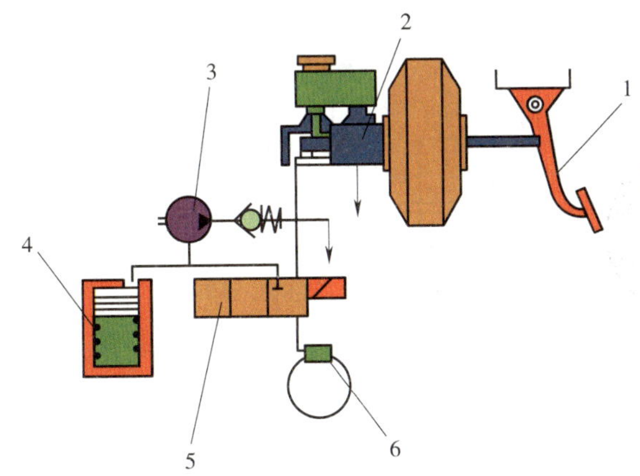

图 5–5–11　循环式制动压力调节器的组成

1—制动踏板　2—制动主缸　3—液压泵　4—储液器　5—电磁阀　6—制动轮缸

表 5-5-1　　循环式制动压力调节器的工作过程

工作过程	图示	说明
常规制动过程	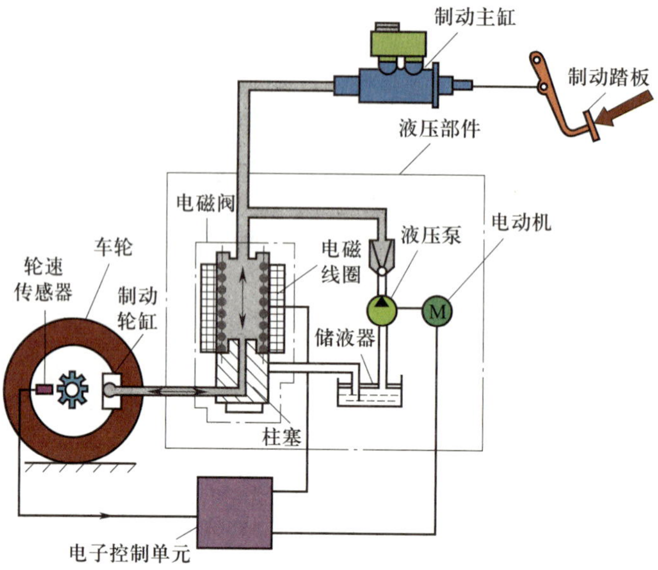 制动主缸 制动踏板 液压部件 电磁阀 电动机 液压泵 电磁线圈 车轮 轮速传感器 制动轮缸 储液器 柱塞 电子控制单元	在常规制动过程中，ABS 不工作，电磁线圈中无电流通过，电磁阀柱塞在回位弹簧的作用下处于“下端”位置。此时制动主缸与制动轮缸相通，来自制动主缸的制动液直接进入制动轮缸，制动轮缸内制动液的压力随制动主缸的压力升高而升高
保压过程	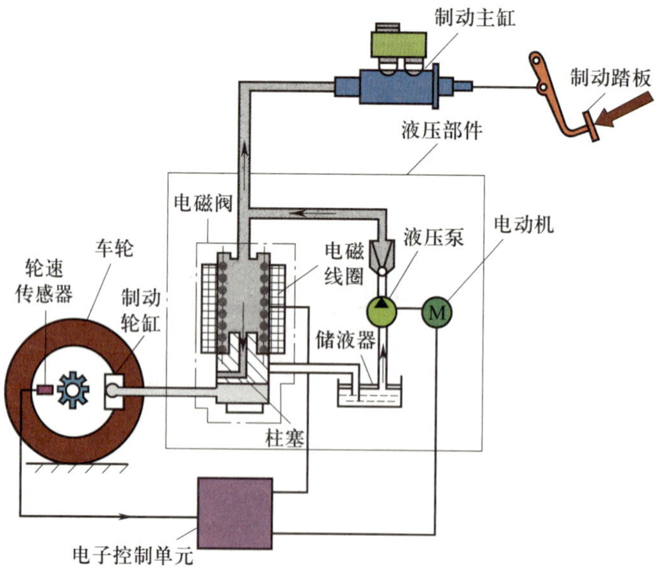 制动主缸 制动踏板 液压部件 电磁阀 电动机 液压泵 电磁线圈 车轮 轮速传感器 制动轮缸 储液器 柱塞 电子控制单元	当电子控制单元向电磁线圈输入一个较小的电流时（约为最大电流的 1/2），电磁线圈产生较小的电磁力，使柱塞处于“中间”位置。此时制动主缸、制动轮缸和回油孔相互隔离，制动轮缸中的制动压力保持一定

续表

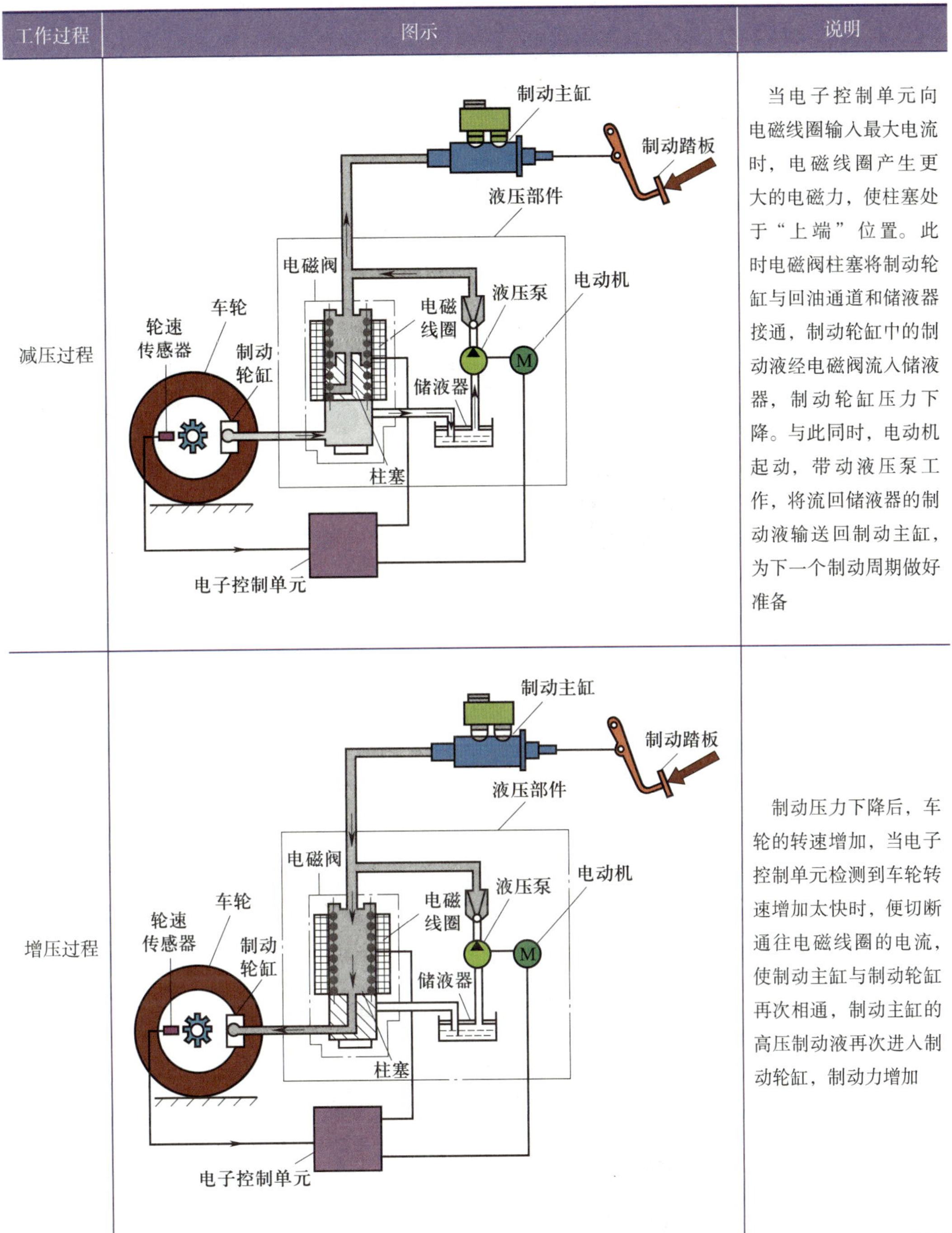

工作过程	图示	说明
减压过程		当电子控制单元向电磁线圈输入最大电流时，电磁线圈产生更大的电磁力，使柱塞处于“上端”位置。此时电磁阀柱塞将制动轮缸与回油通道和储液器接通，制动轮缸中的制动液经电磁阀流入储液器，制动轮缸压力下降。与此同时，电动机起动，带动液压泵工作，将流回储液器的制动液输送回制动主缸，为下一个制动周期做好准备
增压过程		制动压力下降后，车轮的转速增加，当电子控制单元检测到车轮转速增加太快时，便切断通往电磁线圈的电流，使制动主缸与制动轮缸再次相通，制动主缸的高压制动液再次进入制动轮缸，制动力增加

（4）可变容积式制动压力调节器

可变容积式制动压力调节器通过汽车原有制动管路上增设的一套液压控制装置，控制制动管路中制动液容积的增减，从而控制制动压力的变化。可变容积式制动压力调节器主要由电磁阀、控制活塞、液压泵、蓄能器、储液器等组成，其工作过程见表 5–5–2。

表 5–5–2　　可变容积式制动压力调节器的工作过程

工作过程	图示	说明
常规制动过程	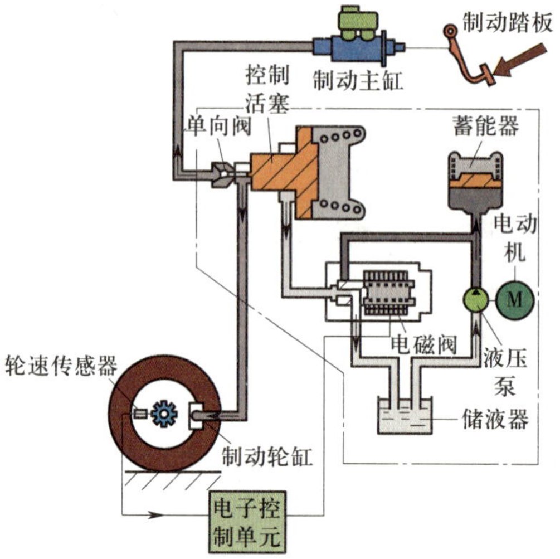	电磁线圈中无电流通过，电磁阀柱塞在回位弹簧作用下处于“左端”位置，将控制活塞的工作腔与回油管路接通，控制活塞在弹簧的作用下被推至最左端，控制活塞顶端推杆将单向阀打开，使制动主缸与制动轮缸的制动管路接通，制动主缸的制动液直接进入制动轮缸，制动轮缸内制动液的压力随制动主缸的压力升高而升高
减压过程	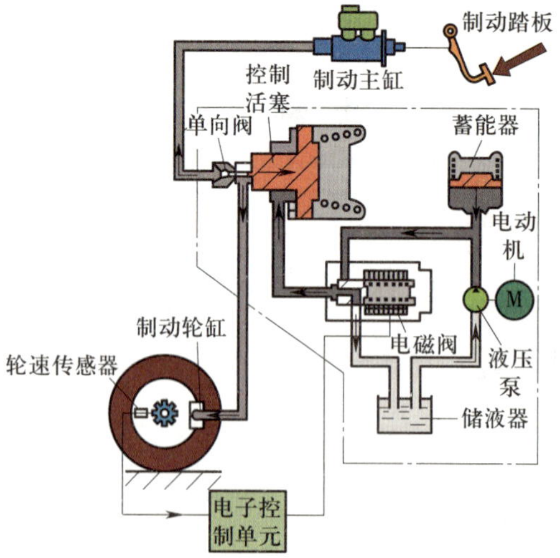	当电子控制单元向电磁线圈输入一个大电流时，电磁阀柱塞在电磁力作用下克服弹簧弹力移到右边，将蓄能器与控制活塞的工作腔管路接通，制动液进入控制活塞工作腔，推动控制活塞右移，单向阀关闭，制动主缸与制动轮缸之间的通路被切断。同时，由于控制活塞右移使制动轮缸侧容积增大，制动压力减小

续表

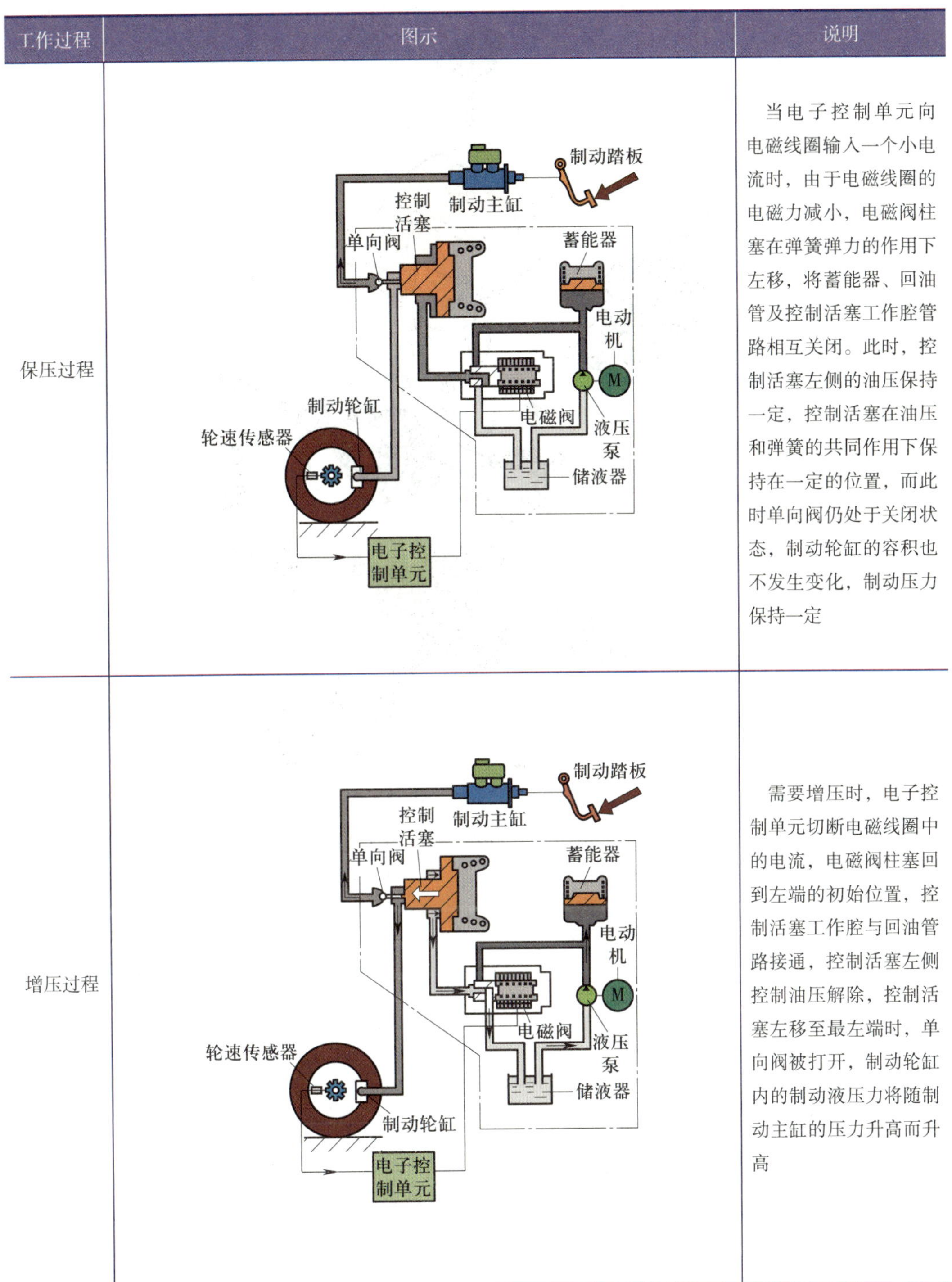

工作过程	图示	说明
保压过程		当电子控制单元向电磁线圈输入一个小电流时，由于电磁线圈的电磁力减小，电磁阀柱塞在弹簧弹力的作用下左移，将蓄能器、回油管及控制活塞工作腔管路相互关闭。此时，控制活塞左侧的油压保持一定，控制活塞在油压和弹簧的共同作用下保持在一定的位置，而此时单向阀仍处于关闭状态，制动轮缸的容积也不发生变化，制动压力保持一定
增压过程		需要增压时，电子控制单元切断电磁线圈中的电流，电磁阀柱塞回到左端的初始位置，控制活塞工作腔与回油管路接通，控制活塞左侧控制油压解除，控制活塞左移至最左端时，单向阀被打开，制动轮缸内的制动液压力将随制动主缸的压力升高而升高

（5）整体式制动压力调节器的结构

图 5-5-12 所示为整体式制动压力调节器零件分解图，它主要由电磁阀、储液罐、蓄能器、储液器（图中未画出）、制动主缸与液压助力器、电动液压泵等组成。

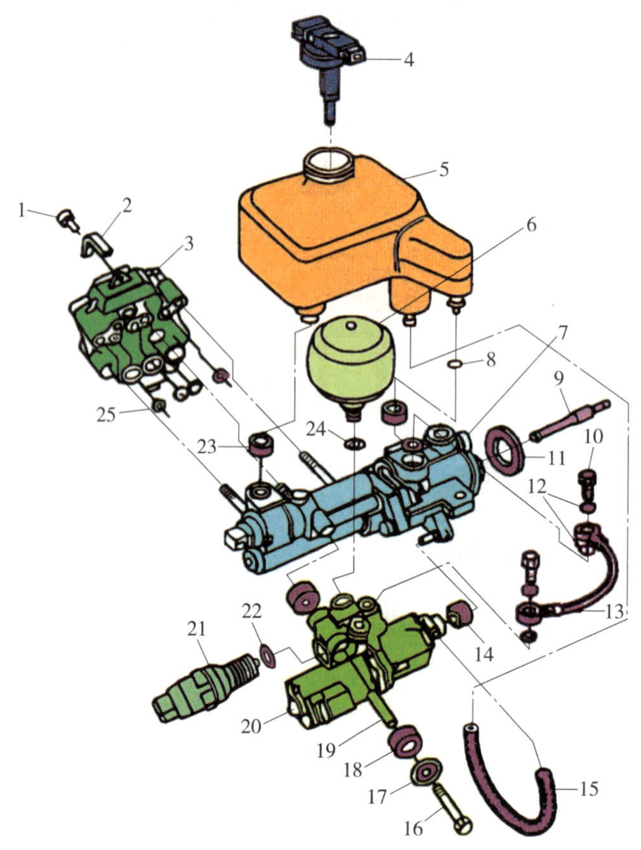

图 5-5-12　整体式制动压力调节器零件分解图

1—固定螺栓　2—储液罐固定架　3—电磁阀　4—组合液位开关　5—储液罐　6—蓄能器
7—制动主缸与液压助力器　8、12、22、24、25—O 形密封圈　9—制动踏板推杆
10—高压管接头　11—密封圈　13—高压管　14—隔离套　15—回液管
16—电动液压泵固定螺栓　17—垫圈　18—隔离套　19—螺栓套筒
20—电动液压泵　21—组合压力开关　23—密封垫

1）制动主缸与液压助力器。制动主缸与液压助力器组成为一体，它是常规制动系统的液压部件。双腔制动主缸分别向左、右两前轮的制动轮缸提供制动液，而液压助力器向两后轮的制动轮缸提供制动液，并为双腔制动主缸提供制动助力。

2）电动液压泵。电动液压泵的功用是提高液压制动系统内的制动液压力，为 ABS 系统正常工作提供基础压力。电动液压泵通常是直流电动机和柱塞泵的组合体，如图 5-5-13 所示。其中直流电动机的工作由安装在柱塞泵出液口处的压力控制开关控制。当出液口处的压力低于设定的控制压力（14 000 kPa）时，压力控制开关触点闭合，电动机即通电转动，带动柱塞泵运转，将制动液泵送到蓄能器中；当出液口处的压力高于设定的控制压力时，压力控制开关触点断开，电动机及柱塞泵断电而停止工作。如此往复，将柱塞泵出液口和蓄能器处的制动液压力控制在设定的标准值之内。

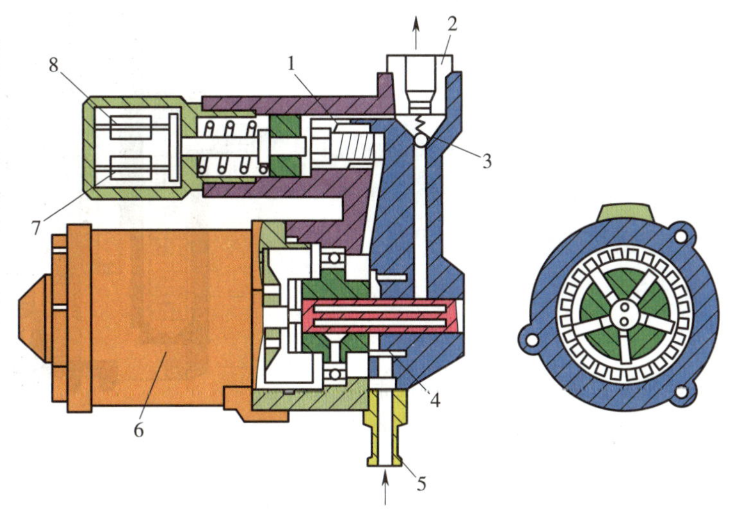

图 5-5-13　电动液压泵的结构

1—限压阀　2—出液口　3—单向阀　4—滤芯　5—进液口
6—直流电动机　7—压力控制开关　8—压力警告开关

3）储液器。图 5-5-14 所示为活塞 - 弹簧式储液器，该储液器位于电磁阀和液压泵之间。来自制动轮缸来的制动液进入储液器，进而压缩弹簧使储液器液压腔容积变大，以暂时储存制动液，压力较低。

4）蓄能器。蓄能器的功用是向车轮制动轮缸、制动助力装置供给高压制动液，作为制动能源。图 5-5-15 所示为气囊式蓄能器，其内部用隔膜分成上、下两腔室，上腔室充满氮气，下腔室与电动液压泵出液口相通，电动液压泵将制动液泵入蓄能器下腔室，使隔膜上移。蓄能器上腔室的氮气被压缩后产生压力，反过来推动隔膜下移，使下腔室制动液在平时始终保持 14 000 ~ 18 000 kPa 的压力。在常规制动系统和防抱死制动系统工作时，蓄能器均可提供较大压力的制动液。

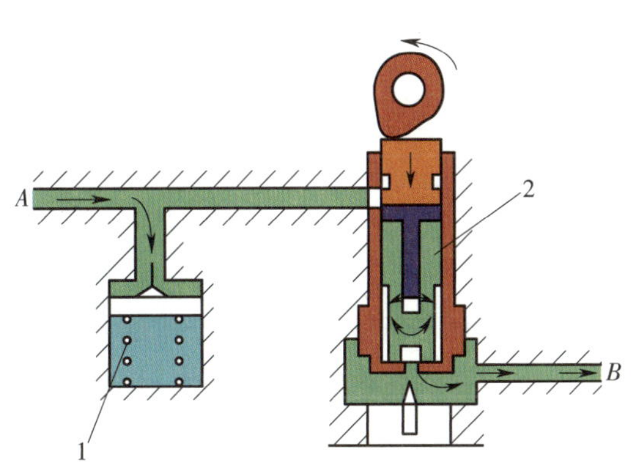

图 5-5-14　活塞 - 弹簧式储液器

1—储液器　2—液压泵

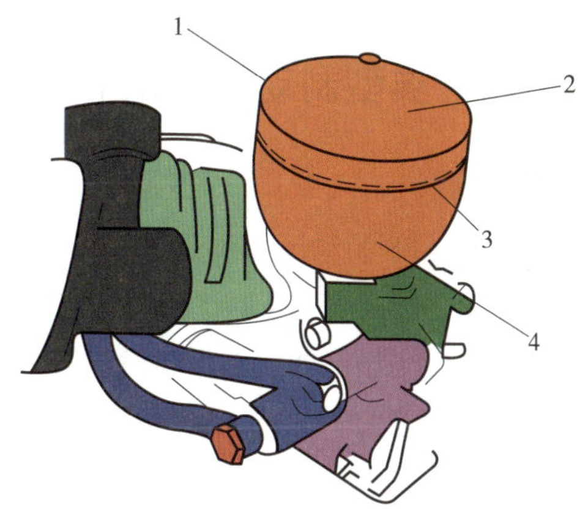

图 5-5-15　气囊式蓄能器

1—储液室　2—氮气　3—隔膜（内部）　4—制动液

5）电磁阀。电磁阀是制动压力调节器的重要部件。常用的电磁阀为三位三通电磁阀和二位二通电磁阀。

三位三通电磁阀的结构如图 5-5-16 所示，它主要由阀体、进液球阀、回液球阀、单向阀、弹簧、滤网、电磁线圈等组成。

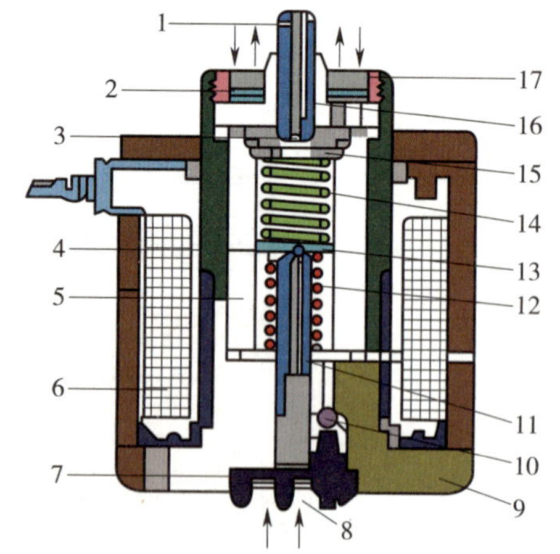

图 5-5-16　三位三通电磁阀的结构

1—回液口　2—滤网　3—回液球阀　4—进液球阀　5—衔铁　6—电磁线圈　7—滤网　8—进液口　9—阀盖　10—单向阀　11—阀座　12—主弹簧　13—压板　14—副弹簧　15—压板　16—阀座　17—出液口

6）压力控制开关、压力警告开关和液位指示开关。

压力控制开关和压力警告开关安装在制动压力调节器的电动液压泵一侧。

压力控制开关的功用是监视蓄能器下腔的压力。它由一组触点组成，且独立于 ABS 电子控制单元而工作。当液压压力下降到约 14 000 kPa 时，压力控制开关闭合，电动液压泵继电器通电，触点闭合，电源通过继电器触点向电动液压泵直流电动机供电，使电动液压泵运转工作。

压力警告开关的功用是当压力下降到一定值（14 000 kPa 以下）时，先点亮红色制动系统故障指示灯，紧接着点亮琥珀色或黄色 ABS 故障指示灯。同时，ABS 电子控制单元停止防抱死制动系统的工作。

液位指示开关位于储液罐的盖上。它通常有两对触点，当制动液液面下降到一定程度时，上面的触点闭合，下面的触点断开。此时，红色制动系统故障指示灯亮，提醒驾驶员要对车辆的制动液进行检查。断开的下触点切断了通向 ABS 电子控制单元的电路，发出使电子控制单元停止防抱死制动控制的信号，同时点亮琥珀色 ABS 故障指示灯。

四、典型制动压力调节器

1. 结构和组成

轿车 ABS 制动压力调节器采用整体式结构、循环式调压。它与 ABS 的电子控制单元组合为一体后安装于制动主缸与制动轮缸之间，其外形如图 5-5-17 所示。

制动压力调节器的基本组成包括电磁阀、电动液压泵及低压储液器。低压储液器与电动液压泵合为一体装于液压控制单元上。液压控制单元内包括 8 个电磁阀，每个回路一对，其中一个是常开进油电磁阀，一个是常闭出油电磁阀。

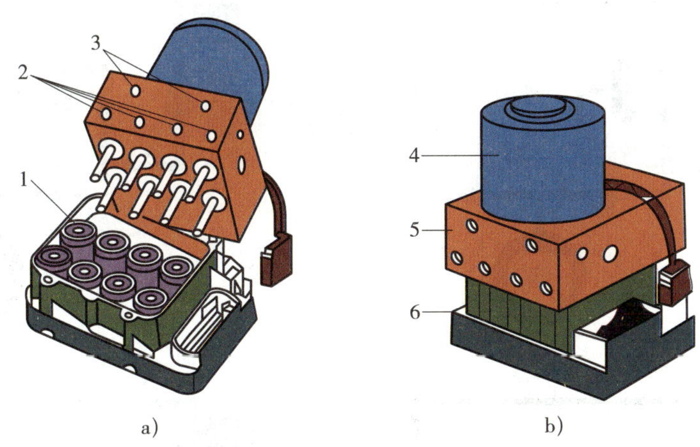

图 5-5-17 轿车 ABS 制动压力调节器的外形

a）组合前 b）组合后

1—电磁阀 2—至制动轮缸 3—至制动主缸 4—电动机

5—制动压力调节器 6—电子控制单元

2. 工作原理

（1）常规制动过程（见图 5-5-18a）

踩下制动踏板，ABS 尚未工作时，两电磁阀均不通电，进油电磁阀处于开启状态，出油电磁阀处于关闭状态，制动轮缸与低压储液器隔离，与制动主缸相通。制动主缸里的制动液被推入制动轮缸产生制动作用。

（2）保压制动过程（见图 5-5-18b）

当 ABS 的电子控制单元通过轮速传感器检测到车轮的减速度达到设定值时，使进油电磁阀通电关闭，出油电磁阀仍处于断电关闭状态，制动轮缸里的制动液处于不流通状态，制动压力保持稳定。

（3）减压制动过程（见图 5-5-18c）

当 ABS 的电子控制单元通过轮速传感器检测到车轮趋于抱死时，进、出油电磁阀均通电，制动轮缸与低压储液器相通，制动轮缸里的制动液在制动蹄回位弹簧作用下流到低压储液器，制动压力减小。同时电动液压泵通电运转，及时将制动液泵回主缸。此时，制动踏板有回弹感。当制动压力减小到车轮的滑移率在设定范围内时，进油阀通电，出油阀断电，制动压力保持稳定。

（4）增压制动过程（见图 5-5-18d）

当 ABS 的电子控制单元通过轮速传感器检测到车轮的加速度达到设定值时，进、出油电磁阀均断电，进油阀开启，出油阀关闭，同时电动液压泵通电，将低压储液器里的制动液泵到制动轮缸，制动压力增高。

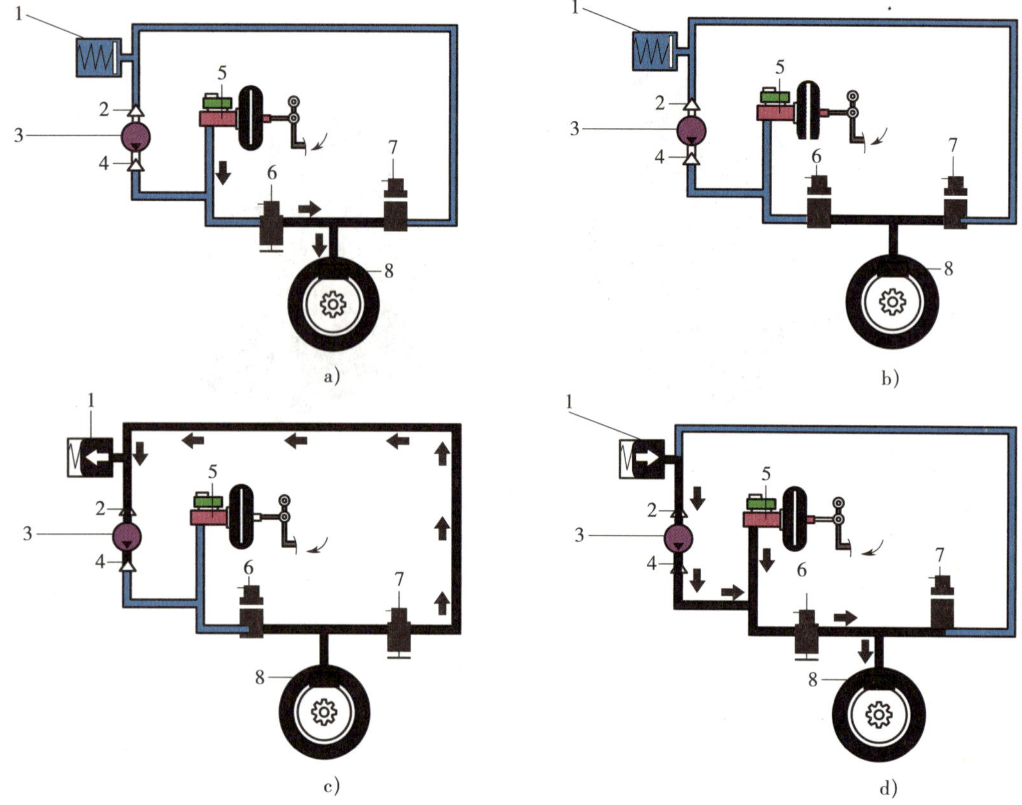

图 5-5-18　制动压力调节器的工作原理

a）常规制动过程　b）保压制动过程　c）减压制动过程　d）增压制动过程

1—低压储液器　2—吸入阀　3—电动液压泵　4—压力阀　5—制动主缸

6—进油电磁阀　7—出油电磁阀　8—车轮制动器

五、驱动防滑系统

汽车防滑控制系统是防抱死制动系统和驱动防滑系统的统称。防滑控制系统功能的完善和扩展，不仅能够在制动过程中防止车轮发生抱死，而且能够在驱动过程中（特别是在起步、加速、转弯等过程中）防止驱动轮发生滑转，使汽车在驱动过程中的方向稳定性、转向操纵能力和加速性能等都得到提高。驱动过程中防止驱动轮发生滑转的控制系统被称为驱动防滑系统，英文缩写为 ASR。由于驱动防滑系统是通过调节驱动轮的驱动力实现驱动轮滑转控制的，因此，驱动防滑系统也被称为驱动力控制系统，英文缩写为 TCS。

1. 驱动防滑系统的控制方式

（1）发动机输出功率 / 转矩控制

一旦 ASR 电子控制单元检测到一个或两个驱动轮发生滑转的情况，立即发出控制指令，控制发动机的输出功率 / 转矩，以抑制驱动轮的滑转。

发动机输出功率 / 转矩控制通常有以下几种方法：

1）调整供油量：减少或中断供油。

2）调整点火时间：减小点火提前角或停止点火。

3）调整进气量：减小节气门的开度。

（2）驱动轮制动控制

当汽车在附着系数不均匀的路面上行驶时，处于低附着系数路面的驱动轮可能会滑转，此时 ASR 电子控制单元将使滑转车轮的制动压力上升，对该轮作用一定的制动力，使两驱动轮向前运动速度趋于一致。

（3）防滑差速锁控制

防滑差速锁能对差速器锁止装置进行控制，使锁止范围从 0 到 100%，并通过 ASR 有效控制驱动轮的驱动力，从而提高汽车在滑溜路面上的起步和加速能力及行驶方向稳定性。

2. 驱动防滑系统的基本组成和工作原理

图 5-5-19 所示为典型的具有防抱死制动和驱动防滑功能的系统。驱动防滑系统与 ABS 共用轮速传感器和电子控制单元，只是在通往驱动轮制动轮缸的制动管路中增设了一个 ASR 制动压力调节器，在由加速踏板控制的主节气门上方增设了一个由步进电动机控制的副节气门，并在主、副节气门处各设置一个了节气门位置传感器。

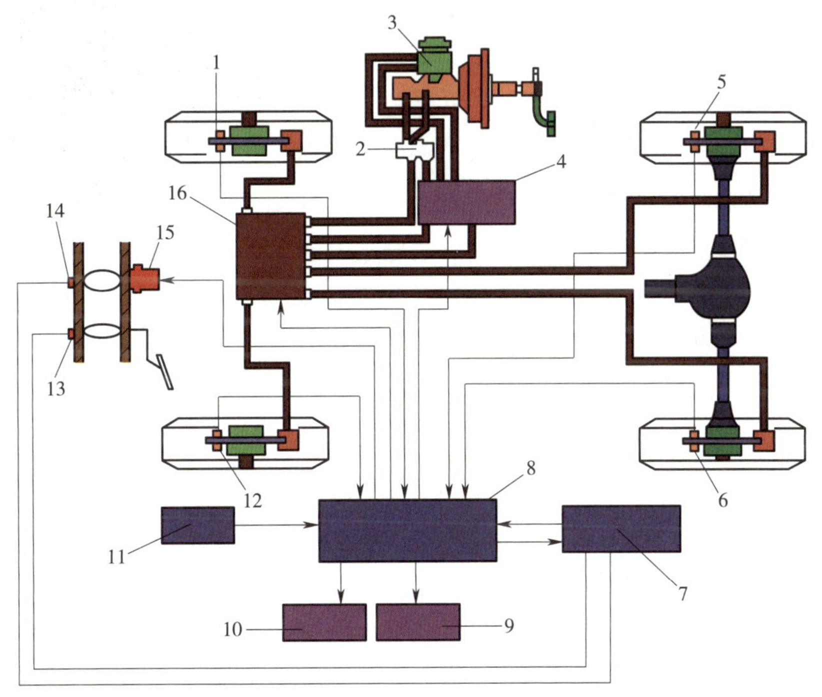

图 5-5-19　典型的具有防抱死制动和驱动防滑功能的系统

1—右前轮速传感器　2—比例阀和差压阀　3—制动主缸　4—ASR 制动压力调节器　5—右后轮速传感器　6—左后轮速传感器　7—发动机 / 变速器电子控制单元　8—ABS/ASR 电子控制单元　9—ASR 关闭指示灯　10—ASR 工作指示灯　11—ASR 选择开关　12—左前轮速传感器　13—主节气门位置传感器　14—副节气门位置传感器　15—副节气门驱动步进电动机　16—ABS 制动压力调节器

当驱动防滑系统处于工作状态时，电子控制单元根据各轮速传感器检测到的转速信号，确定驱动轮的滑转率和汽车的参考速度。当电子控制单元判定驱动轮的滑转率超过设定的限值时，就使驱动副节气门的步进电动机转动，减小副节气门的开度。此时，即使主节气门的开度不变，发动机的进气量也会因副节气门开度的减小而减少。如果驱动轮的滑转率仍未降低到设定的控制范围内，电子控制单元又会控制 ASR 制动压力调节器和 ABS 制动压力调节器，对驱动轮施加一定的制动压力，则驱动轮上就会作用一制动力矩，从而使驱动轮的转速降低。

3. 驱动防滑系统主要部件

（1）副节气门驱动装置

副节气门驱动装置的功用是根据电子控制单元的指令控制副节气门的开启角度，从而控制进入发动机气缸的空气量，达到控制发动机输出转矩的目的。

图 5-5-20 所示为节气门总成，副节气门驱动装置安装在节气门壳体上。副节气门驱动装置是一个由电子控制单元控制转动的步进电动机，由永磁体、电磁线圈和旋转轴等组成。在旋转轴的末端安装一个小齿轮（主动齿轮），由这个小齿轮带动安装在副节气门轴末端的凸轮轴齿轮旋转，以此控制副节气门的开启角度。

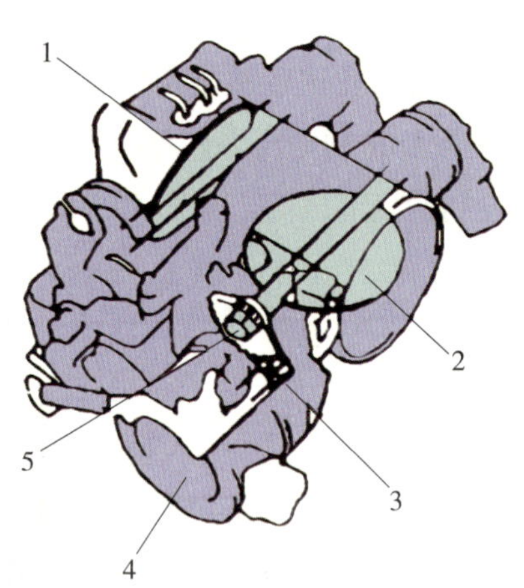

图 5-5-20 节气门总成

1—主节气门 2—副节气门 3—主动齿轮 4—副节气门驱动装置 5—凸轮轴齿轮

当驱动防滑系统不工作时，副节气门在弹簧力作用下保持全开状态，进入发动机的空气量由驾驶员控制主节气门的开度决定。当前、后轮速传感器检测到车轮滑转，需进行防滑控制时，电子控制单元驱动步进电动机，通过使凸轮轴齿轮旋转，控制副节气门的开度。

（2）ASR 制动压力调节器

ASR 制动压力调节器的结构形式有独立式和组合式两种。独立式 ASR 制动压力调节器是和 ABS 制动压力调节器在结构上各自分开的，如图 5-5-21 所示。组合式制动压力调节器将 ABS 和 ASR 制动压力调节器组合为一体。

两种类型的 ASR 制动压力调节器在结构上虽然有所不同，但都离不开液压泵总成和电磁阀总成。

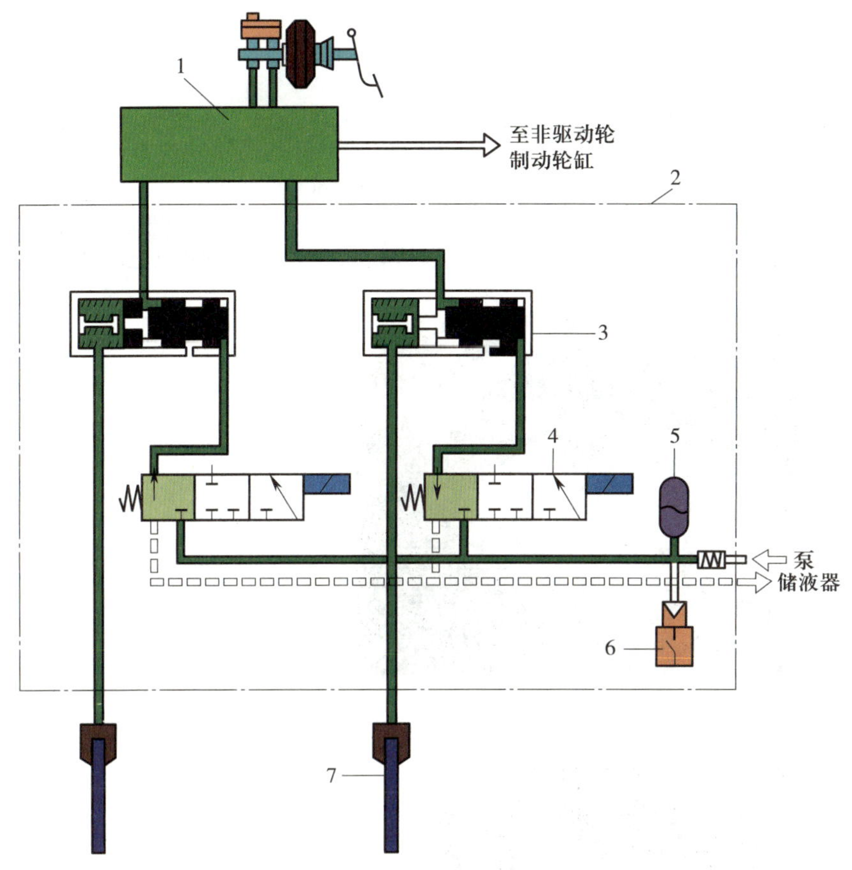

图 5-5-21　独立式 ASR 制动压力调节器

1—ABS 制动压力调节器　2—ASR 制动压力调节器　3—调压缸
4—三位三通电磁阀　5—蓄能器　6—压力开关
7—驱动轮制动器

任务实施

一、任务准备

根据任务要求，准备所需的设备、工具和资料。

1. 设备：举升机、实训车辆、压具、故障诊断仪、工作台等。

2. 工具：指针式扭力扳手、可调式扭力扳手、角度仪、套筒、轮胎扳手、头灯、手套、安全帽、车内防护四件套、翼子板布、车轮挡块、举升机垫块等。

3. 资料：车辆维修手册、学习工作页等。

二、实施步骤

1. 制动压力调节器的拆装

（1）制动压力调节器的拆卸（见表 5–5–3）

表 5–5–3 制动压力调节器的拆卸

步骤	图示	说明
1		关闭点火开关，拆下蓄电池负极及支架
2		从 ABS 电子控制单元上拔下插头
3		踩下制动踏板，并用踏板架定位。此时在 ABS 制动压力调节器下垫一块布，用来吸干从开口处流出的制动液

续表

步骤	图示	说明
4		拆下连接制动主缸和液压控制单元的两根油管，并做记号，拆下油管后立即用密封塞将液压控制单元开口部塞住。把制动油管用绳索挂在高处，使油管接头处高于储液罐内的液面
5	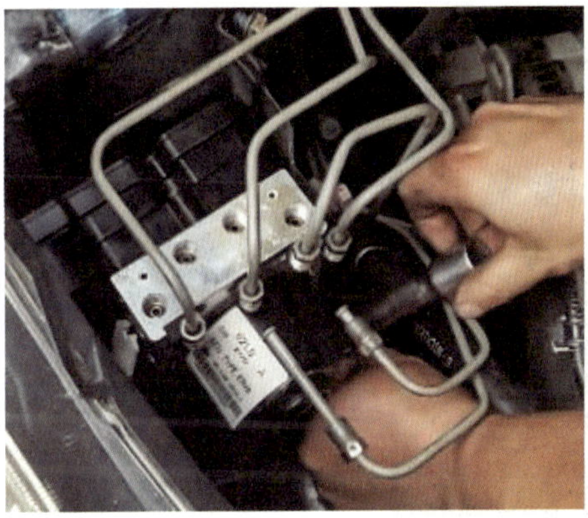	拆下液压控制单元通到各制动轮缸的四根制动油管，并做记号，拆下油管后立即用密封塞将液压控制单元开口部塞住
6	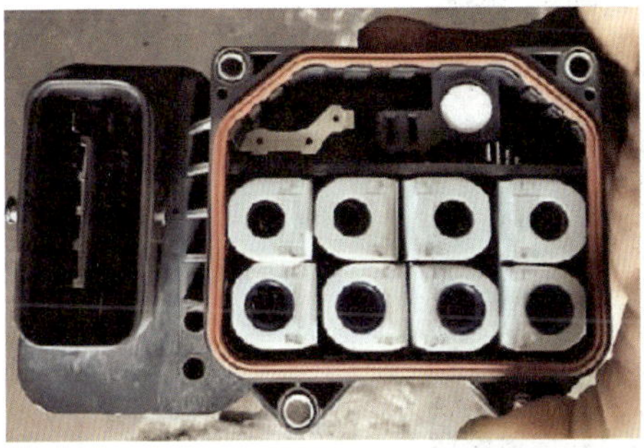	把 ABS 制动压力调节器从支架上拆下来，压下接头侧的锁止扣，拔下电子控制单元上液压泵电线插头。将液压控制单元与 ABS ECU 分离。取下 ABS ECU 时要直拉，以防损坏阀体，并在电磁阀上盖一块干净且不起毛的布

（2）制动压力调节器的装配（见表 5-5-4）

表 5-5-4　　制动压力调节器的装配

步骤	图示	说明
1		把 ABS 液压控制单元和 ABS ECU 装成一体，用专用套筒扳手拧紧螺栓，拧紧力矩不得超过 4 N·m
2	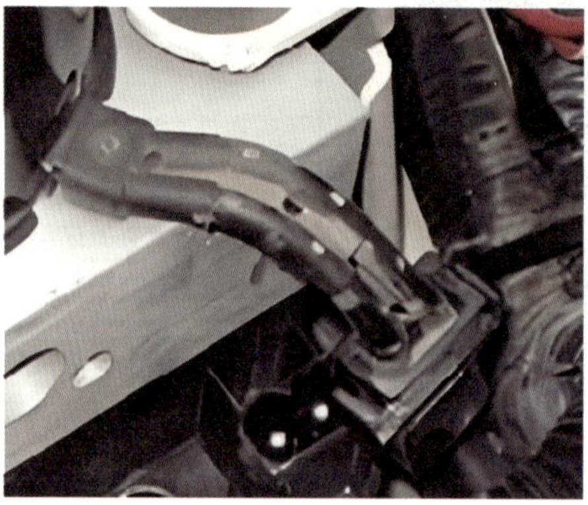	插好液压泵电线插头，将 ABS 制动压力调节器装到支架上
3	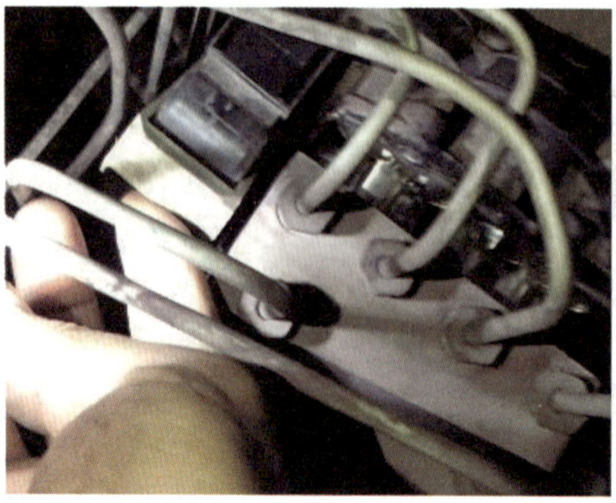	拆下接口处的密封塞，装上通到制动主缸及各制动轮缸的制动油管，以 20 N·m 的力矩拧紧管接头

续表

步骤	图示	说明
4	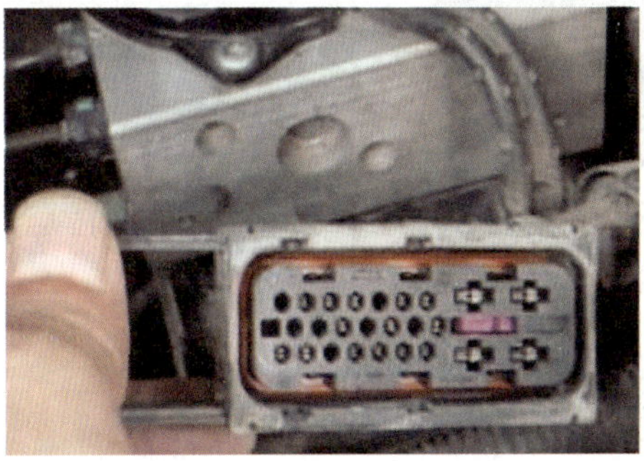	插上 ABS ECU 线束插头
5		对 ABS 系统充液和放气

2. 轮速传感器的检查（见表 5-5-5）

表 5-5-5　　轮速传感器的检查

步骤	图示	说明
1	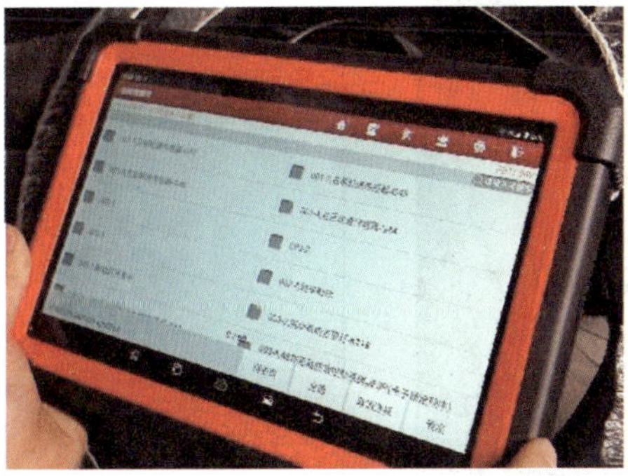	连接故障诊断仪，读取故障码

续表

步骤	图示	说明
2		拔下轮速传感器插头
3		松开固定螺栓，取下轮速传感器
4	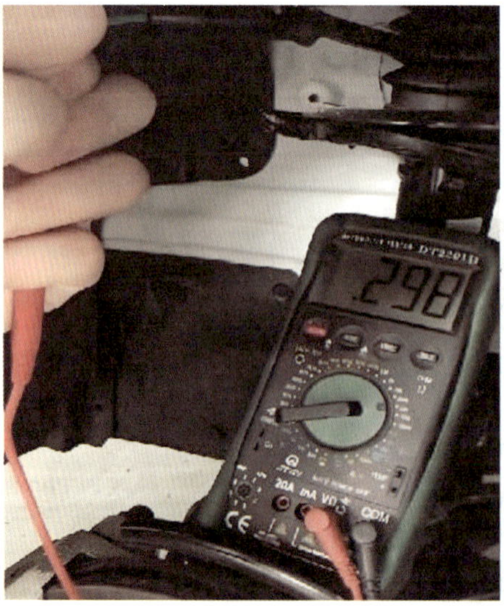	检测轮速传感器电阻

续表

步骤	图示	说明
5		安装轮速传感器，连接插头
6	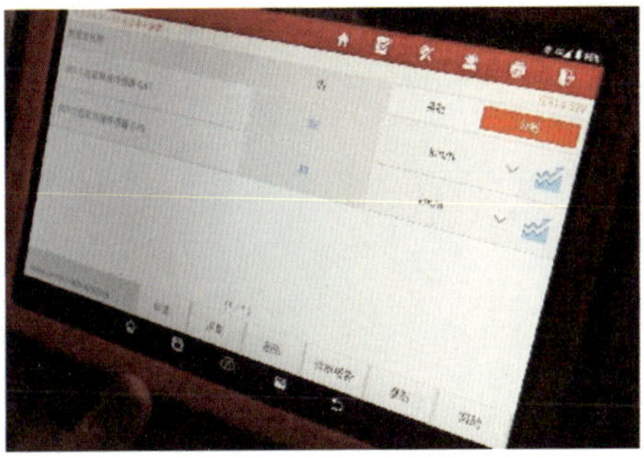	读取数据流，确认轮速传感器工作正常